关务水平测试教辅

关务水平测试

大纲细则及真题解析

2021年版

《关务水平测试大纲细则及真题解析》编委会◎编

GUANWU SHUIPING CESHI
DAGANG XIZE JI ZHENTI JIEXI

中国海关出版社有限公司
中国 · 北京

图书在版编目（CIP）数据

关务水平测试大纲细则及真题解析：2021 年版/《关务水平测试大纲细则及真题解析》编委会编 .
—北京：中国海关出版社有限公司，2021

ISBN 978－7－5175－0513－6

Ⅰ. ①关… Ⅱ. ①关… Ⅲ. ①海关—业务—中国—水平考试—自学参考资料 Ⅳ. ①F752. 5

中国版本图书馆 CIP 数据核字（2021）第 169689 号

关务水平测试大纲细则及真题解析（2021 年版）

GUANWU SHUIPING CESHI DAGANG XIZE JI ZHENTI JIEXI（2021 NIAN BAN）

编　　者：《关务水平测试大纲细则及真题解析》编委会
责任编辑：夏淑婷　景小卫
出版发行：中国海关出版社有限公司
社　　址：北京市朝阳区东四环南路甲 1 号　　邮政编码：100023
网　　址：www. hgcbs. com. cn
编 辑 部：01065194242-7539（电话）
发 行 部：01065194238/4246/4254/5127（电话）
社办书店：01065195616（电话）
https：//weidian. com/？ userid＝319526934
印　　刷：北京铭成印刷有限公司　　经　　销：新华书店
开　　本：889mm×1194mm　1/16
印　　张：21. 75　　字　　数：720 千字
版　　次：2021 年 8 月第 1 版
印　　次：2021 年 8 月第 1 次印刷
书　　号：ISBN　978－7－5175－0513－6
定　　价：40. 00 元

前　　言

关务水平测试是对参测人员关务基础知识与关务基本技能进行的职业水平评价，是依据我国海关法律法规和行业标准，结合行业发展需求建立的关务水平评价体系的组成部分。

关务水平测试在内容上以岗位需求和工作场景为设计导向，以考察专业知识和岗位实操技能为测试目标。通过客观、公平、科学、系统的多维评测，关务水平测试可以为企业选聘专业人才和院校专业人才培养提供公正、客观的标准和依据。

本书使用权威资料对关务水平测试的大纲进行了知识点、体系和题型题量的详细比较分析，对历年关务水平测试试题进行了精准的解析，可用于参测人员的学习和备考，也可以用于相关的教学辅导。

编　者

2021 年 7 月

使用说明

本书在编写过程中，为了更好地服务于关务水平评价测试，在提供《关务基础知识》《关务基本技能》大纲细则的基础上，也提供了近三年关务水平评价测试的真题试卷，同时针对2021年的关务水平评价测试，提供关务水平测试模拟试卷。

在本书的考试内容部分，“★”号标记为应当掌握、熟悉的内容，“☆”号标记为需要了解的内容，“______”标记的为往年没有考过的内容。

为了顺应海关通关改革带来的变化，同时兼顾进出口关务活动中不变的知识结构，大纲知识点解析部分选取了2016年至2020年共五年的历年真题。在对真题的解析过程中“＊＊”号标记的历史真题，因受到现行法规影响，原题题干或选项存在失效、调整等情况，提醒广大读者关注。同时往年“解析”中，多数没有注明法规依据，存在现行法规调整没有与题干或选项关联的可能性，不利于教学辅导参考。今年编者在这一部分，补充了法规依据，以确保读者在学习的过程中，能够获知最新的依据。“解析”中带有“______”标记符号的，用于提醒读者对法规条文的理解。

由于编写水平和经验有限，书中难免有不足和疏漏之处，敬请广大读者批评指正。

编　者

2021年7月

目　录

关务水平测试大纲细则

科目一　关务基础知识

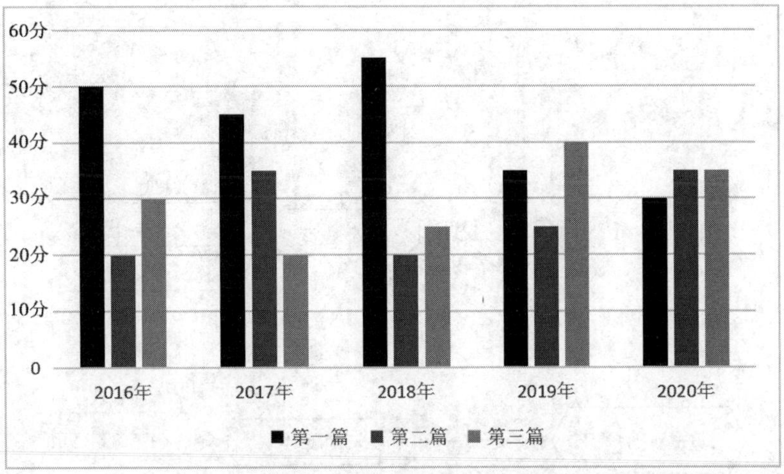

关务基础知识各篇历年分值图

关务基础知识各篇历年分值表

篇　章	年　份				
	2016	**2017**	**2018**	**2019**	**2020**
第一篇	50	45	55	35	30
第二篇	20	35	20	25	35
第三篇	30	20	25	40	35
合计（分）	100	100	100	100	100

注：2016—2020 年真题均按 2021 年版教材的内容结构进行分值统计。

第一篇　海关制度基础知识

第一章　海关基础知识

一、大纲细则

（一）主要内容

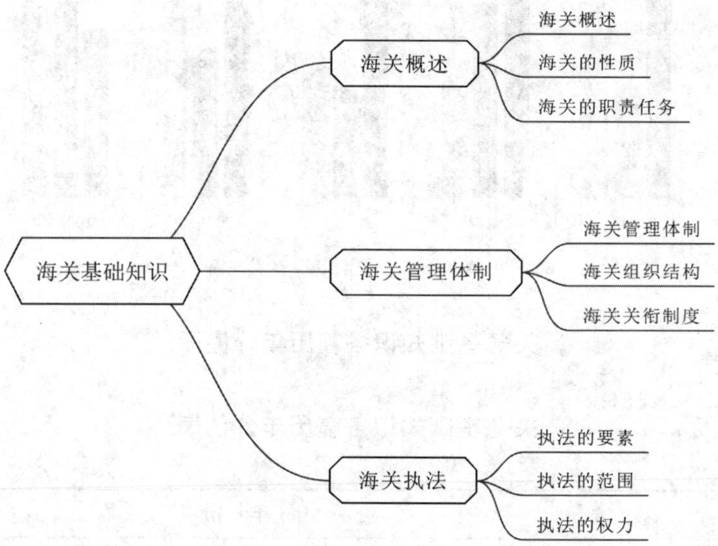

（二）基本要求

1. 掌握海关作为进出境管理机构的行政执法机构属性。
2. 了解我国海关和世界海关组织的基本知识。
3. 了解我国海关行政管理体制的特点。
4. 了解我国海关组织机构的基本结构。
5. 了解关检融合后我国海关的组织架构及其功能。
6. 了解我国海关执法的基本概念和基本要求。
7. 熟悉我国海关执法权力的种类和内容。
8. 基本概念：海关、关境、中国海关、世界海关组织、海关监管、海关征税、查缉走私、海关统计、垂直管理体制、三级事权管理、海关总署、直属海关、隶属海关、海关关衔、海关执法要素、海关执法范围、海关监管区、海关附近沿海沿边地区、监管起讫时间、海关执法权力、海关行政许可、海关行政强制。

（三）考试内容

第一节　海关概述

一、海关概述
☆海关的含义
☆关境的含义

☆中国海关
☆世界海关组织
☆国际海关日
☆世界海关组织的战略目标

二、我国海关的性质

☆我国海关是中央国家行政机关的组成部分
☆我国海关是具备行政执法职能的国家行政机关
☆我国海关是国家进出境监督管理机关

三、★我国海关的职责任务

第二节　海关管理体制

一、海关管理体制

☆垂直管理（含义、优点）
☆三级事权管理（含义、分工）

二、海关组织结构

★海关总署（内设机构、主要职责）
☆直属海关的设置
☆派出和其他机构

三、海关关衔制度

☆海关关衔等级
☆关衔授予及晋升

第三节　海关执法

一、海关执法要素

☆海关执法的要素
☆海关执法行为要素

二、海关执法范围

★时间范围
★区域范围

三、海关执法的权力

★进出境监管（检查、查验、查阅、询问、稽查、查询、复制）
★进出境税费征收
★海关行政许可
★海关行政强制（强制措施、强制执行）
★海关行政处罚
★走私犯罪侦查
☆配备和使用武器
★连续追缉
☆其他

（四）题型分值

题 型	年 份				
	2016	2017	2018	2019	2020
单选题	1.5	1.5	2	2	0
多选题	0	0	2	0	0
判断题	3	0	2	0	0
填空题	0	0	0	0	0
案例题	0	0	0	0	0
总计（分）	4.5	1.5	6	2	0

二、大纲知识点解析

（一）海关概述

1. 海关的含义

【2016 判断题】我国历史上首次使用“海关”一词始自清朝。

参考答案 正确

解　　析 略。

2. 关境的含义

【2018 判断题】世界海关组织对关境的定义是“完全实施同一海关法的地区”，有可能与国境不一致。

参考答案 正确

解　　析 海关的法律管辖范围以专业术语“关境”来指称。关境是指实施同一海关法规和关税制度的境域，即国家（地区）行使海关主权的执法范围。世界海关组织对关境的定义是“完全实施同一海关法的地区”。一般情况下，关境等于国境。特殊情况下，关境与国境并不一致。如果几个国家（地区）结成关税同盟，实施统一的海关法规和关税制度，则组成一个共同关境。由于其成员方的货物在彼此之间的国境进出不征收关税，此时关境大于其成员方的各自国境。从 1981 年起，有关文件或教材中陆续出现“关境”的概念。中国现行关境是适用《中华人民共和国海关法》（通常简称《海关法》）中的中华人民共和国行政管辖区域，不包括中国香港、澳门和台湾三个单独关境地区。

3. 我国海关是中央国家行政机关的组成部分

【2016 单选题】海关总署向（　　）负责。

A. 全国人大　　B. 国务院　　C. 财政部　　D. 商务部

参考答案 B

解　　析 中华人民共和国海关总署（通常简称“海关总署”）是国务院直属机构，为正部级。《海关法》第三条规定：“国务院设立海关总署，统一管理全国海关。”

（二）海关管理体制

1. 垂直管理

【2016 判断题】我国海关实行集中统一管理的垂直领导体制。

参考答案 正确

解 析 海关是根据需要直接设立，业务上由上一级海关直接领导的行政机关。根据《海关法》第三条规定："国务院设立海关总署，统一管理全国海关。国家在对外开放的口岸和海关监管业务集中的地点设立海关。海关的隶属关系，不受行政区划的限制。海关依法独立行使职权，向海关总署负责。"

2. 直属海关的设置

【2018 判断题】直属海关由海关总署领导，承担着在关区内开展海关各项业务等重要职责，仅设在各直辖市及省会城市。

参考答案 错误

解 析 根据《海关法》的规定，直属海关，是指直接由海关总署领导，负责管理一定区域范围内的海关业务的海关。目前我国共有 42 个直属海关，除香港、澳门、台湾地区外，分布在全国 31 个省、自治区、直辖市。

3. 派出和其他机构

【2018 单选题】（　　）负责办理具体的海关业务，是海关进出境监督管理职能的基本执行单位。

A. 海关总署　　B. 直属海关　　C. 直属关区　　D. 隶属海关

参考答案 D

解 析 根据《海关法》的规定，隶属海关，是指由直属海关领导，负责办理具体海关业务的海关。

（三）海关执法

1. 进出境监管

【2016 判断题】海关监督管理的对象是所有进出关境的运输工具、货物、物品和旅客。

参考答案 错误

解 析 根据《海关法》的规定，中华人民共和国海关是国家的进出关境监督管理机关。海关依照本法和其他有关法律、行政法规，监管进出境的运输工具、货物、行李物品、邮递物品和其他物品，征收关税和其他税、费，查缉走私，并编制海关统计和办理其他海关业务。

2. 进出境税费征收

【2017/2019 单选题】海关的四项基本任务除了监管、缉私、统计外，还包括（　　）。

A. 查验　　B. 审单　　C. 征税　　D. 认证

参考答案 C

解 析 根据《海关法》的规定，中华人民共和国海关是国家的进出关境监督管理机关。海关依照本法和其他有关法律、行政法规，监管进出境的运输工具、货物、行李物品、邮递物品和其他物品，征收关税和其他税、费，查缉走私，并编制海关统计和办理其他海关业务。

3. 海关行政强制（强制措施、强制执行）

【2018 多选题】以下属于海关行政强制措施的选项有（　　）。

A. 扣留财物　　B. 抵缴、变价抵缴

C. 冻结存款、汇款　　D. 封存货物或者账簿、单证

参考答案 ACD

解　　析　行政强制，包括行政强制措施和行政强制执行。

海关行政强制措施是指海关在行政管理过程中为制止违法行为、防止证据损毁、避免危害发生、控制危险扩大等情形，依法对公民的人身自由实施暂时性限制，或者对公民、法人及其他组织的财物实施暂时性控制的行为。主要包括：

（1）扣留：海关有权对违反海关法律、法规的进出境运输工具、货物和物品，以及与之有关的凭证、文件资料等进行扣留；对涉嫌侵犯知识产权的货物，海关可以依法申请扣留；对走私犯罪嫌疑人，经直属海关关长批准，可以限时扣留审查。

（2）封存：海关发现被稽查人的进出口货物有违反有关法律、法规嫌疑的，经直属海关关长批准，可以封存有关进出口货物；发现被稽查人有可能篡改、转移、隐匿、毁弃账簿和单证等数据的，经直属海关关长批准，在不妨碍被稽查人正常生产经营活动的前提下，可以暂时封存其账簿、单证等有关资料。

（3）税收保全：进出口货物纳税义务人在海关依法责令其提供纳税担保，而纳税义务人不能提供纳税担保的，经直属海关关长批准，海关可以采取相关税收保全措施书面通知纳税义务人开户银行或者其他金融机构暂停支付纳税义务人相当于应纳税款的存款，扣留纳税义务人价值相当于应纳税款的货物或者其他财产。

提取货物变卖与先行变卖、强制扣缴与变价抵缴关税属于海关行政强制执行行为。

4. 走私犯罪侦查

【2018 单选题】2018 年 6 月 5 日，大连海关隶属大窑湾海关查获一批化工废物，属国家禁止进口的固体废物，共计 120 余吨。这是海关在履行（　　）任务。

A. 监管　　　　B. 征税　　　　C. 缉私　　　　D. 统计

参考答案　C

解　　析　根据《海关法》第二条规定，海关有四项基本任务，即海关监管、海关征税、海关缉私和海关统计。根据国务院令第 420 号《中华人民共和国海关行政处罚实施条例》（通常简称《海关行政处罚实施条例》）第七条的规定："违反海关法及其他有关法律、行政法规，逃避海关监管，偷逃应纳税款、逃避国家有关进出境的禁止性或者限制性管理，有下列情形之一的，是走私行为：

"（二）经过设立海关的地点，以藏匿、伪装、瞒报、伪报或者其他方式逃避海关监管，运输、携带、邮寄国家禁止或者限制进出境的货物、物品或者依法应当缴纳税款的货物、物品进出境的"。

第二章 我国海关改革与发展

一、大纲细则

（一）主要内容

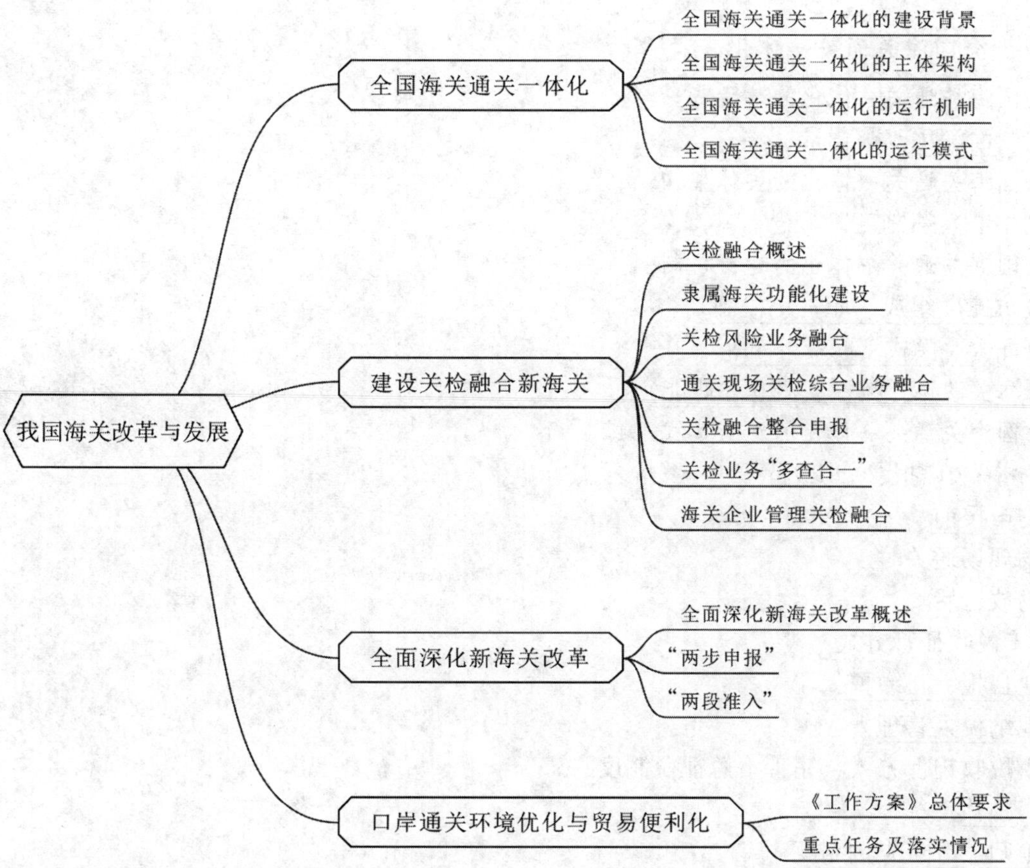

（二）基本要求

1. 了解全国海关通关一体化改革的业务运行机制。
2. 了解全国海关通关一体化改革的业务运行模式。
3. 熟悉关检融合的主要内容和主要任务。
4. 了解隶属海关功能化建设的主要内容。
5. 熟悉在全国海关通关一体化改革的基础上实现关检风险业务融合的主要内容。
6. 熟悉通关现场关检综合业务融合的内容。
7. 掌握关检融合整合申报的具体内容。
8. 掌握关检业务“多查合一”的全面融合。
9. 熟悉企业管理关检融合的主要内容。
10. 了解《海关全面深化业务改革 2020 框架方案》的背景与重点任务。
11. 熟悉海关“两步申报”“两段准入”改革的重点内容。
12. 了解口岸通关环境优化的背景与重点任务。
13. 熟悉海关实施口岸通关环境优化的具体措施。

14. 基本概念：海关风险防控中心、海关税收征管中心、口岸型海关、属地型海关、综合型海关、协同监管机制、“一次申报、分步处置”、关检融合、五个统一、两变两不变、隶属海关功能化建设、关检风险业务融合、通关现场关检综合业务融合、关检融合整合申报、四个一、多查合一、海关企业管理关检融合、两步申报、两轮驱动、两段准入、两类通关、两区优化、联网核查、先验放后检测、第三方采信制度、口岸物流信息电子化、口岸查验智能化。

（三）考试内容

第一节　全国海关通关一体化

一、全国海关通关一体化的建设背景

☆海关全面深化改革背景

二、全国海关通关一体化的主体架构

★“两中心、三制度”概念

三、全国海关通关一体化的运行机制

★风险防控（组成、职责、机制）

★税收征管（模式、职责分工）

★隶属海关改革（类型、概念、职能）

四、全国海关通关一体化的运行模式

（一）★一次申报、分步处置

1. 货物申报前

2. 货物现场通关时

3. 货物放行后

（二）★税收征管方式

1. 企业自报、自缴税款

2. 属地纳税人管理

3. 创新税收担保方式、完善汇总征税制度

4. 推广预裁定

5. 实施归类尊重先例制度

第二节　建设关检融合新海关

一、关检融合概述

（一）☆总体思路

（二）★主要任务

1. 检验检疫风险纳入安全准入风险体系

2. 检验检疫作业融入风险防控和现场作业

3. 优化作业流程（拓宽申报前监管服务、整合申报项目、扩展“分步处置”内容）

4. 调整隶属海关功能化建设

5. 整合企业管理（合并企业资质注册登记或备案管理、统一企业信用管理）

二、隶属海关功能化建设

☆重新划分隶属海关类型（优化布局、职责分工）

☆实施业务资源整合（优化整合监管作业场所、推进关检业务融合、探索出入境检验检疫模块整合、扩展业务整合范围）

☆完善创新运行机制［推进业务统一受理、加大中国国际贸易单一窗口（通常简称“单一窗口”）推广力度、推进保障一体化、完善内部监控］

☆整合优化机构和人力资源

三、☆关检风险业务融合（海关总署风险防控机构职责、直属海关风险防控机构职责）

四、通关现场关检综合业务融合

★关检共有并予以保留的业务（报关单修撤、必要人工手续、业务统计、档案管理）

★海关原有业务（退补税，联系企业补充提交税款担保等事务性辅助操作，滞报金、滞纳金征收、减免，暂时进出境、直接退运等内部核批，现场验估）

☆关检融合后新增业务（检验检疫单证的复审、缮制、审校、签发，空白单证的使用，对已审核通过的原产地证书制证、签字、盖章、发放并归档，签证印章的使用，实施单证审核和开展未抽中货物的合格评定）

五、☆关检融合整合申报（申报项目、单证、代码、系统）

六、关检业务"多查合一"

☆后续监管集约化（概念）

☆后续监管关检业务融合（概念）

☆运行机制的优化（概念）

☆稽查部门的职责

七、海关企业管理关检融合

★统一通用企业资质

★统一信用管理制度

☆统一系统管理平台

第三节 全面深化新海关改革

一、全面深化新海关改革概述

（一）☆目标

（二）★主要内容

1. 改革现行申报制度，实施"两步申报"

2. 改革风险防控方式，实现"两轮驱动"

3. 改革监管作业方式，实行"两段准入"

4. 改革寄递通关模式，形成"两类通关"

5. 改革特定区域监管模式，推进"两区优化"

（三）☆配套制度与保障机制

1. 配套制度

2. 保障机制

二、"两步申报"

★"两步申报"模式需要满足的条件

★"两步申报"模式适用的货物类型

★ 主要作业流程（申报前、申报后放行前、放行后）

三、"两段准入"

★货物准予提离（第一段）

★货物准予销售或使用（第二段）

★"单一窗口"全面融入"两段准入"的申报界面

第四节 口岸通关环境优化与贸易便利化

一、《优化口岸营商环境促进跨境贸易便利化工作方案》总体要求

☆指导思想

☆基本原则

☆工作目标

二、重点任务及落实情况

（一）☆简政放权，减少进出口环节审批监管事项

1. 精简进出口环节的监管证件

2. 优化监管证件办理程序

3. 修订《中华人民共和国海关行政许可管理办法》

（二）★加大改革力度，优化口岸通关流程和作业方式

1. 深化全国海关通关一体化改革

2. 全面推广“双随机、一公开”监管

3. 推广应用“提前申报”模式

4. 创新海关税收征管模式

5. 优化检验检疫作业

6. 推广第三方采信制度

（三）★提升通关效率，提高口岸物流服务效能

1. 提高查验准备工作效率

2. 加快发展多式联运

3. 创新边境口岸通关管理模式

4. 加快鲜活商品通关速度

（四）☆加强科技应用，提升口岸管理信息化、智能化水平

1. 加强“单一窗口”的建设

2. 推进口岸物流信息电子化

3. 提升口岸查验智能化水平

（五）☆完善管理制度，促进口岸营商环境更加公开透明

1. 加强口岸通关和运输国际合作

2. 降低进出口环节合规成本

3. 实行口岸收费目录清单制度

4. 公开通关流程及物流作业时限

5. 建立口岸通关时效评估机制

（四）题型分值

题型	年份				
	2016	2017	2018	2019	2020
单选题	4.5	3	1	2	0
多选题	9	0	2	0	0
判断题	1	0	2	0	0
填空题	0	2	0	0	0
案例题	0	0	0	0	0
总计（分）	14.5	5	5	2	0

二、大纲知识点解析

（一）全国海关通关一体化

1. “两中心、三制度”概念

【2017 单选题】在全国通关一体化改革中，海关全面建成并启用了“两中心、三制度”，其中两中心分别为税收征管中心和（　　）中心。

A. 风险防控　　B. AEO 认证　　C. 验估　　D. 归类

参考答案　A

解　　析　两个中心，是指风险防控中心和税收征管中心，通过实现风险防控和税收的集中统一作业，让同一个企业在不同的海关面对统一的海关监管政策和要求，享受统一的通关便利待遇，也就是说，企业面对的将不再是具体的某一个海关，而是全国海关这个整体。

三个制度，是指“一次申报、分步处置”、海关税收征管方式改革，以及全国隶属海关功能化建设。一次申报、分步处置，主要是改革现行的申报制度，在前期（船舶、飞行器或者汽车等运输工具申报以后）向海关传输简单申报的数据，海关经过准入风险的分析，可以先放行，不用等到所有的项目申报完毕。货物放行以后，企业再做完整的申报，海关完成税收征管。这样可以大大地降低企业货物存留在港口、码头、场站的时间，大大提高通关效率。

海关税收征管方式改革，是指企业原来报关报税，每一票都要经过审价、归类、计征税收，现在通过改革征管方式，主要通过企业自报，自缴税款，海关实行批量审核和税收稽查方式，完成税收入库。

全国隶属海关化建设，原来 42 个直属海关，每一个关都自成体系，所有业务都由一个关完成，下一步按照全国不同的类型，建立若干功能型海关。通过海关的改革，一方面是使货物通关进一步提速，企业办事手续进一步简化，成本进一步降低；另一方面使海关的执法更加统一。

【2017 填空题】全国通关一体化管理格局中的“两个中心”是指（　　）中心和税收征管中心。

参考答案　风险防控

解　　析　同上题。

【2017 单选题】我国海关实施全国通关一体化后，通关环节对进出口货物实施（　　）的通关流程。

A. 一次申报、一次放行　　B. 一次申报、分类处置

C. 一次申报、分步处置　　D. 一次申报、整体防控

参考答案　C

解　　析　海关现行通关流程是接受申报、审单、查验、征税、放行的“串联式”作业流程。全国海关通关一体化改革后，采用“一次申报、分步处置”的新型通关管理模式，在企业完成报关和税款自报自缴手续后，安全准入风险主要在口岸通关现场处置，税收征管要素风险主要在货物放行后处置。

【2018 单选题】自 2017 年 7 月 1 日起，全国海关作业一体化模式全面启动，进出口企业可进行申报的海关（　　）。

A. 仅限货物目的地海关或企业属地海关

B. 仅限企业属地海关或进出口岸海关

C. 可以是全国任一海关

D. 仅限进出口岸海关或货物目的地海关

参考答案　C

解　　析　自 2017 年 7 月 1 日起，海关在区域通关一体化的基础上，全面实施全国海关通关一体化，企业可在全国任一海关办理通关手续，同一监管口径、同一服务标准。

【2018 多选题】全国通关一体化改革的内容是以“两中心、三制度”为结构支撑。“三制度”是指（　　）。

A. 分类通关　　B. 改革税收征管方式

C. 实施协同监管　　D. 实施货物通关"一次申报、分步处置"

参考答案　BCD

解　　析　三个制度，是指"一次申报、分步处置"、海关税收征管方式改革，以及全国隶属海关功能化建设。一次申报、分步处置，主要是改革现行的申报制度，在前期（船舶、飞行器或者汽车等运输工具申报以后）向海关传输简单申报的数据，海关经过准入风险的分析，就可以先放行，不用等到所有的项目申报完毕。货物放行以后，企业再做完整的申报，海关完成税收征管。这样可以大大地降低企业货物存留在港口、码头、场站的时间，大大提高通关效率。

海关税收征管方式改革，是指企业原来报关报税，每一票都要经过、归类、计征税收，现在通过改革征管方式，主要通过企业自报，自缴税款，海关实行批量审核和税收稽查方式，完成税收入库。

全国隶属海关功能化建设，原来42个直属海关，每一个关都是自成体系，所有业务都是一个关完成，下一步按照全国不同的类型，建立若干功能型海关。通过海关的改革，一方面使货物通关进一步提速，企业办事手续进一步简化，成本进一步降低；另一方面使海关的执法更加统一。

2. 货物现场通关时（一次申报、分步处置）

【2016 单选题】 报关员小李配合海关查验一批进口集成电路，在查验过程中海关查验关员不慎将货物损坏，这种情况小李可要求海关出具（　　），以确认货物损坏情况。

A.《海关查验货物、物品损坏报告书》

B.《海关损坏货物、物品赔偿通知单》

C.《海关进出口货物鉴定书》

参考答案　A

解　　析　根据海关总署令第101号《中华人民共和国海关行政赔偿办法》（通常简称《海关行政赔偿办法》）第三十八条的规定："海关关员在查验货物、物品时损坏被查验货物、物品的，应当如实填写《中华人民共和国海关查验货物、物品损坏报告书》（以下简称《海关查验货物、物品损坏报告书》）一式两份，由查验关员和当事人双方签字，一份交当事人，一份留海关存查。海关依法径行开验、复验或者提取货样时，应当会同有关货物、物品保管人员共同进行。如造成货物、物品损坏，查验关员应当请在场的保管人员作为见证人在《海关查验货物、物品损坏报告书》上签字，并及时通知当事人。"

【2016 多选题】 现场交单的工作流程包括（　　）。

A. 整理纸质单证　　B. 递交纸质单证　　C. 查询海关审单处理信息

参考答案　ABC

解　　析　略。

3. 创新税收担保方式、完善汇总征税制度

【2018 判断题】 2017年9月20日起，所有在海关注册登记的企业均可适用汇总征税模式。

参考答案　错误

解　　析　根据海关总署公告2017年第45号《关于优化汇总征税制度的公告》的规定："所有海关注册登记企业均可适用汇总征税模式（'失信企业'除外）。汇总征税企业是指进出口报关单上的收发货人。"

【2019 单选题】 关于汇总征税方式以下描述错误的是（　　）。

A. 汇总征税是海关对进出口税收进行征缴的一种作业模式

B. 汇总征税是海关对符合条件的进出口收发货人于某一段时间内多次进出口产生的税款集中进行汇总计征

C. 所有应税企业应于每月5日前完成上月应纳税款的汇总电子支付

D. 除失信企业外，所有进出口报关单上的收发货人均可申请汇总征税模式

参考答案 C

解　　析 根据《关于优化汇总征税制度的公告》的规定："企业应于每月第5个工作日结束前，完成上月应纳税款的汇总电子支付。税款缴库后，企业担保额度自动恢复。"

（二）建设关检融合新海关

1. 检验检疫作业融入风险防控和现场作业

＊＊**【2016多选题】**海关确定查验某公司申报出口冷冻食品一批，该公司查验前准备工作包括(　　)。

A. 到查验场地办理货物进场　　B. 向海关预约查验时间

C. 确认货物对拆装环境的要求　　D. 可以请海关及检验检疫人员同时进行查验

参考答案 ABCD（选项D因关检合并，已不成立，此处仅作为学习参考）

解　　析 查验前的准备工作有以下几个方面。

(1) 了解海关查验作业方式的分类。海关实施查验可以进行全部查验，也可以进行抽查。按照操作方式，查验可以分为人工查验、机检查验和开箱查验等方式。

(2) 确认海关查验时间、地点。海关指定查验时间、地点的情形：此时海关查验一般在海关监管区内的指定场地进行。报关人员在接受海关查验前应确认待查验货物的准确位置及堆放地点。当海关通知查验时，报关人员应及时到达指定的查验作业区配合海关实施查验。经海关通知查验，进出口货物收发货人或者其代理人届时未到场的，海关将径行查验。

企业预约查验时间、地点的情形：报关人员收到查验通知后，应首先到查验场地办理查验货物进场手续，在确认货物抵达查验场地后，向海关预约查验时间。如有易受温度、静电、粉尘等自然因素的影响的货物，或者对于拆装环境有特殊要求的货物（例如，食品、机密仪器等），可向海关提出申请，要求海关派员到监管区外海关确认的地点实施查验。

(3) 掌握货物及装箱明细等信息。报关人员在配合海关实施查验前，应与收发货人确认货物相关信息、装箱明细等情况。

(4) 评估查验可能产生的货损风险。因进出口货物所具有的特殊属性，容易因开启、搬运不当等原因导致货物损毁，报关人员需要与收发货人在查验实施前详细确认。

(5) 其他准备。为确保查验过程中及时回答海关提出的询问，报关人员需要详细了解申报货物的结构组成、成分含量、工作原理等信息，并准备相关资料，如产品说明书、品牌授权书、预归类建议书等。

为了不延误取样送检货物的通关效率，报关人员应按照海关取样送检的有关规定，准备好有关产品的成分说明书等资料，以及符合取样准备的取样瓶、袋子、相应取样工具等并及时通知收发货人。如遇有危险品或不具备条件现场取样的，应及时向海关提出申请。

2. 完善创新运行机制

【2016单选题】"随机选择布控、随机派员查验"又被称为(　　)。

A. 区域通关一体化　　B. 单一窗口　　C. 双随机　　D. 三互

参考答案 C

解　　析 所谓"双随机"，指的是随机选择布控、随机派员查验。针对进出口报关单，海关在风险分析的基础上，由计算机自动选定需要查验的报关单，并交由现场实施查验。

【2016判断题】目前我国海关通关作业无纸化改革已覆盖全国海关所有通关业务现场和领域。

参考答案 正确

解　　析 根据海关总署公告2014年第25号《关于深入推进通关作业无纸化改革工作有关事项的公告》，自2014年4月1日起，通关作业无纸化改革工作的试点范围扩大至全国海关的全部通关业务现场。

【2017单选题】贸易商通过一个公共平台向不同监管机构一次性申报，上述机构使用各自系统分头处

理，并通过该平台将处理结果传输给贸易商，这种“公共平台”运行模式被称为（　　）。

A. 单一窗口　　B. 单一系统　　C. 单一机构　　D. 互联互通

参考答案　A

解　　析　按照联合国贸易便利化和电子业务中心33号建议书做出的解释，单一窗口是指参与国际贸易和运输的各方，通过单一的平台提交标准化的信息和单证以满足相关法律法规及管理的要求。“单一窗口”，是实现申报人通过电子口岸平台一点接入、一次性提交满足口岸管理和国际贸易相关部门要求的标准化单证和电子信息，相关部门通过电子口岸平台共享数据信息、实施职能管理，处理状态（结果）统一通过“单一窗口”反馈给申报人。

【2018判断题】“单一窗口”能够使企业在多个口岸管理部门间通过一个平台实现一次申报，建成“单一窗口”不仅能推动口岸执法简政放权，减轻企业负担，也有利于平均放行时间的统计和公布。

参考答案　正确

解　　析　同上题。

3. 统一通用企业资质

【2016单选题】报关企业注册登记许可的期限是（　　）。

A. 长期有效　　B. 1年　　C. 2年　　D. 3年

参考答案　A（该题原答案为选项C，现根据政策调整以此答案为准）

解　　析　根据海关总署公告2019年第213号《关于取消报关企业和报关企业分支机构注册登记有效期的公告》的规定：“自公告之日起，在全国范围内取消报关企业和报关企业分支机构注册登记有效期，改为长期有效。”

（三）全面深化新海关改革

改革现行申报制度，实施“两步申报”

【2016多选题】关于海运出口货物报关的正确表述是（　　）。

A. 应先装船再报关　　B. 应先报关再装船

C. 有无场站运抵信息均可报关　　D. 除特殊情况外，应收到场站运抵信息后再报关

参考答案　BD

解　　析　海关总署令第103号《中华人民共和国海关进出口货物申报管理规定》规定，出口货物发货人、受委托的报关企业应当在货物运抵海关监管区后、装货的二十四小时以前向海关申报。

海关总署令第172号《中华人民共和国海关进出境运输工具舱单管理办法》第二十一条规定，出境运输工具预计载有货物、物品的，舱单传输人应当在办理货物、物品申报手续以前向海关传输预配舱单主要数据。

第二十二条规定，出境货物、物品运抵海关监管作业场所、旅客通关类、邮件类场所时，相关场所经营人应当以电子数据方式向海关提交运抵报告。

运抵报告提交后，海关即可办理货物、物品的查验、放行手续。

第三章 海关主要业务管理制度（一）

一、大纲细则

（一）主要内容

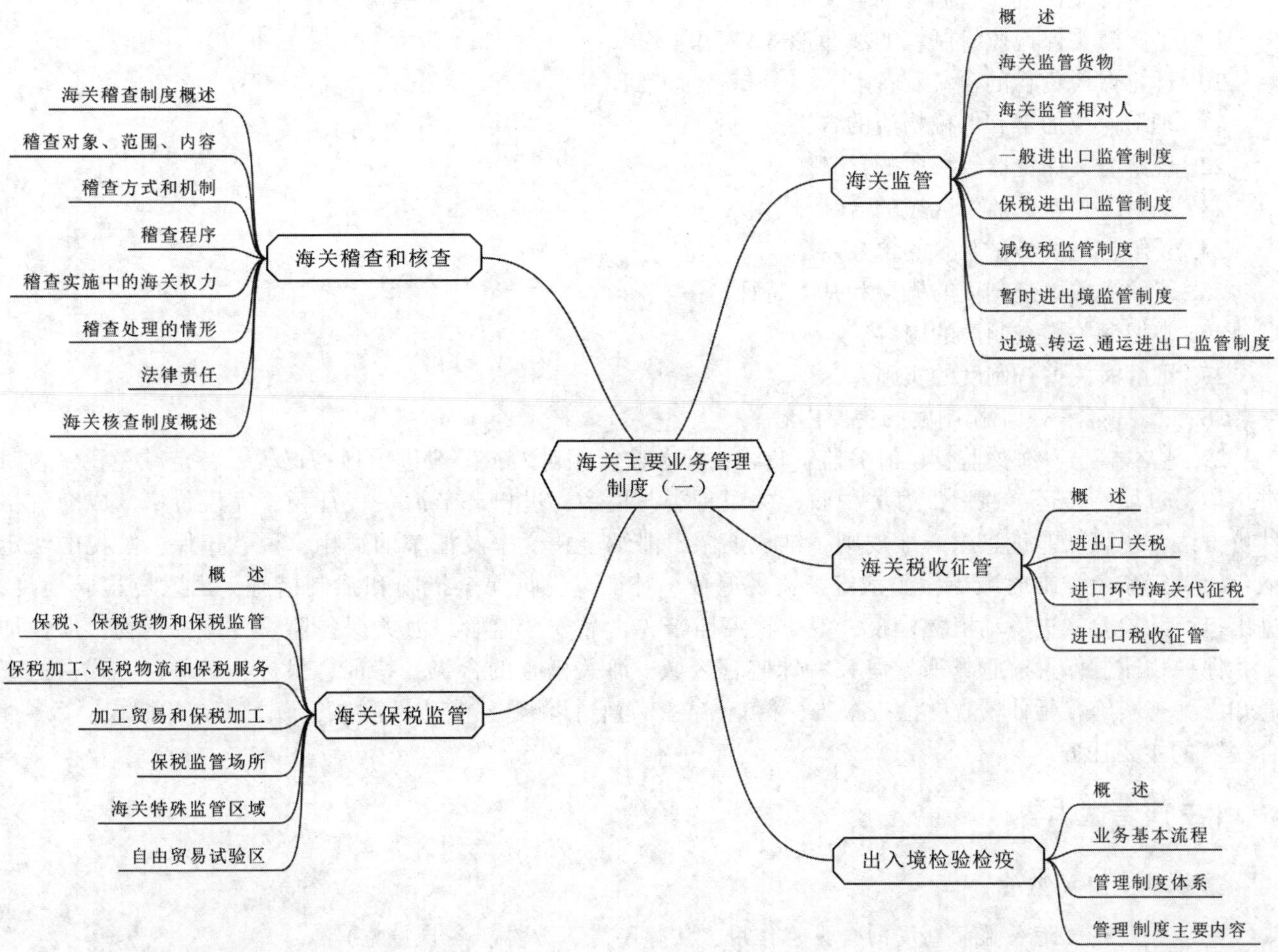

（二）基本要求

1. 理解海关监管制度的含义。
2. 了解海关监管制度的法律形式。
3. 了解海关监管制度的体系。
4. 理解海关监管货物的含义及特征。
5. 理解海关监管相对人的含义。
6. 掌握海关监管制度的内容及管理措施。
7. 理解海关税收征管制度的含义。
8. 了解进出口关税种类及税率设置。
9. 掌握税收征管作业有关规定。
10. 掌握追征和补征、预裁定及税收保全措施和强制措施的有关规定。
11. 了解出入境检验检疫业务的基本流程。

12. 熟悉出入境检验检疫管理制度体系。
13. 了解商品检验制度的主要内容。
14. 了解动植物检疫制度的主要内容。
15. 了解卫生检疫监督制度的主要内容。
16. 了解食品安全监管制度的主要内容。
17. 简单了解海关特殊监管区域的检验检疫管理措施。
18. 理解海关保税监管制度的含义。
19. 了解海关保税监管制度的法律形式。
20. 理解保税货物的含义及特点。
21. 理解保税加工和保税物流的含义。
22. 理解海关保税监管场所的含义。
23. 理解海关特殊监管区域的含义。
24. 了解自由贸易试验区的含义。
25. 了解海关稽查制度的概念和基本特征。
26. 掌握海关稽查制度的内容。
27. 了解海关稽查制度的实施。
28. "多查合一"工作制度的主要内容。
29. 基本概念：海关监管，海关监管货物，海关监管相对人，一般进出口，保税，特定减免税，暂时进出境，过境，转运，通运，海关税收，关税种类、税率，进口环节海关代征税，完税价格，成交价格估价方法，优惠及非优惠原产地规则，纳税期限，滞纳金，税率及汇率的适用，税款担保，关税的法定减免、特定减免、临时减免，预裁定，关税追征、补征，税收保全措施和强制措施，出入境检验检疫，进出口商品检验，进境动植物检疫，卫生检疫监督，食品安全监管，海关保税监管，保税货物，保税加工，保税物流，保税监管场所，海关特殊监管区域，海关稽查的含义、特征、目标、对象、方式，稽查通知，稽查实施，延伸稽查，稽查报告，稽查结论，符合性测试，实质性测试，海关稽查的职权，"多查合一"的主要任务。

（三）考试内容

第一节　海关监管

一、☆概述（海关监管制度的含义、作用、法律形式、分类、各自措施）

二、海关监管货物

（一）★办结海关手续的时限不同

（二）★海关监管货物种类

1. ★一般进出口货物
2. ★保税货物
3. ★暂时进出境货物
4. ★特定减免税货物
5. ☆国境、转运和通运货物

（三）★未办结海关手续进出口货物范围

三、海关监管相对人

★报关人（概念、范围）

☆报关活动相关人（概念、职责）

四、★一般进出口监管制度（概念、适用范围、通关规则、程序要求）

五、★ 保税进出口监管制度
六、★减免税监管制度
法定减免税（概念）
特定减免税（概念、适用原则、适用范围）
临时减免税（概念）
七、★暂时进出境监管制度（概念）
八、☆过境、转运、通运进出口监管制度（概念、区别）

第二节 海关税收征管

一、★概述
海关税收（概念、范围）
关税（征税主体、作用、征税对象、特征、纳税义务人）
海关税收征管制度（概念）
二、进出口关税
（一）★关税的分类
1. 进口关税、出口关税（概念）
2. 从价税、从量税、复合税、滑准税（概念、计算公式）
3. 普通关税、优惠关税（概念、种类）
4. 正税、附加税（概念、种类、作用）
（二）★关税税率的设置
1. 从价进口关税税率（种类、适用范围）
2. 从价出口关税税率（适用范围）
3. 从量进口关税税率（适用范围）
4. 复合进口关税税率（适用范围）
三、进口环节海关代征税
★进口环节海关代征税（种类及征收方式）
1. ★进口环节增值税（概念、征纳规定、征收范围和税率）
2. ★进口环节消费税（概念、征纳规定、征收范围）
四、进出口税收征管
★税费征收方式
1. 自报自缴（概念、操作规则）
2. 审核纳税（概念）
☆税费缴纳方式（电子支付、柜台支付、逐票缴纳、汇总征税概念、操作规则）
★法定纳税期限
★延期纳税期限
★滞纳金（常规缴纳期限、特殊情况、滞纳金减免）
★税率适用日期（常规情况及特殊情况适用规则）
★汇率适用日期（使用规则）
★关税的追补和退还（起因、概念、范围、操作规则）
★税款担保（税款担保的范围、担保期限及方式）
★税收保全措施和强制措施（概念、方式、操作程序）
☆纳税争议的解决（概念、范围、复议程序、执行方法）

第三节　出入境检验检疫

一、★ 概述（出入境检验检疫制度的概念、检验检疫范围）

二、业务基本流程

★申报/ 申请（操作方法）

☆现场和实验室检验检疫（检验检疫方式）

☆卫生除害处理（检疫处理）

☆综合评定

☆签证与放行（处理规则）

三、管理制度体系

★进出口商品检验制度（概念、基本内容、种类划分、法规依据）

★进出境动植物检疫制度（概念、管理目的、管理方式、基本内容）

★卫生检疫监督制度（概念、基本内容、职能范围）

★食品安全监管制度（监管范围、监管要求、准入管理）

四、主要制度内容

☆进出口商品检验制度的主要内容（进口汽车、进口涂料）

★进境动植物检疫审批（管理范围、证书管理）

☆进境植物繁殖材料检疫（管理范围、单证要求）

☆国际航行船舶出入境检验检疫（概念、职责划分、管理要求）

★出入境特殊物品卫生检疫（管理范围、职责划分、管理要求、操作规则）

★进出口食品安全管理（概念、管理范围、管理规则、操作规则）

★进出口乳品检验检疫（概念、管理范围、管理规则、操作规则）

★海关特殊监管区域检验检疫管理（管理规定）

第四节　海关保税监管

一、☆概述（法律、行政法规、部门规章）

二、保税、保税货物和保税监管

★保税（概念）

★保税货物（概念、特点、管理方式）

★保税监管（含义）

三、保税加工、保税物流和保税服务

★保税加工（概念、经营方式）

★保税物流（概念、表现形式）

★保税服务（含义、目的、形式）

四、加工贸易和保税加工

★加工贸易和保税加工联系与区别

五、保税监管场所（含义、范围、服务）

☆保税仓库（概念）

☆出口监管仓库（概念）

☆保税物流中心（A 型）（概念）

★保税物流中心（B 型）（概念）

六、海关特殊监管区域（含义、范围、服务）

★保税区（概念）

★出口加工区（概念）
★保税港区（概念）
★综合保税区（概念）
☆跨境工业园区（概念）
☆海关特殊监管区域的法律形式
七、☆自由贸易试验区（种类、与海关特殊监管区域关系）

第五节 海关稽查和核查

一、★海关稽查制度概述（概念、工作手段、目标、特征、管理目的）
二、稽查对象、范围、内容
★稽查对象
★稽查范围（包括稽查期限）
★稽查内容
三、稽查方式和机制
★常规稽查（概念、形式）
☆专项稽查（概念、形式）
☆贸易调查（概念、形式）
★主动披露（概念、形式）
☆海关稽查引入社会中介机构提供服务（概念、形式）
四、稽查程序（操作流程、适用范围）
★ 稽查实施（概念、程序）
★稽查处理（概念、程序）
五、★稽查实施中的海关权力（权利范围）
六、稽查处理的情形
☆未发现被稽查人存在问题的
★发现被稽查人存在涉嫌走私或违规情事的
★发现被稽查人存在追补税情事的
★发现被稽查人存在不规范行为，责令限期改正的
★发现被稽查人未按照规定设置或者编制账簿或者转移、隐匿、篡改、毁弃账簿的
☆终结稽查
七、稽查文书
☆稽查通知书
☆稽查征求意见书
☆稽查结论
八、法律责任
★被稽查人的法律责任
☆海关工作人员的法律责任
九、★海关核查制度概述（概念、范围、“多查合一”）

（四）题型分值

题　型	年　份				
	2016	2017	2018	2019	2020
单选题	4.5	7.5	1	6	6
多选题	9	9	10	8	4
判断题	1	0	7	0	0
填空题	4	3	0	0	0
案例题	0	0	0	0	0
总计（分）	18.5	19.5	18	14	10

二、大纲知识点解析

（一）海关监管

1. 特定减免税货物

【2020 单选题】对于（　　）货物，海关的监管时限是自货物进境起，到海关监管年限期满止，或向海关办理补证、补税手续止。

A. 一般进出口　　B. 暂时进口　　C. 保税进口　　D. 特定减免税

参考答案　D

解　　析　海关总署令第124号《中华人民共和国海关进出口货物征税管理办法》（通常简称《进出口货物征税管理办法》）第七十五条规定，特定地区、特定企业或者有特定用途的特定减免税进口货物，应当接受海关监管。

监管年限自货物进口放行之日起计算。

第七十六条规定，在特定减免税进口货物的监管年限内，纳税义务人应当自减免税货物放行之日起每年一次向主管海关报告减免税货物的状况；除经海关批准转让给其他享受同等税收优惠待遇的项目单位外，纳税义务人在补缴税款并且办理解除监管手续后，方可转让或者进行其他处置。

特定减免税进口货物监管年限届满时，自动解除海关监管。

2. 未办结海关手续进出口货物

【2017 单选题】无代价抵偿进出口货物应当在原进出口合同规定的索赔期内且不超过原货物进出口之日起（　　）年，向海关申报办理无代价抵偿货物的进出口手续。

A. 1　　B. 2　　C. 3　　D. 5

参考答案　C

解　　析　《海关进出口货物征税管理办法》第三十条规定，纳税义务人应当在原进出口合同规定的索赔期内且不超过原货物进出口之日起三年，向海关申报办理无代价抵偿货物的进出口手续。

【2017 多选题】进口“无代价抵偿货物”（　　）。

A. 须向海关提交原进口报关单　　B. 免于交验进口许可证

C. 无须缴纳进口税费　　D. 海关放行后即结关

参考答案　ABCD

解　　析　无代价抵偿货物是指进出口货物在海关放行后，因残损、短少、品质不良或者规格不符原因，由进出口货物的发货人、承运人或者保险公司免费补偿或者更换的与原货物相同或者与合同规定相符的货物。所以，抵偿货物进口时，需要提交原进口报关单以确定两批货物之间的联系。原进口货物如果涉及进口许可证也无须另外提供。

根据《进出口货物征税管理办法》第二十九条的规定，进口无代价抵偿货物，不征收进口关税和进口环节海关代征税。

第三十四条规定，纳税义务人申报进出口无代价抵偿货物，被更换的原进口货物不退运出境且不放弃交由海关处理的，或者被更换的原出口货物不退运进境的，海关应当按照接受无代价抵偿货物申报进出口之日适用的税率、计征汇率和有关规定对原进出口货物重新估价征税。

3. 法定减免税

【2016 单选题】 目前我国对关税税额在人民币（　　）元以下的一票货物法定免税。

A. 10　　B. 25　　C. 50　　D. 100

参考答案　C

解　　析　根据国务院令第 392 号《中华人民共和国进出口关税条例》（通常简称《关税条例》）第四十五条规定，进出口货物关税税额在人民币 50 元以下的一票货物免征关税。

【2019 多选题】 以下项目属于法定减免税情形的是（　　）。

A. 单票货物关税税额在人民币 50 元以下的

B. 某外商企业进口投资额度内的一台自用大型设备

C. 某科研机构进口的一批科研用残疾人专用商品

D. 无商业价值的广告品和货样

参考答案　AD

解　　析　法定减免税是指按照《海关法》《关税条例》和其他法律、行政法规的规定，对进出境货物和物品可以享受的减免关税优惠，海关对法定减免税货物和物品一般不进行后续管理。

《进出口货物征税管理办法》第七十二条规定："纳税义务人进出口减免税货物，应当在货物进出口前，按照规定凭有关文件向海关办理减免税审核确认手续。下列减免税进出口货物无需办理减免税审核确认手续：

"（一）关税、进口环节增值税或者消费税税额在人民币 50 元以下的一票货物；

"（二）无商业价值的广告品和货样；

"（三）在海关放行前遭受损坏或者损失的货物；

"（四）进出境运输工具装载的途中必需的燃料、物料和饮食用品；

"（五）其他无需办理减免税审核确认手续的减征或者免征税款的货物。"

4. 特定减免税

＊＊**【2016 判断题】** 首批进口的特定减免税货物，其特定减免税审批手续可与减免税申请人备案手续合并办理。

参考答案　错误（原题答案为正确，现由于相关法规调整变化，答案也进行相应调整）

解　　析　新法规取消了减免税申请备案环节。根据《中华人民共和国海关进出口货物减免税管理办法》第三条的规定，进出口货物减免税申请人应当向其主管海关申请办理减免税审核确认、减免税货物税款担保、减免税货物后续管理等相关业务。

【2020 单选题】 特定减免税适用于按国务院特别规定可享受减免税的（　　）货物。

A. 进口　　B. 出口　　C. 进口和出口　　D. 法定减免税

参考答案　A

解　　析　特定减免税是指海关根据国家规定，对特定地区、特定用途和特定企业给予的减免关税和进口环节海关代征税的优惠，也称政策性减免税。

（二）海关税收征管

1. 关税

【2016/2017 多选题】 进入我国关境内的（　　），属于关税征收对象。

A. 货物　　B. 物品

C. 载运货物的运输工具　　D. 人员

参考答案　AB

解　　析　根据《关税条例》第二条的规定，中华人民共和国准许进出口的货物、进境物品，除法律、行政法规另有规定外，海关依照本条例规定征收进出口关税。

【2017 单选题】 关税的征收主体为（　　）。

A. 国家　　B. 海关总署　　C. 国家税务总局　　D. 财政部

参考答案　A

解　　析　关税的征收主体是国家，《海关法》明确将征收关税的权力授予海关，由海关代表国家行使征收关税的职能。

2. 出口关税

【2018 单选题】 出口涉及需要征税的货物，应该缴纳的税金包括（　　）。

A. 关税　　B. 关税、增值税

C. 关税、增值税、消费税　　D. 关税、增值税、消费税、反倾销税

参考答案　A

解　　析　自 2021 年 1 月 1 日起继续对铬、铁等 107 项商品征收出口关税，适用出口税率或出口暂定税率。我国海关目前对出口货物均以从价方式计征关税。

3. 从价税、从量税、复合税、滑准税

【2017 单选题】 下列商品中，按从量计征方法征收进口关税的是（　　）。

A. 图书　　B. 大米　　C. 摩托车　　D. 胶卷

参考答案　D

解　　析　依据海关总署公告 2020 年第 135 号《关于执行 2021 年关税调整方案的公告》从量计征范围包括：冻鸡类、胶卷类。

【2017 填空题】 我国对进出口货物征收关税主要采用（　　）计税标准。

参考答案　从价

解　　析　从价税是以货物、物品的价格作为计税标准，以应征税额占货物价格的百分比为税率，价格和税额成正比例关系的关税。我国对进出口货物征收关税主要采用从价税计税标准。

4. 正税、附加税

【2017 多选题】 下列贸易救济措施中，（　　）针对的是“价格歧视”这种不公平的贸易行为。

A. 反倾销　　B. 反补贴　　C. 临时保障措施　　D. 最终保障措施

参考答案　AB

解　　析　反倾销和反补贴措施针对的是价格歧视这种不公平贸易行为，保障措施针对的则是进口产品激增的情形。

进口产品以倾销方式进入我国市场，并对已经建立的国内产业造成实质损害或者产生实质损害威胁，或者对建立国内产业造成实质阻碍的，我国依照规定进行调查，采取反倾销措施。倾销，是指在正常贸易过程中进口产品以低于其正常价值的出口价格进入我国市场。

进口产品存在补贴，并对已经建立的国内产业造成实质损害或者产生实质损害威胁，或者对建立国内产业造成实质阻碍的，我国依照规定进行调查，采取反补贴措施。补贴，是指出口国（地区）政府或

者其任何公共机构提供的并为接受者带来利益的财政资助以及任何形式的收入或者价格支持。

【2017 填空题】关税可以分为正税和（　　）税。

参考答案　附加

解　　析　正税是按照《中华人民共和国进出口税则》（通常简称《税则》）中的进口税率征收的关税，正税具有规范性、相对稳定性的特点。从价税、从量税、复合税、滑准税等都属于正税。附加税是指国家由于特定需要，对货物除征收关税正税外另行征收的关税，一般具有临时性特点。附加税包括反倾销税、反补贴税、保障措施关税、报复性关税等。

【2018 判断题】根据我国《保障措施条例》规定，保障措施的实施期限不得超过四年。

参考答案　错误

解　　析　根据国务院令第 330 号《中华人民共和国保障措施条例》第二十六条的规定，保障措施的实施期限不超过四年。符合下列条件的，保障措施的实施期限可以适当延长：

（1）按照本条例规定的程序确定保障措施对于防止或者补救严重损害仍然有必要；

（2）有证据表明相关国内产业正在进行调整；

（3）已经履行有关对外通知、磋商的义务；

（4）延长后的措施不严于延长前的措施。

一项保障措施的实施期限及其延长期限，最长不超过十年。

5. 关税税率的设置

【2016 填空题】我国对进口关税设置最惠国税率、（　　）税率、特惠税率、关税配额税率、普通税率。

参考答案　协定

解　　析　根据《关税条例》第九条的规定，进口关税设置最惠国税率、协定税率、特惠税率、普通税率、关税配额税率等税率。对进口货物在一定期限内可以实行暂定税率。

【2016 填空题】同时适用 ITA 税率、协定税率的商品，应适用（　　）税率征税。

参考答案　ITA

解　　析　ITA 税率（Information Technology Agreement Tax）是指信息技术协议税率。我国加入《信息技术协议》，结束了我国只履行义务而不能享受权利的不合理局面，这将有助于我国信息技术产品进入国际市场，促进信息技术产业贸易的发展。每年国务院关税税则委员会关于年度关税调整方案中都有相关附录“部分信息技术产品最惠国税率表”。其适用规则为同时适用 ITA 税率、其他税率的，应适用 ITA 税率。同时适应最惠国税率、进口暂定税率的，应当适用暂定税率。同时适用协定税率、特惠税率、进口暂定税率的，应当从低适用。

6. 从价进口关税税率

【2019 单选题】如图为 2019 年“进口商品暂定税率表”部分截图，下列选项描述错误的是(　　)。

序号	EX [注1]	税则号列	商品名称	最惠国税率（%）	2019年暂定税率（%）
664	ex	90019090	液晶显示屏背光模组的光学元件(包括导光板、反射板、扩散片、增亮片)	5#4	2
665		90021131	单反相机镜头	6	3
666		90021139	其他照相机用镜头	6	3
667	ex	90021190	彩色投影机和数字光处理器的镜头及镜头组件	10	3
668	ex	90021990	摄像机、摄录一体机的镜头	9.4#7.5	3
669	ex	90021990	手机、平板电脑用物镜（800万像素及以上）	9.4#7.5	1—6月：8%
670		90031910	金属材料制眼镜架	7	6
671		90041000	太阳镜	7	6

A. 进口原产于德国的钛合金眼镜架，适用关税税率为6%

B. 进口原产于日本的摄像机镜头，适用关税税率为3%

C. 内销原产于中国的单反相机镜头，适用关税税率为3%

D. 进口原产于韩国的手机用物镜，1200万像素，适用关税税率为7.5%（2019年3月份进口）

参考答案 D

解　　析 略。

说明：与税率信息相关的内容，均以当年执行为标准，此题仅作学习参考。

7. ★进口环节海关代征税

【2018判断题】 进口环节海关代征税主要有增值税、消费税以及船舶吨税。

参考答案 错误

解　　析 目前，进口环节海关代征税主要有增值税、消费税两种，其中增值税征收采用从价计征方式，消费税征收采用从价、从量、复合三种计征方式，不同应征消费税商品的计税方式均有明确规定。

【2019多选题】 关于进口环节海关代征税的表述，正确的有（　　）。

A. 主要有增值税、消费税两种

B. 均采用从价计征方式

C. 起征点均为50元

D. 进口货物如果有消费税，应先计算消费税，再计算增值税

参考答案 CD

解　　析 同上题。

8. 进口环节消费税

【2018多选题】 下列属于消费税的征收范围的有（　　）。

A. 实木地板　　B. 汽车轮胎　　C. 贵重首饰　　D. 音像制品

参考答案 ABC

解　　析 2021年进口环节消费税征收范围包括：烟、酒、成品油、化妆品、烟花爆竹、车辆、轮胎、地板、筷子、珠宝首饰、船、表、高尔夫球具。

9. 自报自缴

【2019单选题】 某企业为一般信用企业，以下选项适用自报自缴模式的是（　　）。

A. 涉及公式定价货物　　B. 实施反倾销货物

C. 保障措施货物　　D. 涉及进口许可证货物

参考答案 D（随着税收征管方式改革日趋成熟，此题选项B、C现今也已支持自报自缴模式）

解　　析 自报自缴是指进出口企业、单位自主向海关申报报关单及随附单证、税费电子数据，并自行缴纳税费的行为。涉及公式定价、特案（包括实施反倾销、反补贴措施和保障措施）等特殊种类货物及以有纸形式申报的，暂不适用“自报自缴”模式。

10. 延期纳税期限

【2016单选题】 延期缴纳税款的期限，自货物放行之日起最长不超过（　　）个月。

A. 3　　B. 6　　C. 9　　D. 12

参考答案 B

解　　析 根据《关税条例》第三十九条的规定，纳税义务人因不可抗力或者在国家税收政策调整的情形下，不能按期缴纳税款的，经依法提供税款担保后，可以延期缴纳税款，但是最长不得超过6个月。

11. 汇率适用日期

【2018判断题】 计征汇率为上一个月第三个星期三（第三个星期三为法定节假日的，顺延采用第四

个星期三）中国银行公布的外币对人民币基准汇率。

参考答案 错误

解　　析 海关每月使用的计征汇率为上一个月第三个星期三（第三个星期三为法定节假日的，顺延采用第四个星期三）中国人民银行公布的外币对人民币的基准汇率；以基准汇率币种以外的外币计价的，采用同一时间中国银行公布的现汇买入价和现汇卖出价的中间值（人民币元后采用四舍五入法保留四位小数）。本题描述应为"中国人民银行"。

12. 关税的追补和退还

【2018 多选题】 进出口货物放行后，海关发现（　　）税款，应当自缴纳税款或者货物放行之日起一年内，向纳税义务人补征。

A. 少征　　B. 多征　　C. 稽征　　D. 漏征

参考答案 AD

解　　析 根据《海关法》第六十二条规定，进出口货物、进出境物品放行后，海关发现少征或者漏征税款的，应当自缴纳税款或者货物、物品放行之日起一年内，向纳税义务人补征。因纳税义务人违反规定而造成的少征或者漏征，海关在三年以内可以追征。

13. 税收保全措施和强制措施

【2016 单选题】 海关通知金融机构暂停支付纳税义务人相当于应纳税款的存款属于（　　）。

A. 强制措施　　B. 制裁措施　　C. 保全措施　　D. 处罚措施

参考答案 C

解　　析 根据《海关法》第六十一条规定："进出口货物的纳税义务人在规定的纳税期限内有明显的转移、藏匿其应税货物以及其他财产迹象的，海关可以责令纳税义务人提供担保；纳税义务人不能提供纳税担保的，经直属海关关长或者其授权的隶属海关关长批准，海关可以采取下列税收保全措施：书面通知纳税义务人开户银行或者其他金融机构暂停支付纳税义务人相当于应纳税款的存款；扣留纳税义务人价值相当于应纳税款的货物或者其他财产。"

【2017 单选题】 关税纳税义务人自缴纳税款期限届满之日起超过（　　）个月仍未缴纳税款的，海关可以按照《海关法》相关规定采取强制措施。

A. 2　　B. 3　　C. 4　　D. 6

参考答案 B

解　　析 进出口货物的纳税义务人、担保人自规定的纳税期限届满之日起超过 3 个月未缴纳税款的，海关依次采取下列强制措施：

（1）书面通知金融机构从其存款中扣缴税款；

（2）将应税货物依法变卖，以变卖所得抵缴税款；

（3）扣留并依法变卖其价值相当于应纳税款的货物或者其他财产，以变卖所得抵缴税款。

（三）海关保税监管

1. 保税仓库

【2017 单选题】 保税仓库的设立由（　　）审批。

A. 国务院　　B. 海关总署　　C. 直属海关　　D. 隶属海关

参考答案 C

解　　析 根据海关总署令第 105 号《中华人民共和国海关对保税仓库及所存货物的管理规定》第二条规定，本规定所称保税仓库，是指经海关批准设立的专门存放保税货物及其他未办结海关手续货物的仓库。第十条规定，企业申请设立保税仓库的，应当向仓库所在地主管海关提交书面申请。

2. 海关特殊监管区域

【2016 多选题】海关特殊监管区域的整合包括（　　）。

A. 整合类型　　B. 整合功能　　C. 整合政策　　D. 整合管理

参考答案　ABCD

解　　析　在《加快海关特殊监管区域整合优化方案》（国办发〔2015〕66 号）中针对推进海关特殊监管区域整合发展提出了具体要求：整合类型，逐步将现有出口加工区、保税物流园区、跨境工业区、保税港区及符合条件的保税区整合为综合保税区。新设立的海关特殊监管区域统一命名为综合保税区。整合功能，逐步整合海关特殊监管区域保税功能，使其具有服务外向型经济发展和改革开放，连接国际国内两个市场、支持企业创新发展、满足产业多元化需求、发挥集约用地和要素集聚辐射带动作用等基本功能。整合政策，规范、完善海关特殊监管区域税收政策，促进区内企业参与国际市场竞争，同时为其参与国内市场竞争创造公平的政策环境。整合管理，逐步统一海关特殊监管区域信息化管理系统，统一监管模式。整合管理资源，加快完善管理部门间的合作机制，实现相关管理部门信息互换、监管互认、执法互助，加强事中事后监管。简化整合、新设海关特殊监管区域的审核和验收程序，提高行政效率。

【2018 多选题】企业申请设立保税物流中心（B 型）需要下列（　　）部门审批。

A. 财政部　　B. 海关总署　　C. 国家税务总局　　D. 国家外汇管理局

参考答案　ABCD

解　　析　根据《海关法》和《中华人民共和国海关对保税物流中心（B 型）的暂行管理办法》等的相关规定，设立物流中心的申请由直属海关受理，海关总署审批。共同审批部门是财政部、国家税务总局和国家外汇管理局。

（四）海关稽查和核查

1. 海关稽查制度

【2017 填空题】一般进出口货物，海关的稽查期限是自货物（　　）之日起三年内。

参考答案　放行

解　　析　海关稽查，是指海关自进出口货物放行之日起三年内或者在保税货物、减免税进口货物的海关监管期限内及其后的三年内，对与进出口货物直接有关的企业、单位的会计账簿、会计凭证、报关单证以及其他有关资料和有关进出口货物进行核查，监督其进出口活动的真实性和合法性。

2. 稽查对象

【2018 多选题】海关稽查的对象包括（　　）。

A. 从事对外贸易的企业、单位　　B. 从事保税加工业务的企业

C. 使用或者经营减免税进口货物的企业、单位　　D. 报关企业

参考答案　ABCD

解　　析　根据《中华人民共和国海关稽查条例》（通常简称《海关稽查条例》）第三条的规定，海关对下列与进出口货物直接有关的企业、单位实施稽查：从事对外贸易的企业、单位；从事对外加工贸易的企业；经营保税业务的企业；使用或者经营减免税进口货物的企业、单位；从事报关业务的企业；海关总署规定的与进出口货物直接有关的其他企业、单位。

3. 稽查范围（稽查期限）

【2018 判断题】报关单位对于保税货物报关单证、进出口单证、合同及进出口业务直接有关的其他资料，自保税货物放行之日起三年内进行保管。

参考答案　错误

解　　析　根据《海关稽查条例》第二条规定，本条例所称海关稽查，是指海关自进出口货物放行之日起三年内或者在保税货物、减免税进口货物的海关监管期限内及其后的三年内，对与进出口货物直

接有关的企业、单位的会计账簿、会计凭证、报关单证以及其他有关资料和有关进出口货物进行核查，监督其进出口活动的真实性和合法性。

【2018 判断题】根据《中华人民共和国海关稽查条例》规定，进出口业务与之直接关系产生的资料，除加工贸易应自办结海关核销手续后保存三年，减免税设备应自办理海关解除监管手续后保存三年外，一般贸易仅需自办结海关手续后保存三年。

参考答案 正确

解　　析 同上题。

4. 稽查内容

【2017 单选题】下列关于海关稽查说法错误的是（　　）。

A. 对于一般进出口货物，海关的稽查期限是货物放行之日起三年内

B. 海关稽查的方式有常规稽查、专项稽查和验证稽查三种

C. 查账法是海关稽查最主要、最基本的方法

D. 企业主动披露违规行为并补缴税款的，海关应当对其从轻或减轻行政处罚，但不予减免滞纳金

参考答案 D

解　　析 根据海关总署令第 230 号《〈中华人民共和国海关稽查条例〉实施办法》对主动披露并补缴税款的进出口企业、单位，海关可以减免滞纳金。

5. 主动披露

【2018 判断题】对主动披露的进出口企业违法行为轻微并及时纠正，没有造成危害后果的，海关不予行政处罚。

参考答案 正确

解　　析 根据《〈中华人民共和国海关稽查条例〉实施办法》第二十七条的规定，对主动披露的进出口企业、单位，违反海关监管规定的，海关应当从轻或者减轻行政处罚；违法行为轻微并及时纠正，没有造成危害后果的，不予行政处罚。

【2018 判断题】货物放行后，纳税义务人通过自查发现少缴或漏缴税款并主动补缴的，海关可以依法减免税款滞纳金。

参考答案 正确

解　　析 根据海关总署公告 2015 年第 27 号《关于明确税款滞纳金减免相关事宜的公告》海关对未履行税款给付义务的纳税义务人征收税款滞纳金，符合下列情形之一的，海关可以依法减免税款滞纳金：

（1）纳税义务人确因经营困难，自海关填发税款缴款书之日起在规定期限内难以缴纳税款，但在规定期限届满后三个月内补缴税款的；

（2）因不可抗力或者国家政策调整原因导致纳税义务人自海关填发税款缴款书之日起在规定期限内无法缴纳税款，但在相关情形解除后三个月内补缴税款的；

（3）货物放行后，纳税义务人通过自查发现少缴或漏缴税款并主动补缴的；

（4）经海关总署认可的其他特殊情形。

【2019 单选题】对主动披露的进出口企业、单位违反海关监管规定的行为，以下说法正确的是(　　)。

A. 海关应当从轻或者减轻行政处罚　　B. 海关应当减免滞纳金

C. 违法行为轻微不予追补税款　　D. 已补缴税款的不予行政处罚

参考答案 A

解　　析 根据《〈中华人民共和国海关稽查条例〉实施办法》第二十七条的规定，对主动披露的进出口企业、单位，违反海关监管规定的，海关应当从轻或者减轻行政处罚；违法行为轻微并及时纠正，

没有造成危害后果的，不予行政处罚。

对主动披露并补缴税款的进出口企业、单位，海关可以减免滞纳金。

【2020 单选题】进出口企业、单位主动披露涉税违规行为不予行政处罚的是（　　）。

A. 漏缴、少缴税款人民币 50 万元以下　　B. 漏缴、少缴税款人民币 60 万元以下

C. 漏缴、少缴税款人民币 80 万元以下　　D. 漏缴、少缴税款人民币 100 万元以下

参考答案　A

解　　析　根据海关总署公告 2019 年第 161 号《关于处理主动披露涉税违规行为有关事项的公告》相关规定，进出口企业、单位主动披露涉税违规行为，有下列情形之一的，根据《中华人民共和国行政处罚法》第二十七条的规定，不予行政处罚：

（1）在涉税违规行为发生之日起三个月内向海关主动披露，主动消除危害后果的；

（2）在涉税违规行为发生之日起三个月后向海关主动披露，漏缴、少缴税款占应缴纳税款比例 10% 以下，或者漏缴、少缴税款在人民币 50 万元以下，且主动消除危害后果的。

【2020 多选题】关于企业主动披露制度，下列说法不正确是（　　）。

A. 主动披露是企业实行自我纠错的有效途径

B. 对主动披露并补缴税款的进出口企业，海关应当减免滞纳金

C. 对主动披露的进出口企业，海关应当从轻或减轻行政处罚

D. 违法行为轻微的，不予追补税款

参考答案　BD

解　　析　略。

6. 发现被稽查人未按照规定设置或者编制账簿或者转移、隐匿、篡改、毁弃账簿的

【2018 多选题】海关对某一般认证报关企业稽查中，发现该企业未按照规定保管进出口合同且逾期未按要求整改，海关可以（　　）。

A. 对企业处 2 万元以上 10 万元以下的罚款　　B. 撤销该企业的报关注册登记

C. 对企业处 1 万元以上 5 万元以下的罚款　　D. 调整该企业的信用等级

参考答案　CD

解　　析　在本题中，报关企业未妥善保管合同，按照《海关法》规定，由海关责令限期改正；逾期不改正的，处人民币 1 万元以上 5 万元以下的罚款，所以选项 C 是正确的；情节严重的，撤销其报关注册登记。在本题中，没有说明情节是否严重所以选项 B 不正确。海关在稽查时，发现报关企业存在问题，制发限期改正通知书告知被稽查人；被稽查人逾期不改正的，海关可以依据相关规定调整其信用等级，所以选项 D 是正确的。

7. 被稽查人的法律责任

【2016 多选题】下列关于海关法律责任表述正确的有（　　）。

A. 未经海关注册登记从事报关业务的，由海关没收货物，并处以罚款

B. 报关企业非法代理他人报关且情节严重的，撤销其报关注册登记

C. 报关企业向海关工作人员行贿的，由海关取消其注册登记，并处以罚款

D. 报关人员违反法律法规规定，构成走私犯罪的，依法追究刑事责任

参考答案　BCD

解　　析　报关单位在办理报关手续时，应当遵守国家有关法律、行政法规和海关的各项规定，承担相应的法律责任。报关单位对其所属的报关员的报关行为应当承担相应的法律责任。

因此海关实施处罚的种类包括警告、罚款、没收、暂停、撤销资格。对在海关注册登记、取得有关业务资格的企业，违反海关有关规定的，海关除给予相应的申诫罚、财产罚外，还可予以相应的资格罚。

根据《海关法》第八十七、第八十八、第八十九、第九十条规定，报关单位有下列行为之一的，应

当承担相应的法律责任：

（1）海关准予从事有关业务的企业，违反有关规定的，由海关责令整改，可以给予警告，暂停其从事有关业务的资格，直至撤销注册。

（2）未经海关注册登记从事报关业务的，由海关予以取缔，没收违法所得，可以并处罚款。

（3）报关企业非法代理他人报关或者超出其业务范围进行报关活动的，由海关责令整改，处以罚款；情节严重的，撤销其报关注册登记。报关人员非法代理他人报关或者超出其业务范围进行报关活动的，由海关责令改正，处以罚款。

（4）进出口收发货人、报关企业向海关工作人员行贿的，由海关撤销其注册登记，并处以罚款；构成犯罪的，依法追究刑事责任，并不得重新注册登记为报关企业。报关人员向海关工作人员行贿的，处以罚款；构成犯罪的，依法追究刑事责任。

因此选项 A 表述有误，未经海关注册登记从事报关业务的，由海关予以取缔，没收违法所得，并处以罚款。因为属于资格不符合要求，和货物无关，因此应该为取缔报关业务活动，没收违法所得。

第四章　海关主要业务管理制度（二）

一、大纲细则

（一）主要内容

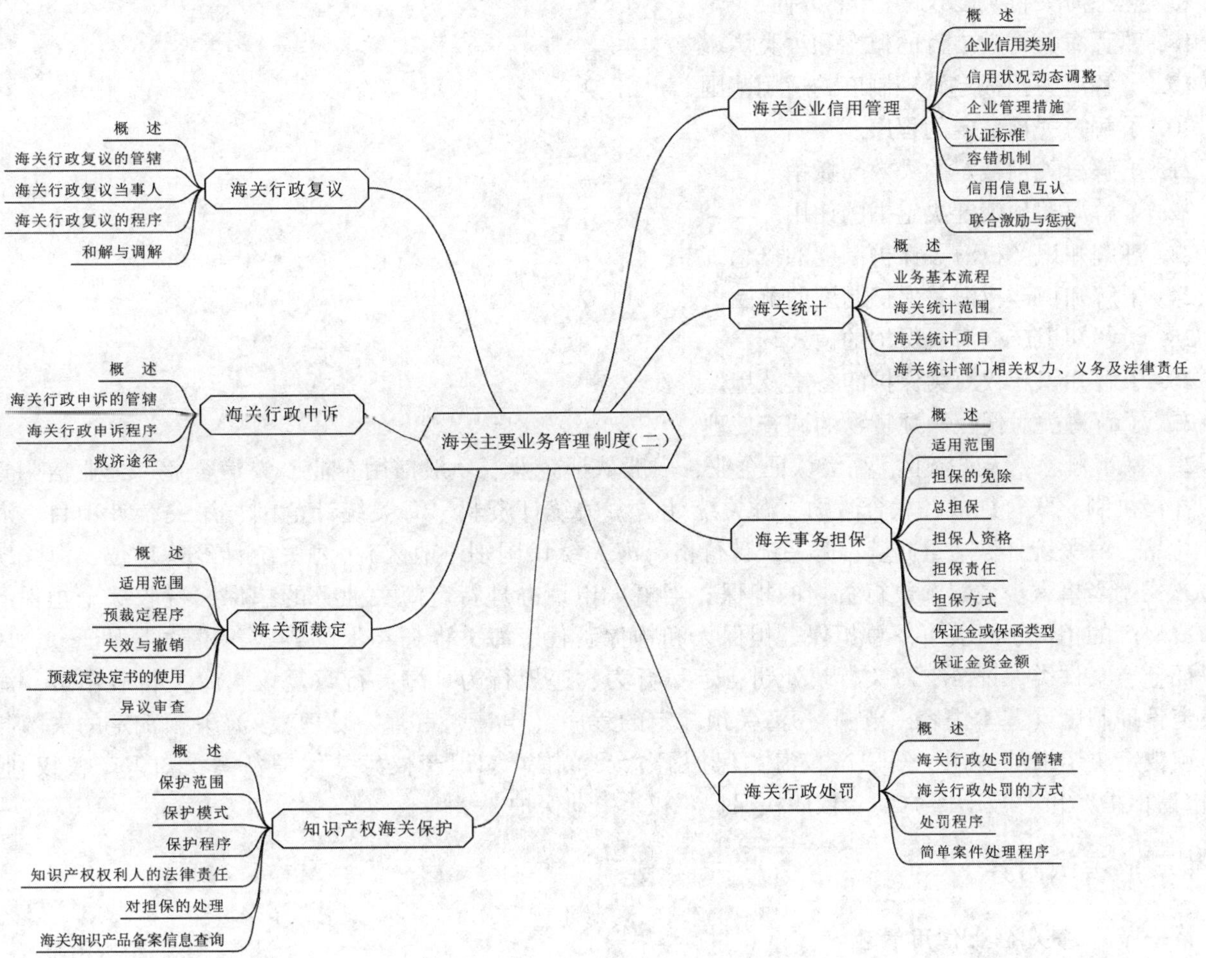

（二）基本要求

1. 了解企业信用管理的起源。
2. 了解企业信用信息采集和公示的范围。
3. 了解企业信用状况的认定标准和程序。
4. 了解海关对认证企业的管理措施。
5. 了解海关对失信企业的管理措施。
6. 了解企业信用管理中的容错机制。
7. 了解企业信用管理中的联合惩戒与激励。
8. 理解海关统计制度的概念。
9. 了解海关统计的范围。
10. 掌握海关统计项目的规范要求。
11. 了解海关事务担保的适用范围。
12. 了解海关事务担保的免除。
13. 了解海关事务担保的方式。
14. 了解海关事务担保的金额。
15. 了解海关事务担保的销案。
16. 熟悉海关行政处罚的概念和种类。
17. 熟悉海关行政复议的概念和种类。
18. 熟悉海关行政申诉的概念和种类。
19. 了解海关预裁定管理制度的适用范围。
20. 了解海关预裁定的程序。
21. 了解海关预裁定的失效与撤销。
22. 了解海关预裁定决定书的使用。
23. 理解知识产权海关保护制度的概念。
24. 了解知识产权海关保护制度的范围。
25. 了解知识产权海关保护的模式。
26. 了解知识产权海关保护的备案及担保。
27. 了解海关对侵权嫌疑货物的调查处理。
28. 基本概念：认证企业、高级认证企业、一般认证企业、一般信用企业、失信企业、企业信用管理中的容错机制、联合惩戒、联合激励、海关统计、海关统计资料、海关统计范围、海关统计项目、海关统计商品、海关统计数（重）量、海关统计价格、海关统计国别（地区）、海关统计经营单位、海关统计贸易方式、当事人申请提前放行货物的担保、当事人申请办理特定海关业务的担保、税收保全担保、免于扣留财产的担保、海关事务总担保、担保人和担保责任、海关事务担保的方式、税款类保证金、风险类保证金、案件类保证金、海关行政处罚、走私行为、违规行为、海关行政复议、海关行政申诉、海关预裁定管理制度（基本内容、范围）、海关预裁定的程序（申请、审查、受理）、海关预裁定的失效与撤销、预裁定决定书的使用、知识产权海关保护概念及范围、知识产权海关保护备案、知识产权权利人、“依申请保护”和“被动保护”、“依职权保护”和“主动保护”。

（三）考试内容

第一节　海关企业信用管理

一、★概述（海关企业信用管理的演变）

二、企业信用类别

★认证企业（概念、范围）

★一般信用企业（条件）

★失信企业（条件）

三、信用状况动态调整

★信用等级调整（规则）

★企业分立或合并（规则）

四、企业管理措施

★认证企业适用措施

★失信企业适用措施

★特殊情况适用措施

五、认证标准

★不同类型企业适用的认证标准（认证企业类型）

★认证标准覆盖范围（认证标准的四大标准、通用标准包括的项目、通用标准涉及的企业主要部门）

☆认证标准持续符合性（内部审计要求）

六、容错机制

☆不计入申报差错（范围、消除方式）

★主动披露不予行政处罚（符合条件、披露程序）

☆不列入信用状况记录（标准）

七、☆信用信息互认（公示范围、公示期限、互认国家、便利措施）

八、联合激励与惩戒

☆联合激励（企业范围、激励措施）

☆联合惩戒（惩戒措施）

第二节　海关统计

一、☆概述（海关统计的概念、特点和标准）

二、☆业务基本流程

1. 原始数据收集

2. 统计数据审核

3. 统计数据报送

4. 统计资料编制

5. 综合统计资料的发布和提供

6. 统计服务

三、海关统计范围

★列入海关统计的进出口货物

★不列入海关统计的货物、物品

★不列入海关统计但实施单项统计的货物

四、海关统计项目

1. ★品名及编码

2. ★数（重）量（不同种类货物统计标准）

3. ★价格（货币折算、规定）

4. ★国别（地区）[原产/最终目的国（地区）、启运/运抵国（地区）、贸易国（地区）、境内目的地/境内货源地]

5. ☆收发货人
6. ★监管方式（主要范围）
7. ☆运输方式
8. ☆关别（接受申报的海关）
9. ☆时间（进口海关放行日期、出口海关结关日期）
10. ☆毛重与净重
11. ☆品牌类型
五、☆ 海关统计部门相关权力、义务及法律责任

第三节　海关事务担保

一、☆概述（概念、作用）

二、适用范围
1. ★当事人申请提前放行货物的担保
2. ★当事人申请办理特定海关业务的担保
3. ☆税收保全担保
4. ☆免于扣留财产的担保
5. ☆其他适用范围
三、★担保的免除
四、★总担保（适用范围）
五、☆担保人资格
六、☆担保责任（资格、责任、法律义务）
七、☆担保方式
1. 以人民币、可自由兑换的货币提供担保（概念）
2. 以汇票、本票、支票、债券、存单提供担保（概念）
3. 以银行或非银行金融机构出具的保函提供担保（概念）
4. 以海关依法认可的其他财产、权利提供担保（概念）
八、★保证金或保函类型
1. 税款类（适用范围）
2. 风险类（适用范围）
3. 案件类（适用范围）
九、★保证金资金额（标准）

第四节　海关行政处罚

一、概述
★走私行为（认定标准）
★按走私行为论处（认定标准）
★违规行为（认定标准）
★走私与违规的区别
二、☆海关行政处罚的管辖（执行原则）
三、海关行政处罚的方式
★对走私行为的行政处罚方式
★对违规行为的行政处罚方式

四、处罚程序

☆立案调查（不予立案情况、移交程序、执行规则）

☆调查取证（执行原则、主要手段、主要证据）

☆调查中止、恢复和终结（执行原则、恢复调查情况、终结调查情况）

☆案件审查（执行原则）

☆告知、复核和听证（执行程序）

☆处理决定（执行原则）

☆执行（执行原则）

五、★简单案件处理程序（适用范围、执行程序）

第五节　海关行政复议

一、☆概述（概念、特征、适用范围、执行原则）

二、★海关行政复议的管辖（概念、执行原则）

三、☆海关行政复议当事人（概念、对应关系）

四、海关行政复议的程序

☆申请（时限）

☆申请受理（受理原则）

☆审理（概念、执行原则）

☆听证（适用范围）

☆决定（时限、种类）

五、☆和解与调解

第六节　海关行政申诉

一、☆概述（概念、原则、作用、适用范围）

二、★海关行政申诉的管辖（执行原则）

三、海关行政申诉程序

☆申请和受理（执行原则）

☆审查（方法、规则）

☆处理（时限、规则）

四、☆救济途径

第七节　海关预裁定

一、★概述（概念）

二、适用范围

★进出口货物的商品归类

☆进出口货物的原产地或者原产资格

☆进口货物完税价格相关要素、估价方法

☆海关总署规定的其他海关事务

三、预裁定程序

★申请（时限、程序、原则）

☆受理和审查（时限、程序、原则）

★裁定（时限、终止范围）

四、失效与撤销

★失效（执行原则）

★撤销（原因、执行原则）
五、☆预裁定决定书的使用（录入方法、使用）
六、☆异议审查
七、☆预裁定相关文件样式

第八节　知识产权海关保护

一、★概述（概念）
二、★保护范围（特点、知识产权范围、海关保护范围、固定）
三、★保护模式（依申请保护、依职权保护）
四、保护程序
★海关知识产权保护备案（概念、必要性）
☆备案申请人与申请文件
☆备案申请结果与时效
☆备案变更调整规则
☆备案费用
★申请扣留侵权嫌疑货物（申请程序、证据要求、处理程序、时限要求）
★提供担保（担保方式）
★对侵权嫌疑货物的调查处理（扣留、调查、放行被扣留货物、没收被扣留货物）
五、★知识产权权利人的法律责任（承担的费用、责任）
六、★对担保的处理（不同情况对应的处理方式）
七、☆海关知识产权保护备案信息查询（方法）

（四）题型分值

题　型	年　份				
	2016	2017	2018	2019	2020
单选题	9	3	2	2	2
多选题	3	9	4	4	4
判断题	1	3	0	4	4
填空题	0	0	0	0	0
案例题	0	0	15	0	0
总计（分）	13	15	21	10	10

二、大纲知识点解析

（一）海关企业信用管理

1. AEO

【2016 单选题】 AEO 的含义是（　　）。

A. 高级认证企业　　　　B. 经认证的经营者

C. 国际海关认证企业　　D. 守法企业

参考答案　B

解　　析　根据海关总署令第237号《关于公布〈中华人民共和国海关企业信用管理办法〉的令》第五条规定，认证企业是中国海关经认证的经营者（AEO）。中国海关依据有关国际条约、协定以及本办法，开展与其他国家或者地区海关的AEO互认合作，并且给予互认企业相关便利措施。

2. 认证企业

【2018多选题】（　　）可以向海关申请成为认证企业。

A. 失信企业

B. 认证企业被海关调整为一般信用企业满一年

C. 失信企业被海关调整为一般信用企业满一年

D. 失信企业被海关调整为一般信用企业满两年

参考答案　BCD

解　　析　根据《中华人民共和国海关企业信用管理办法》（通常简称《企业信用管理办法》）第十九条的规定，认证企业被海关调整为一般信用企业管理的，一年内不得申请成为认证企业。认证企业被海关调整为失信企业管理的，两年内不得成为一般信用企业。高级认证企业被海关调整为一般认证企业管理的，一年内不得成为高级认证企业。第二十条规定，自被海关认定为失信企业之日起连续两年未发生《企业信用管理办法》第十二条规定情形的，海关应当将失信企业调整为一般信用企业。失信企业被调整为一般信用企业满一年的，可以向海关申请成为认证企业。

3. 信用等级调整

【2020判断题】我国海关对高级认证企业每两年重新认证一次，对一般认证企业不定期重新认证。

参考答案　错误

解　　析　根据《企业信用管理办法》第十八条的规定，海关对高级认证企业每三年重新认证一次，对一般认证企业不定期重新认证。

4. 不同类型企业适用的认证标准

【2017单选题】根据高级认证企业标准对数据管理的要求，系统数据自进出口货物办结海关手续之日起保存（　　）年以上。

A. 1　　B. 2　　C. 3　　D. 4

参考答案　C

解　　析　根据海关总署公告2018年第177号《海关认证企业标准》中的海关高级认证通用标准“内部控制标准”的“信息系统控制”规定，高级认证企业必须建立信息系统的数据管理制度，且数据存储必须在三年以上。

【2017多选题】下列属于“高级认证企业认证标准”的有（　　）。

A. 连续两年无走私罪、走私行为　　B. 每年至少内审一次

C. 连续两个季度单季规范申报率超过85%　　D. 连续两年未发现有向海关人员行贿的行为

参考答案　ABD

解　　析　根据《海关认证企业标准》海关高级认证通用标准中，“内部控制标准”的规定，每年实施一次以上的内部审计并建立书面或者电子资料的档案。“守法规范标准”中关于“海关管理要求”包括：两年内无向海关提供虚假情况或者隐瞒事实的情形；两年内无瞒报、漏报的情形；两年内无向海关人员行贿的行为。

选项C关于“规范申报率”，没有体现具体比率数值，是一个相对管理标准。

＊＊**【2017多选题】**AEO高级认证进出口货物收发货人企业标准中有关集装箱安全的“七点检查法”包括（　　）。

A. 前壁、左侧、右侧　　B. 内/外门　　C. 外部/起落架　　D. 地板、顶部

参考答案　ABCD

解　　析　根据《海关认证企业标准》高级认证—进出口收发货人中“贸易安全标准”的具体要求：在装货前检查集装箱结构的物理完整性和可靠性，包括门的锁闭系统的可靠性，并做好相关登记。检查采取“七点检查法”（对集装箱按照以下顺序检查：前壁、左侧、右侧、地板、顶部、内/外门、外部/起落架）。

说明：原题中“高级认证企业”没有针对性，这项要求仅针对进出口货物收发货人，故做此修改。

【2017 判断题】依据一般认证标准，报关企业一年内因违反海关监管规定被处罚金额超过 1 万元且 3 万元以下的行为不超过两次。

参考答案　错误

解　　析　根据《海关认证企业标准》一般认证—报关企业中“守法规范标准”对企业守法的要求，一年内无因违反海关监管规定被处罚金额超过人民币 3 万元的行为，并且被处罚金额超过人民币 1 万元且 3 万元以下的行为不超过一次。

5. 认证标准持续符合性

【2018 综合案例题】某汽车部件企业为高级认证企业，2016 年申报报关单、进出境备案清单等总票数为 9000 票；海关稽核认定该企业 2017 年申报的 100 票货物，有商品编号申报不实的行为，共漏缴税 120 万元，最终科处罚款人民币 73 万元。

请就本案例回答下列相关问题：

1. 该企业为高级认证企业时，适用海关的管理措施有（　　）。

A. 进出口货物平均查验率在一般信用企业平均查验率的 20%以下

B. AEO 互认国家或者地区海关通关便利措施

C. 国家有关部门实施的守信联合激励措施

D. 海关收取的担保金额可以低于其可能承担的税款总额

参考答案　ABC

解　　析　根据《企业信用管理办法》第二十四条的规定，高级认证企业除适用一般认证企业管理措施外，还包含下列管理措施：

（1）进出口货物平均查验率在一般信用企业平均查验率的 20%以下；

（2）可以向海关申请免除担保；

（3）AEO 互认国家或者地区海关通关便利措施；

（4）国家有关部门实施的守信联合激励措施。

2. 处罚后海关对该企业信用等级管理为（　　）。

A. 保持高级认证企业不变　　B. 降为一般认证企业

C. 降为一般信用企业　　D. 降为失信

参考答案　C

解　　析　《企业信用管理办法》第十二条规定，非报关企业一年内违反海关监管规定行为次数超过上年度报关单、进出境备案清单、进出境运输工具舱单等相关单证总票数千分之一且被海关行政处罚金额累计超过人民币 100 万元的；海关认定为失信企业。

第十三条规定，认证企业不再符合《海关认证企业标准》，并且未发生本办法第十二条规定情形的，海关认定为一般信用企业。

本案例中，未超过人民币 100 万元，因此降为一般信用企业。

3. 处罚后该企业适用的管理措施为（　　）。

A. 适用汇总征税　　B. 不适用汇总征税

C. 海关为企业设立协调员　　D. 进出口货物平均查验率在 80%以上

参考答案　A

解　　析 该企业降为一般信用企业，选项 B、D 为失信企业的措施，选项 C 为高级认证管理措施。因此，正确答案为选项 A，汇总征税除了失信企业，其他企业均适用。

4. 该企业在未发生不符合海关认证企业标准的情况下，最快（　　）年可以申请认证企业。

A. 1　　B. 2　　C. 3　　D. 4

参考答案 A

解　　析 根据《企业信用管理办法》规定，认证企业被海关调整为一般信用企业管理的，一年内不得申请成为认证企业。

6. 联合惩戒

＊＊【**2018 多选题**】联合惩戒的措施主要有（　　）。

A. 纳入黑名单　　B. 影响企业信用评定

C. 加强审核、检查类措施　　D. 限制性管理措施

参考答案 BC

说明：原题对联合惩戒措施表达过于简练，答案存在漏洞，建议采用条文内容对本题选项做如下修订，供学习参考：

A. 在一定期限内，对有走私罪的海关失信企业，列入黑名单

B. 在一定期限内，依法限制参与政府采购活动

C. 实施进出口货物单证重点审核、适用较高的进出口货物查验率

D. 对有走私行为、走私罪的海关失信企业，直接列为外汇部门 C 类企业，实行限制性管理措施

参考答案 ABCD

解　　析 根据发改财金〔2017〕427 号国家发展改革委、中国人民银行、海关总署等《印发〈关于对海关失信企业实施联合惩戒的合作备忘录〉的通知》的规定，海关部门采取的惩戒措施有：

（1）适用较高的进出口货物查验率（布控查验或者实货验估）。

（2）实施进出口货物单证重点审核等。

跨部门联合惩戒措施有：

（1）在一定期限内，对有走私罪的海关失信企业，列入黑名单，依法限制其法定代表人（负责人）、董事、监事、高级管理人员成为其他公司的法定代表人（负责人）、董事、监事、高级管理人员。

（2）对有走私行为、走私罪的海关失信企业，直接列为外汇部门 C 类企业管理，实行限制性管理措施。

（3）在一定期限内，依法限制参与政府采购活动等。

（二）海关统计

1. 不列入海关统计的货物、物品

【**2020 判断题**】过境货物、通运货物、转运货物、退运货物、租赁货物，均不列入海关统计。

参考答案 错误

解　　析 根据国务院令第 454 号《中华人民共和国海关统计条例》（通常简称《海关统计条例》）第五条的规定，下列进出口货物不列入海关统计：

（1）过境、转运和通运货物；

（2）暂时进出口货物；

（3）货币及货币用黄金；

（4）租赁期一年以下的租赁进出口货物；

（5）因残损、短少、品质不良或者规格不符而免费补偿或者更换的进出口货物；

（6）海关总署规定的不列入海关统计的其他货物。

2. 不列入海关统计但实施单项统计的货物

【2019 单选题】（　　）属于列入海关统计的进出口货物。

A. 易货贸易货物　　B. 暂时进出货物　　C. 退运货物　　D. 过境货物

参考答案　A

解　　析　根据《海关统计条例》第四条规定，实际进出境并引起境内物质存量增加或者减少的货物，列入海关统计。

上述四个选项中，只有“直接易货”符合上述条件。易货贸易又称为一般易货，是指以货换货。这种直接易货形式，往往要求进口和出口同时成交，一笔交易一般只签订一个包括双方交付相互抵偿货物的合同，而且不涉及第三方。它是最普遍也是目前应用最广泛的易货形式。

（三）海关事务担保

1. 当事人申请办理特定海关业务的担保

【2016 多选题】下列有关暂时进出境监管制度的正确描述有（　　）。

A. 货物进（出）境前向海关办理登记备案手续

B. 货物进（出）境时向海关提供担保

C. 货物进（出）境后用于特定目的，海关给予特定减免税优惠

D. 在规定的期限内复运出（进）境，办理销案手续后结关

参考答案　BD

解　　析　根据海关总署令第 233 号《中华人民共和国海关暂时进出境货物管理办法》（通常简称《进出境货物管理办法》）第十七条规定，境内展览会的办展人以及出境举办或者参加展览会的办展人、参展人可以在展览品进境或者出境前向主管地海关报告，并且提交展览品清单和展览会证明材料，也可以在展览品进境或者出境时，向主管地海关提交上述材料，办理有关手续。即不强制要求办理核准或备案手续。选项 A 错误。

第四条规定，暂时进出境货物的税收征管依照《关税条例》的有关规定执行。《关税条例》第四十二条规定，暂时进境或者暂时出境的规定货物，在进境或者出境时纳税义务人向海关缴纳相当于应纳税款的保证金或者提供其他担保的，可以暂不缴纳关税。选项 B 正确。

暂时进出境货物进来用于特定目的的，是指 ATA 单证册项下暂时进出境货物。《进出境货物管理办法》第八条规定，ATA 单证册持证人应当向海关提交有效的 ATA 单证册以及相关商业单据或者证明材料，免予向海关提交担保。所以选项 C 错误。

暂时进出境货物原则上须在规定的期限内原状复运出境或复运进境。确需实际进出口的，暂时进出境货物收发货人应当在货物复运出境、进境期限届满 30 日前向主管地海关申请，经主管地直属海关批准后，按照规定办理进出口手续。货物复运出（进）境或按最终的实际流向办理海关手续后，凭相关材料向海关办理暂时进（出）境销案手续，货物结关。选项 D 正确。

本题正确答案为选项 B、D。

【2016 单选题】在进出境报关过程中，对（　　）的担保不属于办理特定海关业务担保范围。

A. 暂时进出境货物　　B. 有归类争议的货物

C. 进境修理物品　　D. 进口租赁货物

参考答案　B

解　　析　根据国务院令第 581 号《中华人民共和国海关事务担保条例》（通常简称《海关事务担保条例》）第四条的规定，有下列情形之一的，当事人可以在办结海关手续前向海关申请提供担保，要求提前放行货物：

（1）进出口货物的商品归类、完税价格、原产地尚未确定的；

（2）有效报关单证尚未提供的；

（3）在纳税期限内税款尚未缴纳的；

（4）滞报金尚未缴纳的；

（5）其他海关手续尚未办结的。

国家对进出境货物、物品有限制性规定，应当提供许可证件而不能提供的，以及法律、行政法规规定不得担保的其他情形，海关不予办理担保放行。

第五条规定，当事人申请办理下列特定海关业务的，按照海关规定提供担保：

（1）运输企业承担来往内地与港澳公路货物运输、承担海关监管货物境内公路运输的；

（2）货物、物品暂时进出境的；

（3）货物进境修理和出境加工的；

（4）租赁货物进口的；

（5）货物和运输工具过境的；

（6）将海关监管货物暂时存放在海关监管区外的；

（7）将海关监管货物向金融机构抵押的；

（8）为保税货物办理有关海关业务的。

当事人不提供或者提供的担保不符合规定的，海关不予办理前款所列特定海关业务。

综上所述，选项 B 不在上述情况中。

【2016 单选题】 国内 A 公司进口亚太贸易协定下货物（协定税率 3%，最惠国税率 7%，暂定税率 5%，普通税率 30%）一批，经海关批准办理担保后先予提取货物，担保期限至 2016 年 8 月 30 日。A 公司于 9 月 3 日提交有效原产地证书向海关申请担保销案。这种情况该批货物应适用的关税税率为（　　）。

A. 3%　　B. 5%　　C. 7%　　D. 30%

参考答案　B

解　　析　该票货物担保期限为 8 月 30 日，实际提交为 9 月 3 日，已经超过期限，所以不再适用协定税率。根据《关税条例》第十一条的规定，适用最惠国税率的进口货物有暂定税率的，应当适用暂定税率；适用协定税率、特惠税率的进口货物有暂定税率的，应当从低适用税率；适用普通税率的进口货物，不适用暂定税率。此题属于同时适用暂定税率和最惠国税率，应按暂定税率适用。

【2017/2019 多选题】（　　）可以向海关申请提前放行货物担保。

A. 进出口货物的商品归类存在争议尚未确定的　　B. 在纳税期限内税款尚未缴款的

C. 进口许可证尚未提供的　　D. 有效报关单证尚未提供的

参考答案　ABD

解　　析　根据《海关事务担保条例》第四条规定，有下列情形之一的，当事人可以在办结海关手续前向海关申请提供担保，要求提前放行货物：

（1）进出口货物的商品归类、完税价格、原产地尚未确定的；

（2）有效报关单证尚未提供的；

（3）在纳税期限内税款尚未缴纳的；

（4）滞报金尚未缴纳的；

（5）其他海关手续尚未办结的。

国家对进出境货物、物品有限制性规定，应当提供许可证件而不能提供的，以及法律、行政法规规定不得担保的其他情形，海关不予办理担保放行。

【2020 单选题】 以下情形中，海关不予担保放行的是（　　）。

A. 货物滞报，滞报金尚未缴纳的

B. 进出口货物的商品归类、完税价格、原产地尚未确定的

C. 货物属于进口许可证管理、而企业不能提供进口许可证的

D. 在纳税期限内，税款尚未缴纳的

参考答案 C

解　　析 同上题。

2. 风险类保证金

【2020 多选题】风险类保证金包括（　　）。

A. 对涉及知识产权保护收取的保证金

B. 对加工贸易企业收取的保证金

C. 对同一经营单位申请将剩余料件结转到另一加工厂收取的保证金

D. 对租赁进出口货物、物品收取的保证金

参考答案 BCD

解　　析 海关依法收取的保证金资金后保函，根据担保业务的性质不同分为税款类、风险类和案件类三种。

风险类包括对加工贸易企业收取的保证金；对加工贸易货物备案征收的保证金；对从事转关运输企业收取的保证金；对加工区之间往来的货物、物品不能按照转关运输办理的企业收取的保证金；对进口货物收货人在申请减免滞报金期间因故需先行提取货物收取的保证金；对租赁进出口货物、物品收取的保证金。

对涉及知识产权保护收取的保证金属于案件类范畴。

（四）海关行政处罚

1. 走私行为

【2017 判断题】未经海关许可，擅自开拆、提取、交付、发运、调换、改装、抵押、转让海关监管货物或者海关未放行的进出境物品的，属于走私行为。

参考答案 错误

解　　析 走私行为的构成特征可以从以下四个方面来理解：

（1）违反的法律。走私行为违反的是《海关法》及其他有关法律、行政法规。

（2）走私的目的。走私行为的目的是偷逃应纳税款、逃避国家有关进出境的禁止性或者限制性管理。

（3）走私的行为特征。走私的行为特征是逃避海关监管，非法运输、携带、邮寄进出境，或者擅自在境内销售等。

（4）走私的对象。走私的对象是国家禁止、限制进出口或者依法应当缴纳税款的货物、物品，或者是未经海关许可并且未缴应纳税款、交验有关许可证件的保税货物、特定减免税货物，以及其他海关监管货物、物品、进境的境外运输工具等。

未经海关许可，擅自开拆、提取、交付、发运、调换、改装、抵押、转让海关监管货物或者海关未放行的进出境物品的，属于违反海关监管规定的行为。

2. 按走私行为论处

【2017 单选题】（　　）属按走私行为论处的行为。

A. 明知是走私进口的货物、物品，直接向走私人非法收购的

B. 违反国家进出口管理规定，进出口国家禁止进出口货物的

C. 擅自处置、违规存放海关监管货物的

D. 进出口货物品名、税则号列、数量、价格等应当申报的项目未申报或申报不实的

参考答案 A

解　　析 根据《海关行政处罚实施条例》第八条规定，有下列行为之一的，按走私行为论处：

（1）明知是走私进口的货物、物品，直接向走私人非法收购的；

(2) 在内海、领海、界河、界湖，船舶及所载人员运输、收购、贩卖国家禁止或者限制进出境的货物、物品，或者运输、收购、贩卖依法应当缴纳税款的货物，没有合法证明的。

选项 A 属于第一种情况。

根据《海关行政处罚实施条例》第三章相关规定，违反海关监管规定的行为有：

(1) 违反国家进出口管理规定，进出口国家禁止进出口的货物的；

(2) 进出口货物的品名、税则号列、数量、规格、价格、贸易方式、原产地、启运地、运抵地、最终目的地或者其他应当申报的项目未申报或者申报不实的；

(3) 未经海关许可，擅自将海关监管货物开拆、提取、交付、发运、调换、改装、抵押、质押、留置、转让、更换标记、移作他用或者进行其他处置的等。

选项 B、C、D 属于违反海关监管规定的行为。

3. 走私与违规的区别

【2016 判断题】 海关行政处罚范围不包括认定和惩罚走私罪。

参考答案 正确

解　析 根据《海关行政处罚实施条例》的规定，依法不追究刑事责任的走私行为和违反海关监管规定的行为，以及法律、行政法规规定由海关实施行政处罚的行为的处理，适用本实施条例。

第四条规定，海关发现的依法应当由其他行政机关处理的违法行为，应当移送有关行政机关处理；违法行为涉嫌犯罪的，应当移送海关侦查走私犯罪公安机构、地方公安机关依法办理。

而关于走私罪的认定和惩罚可以从发布的相关文件看出其主管部门，例如，最高人民法院、最高人民检察院《关于办理走私刑事案件适用法律若干问题的解释》(法释〔2014〕10 号)。

4. 对违规行为的行政处罚方式

* * **【2016 单选题】** 对于违反海关监管规定的行为，海关行政处罚的基本形式不包括（　　）。

A. 警告　　B. 罚款　　C. 没收违法所得　　D. 报关差错计分

参考答案 D

解　析 选项 D 属于行政机关对工作人员的行政处分。

根据主席令第 63 号《中华人民共和国行政处罚法》第九条规定，行政处罚的种类有：

(1) 警告、通报批评；

(2) 罚款、没收违法所得、没收非法财物；

(3) 暂扣许可证件、降低资质等级、吊销许可证件；

(4) 限制开展生产经营活动、责令停产停业、责令关闭、限制从业；

(5) 行政拘留；

(6) 法律、行政法规规定的其他行政处罚。

说明： 选项 D“报关差错计分”，目前已无此项处罚形式。

5. 调查取证

【2016 单选题】 海关对公民、法人或其他组织的行政处罚，应当同其违反海关法行为的事实、性质、情节及危害程度相当，这一原则是海关行政处罚基本原则中的（　　）。

A. 公正原则　　B. 公开原则　　C. 救济原则　　D. 处罚与教育相结合原则

参考答案 A

解　析 根据《海关行政处罚实施条例》第三十三条规定，海关发现公民、法人或者其他组织有依法应当由海关给予行政处罚的行为的，应当立案调查。第三十四条规定，海关立案后，应当全面、客观、公正、及时地进行调查、收集证据。

6. 简单案件处理程序

【2018 综合案例题】 2018 年 6 月蛇口海关稽查科对深圳市 AB 有限公司进行稽查，经稽查发现，该公

司在2015年9月至2017年7月以一般贸易方式进口商品，其关联公司AB（香港）公司在该期间为深圳AB公司支付了与该公司进口货物相关的运保费等合计280600元人民币，由于该司报关员工作疏忽，误将报关单中的FOB成交方式填报为CIF，导致部分费用未向海关申报，涉税5.2万元人民币。

请就本案例回答下列相关问题：

1. 该企业的行为属于（　　）

A. 走私行为　　B. 涉嫌走私罪

C. 违反海关监管规定行为　　D. 按走私行为论处的行为

参考答案　C

解　　析　根据《海关行政处罚实施条例》相关规定，该行为违反了海关监管规定，且该行为非主观故意、没有采取欺骗形式，所以不能判断为走私行为。

2. 蛇口海关对该企业可采用的处罚方式有（　　）。

A. 警告　　B. 罚款　　C. 没收非法所得　　D. 暂停或取消从事报关业务

参考答案　ABC

解　　析　根据《海关行政处罚实施条例》中的处罚方式，选项A、B、C为正确答案。

3. 蛇口海关于2018年8月将"行政处罚告知单"送达当事人单位，对当事人处罚款人民币2.2万元。该企业可以（　　）。

A. 要求举证听证　　B. 向蛇口海关申请行政复议

C. 向上一级海关申请行政复议　　D. 向人民法院起诉

参考答案　CD

解　　析　根据海关总署令第145号《中华人民共和国海关行政处罚听证办法》第三条规定，海关做出暂停从事有关业务、暂停报关执业、撤销海关注册登记、取消报关从业资格、对公民处人民币1万元以上罚款、对法人或者其他组织处人民币10万元以上罚款、没收有关货物、物品、走私运输工具等行政处罚决定之前，应当告知当事人有要求举行听证的权利；当事人要求听证的，海关应当组织听证。本案例的情况不符合要求举证听证的条件。

根据海关总署令第166号《中华人民共和国海关行政复议办法》第十七条规定，对海关具体行政行为不服的，向做出该具体行政行为的海关的上一级海关提出行政复议申请。对海关总署做出的具体行政行为不服的，向海关总署提出行政复议申请。

根据第九条规定，对海关确定纳税义务人、确定完税价格、商品归类、确定原产地、适用税率或者汇率、减征或者免征税款、补税、退税、征收滞纳金、确定计征方式以及确定纳税地点等其他涉及税款征收的具体行政行为有异议的，公民、法人或者其他组织可以向海关申请行政复议。该条规定的纳税争议事项，公民、法人或者其他组织应当依据海关法的规定先向海关行政复议机关申请行政复议，对海关行政复议决定不服的，再向人民法院提起行政诉讼。

4. 如该企业未采取上述第三题的相关措施且逾期未交罚款的，海关可以（　　）。

A. 可以按日征收罚款数额的3%加处罚款

B. 可以按日征收罚款数额的0.3%加处罚款

C. 追究企业法人的刑事责任

D. 申请人民法院强制执行

参考答案　AD

解　　析　根据《海关行政处罚实施条例》第六十条规定，当事人逾期不履行行政处罚决定的，海关可以采取下列措施：

（1）到期不缴纳罚款的，每日按罚款数额的3%加处罚款；

（2）根据海关法规定，将扣留的货物、物品、运输工具变价抵缴，或者以当事人提供的担保抵缴；

（3）申请人民法院强制执行。

5. 该企业在收到海关稽查通知后，进行自查，发现了该问题，并主动向海关报告，那么（　　）。

A. 该企业的行为属于主动披露，可以从轻或减轻行政处罚

B. 该企业的行为属于主动披露，但向海关报告时已接收到海关的稽查通知，所以，不可以对该企业从轻或减轻行政处罚

C. 因该企业向海关报告时已接收到海关的稽查通知，所以该企业的行为不属于主动披露

D. 由于该企业的行为不属于主动披露，所以不能根据是否主动披露对该企业从轻或减轻行政处罚

参考答案　CD

解　　析　根据《〈中华人民共和国海关稽查条例〉实施办法》第二十五条规定，进出口企业、单位主动向海关书面报告其违反海关监管规定的行为并接受海关处理的，海关可以认定有关企业、单位主动披露。但有下列情形之一的除外：

（1）报告前海关已经掌握违法线索的；

（2）报告前海关已经通知被稽查人实施稽查的；

（3）报告内容严重失实或者隐瞒其他违法行为的。

该企业属于主动披露前海关已通知实施稽查的情形，因此不能认定为主动披露。

（五）海关预裁定

1. 海关预裁定概念

【2018 单选题】海关在货物实际进出口前，应对外贸易经营者申请，对实际进出口活动有关海关事务做出具有普遍约束力的决定的行为是（　　）。

A. 海关稽查　　B. 海关行政预裁定

C. 海关事务担保　　D. 海关行政处罚

参考答案　B

解　　析　根据海关总署第 236 号令《中华人民共和国海关预裁定管理暂行办法》第二条规定，在货物实际进出口前，海关应申请人的申请，对其与实际进出口活动有关的海关事务做出预裁定，适用本办法。第四条规定，预裁定的申请人应当是与实际进出口活动有关，并且在海关注册登记的对外贸易经营者。

海关稽查，是指海关自进出口货物放行之日起三年内或者在保税货物、减免税进口货物的海关监管期限内及其后的三年内，对与进出口货物直接有关的企业、单位的会计账簿、会计凭证、报关单证以及其他有关资料和有关进出口货物进行核查，监督其进出口活动的真实性和合法性。

海关事务担保是在办结海关手续前向海关申请。

海关行政处罚是在进出口活动发生后，根据不同情况的认定而采取的措施。

2. 进出口货物的原产地或者原产资格

【2019 判断题】我国境内企业的自有货物出口至美国，其原产地不属于海关预裁定的适用范围。

参考答案　错误

解　　析　根据《中华人民共和国海关预裁定管理暂行办法》第三条规定，在货物实际进出口前，申请人可以就进出口货物的原产地或者原产资格申请预裁定。

（六）知识产权海关保护

1. 知识产权海关保护模式

【2016 单选题】知识产权权利人要求海关扣留不足人民币 2 万元的货物的，应提供（　　）的担保。

A. 1 万元　　B. 相当于货物价值

C. 相当于货物价值 50%　　D. 2 万元

参考答案　B

解　　析　根据海关总署令第 183 号《中华人民共和国海关关于〈中华人民共和国知识产权海关保护条例〉的实施办法》第二十三条规定，知识产权权利人根据本办法第二十二条第一款第（一）项的规定请求海关扣留侵权嫌疑货物的，应当按照以下规定向海关提供担保：

（1）货物价值不足人民币 2 万元的，提供相当于货物价值的担保；

（2）货物价值为人民币 2 万元至 20 万元的，提供相当于货物价值 50% 的担保，但担保金额不得少于人民币 2 万元；

（3）货物价值超过人民币 20 万元的，提供人民币 10 万元的担保。

2. 海关知识产权保护备案

【2018 单选题】知识产权海关保护备案自海关总署核准备案之日起生效，有效期为（　　）年。

A. 5　　B. 10　　C. 20　　D. 30

参考答案　B

解　　析　根据国务院令第 395 号《中华人民共和国知识产权海关保护条例》（通常简称《知识产权海关保护条例》）第十条规定，知识产权海关保护备案自海关总署准予备案之日起生效，有效期为十年。

3. 备案申请结果与时效

【2019 单选题】杭州腾力工具有限公司的 TL-LIFT 商标备案情况在知识产权海关保护系统部分页面如下，该商标知识产权有效期截止到（　　）。

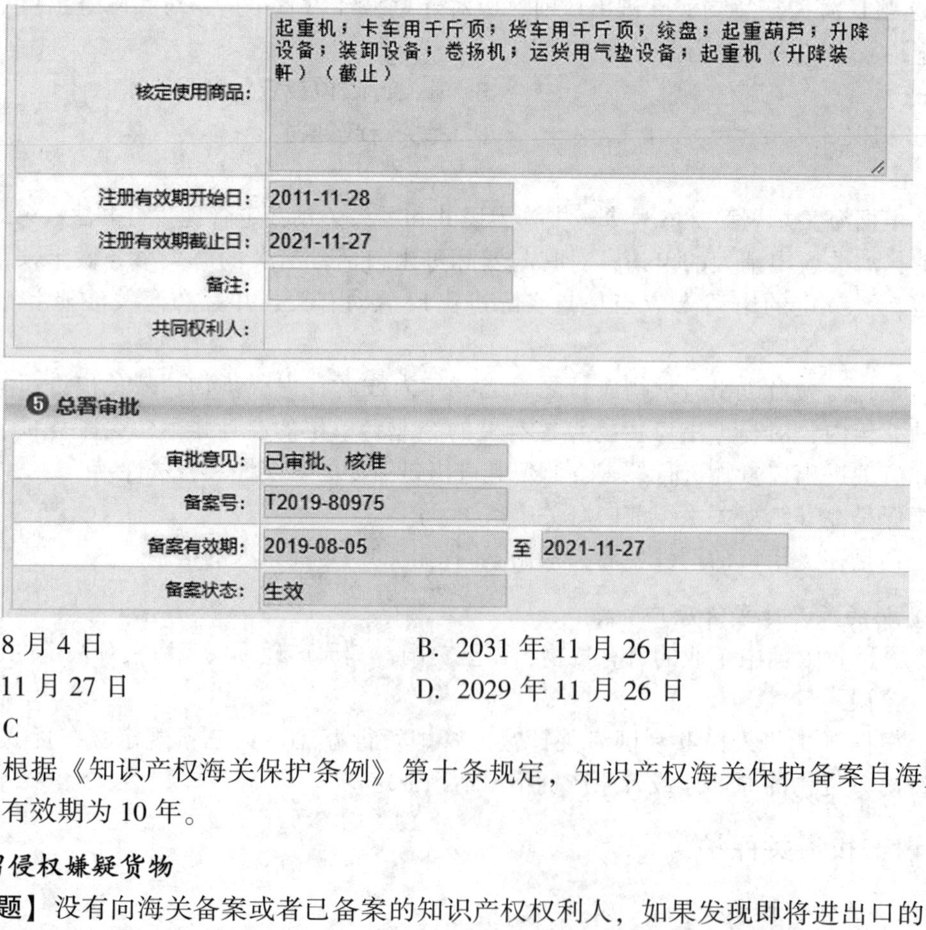

核定使用商品:	起重机；卡车用千斤顶；货车用千斤顶；绞盘；起重葫芦；升降设备；装卸设备；卷扬机；运货用气垫设备；起重机（升降装軒）（截止）
注册有效期开始日:	2011-11-28
注册有效期截止日:	2021-11-27
备注:	
共同权利人:	

❺ 总署审批

审批意见:	已审批、核准
备案号:	T2019-80975
备案有效期:	2019-08-05 至 2021-11-27
备案状态:	生效

A. 2029 年 8 月 4 日　　B. 2031 年 11 月 26 日

C. 2021 年 11 月 27 日　　D. 2029 年 11 月 26 日

参考答案　C

解　　析　根据《知识产权海关保护条例》第十条规定，知识产权海关保护备案自海关总署准予备案之日起生效，有效期为 10 年。

4. 申请扣留侵权嫌疑货物

【2019 判断题】没有向海关备案或者已备案的知识产权权利人，如果发现即将进出口的货物涉嫌侵犯其知识产权的，都可以向货物进出境地海关依法提出扣留侵权嫌疑货物的申请。

参考答案　正确

解　　析　根据《知识产权海关保护条例》第十二条规定，知识产权权利人发现侵权嫌疑货物即将进出口的，可以向货物进出境地海关提出扣留侵权嫌疑货物的申请。

5. 提供担保

【**2017 判断题**】在海关依职权保护模式下，知识产权权利人向海关提供的担保不低于人民币 20 万元。

参考答案 错误

解　　析 根据《中华人民共和国海关关于〈中华人民共和国知识产权海关保护条例〉的实施办法》第二十三条规定，知识产权权利人根据本办法第二十二条第一款第（一）项的规定请求海关扣留侵权嫌疑货物的，应当按照以下规定向海关提供担保：

（1）货物价值不足人民币 2 万元的，提供相当于货物价值的担保；

（2）货物价值为人民币 2 万元至 20 万元的，提供相当于货物价值 50% 的担保，但担保金额不得少于人民币 2 万元；

（3）货物价值超过人民币 20 万元的，提供人民币 10 万元的担保。

第二篇　关务合规实务基础知识

第五章　商品归类

一、大纲细则

（一）主要内容

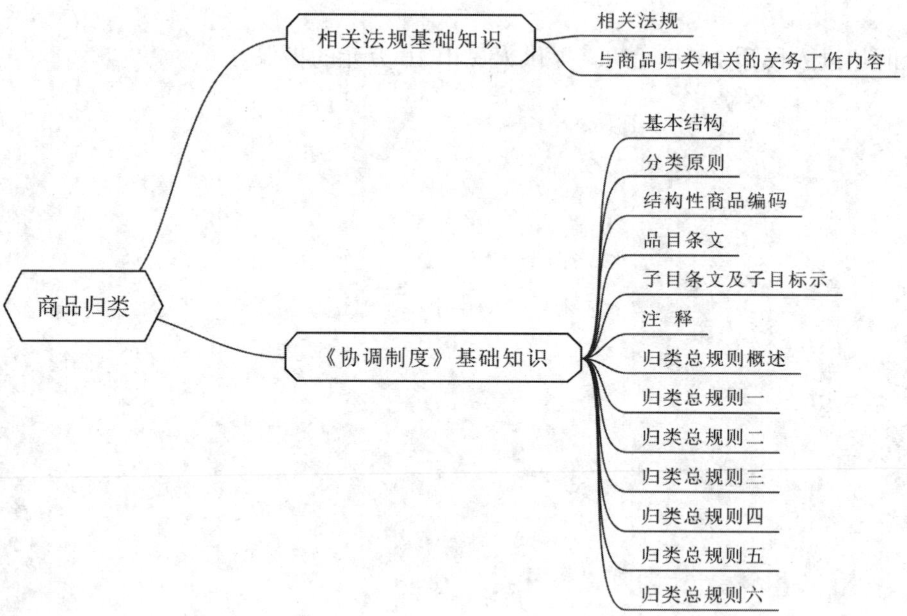

（二）基本要求

1. 了解进出口货物商品归类的定义及依据。
2. 了解进出口货物商品归类的法律责任。
3. 了解进出口货物商品归类的相关海关事务。
4. 能正确理解《商品名称及编码协调制度》（通常简称《协调制度》）归类总规则的条文内容。
5. 能正确掌握《协调制度》归类总规则的应用规则。
6. 基本概念：进出口货物商品归类、进出口货物商品归类的依据、预裁定、商品名称及编码表、注释、归类总规则。

（三）考试内容

第一节　相关法规基础知识

一、相关法规

★商品归类的确定（方法）

★行政裁定（含义）

★海关事务担保（原则）

★法律责任

★救济途径

★行政法规相关规定

1.《关税条例》(相关规定)

2.《海关行政处罚实施条例》(相关规定)

3.《海关事务担保条例》(相关规定)

4.《海关统计条例》(相关规定)

★海关规章与相关规定

1.《中华人民共和国海关进出口货物商品归类管理规定》(通常简称《商品归类管理规定》)(商品归类概念、作用)

2.《商品名称及编码协调制度公约》(通常简称《协调制度公约》) 商品分类目录

3.《税则》

4.《进出口税则商品及品目注释》(通常简称《商品及品目注释》)

5.《中华人民共和国本国子目注释》(通常简称《本国子目注释》)

6. 相关行政裁定

7. 归类决定

8. 进出口货物商品归类预裁定及行政裁定

9. 海关进出口货物征税管理办法的相关规定

10.《中华人民共和国海关化验管理办法》相关规定

二、与商品归类相关的关务工作内容

☆进出口前(归类的预裁定、归类的行政裁定)

☆通关中(申报前看货、取样、放行前查验、验估)

☆放行后(事后验估、核查、稽查)

第二节 《协调制度》基础知识

一、基本结构

★类、章及分章标题结构

★商品名称及编码表

二、分类原则

☆采用常见的商品分类标志

☆对杂项货品采取专列类、章和品目

三、☆结构性商品编码

四、★品目条文

五、★子目条文及子目标示

六、注释

★注释类型及作用

★注释的使用范围

七、☆归类总规则概述

八、★归类总规则一

标题对商品归类不具法律效力

具有法律效力的归类应遵循的原则

规则条文、规则要点

九、★归类总规则二

规则二(一)(不完整品或未制成品)

规则二(一)(物品的未组装件或拆散件)

规则二（二）（不同材料或物质的混合品或组合品）

运用规则二的注意事项

十、★归类总规则三（规则条文、规则要点）

十一、☆归类总规则四（规则条文、规则要点）

十二、★归类总规则五（规则条文、规则要点）

十三、★归类总规则六（规则条文、规则要点）

（四）题型分值

题型	年份				
	2016	2017	2018	2019	2020
单选题	3	6	0	0	4
多选题	0	0	0	0	4
判断题	0	0	0	0	2
填空题	4	4	0	0	0
案例题	0	0	0	0	0
总计（分）	7	10	0	0	10

二、大纲知识点解析

（一）相关法规基础知识

1.《税则》

【2017 填空题】 我国《进出口税则》需经（　　）批准后发布。

参考答案　国务院

解　　析　根据《关税条例》第三条规定，国务院制定《税则》《中华人民共和国进境物品进口税税率表》，规定关税的税目、税则号列和税率，作为本条例的组成部分。

2. 归类决定

【2020 判断题】 归类决定编号为 W2016-049 的商品是经归类技术委员会讨论决定的。

参考答案　错误

解　　析　归类决定的编号有三种。W 开头的是由世界海关组织发布且经我国海关认可后发布的，J 开头的是经归类技术委员会讨论决定的，Z 开头的则是海关总署确定发布的。例如，海关总署 2012 年第 24 号《关于公布世界海关组织归类决定》公告附件（见下图）。

中华人民共和国海关总署商品归类决定

（世界海关组织 2010 至 2011 年商品归类决定）

序号	1	归类决定编号	W2012-001	发布日期	见相关公告
子 目 号	1901.10	子目序号	1	文件号	NC1604B1b/N/7 NC1604E1b/E/1
商品名称	婴幼儿二段配方奶粉				
英文名称	Follow-up formula				
其他名称	«Mamil® GOLD Step 2»				
商品描述	粉状，由脱盐乳清粉、脱脂奶粉、混合植物油、乳糖、低聚半乳糖浆、浓缩乳清蛋白、鱼油、维生素、矿物质和食品添加剂制成，零售包装，净重700克。该产品用水冲调后供6个月及以上的婴儿和幼儿食用。				
归类依据	根据归类总规则一及六				
备注	协调制度归类意见汇编（第二版）增补第16号（NG0173E1a） （WCO 协调制度委员会第46次会议通过）				

【2020 单选题】 以下不可以作为商品归类依据的是（　　）。

A.《中华人民共和国海关进出口税则》

B. 欧盟约束性预归类网站

C.《进出口税则商品及品目注释》

D. 海关总署发布的关于商品归类的行政裁定、归类决定

参考答案 B

解　　析 根据海关总署令第158号《商品归类管理规定》第二条规定，本规定所称的商品归类是指在《协调制度公约》商品分类目录体系下，以《税则》为基础，按照《商品及品目注释》《本国子目注释》以及海关总署发布的关于商品归类的行政裁定、商品归类决定的要求，确定进出口货物商品编码的活动。

3.《中华人民共和国海关化验管理办法》

【2020 多选题】 我国具有法律效力的进出口货物商品归类依据主要包括（　　）。

A.《进出口税则》

B.《进出口税则商品及品目注释》

C.《海关统计商品目录》

D.《本国子目注释》

参考答案 ABD

解　　析 见上题。

（二）《协调制度》基础知识

1.《协调制度》基本结构

【2016 填空题】《协调制度》为了避免各品目所列商品发生交叉归类，需要时在类、章标题下设有类注释、章注释和（　　）。

参考答案 子目注释

解　　析 《协调制度》目录由最多六位数字的商品编码与对应的商品名称组成。其将国际贸易涉及的各种商品按照生产类别、自然属性和不同功能用途等分为二十一类九十七章（第七十七章为空章，保留为《协调制度》将来所用），每一章由若干四位数字的品目构成，品目项下根据需要大多细分出若干一级（五位数字）子目和二级（六位数字）子目。为了避免各品目所列商品发生交叉归类，必要时在类、章标题下设有类注释、章注释和子目注释。为了保证《协调制度》归类的统一性，还设立了归类总规则，

作为整个《协调制度》商品归类的总原则。

【2016 填空题】《协调制度》目录结构，从品目的排列看，一般是原材料先于成品，加工程度低的产品先于加工程度高的产品，列名（　　）的商品先于列名一般和未列名的商品。

参考答案　具体

解　　析　《协调制度》从品目的排列看，一般是原材料先于成品，加工程度低的产品先于加工程度高的产品，列名具体的商品先于列名一般和未列名的商品。如在第三十九章内，品目 39.01 至 39.14 是初级形状的塑料，品目 39.16 至 39.21 是塑料半制成品，品目 39.22 至 39.24 是具体列名的塑料制成品，品目 39.25 是未列名的建筑用塑料制品，品目 39.26 是其他塑料制成品（包括未列名的）。

【2017 填空题】《协调制度》目录由最多（　　）位数字的商品编码与对应的商品名称组成。

参考答案　6 或六

解　　析　《协调制度》将国际贸易涉及的各种商品按照生产类别、自然属性和不同功能用途等分为二十一类九十七章，每一章由若干品目构成，品目项下又细分出若干一级子目和二级子目。

例如，子目 0101.21 改良种用的马，第 1~2 位“01”表示第一类，第 3~4 位“01”表示第一章，第 5 位“2”表示一级子目，第 6 位“1”表示二级子目。

2. 对杂项货品采取专列类、章和品目

【2017 单选题】下列商品不归入《进出口税则》第二类第七章的是（　　）。

A. 青葱　　B. 大蒜　　C. 生姜　　D. 蚕豆

参考答案　C

解　　析　青葱、大蒜为蔬菜，蚕豆为豆类蔬菜，这些都归入第七章，而姜在品目 09.10 中具体列名。因此本题正确答案为选项 C。

【2017 单选题】下列商品不归入《进出口税则》第十一类纺织原料及纺织制品的是（　　）。

A. 电热毯　　B. 大捆包装的纯棉材质的旧帽子

C. 化学纤维制的无纺布　　D. 纯棉制婴儿尿布

参考答案　D

解　　析　《税则》第十一类包括第五十章至第六十三章的商品。品目 63.01 毯子及旅行毯包含电热毯；第六十五章注释一不包括品目 63.09 的旧帽类，大捆包装的纯棉材质的旧帽子符合品目 63.09 描述，因此选项 B 不归入第六十五章；品目 96.19 包括任何材料制的卫生巾（护垫）及止血塞、婴儿尿布及尿布衬里和类似品，也包括具有吸收性的卫生护理垫、用于大小便失禁的成人尿布以及内裤衬垫。

因此本题正确答案为选项 D。

【2017 单选题】纯度高于 95%的丙烷归入（　　）。

A. 27 章　　B. 28 章　　C. 29 章　　D. 30 章

参考答案　A

解　　析　第二十七章注释一不包括单独的已有化学定义的有机化合物，但纯甲烷及纯丙烷应归入品目 27.11；品目 27.11 包括从天然气或石油制得的气态粗制烃以及用化学方法生产的气态粗制烃。甲烷及丙烷不论是否纯净的，均归入本品目。

本题正确答案为选项 A。

3. 归类总规则概述

【2016 单选题】《协调制度》归类总规则的使用次序是（　　）。

A. 规则一至四应依次顺序使用　　B. 规则五至六应依次顺序使用

C. 规则一至六应依次顺序使用

参考答案　A

解　　析　《协调制度》有六条归类总规则，其中规则一到四是关于品目归类，规则五是包装的归类原则，规则六是对子目的归类。归类时应先确定品目，然后再确定子目。品目归类时规则一至四必须依次使用，本题选项 A 为正确答案。

4. 归类总规则一（规则条文、规则要点）

【2017 单选题】加入硼酸（稳定剂）的过氧化氢应归入税目 28.47，依据是（　　）。

A. 归类总规则一　　B. 归类总规则二（一）

C. 归类总规则二（二）　　D. 归类总规则三（二）

参考答案　A

解　　析　第二十八章章注一，除条文另有规定的以外，本章各品目只适用于：

（1）单独的化学元素及单独的已有化学定义的化合物，不论是否含有杂质；

（2）上述（1）款产品的水溶液；

（3）溶于其他溶剂的上述（1）款产品，但该产品处于溶液状态只是为了安全或运输所采取的正常必要方法，其所用溶剂并不使该产品改变其一般用途而适合于某些特殊用途；

（4）为了保存或运输需要，加入稳定剂（包括抗结块剂）的上述（1）、（2）、（3）款产品；

（5）为了便于识别或安全起见，加入抗尘剂或着色剂的上述（1）、（2）、（3）、（4）款产品，但所加剂料并不使原产品改变其一般用途而适合于某些特殊用途。

由此可见，加入硼酸（稳定剂）的过氧化氢符合上述描述，品目 28.47 具体列名过氧化氢，不论是否用尿素固化。综上所述，章注释已经说明，则适用归类总规则一。

【2020 单选题】将“银锡焊条，金属合金组成：银 6%，锡 94%”下列说法正确的是（　　）。

A. 依据归类总规则一，归入 71 章　　B. 依据归类总规则一，归入 80 章

C. 依据归类总规则三，归入 71 章　　D. 依据归类总规则三，归入 80 章

参考答案　A

解　　析　该商品中含有贵金属银 6%，根据七十一章章注五，含有贵金属的合金（包括烧结及化合的），只要其中任何一种贵金属的含量达到合金重量的 2%，即应视为本章的贵金属合金。贵金属合金应按下列规则归类，

（1）按重最计含铂量在 2%及以上的合金，应视为铂合金：

（2）按重量计含金量在 2%及以上，但不含铂或按重量计含铂量在 2%以下的合金，应视为金合金：

（3）按重量计含银量在 2%及以上的其他合金，应视为银合金。

所以该商品应归入第七十一章。因为是符合章注规定，所以运用的是归类总规则一。

5. 归类总规则六（规则条文、规则要点）

【2016 单选题】在进出口商品归类时，以下选项中不可以作为食用杂碎归类的产品是（　　）。

A. 甲状腺　　B. 胎盘　　C. 肝　　D. 脑

参考答案　D

解　　析　杂碎通常可以分为以下四类：

（1）主要供人食用的杂碎［例如，头及头块（包括耳）、脚、尾、心、舌、厚横隔膜、薄横隔膜、胎膜、咽喉、胸腺］。

（2）专供制药用的杂碎（例如，胆囊、肾上腺、胎盘）。

（3）既可供人食用，又可供制药用的杂碎（例如，肝、肾、肺、脑、胰腺、脾、脊髓、卵巢、子宫、睾丸、乳房、甲状腺、脑下腺）。

（4）可供人食用或有其他用途的杂碎（例如，皮张，供制革用）。

胎盘是专供制药用的杂碎，其他既可食用又可制药。因此本题选项 B 为正确答案。

第六章　海关估价基础知识

一、大纲细则

（一）主要内容

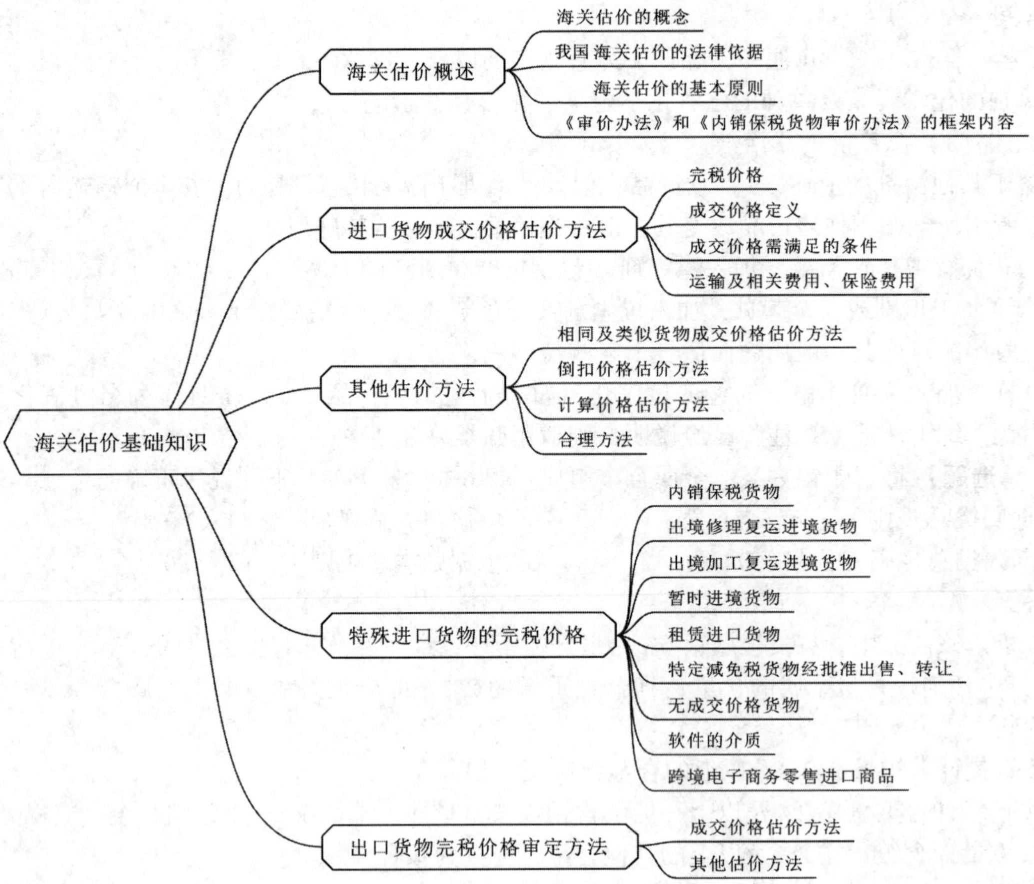

（二）基本要求

1. 掌握海关估价的含义。
2. 掌握我国海关估价的法律依据。
3. 掌握我国海关估价的原则。
4. 了解两个审价办法的框架规定。
5. 掌握成交价格的含义。
6. 掌握成交价格计入和扣除项目的含义与条件。
7. 掌握成交价格应符合的条件。
8. 掌握运输及相关费用的处理方法。
9. 掌握价格质疑与价格磋商的含义。
10. 熟悉相同及类似货物成交价格估价方法。
11. 熟悉倒扣价格估价方法。
12. 熟悉计算价格估价方法。
13. 了解合理方法。

14. 熟悉内销保税货物的估价方法。
15. 熟悉出境修理复运进境货物的估价方法。
16. 熟悉出境加工复运进境货物的估价方法。
17. 熟悉暂时进境货物的估价方法。
18. 熟悉租赁进口货物的估价方法。
19. 熟悉特定减免税货物经批准出售、转让情况下的估价方法。
20. 了解无成交价格货物的估价方法。
21. 了解软件介质的估价方法。
22. 了解跨境电子商务零售进口商品的估价方法。
23. 熟悉出口货物完税价格的成交价格估价方法。
24. 了解出口货物完税价格的其他估价方法。
25. 基本概念：完税价格、价格核查、成交价格、实付或应付价格、价格质疑、价格磋商、相同及类似货物成交价格估价方法、倒扣价格估价方法、计算价格估价方法、合理方法、原进口价格、出区价格、入区价格、复运进境、留购价格、实际交易价格、出口货物完税价格、出口销售、其他估价方法。

（三）考试内容

第一节 海关估价概述

一、海关估价的概念

☆海关估价的目的

☆海关估价的依据

☆海关估价的对象

☆海关估价的主体

二、我国海关估价的法律依据

★法律层次的法律依据（三层含义）

★行政法规层次的法律依据（《关税条例》）

★部门规章层次的法律依据［《中华人民共和国海关审定进出口货物完税价格办法》（通常简称《审价办法》）、《中华人民共和国海关审定内销保税货物完税价格办法》（通常简称《内销保税货物审价办法》）］

三、我国海关估价的基本原则

★客观原则（概念，对应关系）

★公平原则（体现方式）

★统一原则（体现方式）

四、《审价办法》和《内销保税货物审价办法》的框架内容

（一）☆总体结构

1.《审价办法》（适用范围）

2.《内销保税货物审价办法》（适用范围）

（二）★对估价方法的规定

1.《审价办法》（进口六种办法、出口五种办法）

2.《内销保税货物审价办法》（不同种类规定）

（三）★价格质疑与磋商程序

1. 海关提出价格质疑（执行程序、原则）

2. 企业应对价格质疑（时限、要求）

3. 价格磋商（概念、启动原则、适用原则、时限要求、管理目的）
4. 价格质疑免除（适用范围）
5. 价格质疑与价格磋商均免除（适用范围）
6. 价格质疑与磋商程序的无纸化（操作方式）
（四）★纳税义务人在海关审定完税价格时的权利和义务
1. 纳税义务人的权利
2. 纳税义务人的义务
（五）☆税款担保
（六）☆价格核查
1. 通关环节发生时的核定模式
2. 货物放行环节发生时的核定模式
3. 海关职权范围

第二节　进口货物成交价格估价方法

一、☆完税价格（含义、确定原则、包含范围）

二、成交价格的定义

★销售（含义、前提、条件，海关拒绝使用成交价格方法的原因）

★买方和卖方（含义）

★实付或应付价格（含义）

★费用的调整（计入项目、扣减项目）

三、成交价格需满足的条件

★买方对进口货物的处置和使用不受限制（限制的含义、视作的情形、不影响成交价格的限制情形）

★进口货物的价格不应受到某些条件或因素的影响而导致该货物的价格无法确定（影响的含义、视作的情形）

★卖方不得直接或间接从买方获得因转售、处置或使用进口货物而产生的任何收益，除非上述收益能够被合理确定（关键要素）

★买卖双方之间没有特殊关系或虽有特殊关系但不影响成交价格（特殊关系情形）

★价格测试（目标、目的）

★销售环境测试（目标、目的）

四、★运输及相关费用、保险费用（计算标准）

第三节　其他估价方法

一、★相同及类似货物成交价格估价方法（含义、运用方式）

二、★倒扣价格估价方法（含义、条件、规则）

三、★计算价格估价方法（含义、构成要素）

四、☆合理方法（含义、规则）

第四节　特殊进口货物的完税价格

一、内销保税货物

★非海关特殊监管区域、非保税监管场所内加工贸易企业内销保税货物（范围、规则）

★海关特殊监管区域、保税监管场所内保税物流货物内销（范围、规则）

二、★出境修理复运进境货物（范围、规则）

三、★出境加工复运进境货物（概念、规则）

四、☆暂时进境货物（概念、规则）

五、★租赁进口货物（概念、范围、规则）
六、★特定减免税货物经批准出售、转让（规则）
七、☆无成交价格货物（概念、规则）
八、★软件的介质（概念、规则）
九、☆跨境电子商务零售进口商品（概念、规则）

第五节 出口货物完税价格审定方法
一、★成交价格估价方法（概念、判断条件、判断标准）
二、☆其他估价方法（种类）

（四）题型分值

题型	年份				
	2016	2017	2018	2019	2020
单选题	1.5	0	0	0	0
多选题	0	0	0	0	0
判断题	0	0	0	0	0
填空题	2	2	0	0	0
案例题	0	0	0	0	0
总计（分）	3.5	2	0	0	0

二、大纲知识点解析

（一）进口货物成交价格估价方法

1. 完税价格（含义、确定原则、包含范围）

【2016 填空题】《审价办法》规定，进口货物的完税价格，由海关以该货物的（　　）为基础审查确定，并且应当包括货物运抵中华人民共和国境内输入地点起卸前的运输及其相关费用、保险费（或保费，保险费用）。

参考答案 成交价格

解　　析 根据《审价办法》第五条规定，进口货物的完税价格，由海关以该货物的成交价格为基础审查确定，并且应当包括货物运抵中华人民共和国境内输入地点起卸前的运输及其相关费用、保险费。

2. 运输及相关费用、保险费用（计算标准）

【2016 单选题】海关在审定进口货物完税价格时，对于无法确定运费的情况应采用（　　）审查确定。

A. 货价的千分之三　　B. 货价加保险费的千分之三

C. 该货物进口同期的正常运输成本　　D. 该货物进口同期运输行业公布的运费率（额）

参考答案 C

解　　析 根据《审价办法》第三十五条规定，进口货物的运输及其相关费用，应当按照由买方实际支付或者应当支付的费用计算。如果进口货物的运输及其相关费用无法确定的，海关应当按照该货物进口同期的正常运输成本审查确定。

（二）特殊进口货物的完税价格

跨境电子商务零售进口商品（概念、规则）

【2017填空题】跨境电子商务零售进口商品按照实际交易价格作为货物完税价格，实际交易价格包括货物（　　）价格、运费和保险费。

参考答案　零售

解　　析　根据海关总署公告2018年第194号《关于跨境电子商务零售进出口商品有关监管事宜的公告》的规定，对跨境电子商务零售进口商品，海关按照国家关于跨境电子商务零售进口税收政策征收关税和进口环节增值税、消费税，完税价格为实际交易价格，包括商品零售价格、运费和保险费。

第七章　原产地规则

一、大纲细则

（一）主要内容

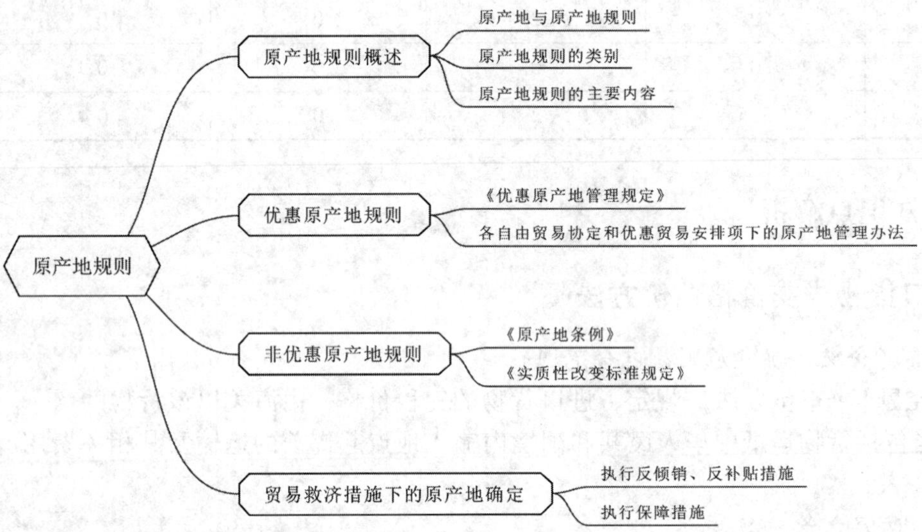

（二）基本要求

1. 熟悉原产地与原产地规则的概念及区别。
2. 熟悉原产地规则的主要分类。
3. 了解原产地规则包含的主要内容。
4. 熟悉我国原产地规则中的完全获得标准与实质性改变标准。
5. 熟悉我国直接运输规则。
6. 了解我国原产地证书的签发要求。
7. 了解各自由贸易协定和优惠贸易安排项下的原产地管理要求。
8. 熟悉非优惠原产地规则中的完全获得标准与实质性改变标准。
9. 了解非优惠原产地规则与贸易救济措施的关系。
10. 贸易救济措施下反倾销和反补贴货物的原产地确定标准。
11. 贸易救济措施下特殊保障措施货物原产地确定标准。

12. 基本概念：原产地，原产地规则，完全获得标准，实质性改变标准，原产地证书，原产地验证及核查，优惠原产地规则，直接运输规则，非优惠原产地规则，产品特定原产地标准，执行反倾销、反补贴措施时的原产地确定，执行保障措施时的原产地确定。

（三）考试内容

第一节　原产地规则概述

一、★原产地与原产地规则（概念）

二、原产地规则的类别

★优惠原产地规则（概念、特征、目的、实施方式）

★非优惠原产地规则（概念、适用范围、实施方式）

三、原产地规则的主要内容

★原产地认定标准

1. 完全获得标准（概念、适用情形）

2. 实质性改变标准（概念、种类）

☆补充规则（种类）

★直接运输规则（概念、认定规则）

★原产地证书（含义、作用、种类、适用范围）

☆货物原产地的验证及核查（概念，验核内容、期限）

☆货物原产地的查验（检查方向、内容）

第二节　优惠原产地规则

一、《中华人民共和国海关进出口货物优惠原产地管理规定》

★适用范围

★原产地标准

1. 完全获得标准（含义、适用范围、适用原则）

2. 实质性改变标准（标准种类、概念）

★直接运输规则（概念、适用范围）

★原产地证书及签证机构（签发规则）

★申报及审核要求（填制规范、使用规则）

☆补充申报及保证金收取

☆原产地标记

☆货物查验

☆原产地核查

★不适用协定税率或者特惠税率的情形

☆原产地行政裁定

☆原产地预裁定（时限、使用规则）

二、各自由贸易协定和优惠贸易安排项下的原产地管理办法

★原产地证书签发规则、补发规则，原产地声明签发规则

★直接运输的要求（适用情形、中转认定方式）

★原产地申报的要求

1. “通关无纸化”方式申报方法

2. “有纸报关”方式申报方法

☆担保放行要求（管理原则、操作程序）

☆原产地核查要求（管理原则）
☆其他要求

第三节　非优惠原产地规则

一、《中华人民共和国进出口货物原产地条例》
☆制定目的、适用范围
★原产地标准
1. 完全获得标准（条件）
2. 实质性改变标准（适用范围、执行标准）
☆签证机构
☆原产地验核及核查
☆原产地行政裁定及预裁定
☆法律责任
二、《关于非优惠原产地规则中实质性改变标准的规定》
★实质性改变标准
★产品特定原产地标准

第四节　贸易救济措施下的原产地确定

一、★执行反倾销、反补贴措施
二、★执行保障措施

（四）题型分值

题　型	年　份				
	2016	2017	2018	2019	2020
单选题	1.5	0	0	4	0
多选题	0	0	2	4	0
判断题	0	0	0	2	0
填空题	0	0	0	0	0
案例题	0	0	0	0	0
总计（分）	1.5	0	2	10	0

二、大纲知识点解析

（一）原产地规则概述

1. 优惠原产地规则

＊＊**【2016 单选题】**根据《亚太贸易协定》“实质性改变标准”的规定，原产地证书所列货物税则号列与海关认定的实际进口货物税则号列前（　　）位应当相同。

A. 2　　B. 4　　C. 6　　D. 8

参考答案　C

解　　析　此题原答案 B 错误，依据海关总署公告 2006 年第 57 号《〈亚太贸易协定〉原产地规则》已被海关总署公告 2018 年第 69 号（关于公布修改《〈亚洲-太平洋贸易协定〉原产地规则》的公告）废止。新公告在“二、《亚洲-太平洋贸易协定》委员会对原产地证书调整的有关内容”中规定，修改原产地证书第五栏的背页填制说明，要求注明各项商品的六位 HS 编码。

2. 实质性改变标准

【2019 单选题】 进出口货物实质性改变标准以（ ）为基本标准，如果该标准不能反映实质性改变的，以从价百分比等作为补充标准。

A. 完全获得　　B. 制造或加工工序

C. 税则归类改变　　D. 产品特定原产地

参考答案 C

解　　析 根据国务院令第 416 号《中华人民共和国进出口货物原产地条例》第六条规定，本条例第三条规定的实质性改变的确定标准，以税则归类改变为基本标准；税则归类改变不能反映实质性改变的，以从价百分比、制造或者加工工序等为补充标准。

（二）优惠原产地规则

1. 直接运输规则

【2019 单选题】 原产于优惠贸易协定成员国或者地区的货物，经过其他国家或者地区运输至中国境内，若符合直接运输规则，不能（ ）。

A. 换装运输工具　　B. 临时储存　　C. 通风干燥　　D. 改换包装

参考答案 D

解　　析 根据海关总署令第 181 号《中华人民共和国海关进出口货物优惠原产地管理规定》第十条规定，本规定第三条所称的“直接运输”是指优惠贸易协定项下进口货物从该协定成员国或者地区直接运输至中国境内，途中未经过该协定成员国或者地区以外的其他国家或者地区。

原产于优惠贸易协定成员国或者地区的货物，经过其他国家或者地区运输至中国境内，不论在运输途中是否转换运输工具或者作临时储存，同时符合下列条件的，应当视为“直接运输”：

（1）该货物在经过其他国家或者地区时，未做除使货物保持良好状态所必须处理以外的其他处理；

（2）该货物在其他国家或者地区停留的时间未超过相应优惠贸易协定规定的期限；

（3）该货物在其他国家或者地区作临时储存时，处于该国家或者地区海关监管之下。

2. 原产地证书及签证机构

【2018 多选题】 我国规定，（ ）有权签发出口货物原产地证书。

A. 海关　　B. 中国国际贸易促进会及其地方分会

C. 制造商　　D. 出口商

参考答案 AB

解　　析 进口方要求由官方机构签发一般原产地证书的，申领人应当向海关相关部门申报原产地证书；进口方要求由民间机构签发一般原产地证书的，申领人应当向中国国际贸易促进会及其地方分会申办原产地证书。进口方没有特别说明的，这两个部门都可以签发原产地证书。

【2019 多选题】 非优惠原产地项下出口货物，进口方未明确要求的，申请人可以向（ ）申请办理。

A. 海关　　B. 商务部　　C. 贸促会　　D. 工信部

参考答案 AC

解　　析 见上题。

3. 担保放行要求

【2019 判断题】 货物确为签有自由贸易协定的国家原产，在货物申报进口之日起一年后补交原产地证书的，适用协定税率或特惠税率。

参考答案 错误

解　析 根据各个优惠贸易协定的一般规定，进口人向海关提交的原产地证书应当符合一定的条件，包括该证书应当由出口方授权机构在货物出口前或出口时签发。原产地证书的有效期应当符合有关优惠贸易协定的要求，进出口货物收发货人因不可抗力因素不能在货物出口或进口时申请签发原产地证书的，可以在货物装运之日起一年内申请补发，申请补发的原产地证书应当注明“补发”字样。海关总署令第178号《中华人民共和国海关〈中华人民共和国政府和新加坡共和国政府自由贸易协定〉项下进出口货物原产地管理办法》第二十三条规定，进出口货物收发货人因不可抗力不能在货物出口前或者出口时申请签发原产地证书的，可以在货物装运之日起一年内申请补发。

第八章　贸易政策与贸易管制

一、大纲细则

（一）主要内容

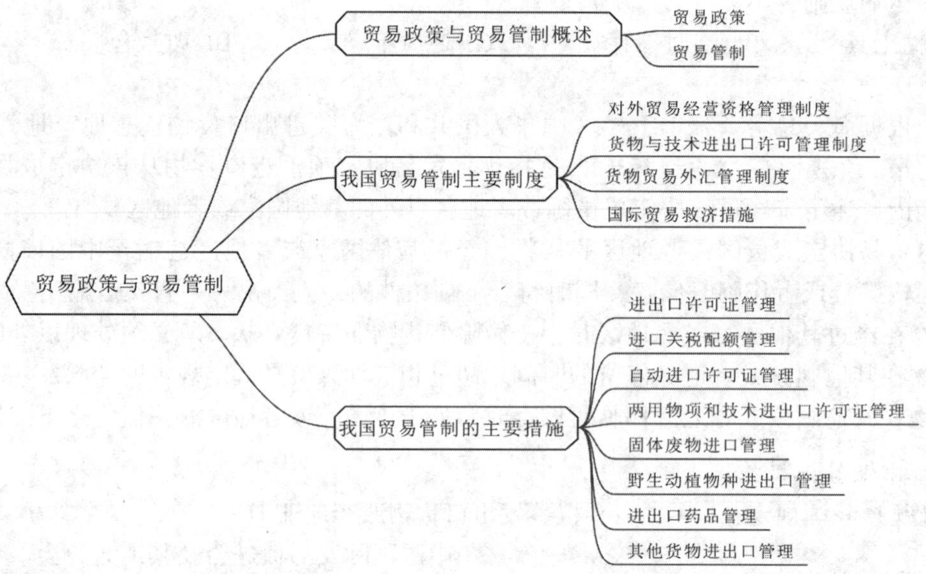

（二）基本要求

1. 了解贸易政策的目标以及自由贸易和贸易保护两类政策的基本特征。

2. 掌握关税措施、非关税措施、鼓励出口措施和特殊经济区域措施等贸易政策的基本概念和含义。

3. 了解贸易管制的目标及其与海关监管的关系。

4. 了解我国各项贸易管制制度的管制目的和管制性质，了解主管部门及其职责范围、管制对象与管制方式。

5. 了解货物与技术进出口许可管理的层级，掌握各管理层级的商品类别。

6. 了解“配额管理与许可证管理”“许可证管理与许可证件管理”“出口配额许可证管理与出口配额招标管理”等管理方式，掌握其管理范围。

7. 了解关税配额和进出口许可证管理的模式，熟悉管理商品范围，掌握报关规则。

8. 了解两用物项和技术进出口的管理措施，掌握两用物项和技术进出口的报关规则。

9. 了解自动进口许可证管理的货物类别、商品范围，掌握报关规则。

10. 了解其他各类限制进出口管理范畴的商品范围和报关规则。

11. 基本概念：贸易政策、自由贸易政策、贸易保护政策、关税壁垒、非关税壁垒、特殊经济区域、贸易管制、对外贸易经营资格管理、国营贸易管理、进出口许可管理、出入境检验检疫制度、进出口货物收付汇管理、国际贸易救济措施、关税配额和进出口许可证管理、两用物项和技术进出口许可证管理、自动进口许可证管理、其他各类限制进出口管理。

（三）考试内容

第一节 贸易政策与贸易管制概述

一、贸易政策

（一）☆贸易政策的种类

（二）☆贸易政策实现的方式

1. 通过海关对进出口贸易进行管理

2. 由国家设立机构依据职能分工管理

3. 由政府出面参与国际协调管理

（三）★贸易政策采用的措施

1. 关税措施（概念、方式、目的）

2. 非关税措施（概念、特点、方式）

3. 鼓励出口措施（概念、方式）

4. 特殊经济区域措施（概念、目的、类型）

二、贸易管制

★贸易管制的目的及特点（概念、目的、特点）

★我国贸易管制与海关监管（实现方法、监管原则）

★我国贸易管制的法律体系（法律、行政法规、部门规章、国际公约主要涉及范围）

第二节 我国贸易管制主要制度

一、对外贸易经营资格管理制度

★对外贸易概念

★对外贸易经营者概念及管理方式

★对外贸易货物国营贸易经营资格管理范围

二、货物与技术进出口许可管理制度

★禁止进出口货物、技术管理（管理目的、范围）

★限制进出口货物、技术管理（管理目的、范围、方式）

☆自由进出口货物、技术管理（管理方式）

三、☆货物贸易外汇管理制度（外汇概念、外汇收支范围、办理原则、管理方式）

四、国际贸易救济措施

★反倾销措施（概念、关键要素、调查方式、措施种类、时限）

★反补贴措施（概念、关键要素、调查方式、措施种类、时限）

★保障措施（先决条件、措施种类、时限）

第三节 我国贸易管制的主要措施

一、★进出口许可证管理（货物范围、证书管理、使用规则）

二、★进口关税配额管理（货物范围、证书管理、使用规则）

三、★自动进口许可证管理（货物范围、证书管理、使用规则）

四、★两用物项和技术进出口许可证管理（货物范围、各类相关证书管理、使用规则）

五、☆固体废物进口管理（略）
六、★野生动植物种进出口管理（概念、范围、证书管理、使用规则）
七、★进出口药品管理（概念、管理规则、各类相关证书管理，使用规则）
八、☆其他货物进出口管理
1. 密码产品进出口管理（概念、范围、使用规则）
2. 艺术品进出口管理（概念、范围、使用规则）
3. 音像制品进口管理（概念、范围、使用规则）
4. 黄金及其制品进出口管理（概念、范围、使用规则）
5. 民用爆炸物品进出口管理（概念、范围、使用规则）
6. 有毒化学品进出口环境管理（概念、范围、使用规则）
7. 农药进出口管理（概念、范围、使用规则）
8. 兽药进口管理（概念、范围、使用规则）
9. 水产品捕捞进口管理（概念、范围、使用规则）

（四）题型分值

题型	年份				
	2016	2017	2018	2019	2020
单选题	4.5	4.5	5	4	10
多选题	3	0	4	4	4
判断题	1	3	0	0	2
填空题	2	0	0	0	0
案例题	0	15	15	0	0
总计（分）	10.5	22.5	24	8	16

二、大纲知识点解析

（一）贸易政策与贸易管制概述

特殊经济区域措施

【2016 多选题】2015 年上海自贸试验区海关制度创新有（　　）。

A. 海关执法清单式管理　　B. 美术品便利通关

C. 归类行政裁定全国适用　　D. 离岸服务外包全程保税监管

参考答案　ABCD

解　　析　参考国发〔2013〕38 号《关于印发中国（上海）自由贸易试验区总体方案的通知》中的主要任务和措施。

（二）我国贸易管制主要制度

1. 对外贸易经营者概念及管理方式

【2017 判断题】目前，我国对对外贸易经营者的管理，实行备案登记制（　　）。

参考答案　正确

解　　析　根据主席令第 15 号《中华人民共和国对外贸易法》第九条规定，从事货物进出口或者技术进出口的对外贸易经营者，应当向国务院对外贸易主管部门或者其委托的机构办理备案登记；但是，法律、行政法规和国务院对外贸易主管部门规定不需要备案登记的除外。备案登记的具体办法由国务院对外贸易主管部门规定。

2. 对外贸易货物国营贸易经营资格管理范围

【2016 单选题】 自 2016 年 1 月 1 日起，我国暂停对（　　）实施一般贸易出口的国营贸易管理。

A. 玉米　　B. 大米　　C. 成品油　　D. 润滑油

参考答案　D

解　　析　根据《商务部　海关总署公布出口许可证管理货物目录》（2020 年第 71 号）规定，截至 2021 年，继续暂停对一般贸易项下润滑油（海关商品编号 27101991）、润滑脂（海关商品编号 27101992）、润滑油基础油（海关商品编号 27101993）出口的国营贸易管理。

【2017 单选题】 目前，我国对（　　）实行进口国营贸易管理。

A. 成品油　　B. 玉米　　C. 大米　　D. 白银

参考答案　A

解　　析　成品油（燃料油）进口实行国营贸易管理，同时根据我国加入世界贸易组织议定书相关规定，允许一定数量的非国营贸易进口，由符合非国营贸易进口允许量申领条件的企业在年度进口允许量范围内进口。可参考商务部公告 2020 年第 68 号《2021 年成品油（燃料油）非国营贸易进口允许量申领条件、分配原则和相关程序》的相关表述。

3. 禁止进出口货物、技术管理（管理目的、范围）

【2017 单选题】 下列同时属于我国禁止进出口的是（　　）。

A. 旧空调　　B. 滴滴涕　　C. 石英砂　　D. 麻黄草

参考答案　B

解　　析　滴滴涕，化学名为双对氯苯基三氯乙烷，是有机氯类杀虫剂，结构式（ClC_6H_4）$_2$CH（CCl_3），为白色晶体，不溶于水，溶于煤油，可制成乳剂，是有效的杀虫剂。商品编码为 2918910000，属于我国禁止进出口的商品。根据商务部、海关总署、环境保护总局公告 2005 年第 116 号中的附件《禁止进口货物目录（第六批）》和《禁止出口货物目录（第三批）》的规定。

【2019 单选题】（　　）属于我国禁止进口且禁止出口的货物。

A. 野生红豆杉　　B. 麻醉类药品　　C. 硅砂、石英砂　　D. 虎骨、犀牛角

参考答案　D

解　　析　根据对外贸易经济合作部公告 2001 年第 19 号《禁止进口货物目录（第一批）》的规定。

4. 限制进出口货物、技术管理（管理目的、范围、方式）

【2017 单选题】（　　）属于我国限制进口的商品。

A. 旧的超声波诊断仪器　　B. 小轿车

C. 复方甘草片　　D. 莱克多巴胺

参考答案　C

解　　析　旧的超声波诊断仪器根据商务部、海关总署联合公告 2018 年第 106 号《禁止进口的旧机电产品目录》第二批，属于禁止进口商品；莱克多巴胺根据商务部、海关总署公告 2009 年第 110 号《关于禁止进出口莱克多巴胺和盐酸莱克多巴胺的公告》，属于禁止进出口商品；小轿车在《自动进口许可货物管理目录》（2021 年）中，属于自动许可管理范畴；只有复方甘草片商品编码 3004490063 需要办理精神药物进（出）口准许证，属于进出口许可管理商品。

5. 自由进出口货物、技术管理（管理方式）

【2016 填空题】 我国对自由进出口的技术实行技术进出口合同（　　）管理。

参考答案　登记

解　　析　略。

6. 保障措施（先决条件、措施种类、时限）

【2018 综合案例题】我国境内 A 公司从日本 B 公司处购进 10 公吨取向性硅电钢宽板（监管证件：7），价格条款为每公吨 1620 美元 CIF 大连（INCOTERMS2000）。合同中规定使用信用证方式付款。货物运抵海关监管场所后，A 公司向海关申报进境，采取的报关方式是：向海关报送报关单电子数据并备齐和上传随附单证。该批货物中有 7 吨是经过审批，以进料加工方式进口的，另外 3 吨以一般贸易方式进口，用于内销。

请就本案例回答下列相关问题：

1. 本案例中，使用 CIF 贸易术语成交，应由（　　）办理运输，（　　）办理保险。

A. A 公司，A 公司　　B. B 公司，B 公司　　C. A 公司，B 公司　　D. B 公司，A 公司

参考答案　B

解　　析　根据《2000 年国际贸易术语解释通则》，使用 CIF 贸易术语，应由卖方办理运输，卖方办理保险。本案例中，B 公司为卖方，应由 B 公司办理运输和保险。

2. A 公司进口的这批货物在申报进境时，（　　）。

A. 需要为 10 吨提供自动进口许可证

B. 需要为 3 吨用于内销的提交自动进口许可证

C. 不需要为 3 吨用于内销的提交自动进口许可证

D. 不需要为 7 吨用于进料加工的提交自动进口许可证

参考答案　BD

解　　析　钢材属于自动进口许可证管理的货物，因此进境时需提供非机电产品类的自动进口许可证，但加工贸易项下进口并复出口的货物，可以免予提交自动进口许可证，因此 A 公司需要为 3 吨用于内销的钢材提交自动进口许可证，不需要为 7 吨用于进料加工的钢材提交自动进口许可证。

3. 关于 A 公司采取的进料加工贸易方式，下列说法正确的是（　　）。

A. A 公司须自负盈亏，通过买进原材料、加工、出售获取商业利润

B. B 公司须自负盈亏，A 公司在这笔交易中只是赚取加工费

C. A 公司以自有外汇购入这批货物，生产成品后，可以销售给国外买方

D. B 公司是这笔加工贸易的委托方，A 公司为承接方，成品应交与 B 公司处置

参考答案　AC

解　　析　进料加工是指本国经营企业以自有外汇购入国外的原材料，单边进口加工成成品后销往境外单边出口的贸易方式。采用这种贸易方式，经营企业须自担风险、自负盈亏，通过进料加工获取商业利润，加工成的产品可销售给国外任一买方，而不限于原材料的提供方。

4. 我国对原产于美国的进口取向性硅电钢征收反倾销税和反补贴税，下列说法正确的选项有(　　)。

A. 反补贴、反倾销属于贸易救济措施

B. 反补贴和反倾销措施针对的是价格歧视这种不公平贸易行为

C. A 公司无需办理原产地证书

D. A 公司需办理原产地证书

参考答案　ABD

解　　析　反补贴、反倾销和保障措施都属于贸易救济措施。反补贴和反倾销措施针对的是价格歧视这种不公平贸易行为，保障措施针对的则是进口产品激增的情况。A 公司虽然从日本进口，但仍需要证明该取向性硅电钢宽板是否原产于美国，如果无法确定原产地，海关将会征收反倾销税和反补贴税。

5. 根据《跟单信用证统一惯例》（UCP600）的规定，下列说法正确的是（　　）。

A. 信用证的开证人应为 A 公司

B. 本案例中的信用证一经开立，独立于合同以外并具有法律效力

C. 如果本案例中的信用证上未明确表示该证是否可被撤销，则应视作不可撤销信用证

D. 只有在 A 公司提供的单据与信用证、单据与货物相符时，开证行才承担付款责任

参考答案 ABC

解　　析 根据《跟单信用证统一惯例》（UCP600）的规定，信用证的开证人一般应为买卖合同的买方，信用证一经开立，就成为独立合同以外的，具有法律效力的文件。如果信用证上未明确表示该证是否可被撤销，则一律视作不可撤销信用证。因此选项 A、B、C 正确。信用证结算方式是一种纯单据业务，银行处理的是单据，而不是单据可能涉及的货物、服务或履约行为，因此，只要提交的单据与信用证、单据本身或其他单据相符，开证行就应承担付款责任，无须单据与货物相符。因此选项 D 错误。

【2020 单选题】（　　）是针对进口产品激增的情况而采取的对外贸易救济措施。

A. 反倾销措施　　B. 反补贴措施　　C. 保障措施　　D. 知识产权措施

参考答案 C

解　　析 根据《中华人民共和国保障措施条例》第二条规定，进口产品数量增加，并对生产同类产品或者直接竞争产品的国内产业造成严重损害或者严重损害威胁的，依照本条例的规定进行调查，采取保障措施。

（三）我国贸易管制的主要措施

1. 进出口许可证管理

【2016 单选题】许可证件代码“1”对应的是（　　）。

A. 进口许可证　　B. 关税配额证明

C. 合法捕捞产品通关证明　　D. 有毒化学品环境管理放行通知单

参考答案 A

解　　析 本题考查监管证件代码，代码表如下：

许可证件名称	发证机构	有效期	联网核查	代码
进口许可证	商务部三级发证；进出口消耗臭氧层物质由地方商务主管部门凭消耗臭氧层物质进出口审批单发证	一年	是	1
出口许可证		六个月内	是	4
两用物项和技术进口许可证	许可证局和受商务部委托的省级商务主管部门	一年内	是	2
两用物项和技术出口许可证			是	3
密码产品和设备进口许可证	国家密码管理局	具体规定	是	M
自动进口许可证（非机电产品）	商务部三级发证机构和地方机电产品进出口办公室	六个月	是	7
自动进口许可证（机电产品）				0
关税配额证明	商务部、国家发展改革委	具体规定	否	1
濒危物种允许进口证明书	国家濒管办	具体规定	是	F
濒危物种允许出口证明书				E
精神药品进出口准许证	国家药监局	具体规定	是	I
麻醉品进出口准许证				W
药品进出口准许证	国家药监局	具体规定	是	L
药品进口通关单	国家药监局授权口岸药品检验所	具体规定	是	Q

续表

许可证件名称	发证机构	有效期	联网核查	代码
进口音像制品批准单	新闻出版署	音像制品成品当年有效；出版的影像制品一年有效	是	Z
有毒化学品环境管理放行通知单	生态环境部	具体规定	是	X
黄金及其制品进出口准许证	中国人民银行	具体规定	是	J
民用爆炸物品进出口审批单	工信部	六个月	是	K
农药进出口登记管理放行通知单	农业农村部	具体规定	是	S
进口兽药通关单	省级政府兽医行政管理部门	具体规定	是	R
合法捕捞产品通关证明	农业农村部	具体规定	是	U

【2017 判断题】出口许可证的有效期最长不得超过六个月，且有效期截止时间不得超过当年 12 月 31 日。

参考答案 正确

解　　析 根据商务部令 2008 年第 11 号《货物出口许可证管理办法》第三十条规定，出口许可证的有效期最长不得超过六个月，且有效期截止时间不得超过当年 12 月 31 日。

【2018 单选题】我国对消耗臭氧层物质实行严格的管理，对其进口实行（　　）管理，对其出口实行（　　）管理。

A. 进口许可证，两用物项出口许可证　　B. 进口配额许可证，出口许可证

C. 两用物项进口许可证，两用物项出口许可证　　D. 进口许可证，出口配额许可证

参考答案 B

根据原环境保护部、商务部、海关总署令第 26 号《消耗臭氧层物质进出口管理办法》第三条规定，国家对列入《中国进出口受控消耗臭氧层物质名录》的消耗臭氧层物质实行进出口配额许可证管理。2021 年实行进口许可证管理的商品有重点旧机电和消耗臭氧层物质两类。其中对重点旧机电实行进口许可证管理，对消耗臭氧层物质实行进口配额许可证管理；2021 年实行出口许可证管理的商品，分别实行出口配额或出口许可证管理，其中对于消耗臭氧层物质的出口实行出口许可证管理。

【2018 单选题】某企业申领了一份出口许可证（非一批一证），证面上的发证日期为 2018 年 7 月 12 日，这份出口许可证的有效截止日期为（　　），最多可使用（　　）次。

A. 2019 年 7 月 11 日，6　　B. 2018 年 12 月 31 日，6

C. 2019 年 7 月 11 日，12　　D. 2018 年 12 月 31 日，12

参考答案 D

解　　析 根据《货物出口许可证管理办法》第二十二条规定，出口许可证管理实行“一证一关”制、“一批一证”制和“非一批一证”制。“一证一关”指出口许可证只能在一个海关报关；“一批一证”指出口许可证在有效期内一次报关使用。

下列情况实行“非一批一证”制，签发出口许可证时应在备注栏内注明“非一批一证”：

（1）外商投资企业出口许可证管理的货物；

（2）补偿贸易项下出口许可证管理的货物；

（3）其他在《出口许可证管理货物目录》中规定实行“非一批一证”的出口许可证管理货物。“非一批一证”指出口许可证在有效期内可以多次报关使用，但最多不超过 12 次，由海关在“海关验放签注

栏”内逐批签注出运数。

第三十条规定，出口许可证的有效期最长不得超过 6 个月，且有效期截止时间不得超过当年 12 月 31 日。

【2018 多选题】以下口岸出口麻黄素类产品指定口岸海关的是（　　）。

A. 上海　　B. 北京　　C. 天津　　D. 深圳

参考答案　ABCD

解　析　根据商务部、公安部、海关总署、国家食品药品监督管理局令 2006 年第 9 号《麻黄素类易制毒化学品出口企业核定暂行办法》第五条规定，麻黄素类易制毒化学品出口限定在北京、天津、上海、深圳口岸报关并于同口岸实际离境。其他海关一律不予受理此类产品的出口报关业务。

【2020 单选题】监管证件代码为“1”的货物，属于我国（　　）。

A. 禁止进口管理的货物　　B. 限制进口管理的货物

C. 自由进口管理的货物　　D. 自由进口管理中，属于自动进口许可管理的货物

参考答案　B

解　析　选项 A，禁止进口管理的货物海关监管证件名称代码对应“9”。

选项 B，根据商务部令 2004 年第 27 号《货物进口许可证管理办法》第二条规定，国家实行统一的货物进口许可证制度。国家对限制进口的货物实行进口许可证管理。海关监管证件名称代码对应“1”。

选项 D，根据《货物自动进口许可管理办法》规定，为了对部分货物的进口实行有效监测，规范货物自动进口许可管理，根据《中华人民共和国对外贸易法》和《中华人民共和国货物进出口管理条例》，制定本办法。商务部、海关总署等有关部门在各自的职责范围内，对申请、使用货物自动进口许可证的活动进行监督检查。海关监管证件名称代码对应“7”“O”。

＊＊**【2020 多选题】**广州市某企业出口甘草 30 万吨，该企业可以选择的报关口岸包括（　　）。

A. 大连海关　　B. 天津海关　　C. 上海海关　　D. 广州海关

参考答案　ABC（此题失效）

解　析　货物通关口岸限制管理自 2021 年 1 月 1 日起取消，根据《商务部　海关总署公布出口许可证管理货物目录（2021 年）》公告中货物通关口岸的规定，取消对甘草及甘草制品、天然砂（对台港澳地区）出口实施的指定口岸管理措施。

【2020 判断题】进口属于进口许可证管理的货物，收货人在货物进境后，办理海关报关手续前，应向相应的发证机构提交进口许可证申请，并取得该许可证。

参考答案　错误

解　析　根据商务部令 2004 年第 27 号《货物进口许可证管理办法》第六条规定，进口许可证是国家管理货物进口的法律凭证。凡属于进口许可证管理的货物，除国家另有规定外，对外贸易经营者应当在进口前按规定向指定的发证机构申领进口许可证，海关凭进口许可证接受申报和验放。

2. 自动进口许可证管理

【2016 单选题】（　　）不属于我国限制进口管理的许可证件。

A. 进口许可证　　B. 自动进口许可证

C. 进口药品通关单　　D. 黄金及其制品进口准许证

参考答案　B

解　析　根据商务部、海关总署令 2004 年第 26 号《货物自动进口许可管理办法》第三条规定，商务部根据监测货物进口情况的需要，对部分进口货物实行自动许可管理，并至少在实施前 21 天公布其目录。因此，选项 B 属于自动许可管理。

《货物进口许可证管理办法》第二条规定，国家实行统一的货物进口许可证制度。国家对限制进口的货物实行进口许可证管理。

主席令第 18 号《中华人民共和国药品管理法》第六十四条规定，药品应当从允许药品进口的口岸进口，并由进口药品的企业向口岸所在地药品监督管理部门备案。海关凭药品监督管理部门出具的进口药品通关单办理通关手续。无进口药品通关单的，海关不得放行。

中国人民银行、海关总署令 2015 年第 1 号《黄金及黄金制品进出口管理办法》第三条规定，中国人民银行是黄金及黄金制品进出口主管部门，对黄金及黄金制品进出口实行准许证制度。中国人民银行根据国家宏观经济调控需求，可以对黄金及黄金制品进出口的数量进行限制性审批。

因此，选项 A、C、D 属于我国限制进口管理的许可证件。

＊＊**【2016 判断题】**目前，我国自动进口许可管理包括自动进口许可证管理和自动许可类可利用固体废物管理两大类。

参考答案 正确（此题废止）

解　　析 根据生态环境部、商务部、发展改革委、海关总署公告 2020 年第 53 号《关于全面禁止进口固体废物有关事项的公告》的规定，自 2021 年 1 月 1 日起，禁止以任何方式进口固体废物。

【2017 判断题】加工贸易项下进口的成品油，可以免于交验自动进口许可证。

参考答案 错误

解　　析 进口列入《自动进口许可管理货物目录》的商品，在办理报关手续时须向海关提交自动进口许可证，但加工贸易项下进口并复出口的（原油、成品油除外）情形免于提交。

【2017 综合案例题】上海 A 进出口公司是一家在海关办理了报关单位注册登记手续的企业。该企业以 CIF Shanghai 条件（适用《INCOTERMS 2000》）从巴西 B 公司购买 600 吨大豆，并于 2017 年 7 月 10 日申领了一份代码为“7”的监管证件（非一批一证），以海运散装分两批进口，第一批已进口 300 吨。

请就本案例回答下列相关问题：

1. 下列关于买卖双方权利、义务描述正确的是（　　）。

A. 上海 A 进出口公司承担货物在装运港越过船舷前的一切风险

B. 巴西 B 公司负责办理出口清关手续

C. 上海 A 进出口公司负责租船订舱，并支付货物至目的港的运费

D. 巴西 B 公司负责办理货物运输保险，并支付保险费

参考答案 BD

解　　析 CIF 贸易术语是 Cost，Insurance and Freight（… named port of destination）的缩写，即成本、保险费加运费（……指定目的港）。

（1）CIF 贸易术语卖方义务。

①自负风险和费用，取得出口许可证或其他官方批准的证件，在需要办理海关手续时，办理货物出口所需的一切海关手续。

②签订从指定装运港承运货物运往指定目的港的运输合同；自付费用取得货物保险，并向买方提供保险单或其他保险证据；在买卖合同规定的时间和港口，将货物装上船并支付至目的港的运费；装船后及时通知买方。

③承担货物在装运港越过船舷为止的一切风险。

④向买方提供通常的运输单据，如买卖双方约定采用电子通信，则所有单据均可被同等效力的电子数据交换（EDI）信息所代替。

（2）CIF 贸易术语买方义务。

①自负风险和费用，取得进口许可证或其他官方批准的证件，在需要办理海关手续时，办理货物进口以及必要时经由另一国过境的一切海关手续，并支付有关费用及过境费。

②承担货物在装运港越过船舷以后的一切风险。

③接受卖方提供的有关单据，收领货物，并按合同规定支付货款。

④支付除通常运费以外的有关货物在运输途中所产生的各项费用，以及包括驳运费和码头费在内的

卸货费。

2. 案例中所述的代码为“7”的监管证件有效截止日期为（　　）。

A. 2017 年 10 月 9 日　　B. 2017 年 12 月 31 日

C. 2018 年 3 月 31 日　　D. 2018 年 7 月 9 日

参考答案　B

解　　析　2017 年 7 月 10 日申领，根据《货物自动进口许可管理办法》第十九条规定，自动进口许可证在公历年度内有效，有效期为 6 个月。所以到期日为 2017 年 12 月 31 日。

3. 上海 A 进出口公司第二批最多可凭该证进口（　　）大豆。

A. 315 吨　　B. 309 吨　　C. 330 吨　　D. 318 吨

参考答案　C

解　　析　根据《货物自动进口许可管理办法》第十七条规定，海关对散装货物溢短装数量在货物总量正负 5%以内的予以免证验放。600 吨大豆，第一批已进口 300 吨，合同剩余 300 吨最多可进口 330 吨。

4. 上海 A 进出口公司可以采取的报关方式是（　　）。

A. 由上海 A 进出口公司自行报关

B. 委托具有报关权的国际货运代理公司报关

C. 委托具有报关权的其他进出口公司报关

D. 委托报关行报关

参考答案　ABD

解　　析　从委托关系的角度，可以分为自理报关和代理报关两种形式，进出口货物收发人自行办理报关手续称为自理报关；接受进出口货物收发货人的委托，代为办理报关手续的称为代理报关，进出口收发货人经向海关登记注册后，只能为本单位进出口货物办理报关业务。

因此本题正确选项为 A、B、D。

5. 下列海关对于上海 A 进出口公司的报关单位管理描述正确的是（　　）。

A. 该企业注册登记的期限为三年

B. 该企业的报关单位注册登记证书长期有效

C. 该企业在取得注册登记后，应当依法聘用专职报关从业人员

D. 该企业的注册资本应不低于 150 万元人民币

参考答案　B

解　　析　根据海关总署令第 221 号《中华人民共和国海关报关单位注册登记管理规定》第二十六条规定，除海关另有规定外，进出口货物收发货人《中华人民共和国海关报关单位注册登记证书》长期有效。

【2018 单选题】2018 年某公司申领了证面数量为 10000 吨、“非一批一证”管理的散装进口钢材的自动进口许可证进口，其中前三批共进口了 8000 吨，第四批进口时在不超过（　　）时可无需再申领进口许可证。

A. 2600 吨　　B. 3000 吨　　C. 2060 吨　　D. 2100 吨

参考答案　C

解　　析　根据《货物自动进口许可管理办法》第十七条规定，海关对原油、成品油、化肥、钢材四种大宗货物的散装货物溢短装数量在货物总量正负 3%以内的予以免证验放。

【2019 单选题】2019 年某公司申领了证面数量为 10000 吨、“非一批一证”管理的散装进口大豆的自动进口许可证进口，其中前三批共进口了 8000 吨，第四批进口时在不超过（　　）时可无需再申领进口许可证。

A. 2600 吨　　B. 3000 吨　　C. 2060 吨　　D. 2100 吨

参考答案 D

解　　析 根据《货物自动进口许可管理办法》第十七条规定，海关对散装货物溢短装数量在货物总量正负5%以内的予以免证验放。

【2020单选题】我国A企业以一般贸易、一般征税的方式进口一批货物。该商品在《中华人民共和国进出口税则》中的信息如下：

最惠（%）	暂定税率	普通	增值/消费	监管条件	检验检疫	特殊证件/对美关税	协定税率		特惠税率
							亚太5国	韩国	亚太2国
7		20	13/	OA	M	/	4.9	0	

该商品在进境报关时需提供（　　）。

A. 密码产品和设备进口许可证

B. 进口许可证

C. 两用物项和技术进口许可证

D. 自动进口许可证（新旧机电产品）

参考答案 D

解　　析 根据《货物自动进口许可管理办法》的规定，为了对部分货物的进口实行有效监测，规范货物自动进口许可管理，根据《中华人民共和国对外贸易法》和《中华人民共和国货物进出口管理条例》，制定本办法。商务部、海关总署等有关部门在各自的职责范围内，对申请、使用货物自动进口许可证的活动进行监督检查。海关监管证件名称代码对应“7”“O”。

3. 两用物项和技术进出口许可证管理

【2018单选题】两用物项和技术（进）出口许可证的“两用物项”是指（　　）。

A. 航天、通信用　　B. 军用、生化用　　C. 建筑、工程用　　D. 军用、民用

参考答案 D

解　　析 两用物项是指军民两用的敏感物项和易制毒化学品。两用物项和技术是指敏感物项和技术、易制毒化学品和其他的总称。

【2020单选题】关于“两用物项和技术进口许可证”，表述正确的是（　　）。

A. 实行“非一批一证”制和“一证一关”制

B. 实行“一批一证”制和“一证一关”制

C. 每证在有效期内可多次报关使用，不限定次数

D. 有效期不超过一年，仅限公历年度内使用

参考答案 A

解　　析 根据商务部、海关总署令2005年第29号《两用物项和技术进出口许可证管理办法》第十五条规定，两用物项和技术进口许可证实行“非一批一证”制和“一证一关”制，同时在两用物项和技术进口许可证备注栏内打印“非一批一证”字样。

两用物项和技术出口许可证实行“一批一证”制和“一证一关”制。同一合同项下的同一商品如需分批办理出口许可证，出口经营者应在申领时提供相关行政主管部门签发的相应份数的两用物项和技术出口批准文件。同一次申领分批量最多不超过十二批。

“非一批一证”制是指每证在有效期内可多次报关使用，但最多不超过十二次，由海关在许可证背面“海关验放签注栏”内逐批核减数量；“一批一证”制是指每证只能报关使用一次；“一证一关”制是指每证只能在一个海关报关使用。

第二十六条规定，两用物项和技术进出口许可证有效期一般不超过一年。

两用物项和技术进出口许可证跨年度使用时，在有效期内只能使用到次年3月31日，逾期发证机构

将根据原许可证有效期换发许可证。

【2020 单选题】下列对两用物项和技术进出口许可证管理表述正确的是（　　）。

A. 两用物项和技术进口许可证实行“一批一证”制和“一证一关”制

B. 两用物项和技术出口许可证实行“非一批一证”制和“一证一关”制

C. 两用物项和技术进出口许可证有效期一般不超过一年，跨年度使用时，在有效期内只能使用到次年 3 月 31 日

D. 两用物项和技术进出口许可证逾期后可以向发证机构申请延期

参考答案　C

解　　析　见上题。

4. 黄金及其制品进出口管理

【2018 单选题】通过（　　）免于办理“黄金及其制品进出口准许证”。

A. 加工贸易转内销及境内购置黄金原料以加工贸易出口黄金制品

B. 海关特殊监管区域、保税监管场所与境内区外进出口黄金及制品

C. 个人、法人或者其他组织因公益事业捐赠进口黄金及黄金制品

D. 加工贸易方式进出或以暂时进出境方式进出境的黄金及其制品

参考答案　D

解　　析　根据中国人民银行、海关总署令 2015 年第 1 号《黄金及黄金制品进出口管理办法》第四条规定，法人、其他组织以下列贸易方式进出口黄金及黄金制品的，应当按照本办法办理中国人民银行黄金及黄金制品进出口准许证：

（1）一般贸易；

（2）加工贸易转内销及境内购置黄金原料以加工贸易方式出口黄金制品的；

（3）海关特殊监管区域、保税监管场所与境内区外之间进出口的。

第二十条规定，除本办法第四条规定外，以下方式进出的黄金及黄金制品免予办理中国人民银行黄金及黄金制品进出口准许证，由海关实施监管：

（1）通过加工贸易方式进出的；

（2）海关特殊监管区域、保税监管场所与境外之间进出的；

（3）海关特殊监管区域、保税监管场所之间进出的；

（4）以维修、退运、暂时进出境方式进出境的。

【2018 多选题】以下属于我国限制进口管理的货物有（　　）。

A. 莱克多巴胺　　B. 复方甘草片　　C. 化肥、钢材　　D. 黄金首饰

参考答案　BD

解　　析　莱克多巴胺根据《关于禁止进出口莱克多巴胺和盐酸莱克多巴胺的公告》，属于禁止进出口商品；化肥、钢材在 2021 年《自动进口许可管理货物目录》中，属于自动许可管理范畴。

复方甘草片商品编码 3004490063 需要办理精神药物进（出）口准许证，属于进出口许可管理商品；黄金首饰属于黄金及黄金制品进出口准许管理范畴。

【2019 多选题】从境外进入保税区的（　　），免于提交相应许可证件。

A. 监控化学品（监管条件 2）　　B. 黄金首饰（监管条件 J）

C. 湿濒危野牛皮（监管条件 F）　　D. 钢材（监管条件 7）

参考答案　ABD

解　　析　免于提交许可证件有以下几种情形：

（1）两用物项进出口许可证管理（监管条件 2）。

在境内与保税区、出口加工区等海关特殊监管区域、保税场所之间进出的，或者在上述海关特殊监

管区域、保税场所之间进出的两用物项和技术，经营者无须办理两用物项和技术进出口许可证。

（2）黄金制品进口管理（监管条件J）。

保税区、出口加工区及其他海关特殊监管区域和保税监管场所与境外之间进出，海关特殊监管区域、保税监管场所之间进出的黄金及其产品，免予办理黄金及其制品进出口准许证，由海关实施监管。保税区、出口加工区及其他海关特殊监管区域和保税监管场所与境内区外之间进出的黄金及其产品，应办理黄金及其制品进出口准许证。

（3）野生动植物进口管理（监管条件F）。

凡进出口列入《进出口野生动植物种商品目录》的野生动植物或其产品，必须严格按照有关法律、行政法规的程序进行申报和审批，并在进出口报关前取得国家濒管办或其授权的办事处签发的公约证明、非公约证明或物种证明后，向海关办理进出口手续。

因此从境外进入保税区的只有选项C需要提交，其他均免予提交，因此选项A、B、D为正确答案。

（4）自动进口许可证管理（监管条件7）。

①加工贸易项下进口并复出口的（原油、成品油除外）；

②外商投资企业作为投资进口或者投资额内生产自用的（旧机电产品除外）；

③货样广告品、实验品进口，每批次价值不超过5000元人民币的；

④暂时进口的海关监管货物；

⑤进入保税区、出口加工区等海关特殊监管区域及进入保税仓库、保税物流中心的属于自动进口许可管理的货物；

⑥加工贸易项下进口的不作价设备监管期满后留在原企业使用的；

⑦国家法律法规规定其他免领自动进口许可证的。

5. 农药进出口管理

＊＊**【2020单选题】**下列监管证件中代码表述正确的是（　　）。

A. 固体废物进口许可证监管证件代码为“X”

B. 有毒化学品进出口环境管理放行通知单监管证件代码为“P”

C. 两用物项和技术进口许可证监管证件代码为“L”

D. 农药进出口登记管理放行通知单监管证件代码为“S”

参考答案　D（此题A选项已废止）

解　　析　根据《关于全面禁止进口固体废物有关事项的公告》的规定，自2021年1月1日起，禁止以任何方式进口固体废物。禁止我国境外的固体废物进境倾倒、堆放、处置。

第三篇　国际贸易实务基础知识

第九章　国际贸易概述

一、大纲细则

（一）主要内容

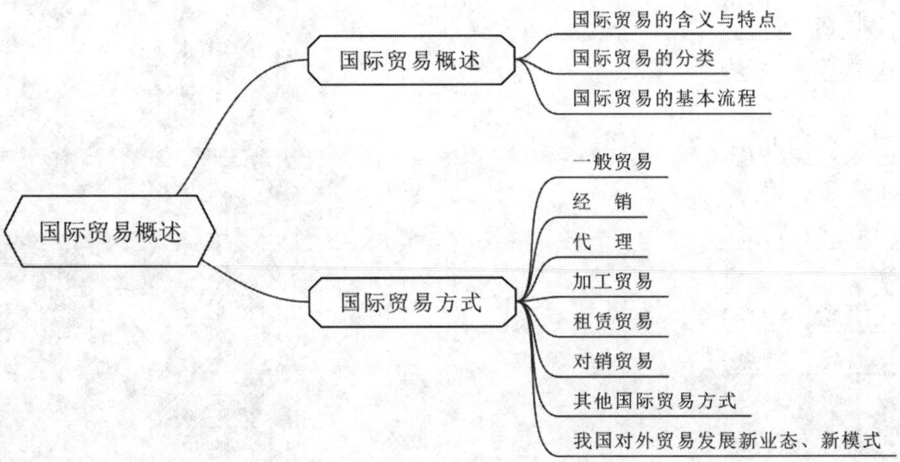

（二）基本要求

1. 了解国际贸易的基本特点、类型及涉及的业务范围。
2. 了解国际贸易业务各环节的基本程序。
3. 理解关务工作对顺利履行合同的重要意义。
4. 掌握国际贸易各种贸易方式的含义和特征。
5. 掌握不同贸易方式的分类和区别。
6. 了解不同贸易方式下买卖双方的权利义务关系。
7. 基本概念：国际贸易、货物贸易、服务贸易、技术贸易、卖方履行出口合同、国际贸易方式、一般贸易、经销、一般经销、独家经销、代理、总代理、独家代理、一般代理、加工贸易、进料加工、来料加工、来件装配、租赁贸易、融资租赁、经营租赁、对销贸易、易货贸易、互购贸易、补偿贸易、跨境电子商务、寄售、投标、国际工程承包、拍卖、期货。

（三）考试内容

第一节　国际贸易概述

一、☆国际贸易的含义与特点

二、国际贸易的分类

☆按交易内容划分

☆按商品移动方向划分（种类）

☆按交易对象划分（种类）

三、国际贸易的基本流程

（一）☆出口贸易的基本流程

1. 交易前的准备工作
2. 签订出口合同的方式
3. 出口合同的履行原则和主要环节
（二）☆交易前的准备工作
1. 签订进口合同的方式
2. 进口合同的履行程序

第二节　国际贸易方式

一、★一般贸易（概念、类型）

二、经销

☆一般经销（概念、特点）
☆独家经销（概念、特点）

三、代理

☆总代理（概念、特点）
☆独家代理（概念、特点）
☆一般代理（概念、特点）

四、加工贸易

★进料加工（概念、特点）
★来料加工（概念、特点）

五、租赁贸易

★融资租赁（概念、特点）
★经营租赁（概念、特点）

六、对销贸易

☆易货贸易（概念、特点）
☆互购贸易（概念、特点）
☆补偿贸易（概念、特点）

七、其他国际贸易方式（种类、概念、特点）

☆寄售
★招标与投标、国际工程承包
☆拍卖
☆期货

八、我国对外贸易发展新业态、新模式

★跨境电子商务（概念、种类、影响）
★市场采购（概念、特点、业务流程、优势特点、存在的问题）
☆外贸综合服务（概念、运用模式）

（四）题型分值

题 型	年 份				
	2016	2017	2018	2019	2020
单选题	0	1.5	1	0	0
多选题	0	0	0	0	0
判断题	0	0	0	0	0
填空题	0	2	0	0	0
案例题	0	0	0	0	0
总计（分）	0	3.5	1	0	0

二、大纲知识点解析

（一）国际贸易概述

国际贸易按交易对象划分

【2018 单选题】 从俄罗斯启运、经由我国境内铁路运输、最终运至越南的一批货物，是（　　）。

A. 通运货物　　B. 转运货物　　C. 过境货物　　D. 暂时进出货物

参考答案　C

解　　析　通运货物是指由境外启运，不通过我国境内陆路运输，由船舶、航空器载运进境并由原运输工具载运出境的货物。转运货物是由境外启运，在境内设立海关地点换装运输工具，而不通过境内陆路运输货物。过境货物是由境外启运，通过我国境内陆路运输，继续运往国外的货物。暂时进出货物，是指为特定的目的进境或出境，按规定的期限原状复运出境或进境的货物。

（二）国际贸易方式

1. 经营租赁（概念、特点）

【2017 填空题】 租赁贸易可分为融资租赁和（　　）租赁两种基本形式。

参考答案　经营

解　　析　租赁贸易从不同的角度可分为多种，依据我国海关对租赁进出口货物的监管要求，按照租赁目的，将租赁贸易分为融资租赁和经营租赁两种。

（1）融资租赁。

融资租赁以融通资金为主要目的，承租人用运营或使用货物所获得的收入购买物件的使用权，代替了自行筹资购买物件的所有权的做法。承租人付清全部租金后，物件的所有权即转移给承租人。融资租赁租期较长，租赁合同不可撤销，承租人负责设备的保险、保养和维修。

（2）经营租赁。

经营租赁租期较短，出租人负责提供资金信贷和技术服务，承租人使用完租赁物件，付清服务费用（租金）后退还物件。经营租赁的合同可以撤销，出租人需通过多次出租才能收回物件的投资及费用。

因此本题的正确答案为“经营”。

2. 补偿贸易

【2017 单选题】 下列不属于“对销贸易”的是（　　）。

A. 易货贸易　　B. 互购贸易　　C. 加工贸易　　D. 补偿贸易

参考答案 C

解　析 对销贸易，又称返销贸易、反向贸易或互抵贸易等，它是以货物或劳务、工业产权和专有技术等的进口和出口相结合并互为条件的贸易方式。

对销贸易的基本种类可分为易货贸易、互购贸易、补偿贸易等多种贸易方式。

第十章 国际贸易术语与商品价格

一、大纲细则

（一）主要内容

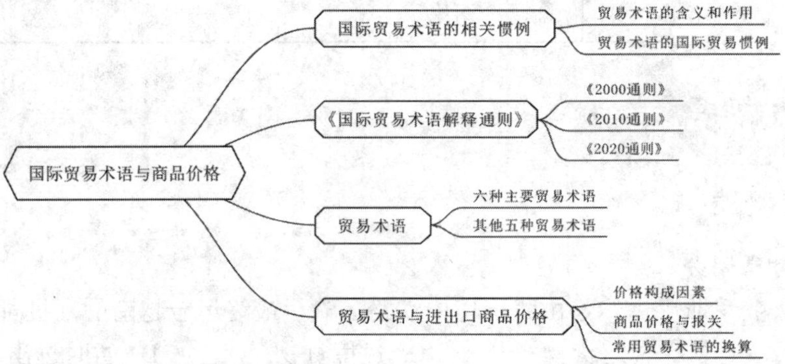

（二）基本要求

1. 了解贸易术语的含义、作用及主要国际贸易惯例。

2. 了解《2010年国际贸易术语解释通则》（通常简称《2010通则》）与《2000年国际贸易术语解释通则》（通常简称《2000通则》）国际贸易惯例的异同点，掌握《2020年国际贸易术语解释通则》（通常简称《2020通则》）的最新变化。

3. 掌握不同贸易术语下，货物交接过程中有关风险、责任和费用的划分问题。

4. 掌握主要贸易术语规定的货物交接过程中有关风险、责任和费用的划分问题。

5. 掌握《2010年通则》主要贸易术语规定的货物交接过程中有关风险、责任和费用的划分问题。

6. 熟练掌握不同贸易术语之间的价格换算。

7. 基本概念：贸易术语、《国际贸易术语解释通则》《2000通则》、EXW、FAS、装运合同、船舷为界、CFR、DAF、DES、DEQ、DDU、DDP、FOB、CIF、象征性交货、FCA、承运人、CPT、CIP、FOB班轮条件、FOB吊钩下交货、FOB理舱费在内、FOB平舱费在内、FOB包括理舱和平舱、CFR班轮条件、CFR卸至码头、CFR吊钩下交接、CFR舱底交接、DAT、DAP、投保加成率。

（三）考试内容

第一节　国际贸易术语的相关惯例

一、★贸易术语的含义和作用

二、贸易术语的国际贸易惯例

☆《1932年华沙—牛津规则》（适用范围、主要内容）

☆《1990年美国对外贸易定义修订本》（主要内容）

第二节 《国际贸易术语解释通则》

一、《2000 通则》

★E 组术语

★F 组术语

★C 组术语

★D 组术语

二、《2010 通则》

（一）★《2010 通则》的主要变化

1. 新增 DAT 和 DAP 两个术语
2. 简化分类方式
3. 取消“船舷”概念
4. 丰富了海关手续的内涵
5. 对 FOB、CFR、CIF 术语卖方义务作添加规定

（二）★《2010 通则》概述

1. 卖方/ 买方一般义务
2. 许可证、授权、安检通关和其他手续
3. 运输合同与保险合同
4. 交货/ 收取货物
5. 风险转移
6. 费用划分
7. 通知买方/ 卖方
8. 交货凭证/ 证据
9. 查对—包装—标记/ 货物检验
10. 协助提供信息及相关费用

三、《2020 通则》

（一）★《2020 通则》概述

1. 适用于任何运输模式
2. 适用于海运和内河运输模式

（二）★较《2010 通则》的主要变化

1. 主体义务项排序及内容的变化
2. DPU 代替 DAT 完善目的地交货
3. 增加 CIP（运费和保险费付至）的保险范围
4. 货交承运人（FCA）提单的提示和要求

第三节 贸易术语

一、六种主要贸易术语

★FOB（装运港船上交货）

★CFR（成本加运费）

★CIF（成本加保险费、运费）

★FCA（货交承运人）

★CPT（运费付至）

★CIP（运费、保险费付至）

二、其他五种贸易术语

★EXW（工厂交货）

★FAS（船边交货）

★DAP（目的地交货）

★DPU（卸货地交货）

★DDP（完税后交货）

第四节　贸易术语与进出口商品价格

一、★价格构成因素

二、★商品价格与报关

三、常用贸易术语的换算

★FOB 换算为 CFR 与 CIF

★CFR 换算为 FOB 与 CIF

★CIF 换算为 FOB 与 CFR

（四）题型分值

题　型	年　份				
	2016	2017	2018	2019	2020
单选题	3	1.5	1	4	2
多选题	0	0	2	4	4
判断题	1	1	1	0	2
填空题	0	0	0	0	0
案例题	15	0	0	0	0
总计（分）	19	2.5	4	8	8

二、大纲知识点解析

（一）国际贸易术语的相关惯例

贸易术语的含义和作用

【2018 判断题】按照国际贸易惯例，《2010 通则》生效实施后，《2000 通则》则自动作废。

参考答案　错误

解　　析　目前国际贸易实践中应用较多的是《2000 通则》和《2010 通则》，以及 2020 年 1 月 1 日起执行的《2020 通则》。国际贸易惯例在适用的时间效力上并不存在“新法取代旧法”的说法，如《2020 通则》实施之后并非《2010 通则》就自动废止，当事人在订立贸易合同时仍然可以选择《2010 通则》。

（二）《国际贸易术语解释通则》

1.《2000 通则》D 组术语

【2019 多选题】根据《2000 年国际贸易术语解释通则》的规定，风险和费用划分点相分离的贸易术语有（　　）。

A. FOB　　B. CIF　　C. CPT　　D. DDP

参考答案 BC

解 析 FOB 术语的风险划分点和费用划分点是一致的，CIF 术语的风险划分点是装运港船舷，但运费和保险费都是由卖方支付的，CPT 术语的风险划分点是货交承运人，但运费是由卖方支付的，DDP 的风险划分点和费用划分点是一致的。

2.《2010 通则》新增 DAT 和 DAP 两个术语

【2016 单选题】《2010 通则》中新增的术语是（ ）。

A. CPT B. DDP C. DAP D. EXW

参考答案 C

解 析 《2010 通则》以 DAT 和 DAP 两种新术语取代了《2000 通则》中 D 组的 DAF、DES、DEQ 和 DDU 术语，术语总数由原来的 13 个减少为 11 个。

3.《2010 通则》中费用的承担

【2017 单选题】根据《2010 年国际贸易术语解释通则》，下列贸易术语中，关于买方所承担费用的大小，描述正确的是（ ）。

A. FOB>EXW>CIF B. FOB>FCA>FAS C. CFR>CIF>FOB D. FCA>CPT>CIP

参考答案 D

解 析 以下为《2010 通则》费用划分表格，通过对比，选项 A 中 EXW 买方承担的费用最大，选项 B 中 FCA 买方承担的费用最大，选项 C 中 CIF 买方承担的费用最大，因此正确答案为选项 D。

贸易术语	出口清关	运费	保险费	进口清关
EXW	买方	买方	买方	买方
FAS	卖方	买方	买方	买方
FCA	卖方	买方	买方	买方
FOB	卖方	买方	买方	买方
CFR	卖方	卖方	买方	买方
CPT	卖方	卖方	买方	买方
CIF	卖方	卖方	卖方	买方
CIP	卖方	卖方	卖方	买方
DAT	卖方	卖方	卖方	买方
DAP	卖方	卖方	卖方	买方
DDP	卖方	卖方	卖方	卖方

【2016 综合案例题】2016 年 7 月，天津巨力进出口有限公司以 USD5000/SET CFR DUBAI 条款与中东地区客户订立销售 60 台中型计算机的合同，委托天津天通报关公司向天津新港海关办理出口报关手续。海关放行后，其中 2 台计算机因故未装上船。

请就本案例回答下列相关问题：

1. 根据《2010 年国际贸易术语解释通则》，巨力公司的义务有（ ）。

A. 租船订舱；支付运费、保险费

B. 在合同规定的装运期内将货物在装运港装船并通知买方

C. 办理出口报关手续

D. 向买方提交提单、商业发票等合同规定的凭证

参考答案 BCD

解　　析　CFR 术语下卖方的主要义务：

（1）负责在合同规定的日期或期间内，在装运港将符合合同的货物交至运往指定目的港的船上，并给予买方充分的通知；

（2）负责办理货物出口手续，取得出口许可证或其他核准书；

（3）负责租船或订舱，并支付至目的港的运费；

（4）负担货物在装运港越过船舷为止的一切费用和风险；

（5）负责提供商业发票和货物运往约定目的港的通常运输单据。如果买卖双方约定采用电子通信，则所有单据可被具有同等效力的电子数据交换信息所替代。

2. 根据《2010 通则》，货物（　　）即完成交货。

A. 在天津新港越过船舷　　B. 在天津新港装上船

C. 运至迪拜港　　D. 运至迪拜港卸至码头

参考答案　B

解　　析　《2010 通则》对 FOB、CFR、CIF 三个术语的运用，删除了以往以越过船舷作为风险划分界限的表述，取消了"船舷"的概念，代之以卖方必须将货物置于"船上"时构成交货，并在专用词解释中明确指出《2010 通则》中的"交货"用来指明在这里货物灭失或损坏的风险从卖方转移至买方。

3. 该批计算机出口报关时，应向海关提交的单证包括（　　）。

A. 出口许可证　　B. 两用物项和技术出口许可证

C. 原产地证书　　D. 发票、装箱单等商业单证

参考答案　BD

解　　析　2021 年《两用物项和技术出口许可证管理目录》中"中型计算机"为两用物项和技术出口管理范围，体现在"调整后的峰值性能（APP）大于 8.0 加权每秒万亿次浮点运算（Weighted Tera-FLOPS）的数字计算机"，涉及商品编码有 8471411010、8471491010、8471501010。

原产地证是证明货物生产地或制造地的具有法律效力的书面文件。在对外贸易中原产地证书通常是应进口国（地区）政府或进口商的要求，由出口商向出口国（地区）政府的签证机构申请取得后，向进口商提供的，报关时无须提供。

4. 因故未装上船的 2 台计算机，应适用的海关监管制度是（　　）。

A. 直接退运　　B. 一般退运　　C. 出口退关　　D. 无代价抵偿

参考答案　C

解　　析　直接退运是指货物进境后、办结海关放行手续前，当事人申请直接退运至境外，或者海关根据国家有关规定责令直接退运至境外的情形。

一般退运是指货物已办理申报手续且海关已经放行出口或进口，因各种原因造成退运进境或退运出境的情形。

出口退关监管制度是指向海关申报出口并获准放行，因故未能装上运输工具，经发货单位请求退运境内不再出口的货物的监管规程或准则。

无代价抵偿进出口监管制度是指因残损、短少、质量不良或者规格不符等原因，由进出口货物发货人、承运人或者保险公司免费补偿或者更换进出口的与原货物相同的货物或者与合同规定相符的货物的监管规程或准则。

本题情况符合"出口退关"的情形，因此选项 C 为正确答案。

＊＊5. 关于本案例代理报关的正确表述是（　　）。

A. 天通公司的《报关单位注册登记证书》应在有效期内

B. 天通公司应以委托人的名义办理报关手续

C. 天通公司应与巨力公司签订《代理报关委托书/委托报关协议》

D. 报关员应取得报关从业资格

参考答案 BC（原答案 ABC，目前选项 A 已失效）

解　　析 根据海关总署公告 2019 年第 213 号《关于取消报关企业和报关企业分支机构注册登记有效期的公告》的规定，自公告之日起，在全国范围内取消报关企业和报关企业分支机构注册登记有效期，改为长期有效。

【2018 多选题】 中国 A 公司从德国进口机械设备一批，A 公司不需要办理出口报关手续，根据《2010 年国际贸易术语解释通则》该合同使用的贸易术语有可能的是（　　）。

A. EXW　　B. FOB　　C. CIF　　D. DDP

参考答案 BCD

解　　析 根据《2010 通则》，EXW（工厂交货）是指当卖方在其所在地或其他指定地点将货物交由买方处置时，即完成交货。卖方无须将货物装上任何前来接收货物的运输工具，需要清关时，卖方也无须办理出口清关手续；FOB（船上交货）是指卖方应负责在合同规定的日期或期间内，在指定装运港，把货物装到买方指定的船上，并承担货物装上船为止的一切费用和风险。货物灭失或损坏的风险在货物交到船上时转移，同时买方承担自那时起的一切费用，FOB 术语要求卖方出口清关。CIF（成本、保险费加运费）是指卖方负责租船或订舱，在合同规定的装运日期或期间内将货物装上运往指定目的港的船舶，负担货物装上船前的一切费用和风险，支付运费和保险费。CIF 术语要求卖方办理出口清关。DDP（完税后交货）是指卖方在指定目的地将仍处于抵达的运输工具上，但已完成进口清关，且已做好卸货准备的货物交由买方处置时，即为交货。DDP 术语要求卖方出口清关。

因此本题正确答案为选项 B、C、D。

【2019 单选题】 已知本笔贸易适用《2010 年国际贸易术语解释通则》，则货物的国际运费由（　　）承担，国际货物运输保险费由（　　）承担。

上海华纱进出口有限公司
CHINA ARTEX SHANGHAI IMPORT AND EXPORT CORPORATION
18 XIZANG NORTH ROAD SHANGHAI, CHINA

COMMERCIAL INVOICE

Tel: [redacted]　　Invoice No.: ATX051212
Fax: [redacted]　　Date: Oct. 08, 2019
E-mail: [redacted]　　S/C No.: GD-11ATX2509
L/C No.: TH5391
Sold to Messers:
THE ABCDE GROUP, INC.
445 KENNEDY DRIVESAYREVILLE, NEW JERSEY
FROM: SHANGHAI　　TO: NEWYORK VIA HONGKONG BY VESSEL

Marks & No.s	Description of Goods	Quantity	Unit Price	Amount
JOHNSON'S	GARMENTS		CIF	USD6,000.00
12KG05107	100% COTTON		NEWYORK	USD6,400.00
NEW YORK	JERSEY BABY'S OVERALL	2,000PCS	USD3.00/PC	
NO. 1-80	100% COTTON	2,000PCS	USD3.20/PC	USD12,400.00
MADE IN CHINA	JERSEY BABY'S BEATLE			

TOTAL: SAY U.S. DOLLARS TWELVE THOUSAND FOUR HUNDRED ONLY.
THE ABOVE MENTIONED GOODS ARE OF CHINESE ORIGIN.
THIS IS TO CERTIFY THAT THE ABOVE MENTIONINGS ARE TRUE AND CORRECT.
CHINA ARTEX SHANGHAI IMPORT AND EXPORT CORPORATION

WANG LIQING

A. 华纱进出口有限公司，华纱进出口有限公司
B. 华纱进出口有限公司，THE ABCDE GROUP，INC.
C. THE ABCDE GROUP，INC. ，华纱进出口有限公司
D. THE ABCDE GROUP，INC. ，THE ABCDE GROUP，INC.

参考答案　A

解　　析　从发票的单价栏中可知，本笔贸易采用CIF术语成交，由卖方承担国际运费和保险费。交易中的卖方是上海华纱进出口有限公司，因此，华纱进出口有限公司负责运费和保险费。

【2020 多选题】根据《2010年国际贸易术语解释通则》，以下贸易术语中，关于卖方所承担费用的大小，表述正确的是（　　）。

A. CPT>CIF>FCA　　B. EXW>CIP>DDP　　C. CIP>CPT>FCA　　D. CIF>CFR>FOB

参考答案　CD

解　　析　EXW术语是工厂交货，是卖方承担责任最小，买方承担费用和责任最大的术语，因此选项B错。CIF术语项下，卖方负担运费和保险费；CPT术语项下，卖方负责运费不负责保险费，因此选项A错误。选项D中，FOB术语是买方负责运费和保险费；CFR术语是卖方负责运费，买方负责保险费；CIF术语是卖方负责运费和保险费，在这三个术语中，卖方承担费用的大小是CIF>CFR>FOB，因此选项D正确。选项C卖方负担费用CIP>CPT>FCA，也正确。

【2020 判断题】根据《2010年国际贸易术语解释通则》，CIF术语项下，由卖方负责国际运费和保险费，因此，国际运输的风险也由卖方承担。

参考答案 错误

解　　析 CIF术语项下，风险的划分点与费用的划分点是不一致的。卖方把货物装上装运港船上，风险即从卖方转移至买方。

4. 适用于海运和内河运输模式

【2016判断题】 FOB术语可适用于任何运输方式。

参考答案 错误

解　　析 FOB（Free On Bard…named port of shipment），即装运港船上交货（……指定装运港），也称“离岸价”，是国际贸易中常用的贸易术语之一。是指由买方负责派船接运货物，卖方在合同规定的装运港和规定的期限内将货物装至买方指定的船上，或取得已如此交付的货物，卖方完成交货。承担货物装上船为止的一切费用和风险。当货物被交到船上时，风险转移，至此刻起买方负担货物灭失或损坏的风险，并支付一切费用。

该术语仅适用于海洋或内河运输。

（三）贸易术语

1. FOB（装运港船上交货）

【2016单选题】 FOB Stowed的含义是（　　）。

A. 卖方不负担装货费用
B. 卖方负担装货费用和理舱费用
C. 卖方负担装货费用、理舱费用和平舱费用
D. 卖方负担装货费用与卸货费用

参考答案 B

解　　析 FOB理舱费在内（FOB Stowed），是指卖方负担货物装入船舱并支付包括理舱费在内的装货费用。理舱是指为了使船上装载的货物放置妥善和分布合理，货物装船后，需要进行垫隔和整理的作业。

【2020单选题】（　　），指装货费用按班轮运输处理，即卖方不负担装货费用。

A. FOB Liner Terms
B. FOB Stowed
C. FOB Trimmed
D. FOB Stowed and Trimmed

参考答案 A

解　　析 FOB班轮条件（FOB Liner Terms），是指装货费用按班轮运输处理，即卖方不负担装货费用，由支付运费的一方（买方）负担。

FOB理舱费在内（FOB Stowed），是指卖方负担货物装入船舱并支付包括理舱费在内的装货费用。理舱是指为了使船上装载的货物放置妥善和分布合理，货物装船后，需要进行垫隔和整理的作业。

FOB平舱费在内（FOB Trimmed），是指卖方负担货物装入船舱并支付包括平舱费在内的装货费用。平舱是指货物装船后，为了保持船舶承受压力均衡和航行安全，对成堆装入船舱的散装货物，如煤炭、粮谷等，需要进行调动和平整的作业。

FOB包括理舱和平舱（FOB Stowed and Trimmed），指卖方负担货物装入船舱并支付包括理货费及平舱费在内的装货费用。

2. EXW（工厂交货）

【2017判断题】 在EXW术语下，买方负责出口清关。

参考答案 正确

解　　析 EXW（Ex Works），即工厂交货（……指定地点），是指当卖方在其所在地或其他指定的地点（如工场、工厂或仓库）将货物交给买方处置时，即完成交货，卖方不负责将货物装上买方前来接收货物的运输车辆，不办理出口清关手续。这个术语是卖方承担义务最少的贸易术语，买方负担自卖方所在处提起货物至目的地所需要的一切费用和风险。

3. DDP（完税后交货）

【2018 单选题】《2010 年国际贸易术语解释通则》中，下列贸易术语中表示完税后交货的是(　　)。

A. FOB　　B. CIF　　C. DDP　　D. FCA

参考答案　C

解　　析　DDP（Delivered Duty Paid），即完税后交货（……指定目的地）是卖方承担风险、责任和费用最大的一种贸易术语。是指卖方要负责将货物从启运地一直运到合同规定的进口国内的指定目的地，把货物实际交到买方手中，才算完成交货。卖方必须承担将货物运至指定的目的地的一切风险和费用，包括在需要办理海关手续时在目的地应交纳的任何“税费”(包括办理海关手续的责任和风险，以及交纳手续费、关税、税款和其他费用)。

4. FOB 换算为 CFR 与 CIF

【2019 单选题】我国出口商出口泰国曼谷某商品，按 CIF 价商品每千克 50 美元。现泰国客户要求改报 FOB 价。已知我出口商投保 W. P. A.，保险费率 0.25%，主运费每千克 5 美元。如果我国出口商利润不变，向进口商报 FOB 价计算公式为（　　）。

A. FOB 价=CFR 价×［1-保险费率×（1+投保加成率）］-运费

B. FOB 价=CIF 价×［1+保险费率×（1+投保加成率）］-运费

C. FOB 价=CFR 价-运费

D. FOB 价=CIF 价-运费

参考答案　C

解　　析　FOB 价=CIF 价×［1-保险费率×（1+投保加成率）］-运费。

CFR 价= CIF 价×［1-保险费率×（1+投保加成率）］。

经推导 FOB 价=CFR 价-运费，因此本题正确答案为选项 C。

第十一章　国际贸易合同主要条款

一、大纲细则

（一）主要内容

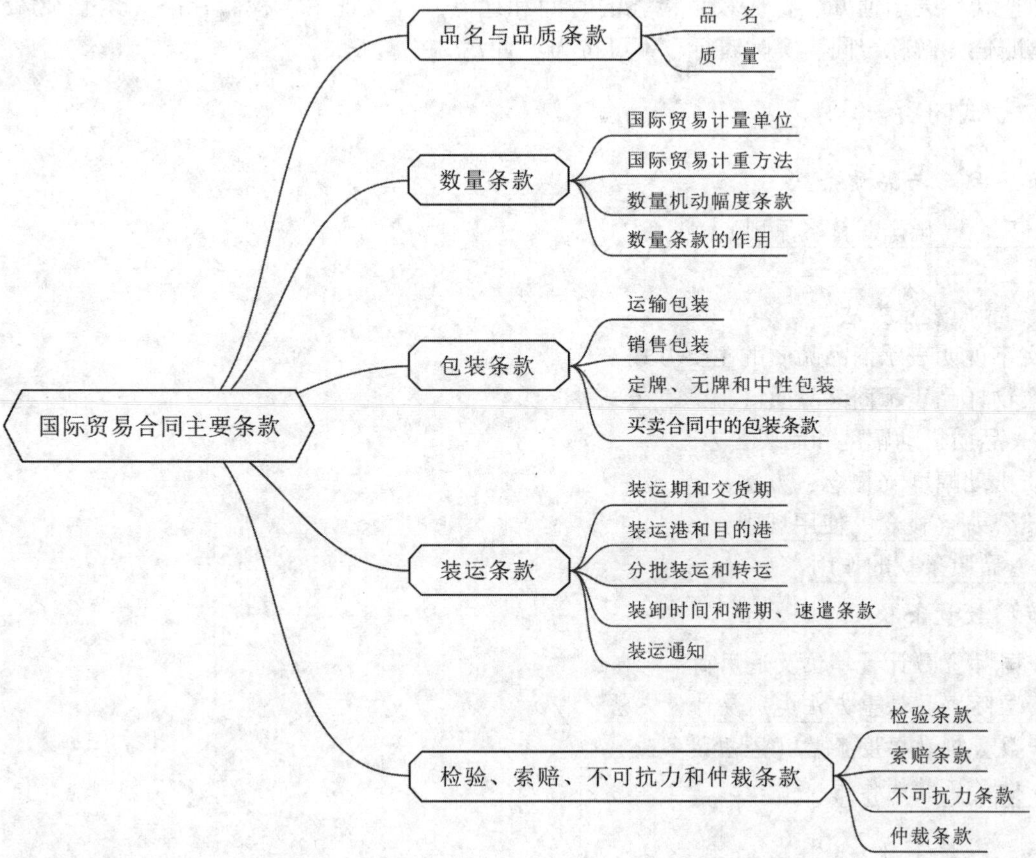

（二）基本要求

1. 熟悉合同品质条款的基本内容和专业术语，区分当事人的责任、权利和义务，了解该条款在关务工作中的运用和影响。

2. 结合通关业务掌握品质条款相应的业务处理基本规则。

3. 熟悉合同数量条款的基本内容和专业术语，区分当事人的责任、权利和义务，了解该条款在关务工作中的运用和影响。

4. 结合通关业务掌握数量条款相应的业务处理基本规则。

5. 熟悉合同包装条款的基本内容和专业术语，区分当事人的责任、权利和义务，了解该条款在关务工作中的运用和影响。

6. 结合通关业务掌握包装条款相应的业务处理基本规则。

7. 熟悉合同装运条款的基本内容和专业术语，区分当事人的责任、权利和义务，了解该条款在关务工作中的运用和影响。

8. 结合通关业务掌握装运条款相应的业务处理基本规则。

9. 熟悉合同检验、索赔、不可抗力和仲裁条款的基本内容和专业术语，区分当事人的责任、权利和义务，了解该条款在关务工作中的运用和影响。

10. 结合通关业务掌握检验、索赔、不可抗力和仲裁条款相应的业务处理基本规则。

11. 基本概念：国际贸易合同、国际贸易合同主要条款、品质、等级、标准、样品、标准样品、参考样品、卖方样品、复样、买方样品、对等样品、品质机动幅度、品质公差、常见计量单位、毛重、以毛作净、净重、实际皮重、平均皮重、约定皮重、公量、净净重、溢短装条款、约量、散装、裸装、运输包装、集合运输包装、运输标志、唛头、指示性标志、警告性标志、销售包装、中性包装、定牌中性、无牌中性、定牌、交货、装运、装运期、交货期、交货时间、交货地点、装运港、目的港、装卸时间、滞期费、速遣费、装运通知、检验权、检验的时间和地点、检验证书、检验标准、索赔、违约、根本性违约、损害赔偿、解除合同、实际履行、不可抗力、仲裁。

(三) 考试内容

第一节　品名与品质条款

一、☆品名（概念、命名原则）

二、质量

(一) ☆品质表示方法

1. 凭文字说明表示商品品质的主要方式

2. 用实物样品表示商品品质（概念、方式）

(二) ★品质机动幅度和品质公差

1. 品质机动幅度（概念、方法）

2. 品质公差（概念、使用规则）

(三) ★品质条款的作用

第二节　数量条款

一、★国际贸易计量单位及适用商品

二、★国际贸易计重方法类别及计量方法

三、★数量机动幅度条款（溢短装条款）

四、★数量条款的作用

第三节　包装条款

一、运输包装

★包装种类

★包装标志的种类、展现形式

二、销售包装

★销售包装的种类

★商品条码标志展现形式、种类

三、定牌、无牌和中性包装

☆定牌包装（概念、具体做法）

☆无牌包装（概念、具体做法）

☆中性包装（概念、具体做法）

四、★包装条款包含内容、基本规则

第四节　装运条款

一、装运期和交货期

★装运时间和交货时间关系

★交货时间概念、影响

★交货地点概念、作用

★装运时间和交货时间的常见做法

二、装运港和目的港

☆装运地或装运港规定方法

☆目的地或目的港规定方法

三、分批装运和转运

☆分批装运（概念、分辨规则）

☆转运（不同情况下的概念）

四、装卸时间和滞期、速遣条款

★装卸时间（表现形式、含义、约定方式）

☆滞期费与速遣费

五、★装运通知（一般做法）

第五节　检验、索赔、不可抗力和仲裁条款

一、检验条款（概念、主要内容）

★买方检验权

★检验时间和地点

1. 在出口国（地区）检验

2. 在进口国（地区）检验

3. 在出口国（地区）检验、在进口国（地区）复验

★检验证书

★检验方法与标准

二、索赔条款

★违约责任

★索赔依据

★索赔期限

★索赔条款的规定方式

1. 异议与索赔条款

2. 罚金条款

三、不可抗力条款

☆认定

☆法律后果

☆通知与证明

四、仲裁条款

☆仲裁协议

☆仲裁机构与仲裁庭

☆仲裁裁决效力

（四）题型分值

题　型	年　份				
	2016	2017	2018	2019	2020
单选题	0	1.5	1	2	0
多选题	3	0	2	4	0
判断题	1	1	3	4	2
填空题	0	0	0	0	0
案例题	0	0	0	0	0
总计（分）	4	2.5	6	10	2

二、大纲知识点解析

（一）品名与品质条款

1. 凭文字说明表示商品品质的主要方式

【2017 单选题】“利福平，1993 年英国药典”，这种用文字说明表示货物质量的方法属于（　　）。

A. 凭规格买卖　　B. 凭等级买卖　　C. 凭标准买卖　　D. 凭品牌或商标买卖

参考答案　C

解　　析　用文字说明表示商品品质的最基本方法就是用文字规定产品的规格（Specification），例如，成分、含量、纯度、大小等，也可以通过规定商品的等级或标准来确定质量。

等级和标准是规格的固定化，等级（Grade）是指同一类的货物，根据长期生产和贸易实践，按照其品质、重量、成分、外观或者效能等的不同，用文字、数码或者符号所作的分类；标准（Standard）是经政府机关或者工商团体、同业公会等制定和公布的某类商品的规格。

2. 用实物样品表示商品品质

【2016/2019 判断题】在出口贸易中，为了明确责任，最好采用既凭样品，又凭规格买卖的方法。

参考答案　错误

解　　析　在国际贸易中，表示品质的方法有多种，归纳起来，可以分为两大类：文字说明表示和实物样品表示。

用文字说明表示商品品质的最基本方法就是用文字规定产品的规格（Specification），例如，成分、含量、纯度、大小等，也可以通过规定商品的等级或标准来确定质量。

商品品质用实物样品表示，即指买卖双方在洽商时，由卖方或买方提出少量足以代表商品品质的实物作为样品，要求对方确认，样品一经确认便成为买卖双方交接货物的品质依据，这种表示商品品质的方法，在国际贸易中称为“凭样品买卖”（Sale By Sample）。这是由于这些商品本身的特点，难以用文字说明商品品质，或出于市场习惯而采用的一种方法。

【2018 判断题】中国 A 公司收到意大利 B 公司的一笔服装订单，B 公司寄来服装样品以表示商品品质，A 公司应生产并邮寄“对等样品”，以便将“凭买方样品买卖”变为“凭卖方样品买卖”，对 A 公司更为有利。

参考答案　正确

解　　析　实物样品（Sample）通常是指从一批商品中抽出来或者由生产部门设计、加工出来的能够反映和代表整批商品品质的少量实物。按照样品提供者的不同，样品可分为卖方样品、买方样品和对等样品。当样品由卖方提供时，称为“凭卖方样品买卖”（Sale as Per Seller's Sample）；当样品由买方提供时，称为“凭买方样品买卖”（Sale by Buyer's Sample）；在实际业务中，如卖方认为按买方来样供货没有确切把握，可根据买方来样，加工出一个类似样品交买方确认，这种样品称为“对等样品”（Counter Sample），又称为“回样”（Return Sample）或“确认样品”（Confirming Sample）。如果买方同意凭对等样品洽谈交易，就等于把“凭买方样品买卖”变为“凭卖方样品买卖”，使卖方处于较为有利的地位。

3. 品质机动幅度

【2019 单选题】 在出口灰鸭毛的合同中，若规定“含绒量 18%，上下 1%”的内容属于（　　）。

A. 溢短装条款　　B. 品质公差条款

C. 品质机动幅度条款　　D. 数量机动幅度条款

参考答案　C

解　　析　品质机动幅度（Quality Latitude）是指为了避免品质条款的规定过于严格造成卖方交货困难，在合同中规定对特定质量指标在一定幅度内可以机动。品质机动幅度主要用于初级产品及某些工业制成品的品质指标。其具体规定方法有规定范围、规定极限、规定上下差异三种。

（1）规定范围：指对某项商品的主要质量指标规定允许有一定机动的范围。例如，色织全棉布，宽度 59/60″。

（2）规定极限：指对某些商品的质量规格，规定上下极限。例如，大西洋三文鱼，每条 6.5 千克以上。

（3）规定上下差异：指在规定某一具体质量指标的同时，规定必要的上下变化幅度。例如，鸭绒被，含绒量 70%，允许上下 1%。

（二）数量条款

1. 国际贸易计量单位及适用商品

【2016 多选题】 在国际贸易中，气体商品一般以（　　）来计量。

A. 体积　　B. 重量　　C. 容积　　D. 面积

参考答案　AC

解　　析　在国际贸易中，通常采用的数量计算方法有六种：按重量（Weight）计量、按容积（Capacity）计量、按个数（Number）计量、按长度（Length）计量、按面积（Area）计量、按体积（Volume）计量。

在不同的计量方法下，通常适用的商品见下表：

计量单位	应用情形
重量（Weight）	主要适用于羊毛、棉花、谷物、矿产品、盐、油类等天然矿产品；农副产品及矿砂、钢铁等部分工业制品
个数（Number）	适用于成衣、文具、纸张、玩具、车辆、拖拉机、活牲畜、机器零件等杂货类商品及一般制成品
长度（Length）	主要适用于布匹、塑料布、电线电缆、绳索、纺织品等
面积（Area）	主要适用于木材、玻璃、地毯、铁丝网、纺织品、塑料板、皮革等板型材料；皮质商品和塑料制品
容积（Capacity）	主要适用于小麦、玉米、汽油、天然瓦斯、化学气体、煤油、酒精、啤酒、双氧水等谷物类及部分流体、气体物品
体积（Volume）	主要适用于化学气体、木材等

【2016 连线题】请将下列计量单位与英文缩写进行对应连线

盎司　　MT

码　　L

公升　　yd.

公吨　　oz.

参考答案　盎司（oz.）、码（yd.）、公升（L）、公吨（MT）

解　　析　在国际贸易中，通常采用的数量计算方法有六种：按重量（Weight）计量、按容积（Capacity）计量、按个数（Number）计量、按长度（Length）计量、按面积（Area）计量、按体积（Volume）计量。

在不同的计量方法下，通常采用的计量单位及适用的商品见下表：

计量单位	应用情形	常见计量单位
重量（Weight）	主要适用于羊毛、棉花、谷物、矿产品、盐、油类等天然矿产品；农副产品及矿砂、钢铁等部分工业制品	克（G）、千克（KG）、盎司（oz）、磅（LB）、公吨（MT），长吨（LT）、短吨（ST）等
个数（Number）	适用于成衣、文具、纸张、玩具、车辆、拖拉机、活牲畜、机器零件等杂货类商品及一般制成品	只（PC）、件（PKG）、双（PR）、台/套/架（ST.）、打（DZ.）、罗（GR.）、大罗（G.GR.）、令（RM.）、卷（ROLL 或 COLL）、辆（UNIT）、头（HEAD）、箱（C/S）、捆（BALE 或 BDL）、桶（BARREL 或 DR.）、袋（B.）、盒（BX.）、听（TIN 或 CAN）等
长度（Length）	主要适用于布匹、塑料布、电线电缆、绳索、纺织品等	码（yd）、米（M）、英尺（FT）、厘米（CM）等
面积（Area）	主要适用于木材、玻璃、地毯、铁丝网、纺织品、塑料板、皮革等板型材料；皮质商品和塑料制品	平方米（SQ. M）、平方英尺（SQ. FT）、平方码（SQ. YD）、平方英寸（SQ. INCH）等
容积（Capacity）	主要适用于小麦、玉米、汽油、天然瓦斯、化学气体、煤油、酒精、啤酒、双氧水等谷物类及部分流体、气体物品	公升（L）、加仑（GAL）、蒲式耳（BU.）等
体积（Volume）	主要适用于化学气体、木材等	立方码（CU. YD.）、立方米（CU. M.）、立方英尺（CU. FT）、立方英寸（CU. INCH）等

【2017 判断题】盎司（OZ.）、加仑（GAL.）和公升（L.）都属于容积单位。

参考答案　错误

解　　析　同上题。

2. 数量机动幅度条款（溢短装条款）

【2019 多选题】对外贸易中溢短装条款具体伸缩量的掌握（　　）。

A. 可由卖方决定　　B. 买方负责装运时，可由买方决定

C. 可由港务装运部门依情况自行决定　　D. 可授权承运人决定

参考答案　ABD

解　　析　在国际货物买卖中，有些商品受本身特性、生产、运输或包装等条件的限制，在实际交货时不易精确计算。为了便于合同的顺利履行，减少争议，买卖双方通常在合同中规定数量机动幅度条款，这种条款一般称为“溢短装条款”（More or Less Clause）。在采用溢短装条款时，具体伸缩量的掌握大多明确由卖方决定，在由买方负责装运时，也可由买方决定。在采用租船运输时，为了充分利用船舶容积，也可授权由承运人决定。

（三）包装条款

中性包装

【2018 单选题】 定牌中性包装是指在商品本身及其包装上使用（　　）指定的商标、牌号（　　）生产国别。

A. 买方，注明　　B. 买方，不注明　　C. 卖方，注明　　D. 卖方，不注明

参考答案　B

解　　析　中性包装（Neutral Packing），是指在出口商品和内外包装上不标明生产国别的包装。采用这种包装，主要目的是方便中间商转售货物或为了打破某些国家的关税与非关税壁垒。中性包装又分定牌中性和无牌中性。定牌中性是指在商品和包装上使用买方指定的商标、牌号，但不注明生产国别。无牌中性是指在商品和包装上均不使用任何商标、牌号，也不注明生产国别。

【2019 判断题】 中性包装是指在出口商品和内外包装上标明生产国别，但不注明生产商的包装方式。

参考答案　错

解　　析　见上题。

（四）装运条款

装运时间和交货时间关系

【2018 多选题】 在国际贸易中，装运通知的作用主要是帮助（　　）。

A. 船、货衔接　　B. 装运、保险衔接

C. 明确买卖双方责任　　D. 买方准备接货、办理进口手续

参考答案　ABCD

解　　析　装运通知（Advice of Shipment）条款在于明确买卖双方的责任，做好船货衔接工作。按照国际贸易的一般做法，在按 FOB 术语成交时，卖方应在约定的装运期开始以前（一般为 30 天），向买方发出货物备妥准备装船的通知，以便买方及时派船接货。买方接到卖方发出的通知后，应按约定时间，将船舶到港受载日期通知卖方，以便卖方及时安排货物出运和准备装船。

在按 FOB、CFR 或 CIF 术语成交时，卖方应于货物装船后，立即将合同号、货物品名、件数、重量、发票金额、船名及装船日期等项内容，通知买方，以便买方在目的港做好接卸货物的准备，并及时办理进口报关等手续。

如按 FOB 或 CFR 术语成交，买方接到此项装运通知后，及时办理货物保险手续。按照国际贸易惯例，如因卖方漏发或未及时发出此项装运通知，致使买方漏保或未及时办理保险时，则卖方应负担买方因此而遭受的有关损失。

【2018 判断题】 在国际贸易中，交货期（Time of Delivery）与装运期（Time of Shipment）的含义是一致的。

参考答案　错误

解　　析　在国际贸易中，交货时间（Time of Delivery）和装运时间（Time of Shipment）是两个互有联系但内涵不同的概念。

以信用证方式结算货款的买卖合同，《跟单信用证统一惯例》（UCP600）对“装运日期”（Date of Shipment）做出具体规定：运输单据的出具日期将被视为发运、接受监管或装载以及装运日期。然而，如果运输单据以盖章或批注方式标明发运、接受监管或装载日期，则此日期将被视为装运日期。人们也因此把这种交付方式称为“凭单交货、凭单付款”的象征性交货方式（Symbolic Delivery）。

此外《2020 通则》按照运输方式对其定义的贸易术语进行分组，并明确“交货地或港”对风险和费用的划分至关重要，货物越过交货点后发生的灭失或损坏风险从卖方转移给买方，买方不能向卖方追偿。同时明确采用 F 组和 C 组术语时，因交货地均在卖方一侧，通常被称为“装运”销售，就是货物一旦装

运（在 FOB、CFR 和 CIF 术语中，当货物装运港被装到船之后；在 CPT、CIP 术语中，当货物交付承运人后；在 FCA 术语中，当货物装上卖方提供的运输工具，或交由买方指定的承运人处置时）卖方就算完成了交货的义务。因此，在实际业务中，在使用 FOB、CFR、CIF、FCA、CPT 和 CIP 术语订立的合同中规定卖方应于何时、何地交货时，以使用“装运时间”“装运地点”较为合适。

至于 DAT、DPU 和 DDP 术语，主要使用“到货合同”，卖方必须在目的地实际交货（Actual Delivery）。从这个意义来讲，“装运”与“交货”是两个不同的概念，不能混淆。

（五）检验、索赔、不可抗力和仲裁条款

仲裁裁决效力

【2018/2020 判断题】仲裁是解决国家之间货物买卖纠纷的途径之一，但仲裁裁决不具有法律约束力，当事人仍可将争议诉诸法院。

参考答案 错误

解　析 所谓仲裁（Arbitration）又称公断，是指买卖双方在争议发生之前或发生之后，签订书面协议，自愿将争议提交双方同意的第三者予以裁决的一种方式。

由于当今世界一国（地区）法院的裁决在另一国（地区）的承认和执行往往遇到较多的困难，而世界上大多数国家（地区）签署了《承认和执行外国仲裁裁决公约》，因此仲裁成为解决国家（地区）之间货物买卖纠纷的主要途径。仲裁裁决具有法律约束力，当事人双方必须遵照执行。

国际货物销售合同中的仲裁条款，一般应包括提交仲裁的事项，即提请仲裁的争议范围、仲裁地点、仲裁机构、仲裁规则、仲裁的效力等内容。

第十二章　国际货物运输实务

一、大纲细则

（一）主要内容

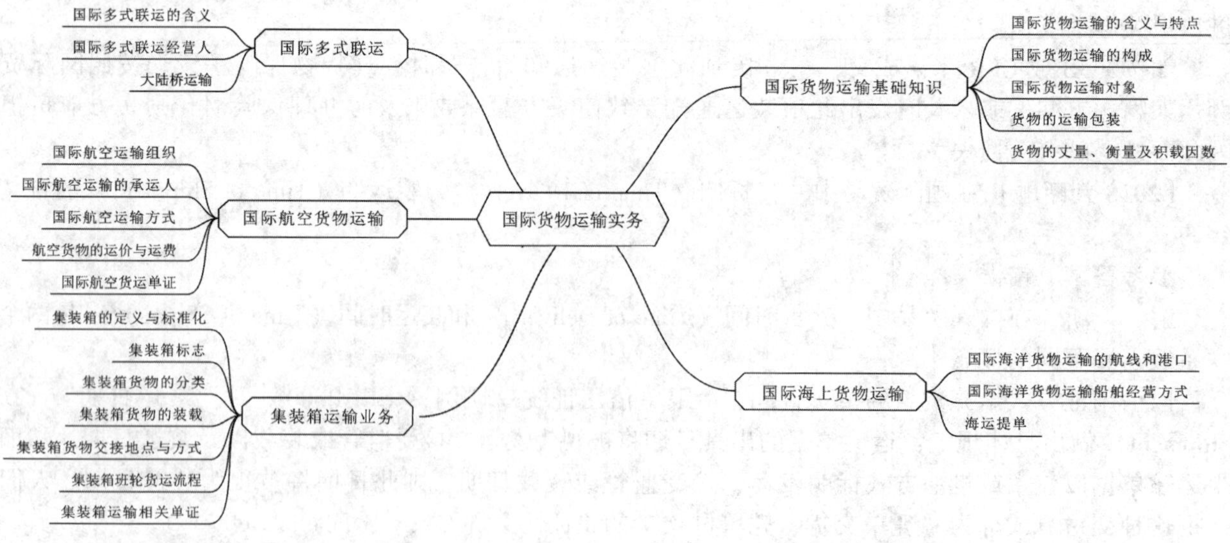

（二）基本要求

1. 了解国际货运的含义与特点。

2. 掌握国际货运的构成，掌握运输代理人相关概念。
3. 了解国际货运运输工具的种类。
4. 掌握国际货物运输对象的不同分类方式及重要概念。
5. 掌握国际货物运输的包装要求与标志。
6. 掌握货物丈量、衡重的基本知识。
7. 了解货物积载因数的含义和计算方法。
8. 了解国际海运船舶营运方式。
9. 了解海运航线和国内外主要港口。
10. 掌握班轮运输业务的关系方、船期表等基本概念。
11. 熟悉班轮运价与运费的构成和标准，能够正确判断班轮运费计算方法。
12. 熟练掌握提单的种类及其要点，以及提单记载的内容。
13. 了解集装箱的基本概念。
14. 掌握集装箱的标志。
15. 掌握整箱货和拼箱货的区别与业务异同。
16. 熟练掌握集装箱货物交接地点和操作方式。
17. 熟练掌握集装箱班轮货运流程。
18. 熟悉集装箱运输相关单证。
19. 了解航空集中托运的概念和文件。
20. 能够区分主运单和分运单的内容。
21. 了解航空运输的运费、运价基本概念。
22. 熟练掌握货运单。
23. 掌握国际多式联运的概念和特征。
24. 掌握国际多式联运经营人的法律地位和作用。
25. 基本概念：国际货物运输、承运人、货主、运输代理人、运输标志、包装储运指示标志、危险货物标志、货物积载因数、班轮运输、租船运输、FO、FI、FIO、FIOT、光船租船、定期航线、不定期航线、近洋航线、运洋航线、无船承运人、国际货运代理、班轮船期表、运价、运价本、等级费率本、班轮运费、附加运费、班轮运费的计费标准、运费吨、起码运费、拼箱货班轮运费、从价运费、提单、已装船提单、收货待运提单、记名提单、不记名提单、指示提单、清洁提单、不清洁提单、直达提单、转船提单、多式联运提单、船公司提单、无船承运人提单、倒签提单、顺签提单、预借提单、过期提单、集装箱、TEU、FEU、集装箱标志、整箱货、拼箱货、集装箱堆场、集装箱货运站、集装箱货物的交接方式、场站收据联单、集装箱预配清单、集装箱设备交接单、集装箱装箱单、航空集中托运、分运单、主运单、集中托运货物舱单、运价、航空运费、计费重量、实际毛重、体积重量、计费重量、最低运费、国际航协运价、普通货物运价、指定商品运价、等级货物运价、航空货运单、国际多式联运、统一责任制、多式联运经营人。

（三）考试内容

第一节　国际货物运输基础知识

一、☆国际货物运输的含义与特点

二、国际货物运输的构成

（一）☆国际货物运输的关系方

1. 承运人

2. 货主

3. 运输代理人
4. 装卸人和理货人
(二) ★方式
1. 水路运输
2. 公路运输
3. 铁路运输
4. 航空运输
5. 管道运输
6. 邮政运输
7. 集装箱运输
8. 国际多式联运

三、国际货物运输对象

(一) ★从货物形态的角度分类
1. 包装货物
2. 裸装货物
3. 散装货物
(二) ★从货物性质的角度分类
1. 普通货物
2. 特殊货物
(三) ★从货物重量的角度分类
1. 重质货物
2. 轻泡货物
(四) ★从货物运量大小的角度分类
1. 大宗货物
2. 件杂货物

四、货物的运输包装

☆货物运输包装的目的
☆货物运输包装的基本要求
☆货物运输包装上的标志
1. 运输标志
2. 包装储运指示标志
3. 危险货物标志

五、货物的丈量、衡重及积载因数

☆货物的丈量
☆货物的衡重
☆货物的积载因数
1. 不包括亏舱的货物积载因数
2. 包括亏舱的货物积载因数

第二节 国际海上货物运输

一、国际海洋货物运输的航线

★世界海上运输航线
航线的概念和分类

世界主要大洋航线

二、国际海洋货物运输的港口

★世界主要港口

☆世界港口排名

三、国际海洋货物运输船舶经营方式

★班轮运输

班轮运输的概念和特点

班轮运输的主要关系方

船期表

班轮运价与运费

☆租船运输

四、海运提单

第三节 集装箱运输业务

一、集装箱的定义与标准化

☆集装箱的定义

☆集装箱的尺寸

☆国际标准集装箱

★集装箱种类

1. 按照集装箱所装货物的种类分

2. 按照集装箱的不同用途分

3. 常见集装箱箱型及代码

二、集装箱标志

☆必备标记（识别标记、作业标记）

☆自选标记（识别标记、作业标记）

☆通行标记

三、集装箱货物的分类

★按货物性质分（普通货物、特殊货物）

★按能否装满一个集装箱分（整箱货、拼箱货、整箱货与拼箱货的区别）

四、集装箱货物的装载

☆重量的合理分配

☆货物的必要衬垫

☆货物的合理固定

☆货物的合理混装

五、集装箱货物交接地点与方式

★集装箱货物的交接地点

1. 集装箱堆场

2. 集装箱货运站

3. 发货人或收货人的工厂或仓库

★集装箱货物的交接方式

六、集装箱班轮货运流程

☆出口（订舱前确认、填写订舱单、提取空箱、货物装箱、码头放行、换取提单）

☆进口（换单、提箱、交还空箱）

七、集装箱运输相关单证

☆场站收据联单

☆集装箱预配清单

☆集装箱设备交接单

☆集装箱装箱单

☆交货记录联单

第四节 国际航空货物运输

一、国际航空运输组织

☆国际民用航空组织

☆国际航空运输协会

☆国际货运代理协会联合会

☆国际机场理事会

二、国际航空运输的承运人

☆航空公司

☆航空货运代理公司

三、国际航空运输方式

★班机运输

★包机运输

1. 整包机特点

2. 部分包机特点

★集中托运

★联运方式

★航空快递

1. 国际航空快递的主要业务形式

2. 国际航空快递的特点

四、航空货物的运价与运费

★航空货物运价、运费和计费重量

航空运价

航空运费

起码运费

计费重量

☆国际航空货物运价体系

1. 协议运价

2. 国际航协运价

3. 现有定价遵照的原则

☆普通货物运价

☆指定商品运价

☆等级货物运价

五、国际航空货运单证

★托运书（SLI）

★航空货运单（AWB）

第五节 国际多式联运

一、国际多式联运的含义

★定义

★国际多式联运与一般国际货物运输的区别

★特征

二、★国际多式联运经营人

三、大陆桥运输

☆定义

☆大陆桥运输的路线

1. 第一条亚欧大陆桥

2. 第二条亚欧大陆桥

3. 第三条亚欧大陆桥

4. 北美大陆桥

5. 南亚大陆桥

(四) 题型分值

题 型	年 份				
	2016	2017	2018	2019	2020
单选题	0	0	0	2	2
多选题	0	0	0	8	0
判断题	1	0	0	0	0
填空题	0	0	0	0	0
案例题	0	0	0	0	0
总计（分）	1	0	0	10	2

二、大纲知识点解析

(一) 国际货物运输基础知识

运输标志

【2019 多选题】 运输标志即唛头，其主要内容包括（　　）。

A. 货物名称或代号　　B. 收、发货人的代号

C. 目的地的名称或代号　　D. 件号

参考答案 BCD

解　析 运输标志（Shipping Mark），又称唛头（Mark），是国际货物买卖合同、货运单据中有关货物标志事项的基本内容，作用是使货物在运输过程中的每个环节便于识别，以免发生错装、错运、错转、错交和无法交付等情况。当由于某种原因发生票货分离时，也便于港航工作人员能很快地确认货物所有人。

通常是由一个简单的几何图形和一些字母、数字及简单的文字组成。其主要内容包括：

（1）收、发货人的代号。用文字、字母及图形说明收货人或发货人，有的还加列合同号码。

（2）目的地的名称或代号。

(3) 件号，如箱号、包号、桶号、件号、批号等。

(二) 国际海上货物运输

班轮运输的主要关系方

【2019 多选题】班轮运输中，通常会涉及（　　）等有关货物运输的关系人。

A. 班轮承运人　　B. 船舶代理人　　C. 无船承运人　　D. 货运代理人

参考答案 ABCD

解　析 班轮运输中，通常会涉及班轮承运人、船舶代理人、无船承运人、货运代理人、托运人等有关货物运输的关系人。

班轮承运人即班轮公司，是运用自己拥有或者自己经营的船舶，提供国际港口之间班轮运输服务，并依据法律规定设立的船舶运输企业。

船舶代理人是接受船舶经营人的委托，为船舶经营人的船舶及其所载货物或集装箱提供办理船舶进出港口手续、安排港口作业、接受订舱、代签提单、代收运费等服务，并依据法律规定设立的船舶运输辅助性企业。

无船承运人（Non-vessel Operating Common Carrier，NVOCC），也称无船公共承运人，指经营无船承运业务的公司，是以承运人身份接受托运人的货载，签发自己的提单或者其他运输单证，向托运人收取运费，通过班轮公司完成国际海上货物运输，承担承运人责任，并依据法律规定设立的提供国际海上货物运输服务的企业。

国际货物运输代理简称国际货运代理、货运代理或国际货代，英文名称为 The Freight Forwarder 或 Forwarding Agent。

(三) 集装箱运输业务

整箱货、拼箱货

【2019 单选题】下列关于整箱货与拼箱货描述错误的选项是（　　）。

A. 整箱货是指由集装箱堆场负责装箱和计数，填写装箱单，并加封志的集装箱货物

B. 拼箱货是指由承运人的集装箱货运站负责装箱和计数，填写装箱单，并加封志的集装箱货物

C. 在目前的海上货运实践中，班轮公司主要从事整箱货的货运业务

D. 在目前的货运实践中，主要由拼箱集运公司从事拼箱货的货运业务

参考答案 A

解　析 整箱货（FCL）是指货物数量较多，足够装满一个或数个集装箱的货物。通常由发货人自行装箱和计数，填写装箱单，并加施铅封。整箱货涉及一个发货人和一个收货人。在目前的海上货运实践中，班轮公司主要从事整箱货的货运业务。

拼箱货（LCL）是指批量很小，不能装满一个整箱，需要与其他货主的货物拼装在一个集装箱内的货物。通常由承运人的集装箱货运站负责装箱和计数，填写装箱单，并加施铅封。拼箱货会涉及多个发货人和多个收货人。在目前的货运实践中，主要由拼箱集运公司从事拼箱货的货运业务。

【2020 单选题】根据以下信息，下列选项对集装箱描述正确的是（　　）。

Shipper JIANGXI FRUITS AND VEGETABLES I/E CO., LTD. 188 WAIMA ROAD NANCHANG CHINA	**B/L No.** FS81263
Consignee TO ORDER	××××有限公司 **COSCO CONTAINER LINES** **Port-to-Port Transport** **BILL OF LADING** **ORIGINAL**
Notify party KWONG FOO YOUNG CO., LTD. 34 JALAP STREET, 50050, SINGAPORE	

Pre-carriage by	Place of Receipt
Ocean Vessel Voy. No. DONGFENG V. 037	**Port of loading** FUZHOU
Port of Discharge SINGAPORE	Place of delivery

Marks & Nos. Container No.	No. & kind of pkgs	Description of goods	Gross weight	Measurement
N/M	400PKGS	BEAN CURD AND VINEGAR	14800.00KGS	25.000CBM
1X20' LCL, CY / CY CN.: STEU4597111 SN.: 60010				

Total No. of container or other pkgs or units (in words)	SAY FOUR HUNDRED PACKAGES ONLY

Freight & charges	Revenue Tons	Rate	Per	Prepaid	Collect
FREIGHT COLLECT					

Ex rate	Prepaid at	Payable at	**Place and date of issue:** FUZHOU 22 FEB 2019	
	Total prepaid	No. of B(s)/L THREE	**Signed by**	**COSCO CONTAINER LINES FUZHOU BRANCH**
Laden on board the Vessel: **Date:** 22 FEB 2019			As agent for the carrier named above	

A. 1 个 20 英尺的整箱货

B. 1 个 20 英尺的拼箱货

C. 场到站交接方式

D. 站到站交接方式

参考答案 B

解　　析 该单据对集装箱的描述是“1X20’ LCL，CY/CY”，即 1 个 20 英尺的拼箱货，场到场交接方式。因此本题正确答案为选项 B。

（四）国际航空货物运输

计费重量

【2016 判断题】毛重是指商品本身的重量加上包装材料的重量。

参考答案　正确

解　　析　实际毛重（Actual Gross Weight）是指包括货物包装在内的货物重量，称为货物的实际毛重。

第十三章　国际货物运输保险与国际贸易结算

一、大纲细则

（一）主要内容

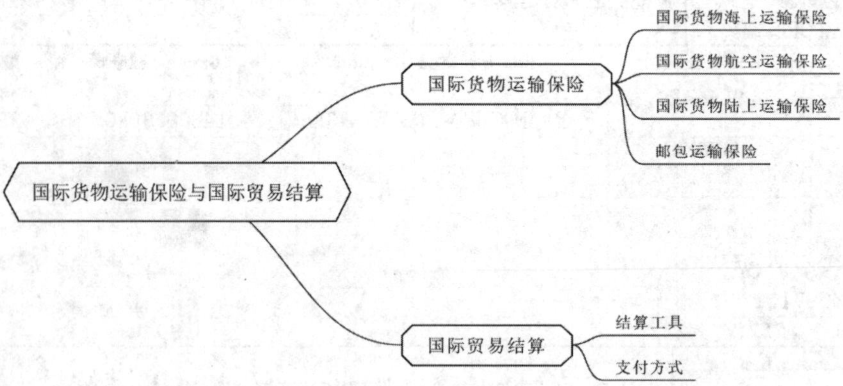

（二）基本要求

1. 了解货运保险业务的营运特点以及保险费的计收方式。

2. 掌握国际不同运输方式通关资料的种类及其来源，能结合本教材第十一章的知识，正确获取报关、报检的信息。

3. 了解各种结算工具的种类、定义。

4. 掌握货款结算的主要方式、业务程序及其在国际贸易中的运用。

5. 掌握不同结算方式的信用属性，能分析其风险所在，从而对其利弊做出判断。

6. 基本概念：中国人民保险公司海洋运输保险条款、伦敦保险业协会货物保险条款、基本险、附加险、投保加成、结算工具、汇票、汇付、电汇、托收、付款交单、承兑交单、信用证、跟单信用证、议付。

（三）考试内容

第一节　国际货物运输保险

一、国际货物海上运输保险

☆风险（海上风险、外来风险）

☆损失（海上损失、外来风险的损失）

★国际货物海上运输保险条款与保险险别

★保险责任的起讫

☆保险金额和保险费

★海洋运输货物专门保险险别及条款

1. 海洋运输冷藏货物保险

2. 海洋运输散装桐油保险

二、国际货物航空运输保险

★航空运输险和航空运输一切险

★航空运输货物战争险

三、国际货物陆上运输保险

☆陆运险与陆运一切险

☆陆上运输货物战争险（火车）

四、☆邮包运输保险

第二节　国际贸易结算

一、结算工具

☆计价货币

☆票据（汇票、本票、支票）

二、支付方式

★汇付（电汇、信汇、票汇）

☆托收（光票托收、跟单托收）

★信用证

1. 信用证的含义

2. 信用证的特点

3. 信用证的作用

SWIFT 信用证的格式和内容

(四) 题型分值

题　型	年　份				
	2016	2017	2018	2019	2020
单选题	0	1.5	1	0	4
多选题	0	0	6	0	8
判断题	0	2	0	2	2
填空题	0	0	0	0	0
案例题	0	0	0	0	0
总计（分）	0	3.5	7	2	14

二、大纲知识点解析

(一) 国际货物运输保险

1. 国际货物海上运输保险条款与保险险别

【2017 单选题】根据中国人民保险公司海洋运输货物保险条款的规定，下列属于一般附加险的是（　　）。

A. 罢工险　　B. 战争险　　C. 钩损险　　D. 舱面险

参考答案　C

附加险是对基本险的补充和扩大。投保人只能在投保一种基本险的基础上，根据货物种类和特点，选择需要投保的一种或若干种附加险。在附加险条款中，有一般附加险条款和特殊附加险条款两类。

（1）一般附加险（General Additional Risk）。

一般附加险的种类很多，其中主要包括偷窃提货不着险（Theft，Pilferage and Non-delivery，T. P. N. D.），淡水雨淋险（Fresh and/or Rainwater Damage Risks），渗漏险（Risk of Leakage），短量险（Risk of Shortage in Weight），钩损险（Hook Damage），混杂、沾污险（Risk of Intermixture and Contamination），破碎险（Risk of Breakage），碰损险（Clashing），锈损险（Risk of Rust），串味险（Risk of Odor），受潮受热险（Sweating and/or Heating）等。

（2）特殊附加险（Special Additional Risk）。

特殊附加险是以导致货损的某些政府行为风险作为承保对象的，它不包括在一切险范围，不论被保险人投任何基本险，要想获取保险人对政府行为等政治风险的保险保障，必须与保险人特别约定，经保险人特别同意。否则，保险人对此不承担保险责任。特殊附加险只能在投保"平安险""水渍险""一切险"的基础上加保。

特殊附加险包括海上货物运输战争险（War Risk）、海上货物运输罢工险（Strikes Risk）、进口关税险（Import Duty Risk）、舱面险（On Deck Risk）、交货不到险（Failure to Deliver Risk）、出口货物到中国香港（包括九龙在内）或中国澳门存仓火险责任扩展条款（Fire Risk Extension Clause For Storage of Cargo at Destination Hong Kong，China，Including Kowloon，or Macao，China，F. R. E. C.）、黄曲霉素险（Aflatoxin Risk）、拒收险（Rejection Risk）。

【2017/2019 判断题】一切险是水渍险和各种附加险的总和，是保险范围最广的险别。

参考答案　错误

解　　析　一切险的责任范围是除包括平安险和水渍险的各项责任外，还负责被保险货物在运输途中由于外来原因所致的全部或部分损失。但是，被保险人的故意行为或过失所造成的损失（属于发货人责任所引起的损失）；在保险责任开始前，被保险货物已存在的品质不良或数量短差所造成的损失；被保险货物的自然损耗、本质缺陷、特性，以及市价跌落、运输延迟所引起的损失或费用，不包括在一切险承保范围之内。一切险条款的责任范围很广泛，但战争险（War Risks）或罢工险（Risks of Strikes）则不包括在内。

【2018 多选题】中国 A 企业向巴基斯坦出口货物一批，为防止因运输途中货物被窃造成损失，可以投保（　　）。

A. 偷窃险　　B. 一切险　　C. 平安险+偷窃险　　D. 一切险+偷窃险

参考答案　BC

解　　析　根据《中国保险条款》规定，将保险货物的险别，分为平安险、水渍险和一切险三种。平安险、水渍险和一切险都是货物运输保险的基本险别。根据不同类别货物的需要，在投保一种基本险别外，尚须加保的险别，都叫附加险。附加险不能单独投保。承报平安险时，保险人仅对自然灾害和海上意外事故所造成的整批货物全部损失负赔偿责任。除包括平安险和水渍险的各项责任外，保险人对于被保险货物因遭受所有因意外事故所发生的损失，不论是共同海损、单独海损、全部损失、部分损失，以及其他外来原因造成的偷窃、淡水雨淋、破损等损失，均包括在一切险承保责任范围之内。选项 A 偷窃险为附加险不能单独投保，选项 D 一切险已包含偷窃这种外来原因造成的风险，不需再另外加保偷窃险。

【2020 单选题】按照我国"海洋货物运输保险条款"的规定，"一切险"的承保范围包括（　　）。

A. 平安险+一般附加险　　B. 平安险+一般附加险+特殊附加险

C. 水渍险+一般附加险　　D. 水渍险+一般附加险+特殊附加险

参考答案 C

解　　析 一切险的责任范围是除包括平安险和水渍险的各项责任外，还负责被保险货物在运输途中由于外来原因所致的全部或部分损失，但战争险（War Risks）或罢工险（Risks of Strikes）则不包括在内。

一般附加险主要包括偷窃提货不着险（Theft，Pilferage and Non-delivery，T. P. N. D.），淡水雨淋险（Fresh and/or Rainwater Damage Risks），渗漏险（Risk of Leakage），短量险（Risk of Shortage in Weight），钩损险（Hook Damage），混杂、沾污险（Risk of Intermixture and Contamination），破碎险（Risk of Breakage），碰损险（Clashing），锈损险（Risk of Rust），串味险（Risk of Odor），受潮受热险（Sweating and/or Heating）等。

特殊附加险包括海上货物运输战争险（War Risk）、海上货物运输罢工险（Strikes Risk）、进口关税险（Import Duty Risk）、舱面险（On Deck Risk）、交货不到险（Failure to Deliver Risk）、出口货物到中国香港（包括九龙在内）或中国澳门存仓火险责任扩展条款（Fire Risk Extension Clause For Storage of Cargo at Destination Hong Kong，China，Including Kowloon，or Macao，China，F. R. E. C.）、黄曲霉素险（Aflatoxin Risk）、拒收险（Rejection Risk）。

【2020 多选题】下列险种属于特殊附加险的是（　　）。

A. 混杂沾污险　　B. 拒收险　　C. 交货不到险　　D. 黄曲霉素险

参考答案 BCD

解　　析 特殊附加险包括海上货物运输战争险（War Risk）、海上货物运输罢工险（Strikes Risk）、进口关税险（Import Duty Risk）、舱面险（On Deck Risk）、交货不到险（Failure to Deliver Risk）、出口货物到中国香港（包括九龙在内）或中国澳门存仓火险责任扩展条款（Fire Risk Extension Clause For Storage of Cargo at Destination Hong Kong，China，Including Kowloon，or Macao，China，F. R. E. C.）、黄曲霉素险（Aflatoxin Risk）、拒收险（Rejection Risk）。

混杂、沾污险属于一般附加险。

2. 保险责任的起讫

【2020 多选题】已装船提单的签发期为 7 月 15 日，信用证规定的有效期为 8 月 15 日，交单期限为装运日后的 15 天，如果信用证要求卖方提交保险单，则保险单的出单日期可以为（　　）。

A. 7 月 30 日　　B. 7 月 15 日　　C. 7 月 10 日　　D. 8 月 15 日

参考答案 BC

解　　析 保险单签发日期一般在货物装上运输工具之前，最晚不迟于装船日期。因此本题正确答案为选项 B、C。

（二）国际贸易结算

1. 汇付（电汇、信汇、票汇）

【2018 单选题】中国 A 公司向德国 B 公司出口服装一批，使用 D/D 方式进行结算。德国汇出行应 B 公司的申请，将（　　）交给 B 公司，B 公司再将票据转交 A 公司，A 公司凭此向中国汇入行收取款项。

A. 商业远期汇票　　B. 商业即期汇票　　C. 银行远期汇票　　D. 银行即期汇票

参考答案 D

解　　析 票汇（D/D）是指汇出行应汇款人（通常为进口方）的申请，开立银行即期汇票，汇出行将票据交给汇款人，汇款人再将票据转交给收款人，收款人凭此向汇入行收取款项的方式。本题中，B 公司为汇款人，A 公司为收款人，双方使用汇出行开出的银行即期汇票来进行货款结算。

因此本题正确答案为选项 D。

【2018 多选题】在我国，汇票必须记载（　　）、付款人名称、无条件支付的委托、确定金额，缺一

则汇票无效。

A. 表明“汇票”字样　B. 收款人名称　C. 出票日期　D. 出票人签章

参考答案　ABCD

解　析　根据《中华人民共和国票据法》第二十二条规定，汇票必须记载下列事项：（1）表明“汇票”的字样；（2）无条件支付的委托；（3）确定的金额；（4）付款人名称；（5）收款人名称；（6）出票日期；（7）出票人签章。汇票上未记载前款规定事项之一的，汇票无效。

因此本题正确答案为选项A、B、C、D。

2. 托收（光票托收、跟单托收）

【2018多选题】某公司对外签订出口合同，规定支付方式为跟单托收，下列说法不正确的是(　　)。

A. 托收行在付款人付清款项后方能将单据交予付款人

B. 托收时应附带商业单据和金融单据

C. 托收使用的汇票属于银行汇票

D. 该支付方式属于商业信用

参考答案　ABC

解　析　选项A是托收中跟单托收的解释，托收还有承兑交单，所以不全面；选项B根据托收的定义托收必须附带的是商业单据，金融单据不是必须的，所以此选项也不正确；选项C根据托收的流程，托收是由债权人开立的汇票，所以托收使用的汇票是商业汇票而不是银行汇票；选项D托收过程中，银行只是按照出口人的指示行事，所以属于商业信用是正确的。

因此本题正确答案为选项A、B、C。

3. SWIFT信用证的格式和内容

【2017判断题】信用证上的“Applicant”，意思是“开证人”，一般由订立买卖合同的买方申请开证。

参考答案　正确

解　析　开证人（50：Applicant）。一般由订立买卖合同的买方申请开证，在该栏记载名称和地址信息。

【2020单选题】根据国际商会《跟单信用证统一惯例》（UCP600），信用证是一种（　　），（　　）处于第一付款人的地位。

A. 商业信用，开证行　B. 银行信用，开证行

C. 商业信用，通知行　D. 银行信用，通知行

参考答案　B

解　析　信用证是一种银行信用，采用信用证方式，只要出口人按信用证的要求提交单据，银行即保证付款。即使在开证后进口人失去偿付能力，只要出口人提交的单证据构成相符交单，开证行也要负责付款。付款后如发现有误，也不能向受益人和索偿行进行追索。所以，信用证的性质属于银行信用，是建立在银行信用基础上的。

【2020判断题】根据《UCP600》的规定，信用证项下单据应在信用证有效期和交单期内向银行提交，如果信用证对“交单期”未做出规定，则交单期不得迟于运输单据日后的21天，并且不得迟于信用证的有效期。

参考答案　正确

解　析　交单的期限（48：Period of Presentation），是受益人向银行交单的期限。该项目是可选项目，如果缺省，按《跟单信用证统一惯例》（UCP600）规定，交单的期限为提单出单日后的21天内，但是无论如何不能超过信用证的有效期。

第十四章 国际贸易单证

一、大纲细则

（一）主要内容

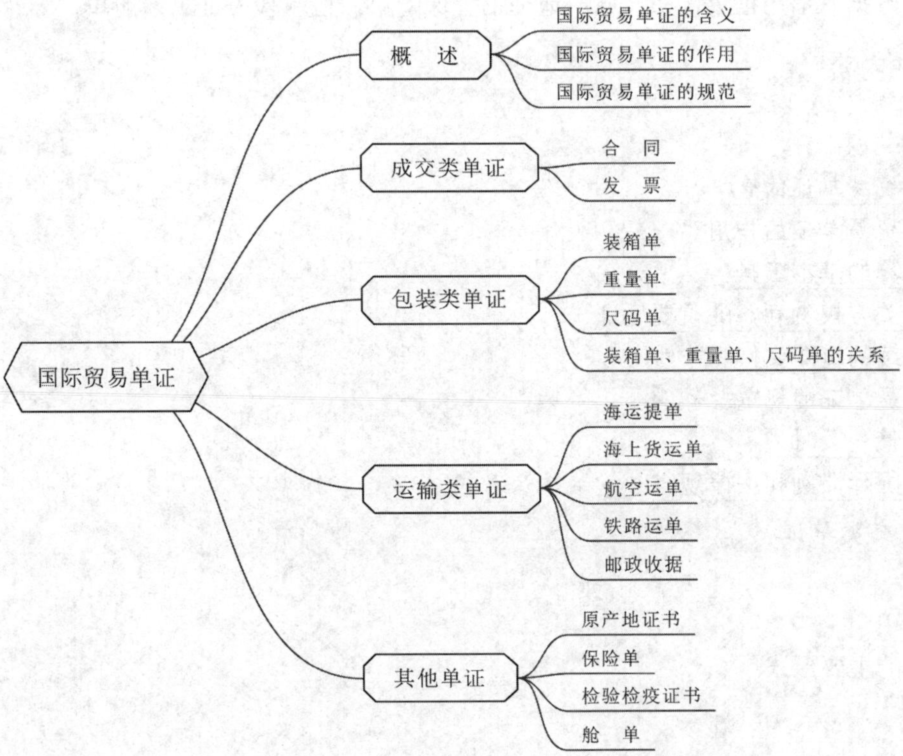

（二）基本要求

1. 了解国际贸易单证之间的相互关系、单证制作签发所涉及的经济和管理部门。
2. 了解国际贸易单证的作用，熟悉其在各业务环节的法律效力。
3. 掌握国际贸易单证的缮制规范，了解其国际通行标准的相关惯例和规则。
4. 正确理解国际贸易书面合同和商业发票各栏目适用国际通行标准的表现形式。
5. 掌握国际贸易合同和商业发票中交易标的、相关条款、当事人权利义务等要素有关的意思表达方式及英文表现形式。
6. 能结合海关监管要求，正确获取单证信息，用于通关实践。
7. 了解包装单据的含义、作用及其种类。
8. 掌握包装单据国际通行标准、描述方式及其英文表现形式。
9. 掌握各类货物包装单位、包装种类的单据表现形式，能正确获取货物包装信息。
10. 了解海运提单、海运单、航空运单、铁路运单、邮包收据的含义、性质及承托双方当事人的权利与义务。
11. 熟悉各类提单的表现形式、作用及其意义。
12. 掌握提单、运单各栏目的内容，熟悉其英文表现形式，能按通关要求正确获取国际买卖货物的运输信息。
13. 了解信用证的含义和作用，掌握 SWIFT 信用证的特点和结构。

14. 掌握信用证与汇票的内容。

15. 了解原产地证书、保险单的类型，熟悉其内容及英文表现形式。

16. 掌握原产地证书、保险单各栏目的内容。

17. 了解检验检疫证书等其他单证的种类和作用。

18. 基本概念：国际贸易单证、《跟单信用证统一惯例》、国际贸易单证的规范（正确、完整、及时）、合同、商业发票、形式发票、厂商发票、装箱单、重量单、尺码单、海运提单、海上货运单、航空运单、铁路运单、邮政收据、信用证、汇票、原产地证书、保险单、检验检疫证书、舱单。

（三）考试内容

第一节 概 述

一、☆国际贸易单证的含义

二、☆国际贸易单证的作用

国际贸易结算的基本工具

划分贸易相关方权责利益的重要凭证

办理通关手续的重要文件

三、国际贸易单证的规范

☆正确、完整、及时

☆符合有关国际惯例和法律规定

第二节 成交类单证

一、合同

★含义和作用

★书面合同的主要形式

☆合同样本

二、发票

★不同发票的含义和作用

1. 商业发票

2. 形式发票

3. 厂商发票

☆发票主要内容

☆发票样本

第三节 包装类单证

一、装箱单

★装箱单的含义和作用

★装箱单的主要内容

☆装箱单样本

二、重量单

☆重量单的含义和作用

☆重量单的缮制要点

☆重量单样本

三、☆尺码单

四、☆装箱单、重量单、尺码单的关系

第四节 运输类单证

一、海运提单

★含义和作用

★种类

★主要内容

☆海运提单样本

二、海上货运单

☆含义和作用

☆主要内容

三、航空运单

★含义和作用

★主要内容

☆航空运单样本

四、铁路运单

☆国际铁路联运运单

☆承运货物收据

五、☆邮政收据

第五节 其他单证

一、原产地证书

★含义、种类和作用

★原产地证书的内容

☆原产地证书样本

1. 一般原产地证书

2. 普惠制原产地证书

3. 区域优惠原产地证书

★原产地证书有效期

二、保险单

☆含义、作用和种类

☆主要内容

☆保险单样本

三、检验检疫证书

★种类

★作用

☆品质检验证书样本

☆数量检验证书样本

四、★舱单

（四）题型分值

题　型	年　份				
	2016	2017	2018	2019	2020
单选题	6	0	1	6	2
多选题	6	3	0	0	0
判断题	2	2	1	2	2
填空题	0	0	0	0	0
案例题	0	0	0	0	0
总计（分）	14	5	2	8	4

二、大纲知识点解析

（一）成交类单证

1. 书面合同的主要形式

【2016 多选题】合同的组成部分包括（　　）。

A. 首部　　B. 主体　　C. 尾部　　D. 落款

参考答案　ABC

解　　析　合同的基本格式一般包括约首、主要条款和约尾三个部分。主要条款包括品名、品质、数量、包装、价格、运输、保险、支付、检验、索赔、不可抗力和仲裁等项内容。

2. 商业发票

【2016 单选题】（　　）是卖方向买方开立的对所装运货物做出全面、详细的说明，并凭以向买方收款的货款价目总清单。

A. 商业发票　　B. 商业合同　　C. 海运提单　　D. 装箱单

参考答案　A

解　　析　商业发票，简称发票，是卖方向买方开立的，对所装运货物做出全面、详细说明，并凭此向买方收款的货款价目总清单。

商业合同，也称贸易合同，是指买方和卖方按一定的程序经过磋商，就某项交易标的达成的交易条件，用签订书面证明的形式，确认双方约定的条件内容有一定格式的书面文件。

海运提单，简称提单。《中华人民共和国海商法》第七十一条给它的定义：是指用以证明海上货物运输合同和货物已经由承运人接收或者装船，以及承运人保证据以交付货物的单证。

装箱单，也称包装单、花色码单、码单，是用于说明货物包装细节的清单。

【2019 单选题】根据本单据上的内容显示，以下描述正确的是（　　）。

上海华纱进出口有限公司

CHINA ARTEX SHANGHAI IMPORT AND EXPORT CORPORATION

18 XIZANG NORTH ROAD SHANGHAI, CHINA

COMMERCIAL INVOICE

Tel: [redacted]

Fax: [redacted]

E-mail: [redacted]

Invoice No.: ATX051212

Date: Oct. 08, 2019

S/C No.: GD-11ATX2509

L/C No.: TH5391

Sold to Messers:

THE ABCDE GROUP, INC.

445 KENNEDY DRIVESAYREVILLE, NEW JERSEY

FROM: SHANGHAI TO: NEWYORK VIA HONGKONG BY VESSEL

Marks & No.s	Description of Goods	Quantity	Unit Price	Amount
JOHNSON'S	GARMENTS		CIF	USD6,000.00
12KG05107	100% COTTON		NEWYORK	USD6,400.00
NEW YORK	JERSEY BABY'S OVERALL	2,000PCS	USD3.00/PC	
NO. 1-80	100% COTTON	2,000PCS	USD3.20/PC	USD12,400.00
MADE IN CHINA	JERSEY BABY'S BEATLE			

TOTAL: SAY U.S. DOLLARS TWELVE THOUSAND FOUR HUNDRED ONLY.

THE ABOVE MENTIONED GOODS ARE OF CHINESE ORIGIN.

THIS IS TO CERTIFY THAT THE ABOVE MENTIONINGS ARE TRUE AND CORRECT.

CHINA ARTEX SHANGHAI IMPORT AND EXPORT CORPORATION

WANG LIQING

A. 这笔贸易是华纱进出口有限公司从美国购进的一票货物

B. 这笔贸易是华纱进出口有限公司出口到美国的一票货物

C. 这批货物原产国是美国

D. 这批货物原产国是韩国

参考答案 B

解　析 这张单据是一张商业发票，显示这笔贸易是上海华纱进出口有限公司出口到美国的一票货物，原产国是中国。因此本题正确答案为选项 B。

【2019 单选题】 本单据上的货物采用（　　）运输，从（　　）发出，途经（　　）运至（　　）。

上海华纱进出口有限公司

CHINA ARTEX SHANGHAI IMPORT AND EXPORT CORPORATION

18 XIZANG NORTH ROAD SHANGHAI, CHINA

COMMERCIAL INVOICE

Tel: [redacted]　　　　Invoice No.: ATX051212

Fax: [redacted]　　　　Date: Oct. 08, 2019

E-mail: [redacted]　　　　S/C No.: GD-11ATX2509

L/C No.: TH5391

Sold to Messers:

THE ABCDE GROUP, INC.

445 KENNEDY DRIVESAYREVILLE, NEW JERSEY

FROM: SHANGHAI　　　　TO: NEWYORK VIA HONGKONG BY VESSEL

Marks & No.s	Description of Goods	Quantity	Unit Price	Amount
JOHNSON'S	GARMENTS		CIF	USD6,000.00
12KG05107	100% COTTON		NEWYORK	USD6,400.00
NEW YORK	JERSEY BABY'S OVERALL	2,000PCS	USD3.00/PC	
NO. 1-80	100% COTTON	2,000PCS	USD3.20/PC	USD12,400.00
MADE IN CHINA	JERSEY BABY'S BEATLE			

TOTAL: SAY U.S. DOLLARS TWELVE THOUSAND FOUR HUNDRED ONLY.

THE ABOVE MENTIONED GOODS ARE OF CHINESE ORIGIN.

THIS IS TO CERTIFY THAT THE ABOVE MENTIONINGS ARE TRUE AND CORRECT.

CHINA ARTEX SHANGHAI IMPORT AND EXPORT CORPORATION

WANG LIQING

A. 航空，纽约，中国香港，上海　　　　B. 水路，中国香港，新泽西，上海

C. 航空，纽约，上海，中国香港　　　　D. 水路，上海，中国香港，纽约

参考答案　D

解　　析　发票显示："FROM: SHANGHAI TO: NEWYORK VIA HONGKONG BY VESSEL。"表示货物从上海发出，经由中国香港到达纽约。

因此本题正确答案为选项 D。

【2020 判断题】信用证关于货物的描述为"blue cotton wears"，发票显示为"colored cotton wears"是可以接受的。

参考答案　错误

解　　析　商业发票中的货物描述必须与合同或信用证中显示的内容相符。

（二）包装类单证

装箱单样本

【2017/2019 判断题】装箱单是卖方向买方开立的，对所装运货物做出全面、详细说明，并凭此向买方收款的货款价目总清单。

参考答案　错误

解　　析　装箱单，也称包装单、花色码单、码单，是用于说明货物包装细节的清单。

（三）运输类单证

海运提单的种类

【2016 单选题】“收货人”一栏载有收货人名称的提单种类是（　　）。

A. 指示提单　　B. 不记名提单　　C. 正本提单　　D. 记名提单

参考答案　D

解　　析　记名提单又称收货人抬头提单，是指提单上的收货人栏中已具体填写收货人名称的提单。提单可从不同的角度进行分类，常见的提单见下表：

分类角度	名称	概念	注明方法	意义
根据货物外包装状况进行分类	清洁提单（Clean B/L）	货物装船时表面状况良好，承运人未加有不良批注的提单。	一般印有“在提单内所列货物表面状况良好”一类词句，未加有其他不良批注。	UCP600 规定，银行只接受未载有明确宣称货物或包装有缺陷的条款或清洁批注的运输提单。
	不清洁提单（Unclean B/L）	承运人在提单上另加有货物及（或）包装有缺陷的批注的提单。	承运人在提单上批注“外箱破裂”“雨淋”“唛头不清”等。	
根据货物是否已装船进行分类	已装船提单（On Board B/L）	承运人在货物已装船后签发给托运人的提单。	（1）预先印就表明货物已被装上 指名船只或已装运于指名船只 的文字。此时装运日期和装船 日期为签发日期。 （2）在收妥备运提单上加批注，即装船结束时在此类提单上批注货物装船日期和实际装货船名，则称为已装船提单。此时，批注日期即装运日期和装船日期。	一般信用证均要求提交已装船提单，备运提单由于在装货前已经签发，因此不利于收货人安全收货，信用证项下银行一般不接受此种提单。
	备运提单（亦称收货提单，Received for Shipment B/L）	承运人应托运人要求，在收货后等待装船期间先行签发的一种提单。	提单开头一般有如下声明文句：“兹有……收到下列货物……”未载明船名、装船日期。	
根据不同的收货人抬头或是否可转让进行分类	记名提单（Straight B/L）	必须由收货人本人持单提货的提单，一般不可转让。	“收货人”一栏载有收货人名称。	记名提单最保险，但它不能转让，因而使用不便；不记名提单凭交付即可转让，使用方便，但不保险；指示提单使用方便，又具有一定的保险性，故在实际业务中使用最为广泛。
	不记名提单（Blank B/L）	未指明收货人，任何人持有该提单均可提货的提单，无须背书即可转让。	“收货人”一栏留空不填或填“持有人”（To Bear）。	
	指示提单（Order B/L）	按记名人或非记名人的指示提货的提单，可背书转让。	在“收货人”一栏填有“凭指示”（To Order）或“凭某人指示”（To Order of...）字样。	

续表

分类角度	名称	概念	注明方法	意义
根据不同的运输方式进行分类	直达提单（Direct B/L）	同一船舶将货物自装运港一直运送到目的港条件下签发的提单。	仅列有装运港和目的港。	转船提单和联运提单都包括全程运输，但是提单签发人一般都在提单中规定，只对他负责第一程运输内发生的货物损失承担责任。
	转船提单（Transshipment B/L）	在运输全程中货物自装运港到最终目的港中途需要换船转运条件下签发的提单。	列明了装运港、目的港和转运港，有的注明了二程船或者三程船的名称。	
	联运提单（Through B/L）	在运输全程中需有两种以上运输方式才能将货物自装运港运至最终目的港条件下，由第一承运人（船公司）签发的提单。	列明了装运港、目的港和交货地，表明第一程运输为海运，到达目的港后改为其他运输方式。	
根据运费支付方式进行分类	运费预付提单（Freight Prepaid B/L）	承运人在卖方支付运费情况下签发的提单。	提单运费栏中填写有“Freight Prepaid”或“Freight Paid”等。	运费预付提单主要用于CIF、CFR、CIP、CPT等由卖方支付运费的术语的合同。运费到付提单主要用于FOB、FCA等由买方支付运费的术语的合同。
	运费到付提单（Freight Prepaid Bill of Lading）	承运人在装运港签发的提单，待货到目的港后，由收货人向承运人结算运费的提单。	提单运费栏中填写有“Freight to Collect”“Freight Payable at Destination”等。	
根据使用效力进行分类	正本提单（Original B/L）	在法律和商业上都是公认有效的单证。	提单上须注明“Original”字样，并载有承运人、船长或代理人签字盖章及提单签发日期。	正本提单一般签发一式两份或三份，凭其中任何一份提货后，其余各份作废，因此一般买方或银行要求卖方提供全部正本提单，即全套提单。
	副本提单（Copy B/L）	仅作业务参考用。	没有承运人、船长或代理人签字盖章，一般注明“Copy”或“Non negotiable”。	

【2016 多选题】下列不属于物权凭证的有（　　）。

A. 提货单　　B. 提单　　C. 海运单　　D. 航空运单

参考答案　ACD

解　析　提货单是指收货人凭正本提单或副本提单随同有效的担保向船公司或其代理人换取的，可向港口装卸部门提取货物的凭证。提货单的性质与提单完全不同，它是船公司或其代理人指令仓库或装卸公司向收货人交付货物的凭证，不具备流通或其他作用。

海运提单简称提单，是指用以证明海上货物运输合同和货物已经由承运人介绍或者装船，以及承运人保证据以交付货物的单据。

海上货运单简称海运单，是证明海上货物运输合同和货物由承运人接管或装船，以及承运人保证据以将货物交付给单证所载明的收货人的一种不可流通的单证，因此又称“不可转让海运单”（Non-negotiable Sea Way Bill）。

航空运单，是承运人签发给托运人表示已经收妥货物接受空运的货运单据，是承运人和托运人之间的运输合同和货物收据。航空运单与海运提单不同，它不是物权凭证、不能凭此提货或转让。货到目的地后，收货人凭承运人发出的到货通知书提货。航空运单依签发人不同可分为总运单（Master Air Way Bill，MAWB）和分运单（House Air Way Bill，HAWB）。总运单是航空公司签发的，分运单是航空货运代理公司签发的，两者的内容基本相同。法律效力相当，对于托运人或发货人而言，只是承担货物运输的当事人不同。

综上所述，只有选项 B 属于物权凭证，不属于物权凭证的为选项 A、C、D。

【2016 判断题】空白抬头、空白背书的提单是指既不填写收货人，又不要背书的提单。

参考答案 错误

解　析 空白背书提单是指示提单（Order B/L），是指在收货人栏内只填写凭指示或凭某人指示字样的一种提单，背书方式是仅由背书人（提单转让人）在提单的背面签字盖章，因为是“空白背面”，所以叫“空白背书提单”。

【2016 判断题】已装船提单的表面必须有“Shipped on Board”字样。

参考答案 正确

解　析 已装船提单是承运人在货物已装船后签发给托运人的提单。

（1）预先印就表明货物已被装上，指名船只或已装运于指名船只的文字，此时装运日期和装船日期为签发日期。

（2）在收妥备运提单上加批注，即装船结束时在此类提单上批注货物装船日期和实际装货船名，则称为已装船提单。此时，批注日期即装运日期和装船日期。

因此，已装船提单的表面必须有“Shipped on Board”字样。

【2017 多选题】下列属于“运费到付提单”的是（　　）。

A. 提单运费栏中填写有：“Freight Prepaid”字样的提单

B. 提单运费栏中填写有：“Freight to Collect”字样的提单

C. 提单运费栏中填写有：“Freight Paid”字样的提单

D. 提单运费栏中填写有：“Freight Payable at Destination”字样的提单

参考答案 BD

解　析 运费到付提单（Freight Collect B/L）：指表明运费在目的港由收货人支付的提单，并且提单上注明运费到付，否则不能对抗收货人。

“Freight Prepaid”表示运费预付（付讫，已付）；“Freight to Collect”表示运费到付（待收）；“Freight Paid”表示运费已付，运费付讫；“Freight Payable at Destination”表示到达目的地付运费，买主支付运费，货到付运费。

【2017 判断题】海运提单（Ocean Bill of Lading）和海上货运单（Sea Waybill）都是物权凭证，而航空运单（Air Waybill）不是物权凭证。

参考答案 错误

解　析 海运提单简称提单，是指用以证明海上货物运输合同和货物已经由承运人介绍或者装船，以及承运人保证据此交付货物的单据。

海上货运单简称海运单，是证明海上货物运输合同和货物由承运人接管或装船，以及承运人保证据此将货物交付给单证所载明的收货人的一种不可流通的单证，因此又称“不可转让海运单”。

航空运单，是承运人签发给托运人表示已经收妥货物接受空运的货运单据，是承运人和托运人之间的运输合同和货物收据。航空运单与海运提单不同，它不是物权凭证、不能凭此提货或转让。

【2018 单选题】货物在港口装船出运后，货代公司应及时将（　　）交给货主，并及时将装运信息及时预报给海外代理人或收货人。

A. 舱单　　B. 提单　　C. 收货单　　D. 托运单

参考答案 B

解　析 略。

【2019 单选题】海运提单中必须经背书才能转让的是（　　）。

A. 记名提单　　B. 不记名提单　　C. 指示提单　　D. 副本提单

参考答案　C

解　　析　指示提单是指在提单正面“收货人”一栏内载明“凭指示”（To order）或“凭某人指示”（Order of）字样的提单。前者称为托运人指示提单，这种提单在托运人未指定收货人或受让人之前，货物所有权仍属于卖方。在跟单信用证支付方式下，托运人以议付银行或收货人为受让人，通过转让提单而取得议付货款的。后者称为记名指示提单，即由载明的“某人”通过背书方式指定收货人。收货人可以通过背书将提单再次转让，也可以凭提单请求承运人交付货物。

【2020 单选题】根据以下信息，该单据的种类属于（　　）。

Shipper JIANGXI FRUITS AND VEGETABLES I/E CO., LTD. 188 WAIMA ROAD NANCHANG CHINA	**B/L No.** FS81263
Consignee TO ORDER	××××有限公司 **COSCO CONTAINER LINES** **Port-to-Port Transport** **BILL OF LADING** **ORIGINAL**
Notify party KWONG FOO YOUNG CO., LTD. 34 JALAP STREET, 50050, SINGAPORE	

Pre-carriage by	Place of Receipt
Ocean Vessel Voy. No. DONGFENG V. 037	**Port of loading** FUZHOU
Port of Discharge SINGAPORE	Place of delivery

Marks & Nos. Container No.	**No. & kind of pkgs**	**Description of goods**	**Gross weight**	**Measurement**
N/M	400PKGS	BEAN CURD AND VINEGAR	14800.00KGS	25.000CBM
1X20' LCL, CY / CY CN.: STEU4597111 SN.: 60010				

Total No. of container or other pkgs or units (in words)	SAY FOUR HUNDRED PACKAGES ONLY

Freight & charges	Revenue Tons	Rate	Per	Prepaid	Collect
FREIGHT COLLECT					

Ex rate	Prepaid at	Payable at	**Place and date of issue:** FUZHOU 22 FEB 2019
	Total prepaid	No. of B(s)/L THREE	**Signed by** COSCO CONTAINER LINES FUZHOU BRANCH
Laden on board the Vessel: **Date:** 22 FEB 2019			As agent for the carrier named above [redacted]

A. 转船提单　　B. 记名提单　　C. 指示提单　　D. 收货待运提单

参考答案　C

解　　析　指示提单是指在提单正面“收货人”一栏内载明“凭指示”（To order）或“凭某人指示”（Order of）字样的提单。

（四）其他单证

1. 普惠制原产地证书

【2016 单选题】“GSP 产地证”又称“FORM A”，是（　　）。

A. 一般原产地证书　　B. 普惠制原产地证书

C. 专用原产地证书　　D. 厂商原产地证书

参考答案　B

解　　析　普惠制原产地证书（Generalized System of Preference Certificate of Origin），简称“GSP 产地证”，又称“FORM A”。

2. 保险单的含义、作用和种类

【2016 单选题】“小保单”是指（　　）。

A. 保险凭证　　B. 预约保险单　　C. 保险批单　　D. 保险单

参考答案　A

解　　析　保险凭证（Insurance Certificate），又称“小保单”，实质上是一种简化的保险单，法律效力与保险单相同。预约保险单（Open Policy），适用于经常有相同类型货物需要装运的保险，可简化逐笔签订保险合同的手续。保险批单（Endorsement），保险公司在保险单出立后，根据保险人的要求，对保险内容补充或变更而出具的一种凭证，是保险单的组成部分。

【2018 判断题】预约保单（Open Policy）又称“小保单”，实质上是一种简化的保险单，法律效力与保险单相同。

参考答案　错误

解　　析　预约保险单（Open Policy），适用于经常有相同类型货物需要装运的保险，可简化逐笔签订保险合同的手续。

科目二　关务基本技能

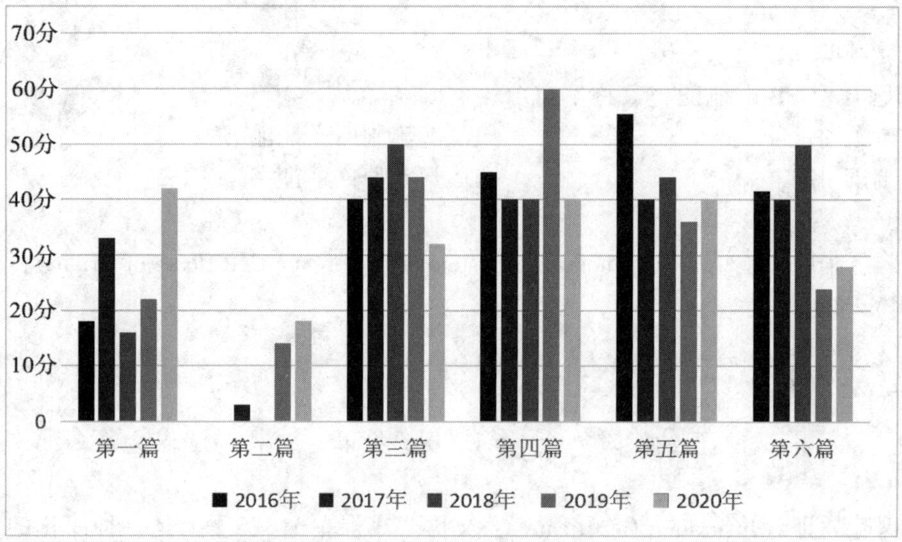

关务基本技能各篇历年分值图

关务基本技能各篇历年分值表

篇　章	年　份				
	2016	**2017**	**2018**	**2019**	**2020**
第一篇	18	33	16	22	42
第二篇	0	3	0	14	18
第三篇	40	44	50	44	32
第四篇	45	40	40	60	40
第五篇	55. 5	40	44	36	40
第六篇	41. 5	40	50	24	28
合计（分）	200	200	200	200	200

注：2016—2020 年真题均按 2021 年版教材的内容结构进行分值统计。

第一篇　进出境通关

一、大纲细则

（一）主要内容

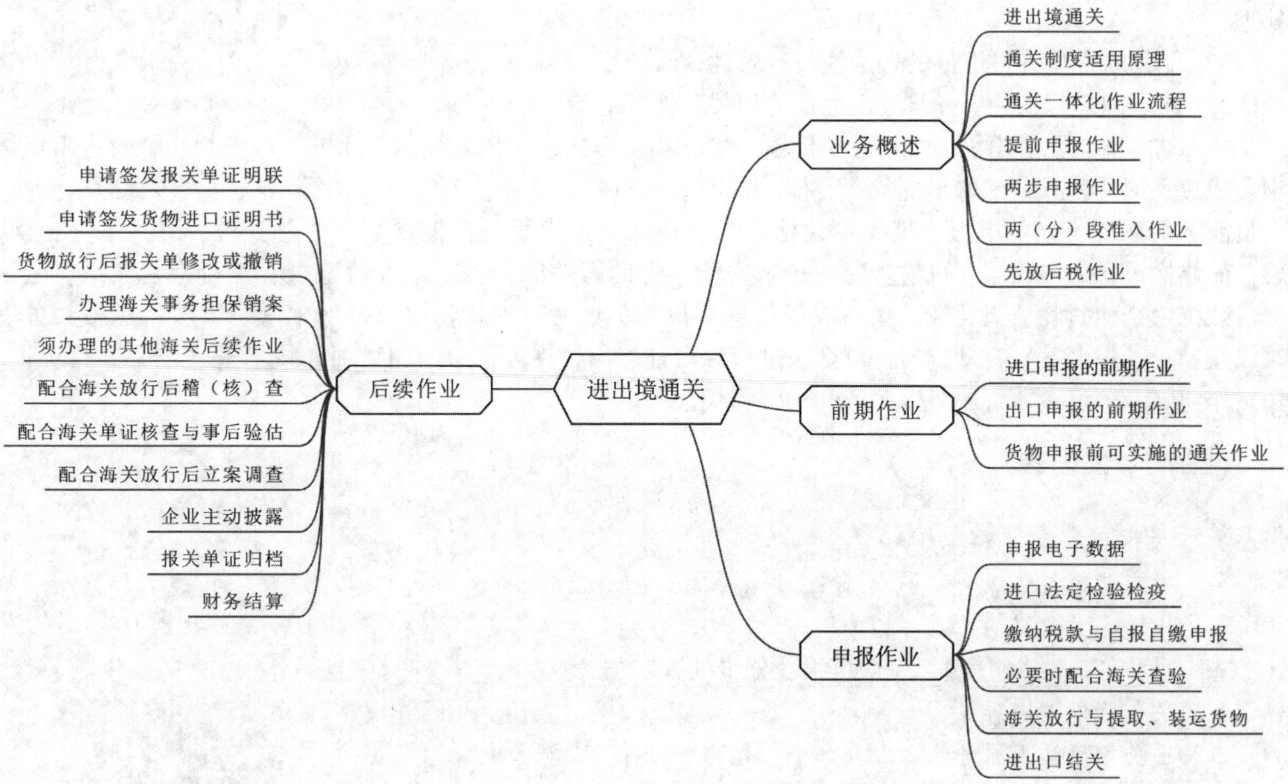

（二）基本要求

1. 掌握进出境通关的含义和工作步骤及其内容；
2. 掌握通关一体化改革后的进出境通关的作业机制与作业模式；
3. 掌握通关“分步处置”的作业程序和关务要求；
4. 掌握进出境通关的基本作业规范；
5. 掌握“提前申报”作业机制与作业规范；
6. 掌握“两步申报”作业机制与作业规范；
7. 掌握“先放后税”申报模式的含义与作业规范；
8. 能参与虚拟接单、理单等工作环节的作业实施；
9. 能在应对报关准备相关案例时，正确运用所学知识与技能，完成案例的分析判断与实际处理；
10. 能按照从货物属性到税收状况再到通关制度的规律，准确识别报关事项所适用的海关通关制度；
11. 能正确进行报关单电子数据预录入、发送及申报结果查询；
12. 能根据企业各自的实际情况选择适合的税款缴纳方式；
13. 了解通关改革后海关各岗位基本职责及单据流转程序；
14. 了解掌握配合查验准备、配合查验实施及确认查验记录等事务；
15. 了解掌握查询放行信息、提装货物等事务；

16. 能在应对报关现场作业相关案例时，正确运用所学知识与技能，完成案例的分析判断与实际处理；

17. 了解获取报关单证明联的作业实施；

18. 了解获取货物进口证明书的作业实施；

19. 熟悉货物放行后的报关单修改或撤销的作业实施；

20. 熟悉担保销案的作业实施；

21. 能在应对报关后续作业相关案例时，正确运用所学知识与技能，完成案例的分析判断与实际处理；

22. 能判断常见许可证件的合法性与有效性；

23. 能正确理解相关事务与进出境报关相关工作的对应关系；

24. 基本概念：进出境通关、舱单传输、税款担保备案、货物放行、实际进出口货物、临时进出口货物、通过关境货物、特殊进出境货物、接单、理单、制单、复核、出口申报前检验检疫、传输舱单信息、申报前看货取样、提前申报、报关单数据录入、特殊通道申报、自报自缴、汇总征税、海关事务担保、放行前修撤单、人工查验、机检查验、开箱查验、协助海关取样、确认查验记录、银行柜台缴纳、电子支付系统缴纳、货物放行凭证、场站放行信息、报关单证明联、货物进口证明书、货物放行后报关单修改或撤销、担保销案、自动进口许可证、进口许可证、出口许可证、两用物项和技术进（出）口许可证、场站作业。

(三) 考试内容

第一单元　业务概述

一、进出境通关

☆进出境通关含义

★“两中心”“三制度”“一次申报、分步处置”概念

★海关分步处置内容

二、通关制度适用原理

(一) ★确定进出境经济用途属性

1. 实际进出口货物

2. 临时进出口货物

3. 通过关境货物

4. 特殊进出境货物

(二) ★确定税费适用状态

1. 法定减免税

2. 特定减免税

3. 暂予免税

4. 不予征税

5. 法定征税

(三) ★确定海关程序性管理制度

1. 实际进出口货物

2. 临时进出口货物

3. 通过关境货物

4. 特殊进出境货物

(四) ★确定贸易管制要求

（五）★确定通关合规要素

1. 核实确认拟申报货物适用的海关程序性管理制度
2. 核实确认拟申报货物的商品编码
3. 核实确认拟申报货物贸易的管制状况
4. 核实确认拟申报货物的价格

三、通关一体化作业流程

（一）☆货物申报前

1. 舱单申报前的作业
2. 舱单传输后至报关单申报前的作业
3. 税款担保备案

（二）☆货物现场通过时

1. 企业报关保税
2. 海关报关单风险甄别与处置
3. 货物放行

（三）☆货物放行后

1. 税收风险数据筛选与研判
2. 税收风险处置
3. 放行后综合风险评估与处置

四、提前申报作业

★提前申报含义

★提前申报海关管理要求

★进出口舱单传输时限规则

★相应贸易管制、汇率及税率适用规则

五、两步申报作业

★两步申报规则

六、两（分）段准入作业

（一）★货物准予提离

（二）★货物准予销售或使用

七、先放后税作业

（一）★汇总征税申报方式

1. 汇总征税含义
2. 与企业信用管理关系
3. 使用规则

（二）☆关税保证保险申报方式

1. 关税保证保险类别
2. 与企业信用管理关系
3. 使用规则

第二单元　前期作业

一、进口申报的前期作业

（一）★相关业务事项办理：设立、报备、核准及申请手续

（二）★接单

1. 获取与申报货物相关信息

2. 检查报关随附单证
3. 接单处置
4. 换取提货凭证
（三）★理单
1. 工作要求（齐全、有效、一致）
2. 理单方法
（四）★制单
1. 工作要求
2. 提高制单效率
3. 智能信息化校验
（五）★复核
1. 复核内容（资料和报关单栏目信息）
2. 复核的其他注意事项（申报信息与提单数重量信息合理性）
3. 智能信息化复核

二、出口申报的前期作业

（一）★相关业务事项办理：报备、申请手续
（二）☆货物准备
（三）☆订舱作业
1. 海运订舱作业（委托代理、安排订舱、接受订舱、调箱提箱）
2. 空运订舱作业（委托运输、预配舱和预订舱、配舱、订舱）
（四）☆单证备齐

三、货物申报前可实施的通关作业

（一）☆出口申报前检验检疫监管
（二）☆传输舱单信息
（三）★办理海关事务担保
1. 申请提前放行货物的担保
2. 申请办理特定海关业务的担保
3. 汇总征税总担保
4. 关税保证保险
（四）★申报前看货取样
（五）★配合海关登临检查

第三单元　申报作业

一、申报电子数据

（一）一般申报要求
★申报地点
★申报期限
★申报日期
★申报方式
★申报单证（报关单、基本单证、特殊单证、上传单据要求）
★数据审核
★不接受申报
★申报修撤（可以及不可以申请删改单的情形）

（二）特殊申报要求

☆转关手续

★补充申报

☆集中申报

☆定期申报

★限定口岸申报

二、进口法定检验检疫（略）

三、缴纳税款与自报自缴申报

★自报自缴申报

☆电子支付

☆柜台支付

四、必要时配合海关查验

★货物准入查验

★现场验估查验

☆查验的时间与地点

★查验的方式

★查验作业环节（前置作业、现场查验、查验处置）

☆复验与径行开验

★配合海关查验

★损坏货物索赔

☆配合海关化验（货物取样、样品鉴定、申请复验）

五、海关放行与提取、装运货物

★海关放行

☆提取、装运货物

六、进出口结关

★进出口结关概念

第四单元　后续作业

一、申请签发报关单证明联

☆报关单出口退税证明联

☆报关单收付汇证明联

★异常情况处理

二、★申请签发货物进口证明书

三、☆货物放行后报关单修改或撤销

四、办理海关事务担保销案

★商品归类、完税价格、原产地未确定或资料不全

★暂时进出口货物

★修理物品

五、须办理的其他海关后续作业（略）

六、配合海关放行后稽（核）查

★海关稽（核）查范围

☆海关实地核查类型

七、配合海关单证核查与事后验估

☆海关涉税风险排查涉及情况及处理部门

☆单证验核及事后验估概念

八、☆配合海关放行后立案调查

九、企业主动披露

★主动披露制度的目的、好处

十、★报关单证归档

十一、☆财务结算

(四) 题型分值

题 型	年 份				
	2016	2017	2018	2019	2020
单选题	0	6	3	0	10
多选题	0	6	2	12	12
判断题	0	0	1	0	0
填空题	2	4	0	0	0
案例题	15	15	0	0	20
总计（分）	17	31	6	12	42

二、大纲知识点解析

(一) 业务概述

1. 临时进出口货物

＊＊【2018 判断题】暂时进出口货物的收发货人可以向海关申请办理转关手续，开展转关运输。

参考答案　正确（此题失效）

解　　析　在全国通关一体化的情况下，暂时进出口货物已无须办理转关手续。

2. 进出口舱单传输时限规则

【2020 单选题】提前申报出口货物，应于货物运抵海关监管场所前（　　）内向海关申报。

A. 3 日　　B. 5 日　　C. 3 个工作日　　D. 5 个工作日

参考答案　A

解　　析　根据《进出口货物申报管理规定》第十八条规定，经海关批准，进出口货物的收发货人、受委托的报关企业可以在取得提（运）单或者载货清单（舱单）数据后，向海关提前申报。

在进出口货物的品名、规格、数量等已确定无误的情况下，经批准的企业可以在进口货物启运后、抵港前或者出口货物运入海关监管作业场所前 3 日内，提前向海关办理报关手续，并且按照海关的要求交验有关随附单证、进出口货物批准文件及其他需提供的证明文件。

【2020 单选题】某航空公司某航班于 2020 年 10 月 9 日 11：00 从新加坡樟宜机场起飞，飞行航程为 5 小时，于 2020 年 10 月 9 日 16：00 抵达中国郑州机场，若 A 公司进口货物需要提前报关，那么舱单传输人最迟应在（　　）前向海关传输原始舱单主要数据。

A. 10 月 9 日 15:00　　B. 10 月 9 日 14:00　　C. 10 月 9 日 13:00　　D. 10 月 9 日 12:00

参考答案　D

解　　析　航程 4 小时以下的，航空器起飞前向海关传输原始舱单主要数据；航程超过 4 小时的，航空器抵达境内第一目的港的 4 小时之前向海关传输原始舱单主要数据。本题中，从新加坡樟宜机场到郑州机场，航程为 5 小时，故需在飞机抵达郑州机场的 4 小时之前向海关传输原始舱单主要数据，因此本题正确答案是选项 D。

3. 两步申报规则

【2020 多选题】根据“两步申报”，下列报关单项目中，（　　）属于“概要申报”时应填制的项目。

A. 境内收发货人　　B. 提运单号　　C. 监管方式　　D. 商品名称

参考答案　ABCD

解　　析　根据海关总署公告 2019 年第 127 号《开展“两步申报”改革试点》，概要申报项目包括：境内收发货人、运输方式/运输工具名称及航次号、提运单号、监管方式、商品编号（6 位）、商品名称、数量及单位、总价、原产国（地区）。

【2020 单选题】境外收发货人的信用等级为（　　）及以上，进口货物涉及的监管证件已实现联网核查的，且实际进境的货物，均可采用“两步申报”。

A. 高级认证　　B. 一般认证　　C. 一般信用　　D. 失信

参考答案　C

解　　析　根据《开展“两步申报”改革试点》的相关规定，“两步申报”试点期间，适用“两步申报”需同时满足下列条件：

（1）境内收发货人信用等级是一般信用及以上的；

（2）经由试点海关实际进境货物的；

（3）涉及的监管证件已实现联网核查的。

转关业务暂不适用“两步申报”模式。

【2020 单选题】国内某企业进口一批钢材，船舶于 2020 年 9 月 21 日运抵，当日该企业采用“两步申报”模式通过“单一窗口”完成概要申报并收到提货放行回执。2020 年 10 月 9 日，该企业打算向海关完整申报时，得知该票单证已超期，无法完成完整申报。请问，该案例中，涉及滞纳期（　　）天。

A. 0　　B. 1　　C. 2　　D. 3

参考答案　A

解　　析　本题为确定滞纳金计算过程中的滞纳天数，采用“两步申报”不存在滞纳。

（二）前期作业

1. 检查报关随附单证

【2020 多选题】某报关公司接受收发货人委托进口清关，品名：复合肥，商品编码：3105200010，经查询，该商品监管条件为“At”，请问，接单人员在接单时，需要收发货人提供（　　）资料。

A. 商业发票　　B. 装箱单

C. 自动进口许可证　　D. 化肥进口关税配额证明

参考答案　ABD

解　　析　进口商品名称为复合肥，其商品的监管条件为“At”，其中“A”为“入境货物通关单”，目前进口采用一次申报，故无须另外提供“入境货物通关单”，而“t”为关税配额证明，故需收货人提供“化肥进口关税配额证明”；选项 A 和选项 B 均属于与货物相关的进口商业单证，也需收货人提供；选项 C 自动进口许可证分为：自动进口许可证（自动进口许可机电产品除外），监管证件代码为“7”；机电产品自动进口许可证，监管证件代码为“O”；加工贸易自动进口许可证，监管证件代码为“v”，管理商品有原油、成品油。本题中进口商品对应商编的监管条件并无“7”“O”“v”，故无须收货人提供自动进口许可证。

2. 申请提前放行货物的担保

【2018 单选题】进出口通关环节，不能向海关申请缴纳保证金申请提前放行的货物是（　　）。

A. 海关查验发现疑似固体废物，要求收货人做固废鉴别的货物

B. 正在海关办理征免税证明审批手续的货物

C. 原一般贸易出口现返回修理的货物

D. 暂时进境3个月后再返回出境的货物

参考答案 A

解　析 根据《海关事务担保条例》第四条规定，有下列情形之一的，当事人可以在办结海关手续前向海关申请提供担保，要求提前放行货物：

（1）进出口货物的商品归类、完税价格、原产地尚未确定的；

（2）有效报关单证尚未提供的；

（3）在纳税期限内税款尚未缴纳的；

（4）滞报金尚未缴纳的；

（5）其他海关手续尚未办结的。

国家对进出境货物、物品有限制性规定，应当提供许可证件而不能提供的，以及法律、行政法规规定不得担保的其他情形，海关不予办理担保放行。

（三）申报作业

1. 申报期限

【2017单选题】进口货物应自装载货物的运输工具申报进境之日起（　　）内向海关申报，超过（　　）仍未向海关申报的，货物由海关提取并依法变卖。

A. 15日；3个月　　B. 14日；3个月　　C. 15日；1个月　　D. 14日；1个月

参考答案 B

解　析 根据《进出口货物申报管理规定》第八条规定，进口货物的收货人、受委托的报关企业应当自运输工具申报进境之日起十四日内向海关申报。

根据《海关法》第三十条规定，进口货物的收货人自运输工具申报进境之日起超过三个月未向海关申报的，其进口货物由海关提取依法变卖处理。

【2017单选题】海关审结电子数据报关单后，报关人员应当自接到海关现场交单通知之日起（　　）内，向货物所在地海关递交纸质单证并办理相关海关手续。

A. 7日　　B. 7个工作日　　C. 10日　　D. 10个工作日

参考答案 C

解　析 根据《进出口货物申报管理规定》第十六条规定，海关审结电子数据报关单后，进出口货物的收发货人、受委托的报关企业应当自接到海关“现场交单”或者“放行交单”通知之日起10日内，持打印出的纸质报关单，备齐规定的随附单证并且签名盖章，到货物所在地海关递交书面单证并且办理相关海关手续。

【2017单选题】国内某公司从美国购进瓶装葡萄酒一批，货物于2017年8月15日（星期二）进境，于2017年9月6日向海关发送数据申报，同日，海关审核接受申报。该批货物滞报（　　）。

A. 7天　　B. 8天　　C. 9天　　D. 10天

参考答案 B

解　析 征收进口货物滞报金应当按日计征，以自运输工具申报进境之日起第15日为起征日，以海关接受申报之日为截止日，起征日和截止日均计入滞报期间，另有规定的除外。

滞报金起征日如遇法定节假日，则顺延至其后第一个工作日。

法定节假日是指国务院《全国年节及纪念日放假办法》第二条规定的全体公民放假的节日，不含调休日。具体包括：

（1）新年（1月1日）；

（2）春节（正月初一、初二、初三）；
（3）清明节（农历清明当日）；
（4）劳动节（5 月 1 日）；
（5）端午节（农历端午当日）；
（6）中秋节（农历中秋当日）；
（7）国庆节（10 月 1 日、2 日、3 日）。

本题中 8 月 29 日（星期三）为滞报金起征日，9 月 6 日海关接受申报，为截止日。最终滞报 8 天，本题正确答案为选项 B。

2. 申报日期

【2016 填空题】进出口货物申报日期是指申报数据被海关（　　）的日期。

参考答案　接受

解　　析　根据《进出口货物申报管理规定》第九条规定，本规定中的申报日期是指申报数据被海关接受的日期。不论以电子数据报关单方式申报或者以纸质报关单方式申报，海关以接受申报数据的日期为接受申报的日期。

以电子数据报关单方式申报的，申报日期为海关计算机系统接受申报数据时记录的日期，该日期将反馈给原数据发送单位，或者公布于海关业务现场，或者通过公共信息系统发布。

以纸质报关单方式申报的，申报日期为海关接受纸质报关单并且对报关单进行登记处理的日期。

【2016 综合案例题】2016 年 7 月 1 日，装载货物船舶申报进境，T 公司于 7 月 7 日向海关发送电子数据。次日，因海关对其申报货物的商品归类有疑问，人工退单要求补充商品信息。企业提供资料后，7 月 18 日人工审核通过，但需现场海关查验进一步确认。7 月 19 日，经查验核实，海关认定申报商品编码正确，企业缴纳税费后，海关放行该货物。8 月 1 日，企业接到海关通知，根据后期统计核查结果，要求修改报关数量及单位。

1. 案例中海关接受申报的日期为（　　）。

A. 2016 年 7 月 7 日　　B. 2016 年 7 月 8 日　　C. 2016 年 7 月 18 日　　D. 2016 年 7 月 19 日

参考答案　A

解　　析　申报日期是指申报数据被海关接受的日期。不论以电子数据报关单方式申报，还是以纸质报关单方式申报，海关以接受申报数据的日期为接受申报的日期。

采用先电子数据报关单申报，后提交纸质报关单，或者仅以电子数据报关单方式申报的，申报日期为海关计算机系统接受申报数据时记录的日期。该日期将反馈给原数据发送单位，或公布于海关业务现场，或通过公共信息系统发布。电子数据报关单经过海关计算机检查被退回的，视为海关不接受申报，进出口货物收发货人或其代理人应当按照要求修改后重新申报，申报日期为海关接受重新申报的日期。海关已接受申报的报关单电子数据，人工审核确认需要退回修改的，进出口货物收发货人、受委托的报关企业应当在 10 日内完成修改并且重新发送报关单电子数据，申报日期仍为海关接受原报关单电子数据的日期；超过 10 日的，原报关单无效，进出口货物收发货人、受委托的报关企业应当另行向海关申报，申报日期为海关再次接受申报的日期。

案例中，7 月 7 日为海关计算机系统接受申报的日期，且海关人工退单后在规定的期限内修改资料，并经海关人工审核通过，因此本题 7 月 7 日为海关接受申报的日期，选项 A 为正确选项。

2. 报关人员在配合海关查验时，应履行的义务有（　　）。

A. 提供查验人员往返交通工具　　B. 搬移、开拆与重封查验货物

C. 提供相关资料，回答海关查验人员询问　　D. 填写查验记录，并在查验记录单上签字确认

参考答案　BC

解　　析　配合查验是报关人员的义务，查验货物时，进出口货物收发货人或者其代理人应当到场，

配合海关的查验。

配合查验的权利与义务：负责按照海关要求搬移货物，开拆和重封货物的包装，并如实回答查验人员的询问及提供必要的资料；协助海关提取需要做进一步检验、化验或鉴定的货样，收取海关出具的取样清单；查验结束后，海关查验人员应当如实填写查验记录并签名，查验记录应当由在场的进出口货物收发货人或者其代理人签名确认。进出口货物收发货人或者其代理人拒不签名的，查验人员应当在查验记录中予以注明，并由货物所在监管场所的经营人签名证明。

本题中选项 A 报关人员无义务履行，选项 D 中填写查验记录的为海关关员，因此本题选项 B、C 为报关人员应履行的义务。

3. 该货物滞报（　　）天。

A. 0　　B. 1　　C. 2　　D. 3

参考答案　A

解　　析　滞报金的征收，以自运输工具申报进境之日起第 15 日为起征日，以海关接受申报之日为截止日。起征日和截止日均计入滞报期间。该货物运输工具申报进境日期为 7 月 1 日，海关接受申报的日期为 7 月 7 日，该货物未产生滞报。因此本题选项 A 为正确答案。

＊＊4. 该票货物的税费可由（　　）。

A. T 公司全部使用电子支付系统缴纳　　B. T 公司全部使用柜台方式支付缴纳

C. T 公司部分使用电子支付系统缴纳

参考答案　ABC（需注意此题选项及答案相关政策变化）

解　　析　目前海关征收的税费，以纳税义务人缴纳方式区分，主要有两种方式：柜台支付和电子支付。电子支付以税单为单位。对同一份报关单所发生的税费，报关人员可全部选择电子支付，也可部分选择电子支付。通过电子支付可以缴纳进出口关税、反倾销税、反补贴税、进口环节代征税、缓税利息、滞纳金、保证金和滞报金。

本题选项 A、B、C 为正确答案。

5. 海关根据统计核查结果要求企业改单，以下正确的做法是（　　）。

A. 应由海关向企业出具“进（出）口货物报关单修改/撤销表”

B. T 公司应在 5 日内对修改内容予以确认

C. 由海关完成对报关单的修改

参考答案　BC

解　　析　海关发现进出口货物报关单需要修改或者撤销的，可以采取以下方式主动要求当事人修改或者撤销：(1) 将电子数据报关单退回，并详细说明修改的原因和要求，当事人应当按照海关要求进行修改后重新提交，不得对报关单其他内容进行变更；(2) 向当事人制发进出口货物报关单修改/撤销确认书，通知当事人要求修改或者撤销的内容，当事人应当在 5 日内对进出口货物报关单修改或者撤销的内容进行确认，确认后海关完成对报关单的修改或者撤销。

因此本题选项 A 表述错误，选项 B、C 为正确答案。

【2018 单选题】 某公司进口一批货物，载货运输工具于 2017 年 7 月 8 日申报进境，次日该公司向海关申报电子数据被系统退单。经确认相关信息，该公司于 7 月 10 日重新向海关发送申报电子数据并于当日收到电子放行回执信息，该公司于 7 月 11 日向现场海关提交纸质报关单证，该批货物的申报日期是（　　）。

A. 7 月 8 日　　B. 7 月 9 日　　C. 7 月 10 日　　D. 7 月 11 日

参考答案　C

解　　析　电子数据报关单被海关退回视为不接受申报，报关员修改后重新发送电子数据报关单，申报日期为海关接受重新发送申报的日期。

3. 申报方式

【2017 多选题】 下列货物中，可适用集中申报的有（　　）。

A. 时事报刊　　B. 鲜花

C. 公路口岸进境的保税货物　　D. 供食用的活鱼

参考答案　ABCD

解　　析　根据海关总署令第 169 号《中华人民共和国海关进出口货物集中申报管理办法》第三条规定，经海关备案，下列进出口货物可以适用集中申报通关方式：

（1）图书、报纸、期刊类出版物等时效性较强的货物；

（2）危险品或者鲜活、易腐、易失效等不宜长期保存的货物；

（3）公路口岸进出境的保税货物。

4. 转关手续

【2020 单选题】 天津静海区某公司（主管：静海海关 0218）从天津新港（主管：新港海关 0202）进口一精密仪器，用于安装在其河北省石家庄市的工厂内（主管：廊加工区 0409），因该设备查验需在无静电环境进行，若企业想采用提前报关方式办理转关手续，需经（　　）批准后，方可办理。

A. 静海海关 0218　　B. 新港海关 0202　　C. 廊加工区 0409　　D. 以上海关都可以

参考答案　C

解　　析　根据海关总署令第 89 号《中华人民共和国海关关于转关货物监管办法》，易受温度、静电、粉尘等自然因素影响或者因其他特殊原因，不宜在口岸海关监管区实施查验的进出口货物，满足以下条件的，经主管地海关（进口为指运地海关，出口为启运地海关）批准后，其收发货人可按照提前报关方式办理转关手续。

5. 补充申报

【2019 多选题】 进出口货物收发货人应海关要求，为（　　）需进行补充申报。

A. 确定申报货物价格的完整性和准确性

B. 确定货物原产地准确性

C. 确定货物商品编码准确性

D. 进一步核实已放行货物价格、商品编码和原产地等内容

参考答案　ABCD

解　　析　补充申报是指进出口货物的收发货人、受委托的报关企业依照海关有关行政法规和规章的要求，在“中华人民共和国海关进（出）口货物报关单”之外采用补充申报的形式，向海关进一步申报为确定货物完税价格、商品归类、原产地等所需信息的行为。

有下列情形的，进出口货物收发货人、报关企业应当向海关进行补充申报：

（1）海关对申报时货物的价格、商品编码等内容进行审核时，为确定申报内容的完整性和准确性，要求进行补充申报的；

（2）海关对申报货物的原产地进行审核时，为确定货物原产地的准确性，要求收发货人提交原产地证书，并进行补充申报的；

（3）海关对已放行货物的价格、商品编码和原产地等内容进行进一步核实时，要求进行补充申报的。

因此本题正确选项为 A、B、C、D。

6. 限定口岸申报

【2020 判断题】 对列入《进出口药品目录》的药品，办好相关的药品许可证，在任何口岸都可进口。

参考答案　错误

解　　析　根据食品药品监管局、海关总署令第 4 号《药品进口管理办法》第三条规定，药品必须

经由国务院批准的允许药品进口的口岸进口。

7. 现场验估查验

【2019 多选题】下列选项中，海关应与纳税义务人进行价格磋商的情形有（　　）。

A. 采用成交价格方法确定完税价格

B. 采用相同货物成交价格方法确定完税价格

C. 采用倒扣价格估价方法确定完税价格

D. 超过磋商规定的时限，纳税义务人未进行价格磋商的

参考答案　BC

解　　析　价格磋商是指海关在使用除成交价格以外的估价方法时，在保守商业秘密的基础上，与纳税义务人交换彼此掌握的用于确定完税价格的数据资料的行为。价格质疑提出后，不一定会进入价格磋商程序，经价格质疑后，只有在海关决定不采用成交价格时才会经过价格磋商程序。海关按照相关规定通知纳税义务人进行价格磋商时，纳税义务人需自收到“中华人民共和国海关价格磋商通知书”之日起 5 个工作日内与海关进行价格磋商。纳税义务人未在规定的时限内与海关进行磋商的，视为其放弃价格磋商的权利，海关可以直接按照规定的方法审查确定进出口货物的完税价格。

8. 复验与径行开验

【2017/2019 多选题】海关复验有下列几种情形（　　）。

A. 货物涉嫌走私违规，需要重新查验的

B. 初次查验时，进出口货物收发货人或其代理人不在场

C. 海关对经初次查验未能查明货物的真实属性，需要对已查货物的某些性状做进一步确认的

D. 进出口货物收发货人对海关查验结论有异议，提出复验要求并经海关同意而再次进行查验的

参考答案　ACD

解　　析　根据海关总署令第 138 号《中华人民共和国海关进出口货物查验管理办法》第十一条规定，有下列情形之一的，海关可以对已查验货物进行复验：

（1）经初次查验未能查明货物的真实属性，需要对已查验货物的某些性状做进一步确认的；

（2）货物涉嫌走私违规，需要重新查验的；

（3）进出口货物收发货人对海关查验结论有异议，提出复验要求并经海关同意的。

已经参加过查验的查验人员不得参加对同一票货物的复验。

9. 损坏货物索赔

【2017 单选题】关于配合海关查验过程中发生的货物损坏索赔的表述，正确的是（　　）。

A. 由于海关工作人员责任造成货物损坏，可要求海关赔偿货物的直接和间接经济损失

B. 海关赔偿的范围包括在海关查验之前或之后发生的损失或损坏

C. 海关赔偿的范围应包括货物在查验过程中出现的正常磨损

D. 海关赔偿的范围不包括易腐、易失效货物在海关正常的工作时间内造成的变质或失效

参考答案　D

解　　析　根据《海关行政赔偿办法》第八条规定，根据《海关法》第九十四条的规定，海关在依法查验进出境货物、物品时，损坏被查验的货物、物品的，应当赔偿当事人的实际损失。

第九条规定，有下列情形之一的，海关不承担赔偿责任：

（1）属于本办法第七条规定的情形的；

（2）由于当事人或其委托的人搬移、开拆、重封包装或保管不善造成的损失；

（3）易腐、易失效货物、物品在海关正常工作程序所需要时间内（含代保管期间）所发生的变质或失效，当事人事先未向海关声明或者海关已采取了适当的措施仍不能避免的；

（4）海关正常检查产生的不可避免的磨损和其他损失；

（5）在海关查验之前所发生的损坏和海关查验之后发生的损坏；

（6）海关为化验、取证等目的而提取的货样。

【2020 多选题】关于损坏货物索赔，以下说法正确的是（ ）。

A. 对于查验过程中由于海关工作人员责任造成的货物损失

B. 海关赔偿的范围包括进出口货物的直接经济损失和间接经济损失

C. 因报关人员搬移的原因造成的损失，不在海关赔偿范围内

D. 在查验过程中突发地震造成货物灭失的，不在海关赔偿范围内

参考答案 ACD

解　　析 同上题。

10. 海关放行

＊＊**【2017 填空题】**目前，全国主要港口海关与监管场站对进出口货物放行操作已逐步改为凭电子（ ）指令作业形式。

参考答案 放行（此题题干由于政策调整已不成立）

解　　析 海关总署令第 240 号《海关总署关于修改部分规章的决定》修订了海关总署令第 232 号《中华人民共和国海关监管区管理暂行办法》第十九条，经营企业应当凭海关电子放行信息或者纸质放行凭证办理海关监管货物以及相关运输工具出入海关监管作业场所的手续。

【2018 多选题】以下情况属于海关不予放行进出口货物的有（ ）。

A. 包装不良，继续运输足以造成海关监管货物丢失的

B. 违反海关和其他进出境管理的法律、法规，非法进出境的

C. 单证不齐或应税货物未办理纳税手续，且又未提供担保的

D. 尚有其他未了手续尚待处理的（如违规罚款未交的）

参考答案 ABCD

解　　析 对有下列情况之一的，海关将不予放行进出口货物：

（1）违反海关和其他进出境管理的法律、法规，非法进出境的；

（2）单证不齐或应税货物未办理纳税手续，且又未提供担保的；

（3）包装不良，继续运输足以造成海关监管货物丢失的；

（4）有其他未了手续尚待处理的（如违规罚款未交的）等。

11. 提取、装运货物

【2020 综合案例题】天津 A 公司和越南 B 贸易公司签订进口水果一批，向曼谷公司订购清迈果园产鲜杨桃一批，装载该货物的运输工具于 2020 年 9 月 27 日在曼谷装船，2020 年 10 月 1 日运抵天津新港，2020 年 10 月 1 日申报进境，因适逢国庆放假，故 A 公司于 2020 年 9 月 30 日向海关提前申报电子数据并审结。

8 月 19 日（星期三）1 美元对人民币 6.9168 元

9 月 16 日（星期三）1 美元对人民币 6.7825 元

9 月 23 日（星期三）1 美元对人民币 6.7986 元

10 月 7 日（星期三）1 美元对人民币 6.9389 元

1. 为满足国内进口商提前报关需求，舱单传输人最迟应于（ ）向海关传输原始舱单主要数据，最迟应于（ ）向海关传输原始舱单其他数据。

A. 2020 年 9 月 27 日，2020 年 10 月 1 日前　　B. 2020 年 9 月 26 日，2020 年 10 月 1 日前

C. 2020 年 9 月 27 日，2020 年 9 月 30 日前　　D. 2020 年 9 月 26 日，2020 年 9 月 30 日前

参考答案 B

解　　析 对于采用进口提前申报模式向海关申报的，舱单传输人应当在下列时限向海关传输原始

舱单主要数据：集装箱船舶装船的24小时之前，非集装箱船舶抵达境内第一目的港的24小时之前。舱单传输人应当在进境货物、物品运抵目的港以前向海关传输原始舱单其他数据。所以本题正确答案为B。

2. 天津A公司向海关申报时，需要提供的单证包含（　　）。

A. 商业发票　　B. 到货通知　　C. 商业合同　　D. 原产地证明

参考答案　ACD

解　　析　申报单证：

基本单证主要有进口提货单据、出口装货单据、商业发票、装箱单、进出口合同等。

特殊单证主要有进出口许可证件、原产地证明书等。

故本题正确答案为ACD。

3. 该批货物适用汇率是（　　）中国外汇交易中心受权公布人民币汇率中间价。

A. 8月19日（星期三）　　B. 9月16日（星期三）

C. 9月23日（星期三）　　D. 10月7日（星期三）

参考答案　B

解　　析　提前申报的进出口货物，应当适用装载该货物的运输工具申报进出境之日实施的税率和汇率。根据海关总署公告2005年第53号《关于进出口环节税费计征所适用汇率确定办法调整》及海关总署公告2015年第5号《海关总署关于进一步明确进出口货物征税计征汇率适用日期问题的公告》，海关每月使用的计征汇率为上一个月第三个星期三（第三个星期三为法定节假日的，顺延采用第四个星期三）中国银行的外汇折算价（通常简称"中行折算价"）。本题中，装载该货物的运输工具于2020年10月1日申报进境，因此其适用的汇率应该是10月适用的计征汇率，是9月的第三个星期三，即9月16日（非节假日），故本题正确答案为B。

4. 该票在申报时随附单据中"植物检疫证书"，应由以下（　　）申请办理。

A. 天津A公司　　B. 越南B公司　　C. 曼谷公司　　D. 以上都可以

参考答案　C

解　　析　进口食品报关要求：入境动植物源性食品的货主或代理人在申报时应根据产品的不同提供相应的动植物检疫许可证、输出国家（地区）出具的检验检疫证书及原产地证书。

5. 需要向我国海关总署办理食品备案的企业是（　　）。

A. 天津A公司　曼谷公司　　B. 天津A公司　越南B公司

C. 越南B公司　曼谷公司　　D. 曼谷公司　清迈公司

参考答案　A

解　　析　根据海关总署令第249号《中华人民共和国进出口食品安全管理办法》第十九条规定，向中国境内出口食品的境外出口商或者代理商（通常简称"境外出口商或者代理商"）应当向海关总署备案。

食品进口商应当向其住所地海关备案。

境外出口商或者代理商、食品进口商办理备案时，应当对其提供资料的真实性、有效性负责。

境外出口商或者代理商、食品进口商备案名单由海关总署公布。

12. 进出口结关

【2017综合案例题】苏州某汽车部件有限公司自日本进口一辆丰田小轿车，用于汽车安全气囊碰撞测试，测试完毕后该车辆返回日本。货物于2017年8月1日抵达上海外高桥港区码头。该公司将该业务委托上海某报关公司办理相关手续。经审核相关单据，该报关公司向海关办理了暂时进境申请手续，于8月4日向海关传输报关单电子数据，当天经人工审核并退单，退单显示：退回修改，请报清具体用途。该报关单位修改后于次日重新进行报关单数据传输。8月6日系统显示接单交单信息。8月7日，报关公司向上海外高桥港区海关办理现场交单手续。进口货物经海关查验、办理相应担保手续后于8月10日放行。

2017 年 10 月，货物在上海洋山海关申报复运出境。

请根据上述案例，回答下列各题：

＊＊1. (　　) 可以进口汽车整车。

A. 大连　　B. 天津　　C. 宁波　　D. 湛江

参考答案　AB（此题选项存在变化，建议关注与其相关政策的变化）

解　　析　汽车整车限定在大连、天津、上海、广州、深圳、青岛、福州、满洲里、阿拉山口等 16 个口岸申报。其中青岛为青岛前湾保税港区，宁波、湛江不能进口汽车整车。

本题正确答案为选项 A、B。

2. 上海报关公司凭苏州汽车部件有限公司交予的正本海运提单办理换单手续，下列关于换单的业务要求描述正确的是（　　）。

A. 确认提单的有效性　　B. 确认换单时间

C. 支付换单费用　　D. 领取正本提货单

参考答案　ABCD

解　　析　提货单的换取是海运操作的一个特殊环节，报关人员首先需要确认是换正本提单还是换电放保函，其次确认换单时间，最后凭正本提单或电放保函以及换单委托书等资料换取正本提货单，并支付换单费用。

3. 报关单位在向海关申请暂时进境备案手续时，需递交的报关随附单证有（　　）。

A. 发票　　B. 装箱单

C. 暂时进境的情况说明　　D. 货物暂时进出境货物清单

参考答案　ABCD

解　　析　暂时进出口不属于行政许可，发票、装箱单、货物清单、情况说明都是申请暂时进出口备案手续需要提交的随附单证。

4. 根据上述案例描述，该批货物申报日期为（　　）。

A. 2017 年 8 月 1 日　　B. 2017 年 8 月 4 日　　C. 2017 年 8 月 6 日　　D. 2017 年 8 月 7 日

参考答案　B

解　　析　申报日期是指海关接受进出口货物的收、发货人或受其委托的报关企业向海关申报货物进出口的日期。

以电子数据报关单方式申报的，申报日期为海关计算机系统接受申报数据时记录的日期。以纸质报关单方式申报的，申报日期为海关接受纸质报关单并对报关单进行登记处理的日期。

本案例中是人工审核退单，即 2017 年 8 月 4 日为计算机系统接受申报日期，因此本题正确答案为选项 B。

5. 根据上述案例，该货物后续担保销案描述正确的是（　　）。

A. 应在规定的期限内复运出境

B. 复运出境申报时应提供原暂时进境报关单

C. 应向上海洋山海关办理担保销案手续

D. 应持海关开具保证金收据办理担保销案手续

参考答案　ABD

解　　析　选项 C 应为向上海外高桥港区办理担保销案手续，也就是在哪里担保就在哪里销案。因此本题正确答案为选项 A、B、D。

【2019 判断题】一般出口货物经海关放行实际运离关境后，方视为结关。

参考答案　正确

解　　析　"办结海关手续"，简称结关，是指报关人已经在海关办理完进出口货物通关所必需的所有手续，完全履行了法律规定的与进出口有关的义务，包括纳税、提交许可证件及其他单证等，进口货物可以进入国内市场自由流通，出口货物可以运出境外。

按海关监管时限分，结关可以分为放行即结关货物、放行未结关待监管时限到期核销结关货物、通过关境货物、超期未报货物等。一般进口货物放行后即视为结关，一般出口货物经海关放行实际运离关境后，方视为结关。

因此本题判断为正确。

（四）后续作业

1. 申请签发货物进口证明书

【2017 填空题】 海关对贸易性渠道进口的车辆在办结验放手续后签发“货物进口（　　）”。

参考答案　证明书

解　　析　根据海关总署公告 2015 年第 34 号《关于〈货物进口证明书〉相关事宜的公告》，为规范《货物进口证明书》管理，便利进口货物收货人或其代理人办理证明书签发手续，现将有关事项公告如下：

证明书是指依据国家有关法律、行政法规、规章和国际公约的要求，海关在办结进口货物放行手续后，应进口货物收货人的申请所签发的证明文书。

下列情况，收货人可在办结进口货物放行手续后向海关申请签发证明书：

进口汽车和摩托车整车。

【2018 单选题】 海关对贸易性渠道进口的车辆在办结验放手续后签发（　　）。

A. 进口付汇证明联　　B. 货物进口证明书

C. 车辆进口许可证　　D. 车辆进口放行单

参考答案　B

解　　析　同上题。

2. 修理物品

【2019 多选题】 某企业出口到新加坡的照相机，因品质不良被退回修理。退回修理货物进境时，企业向海关申请了为期 6 个月的担保并交纳了保证金。企业在照相机复运出境后办理担保销案时应（　　）。

A. 自担保到期后 30 日内向海关提出申请

B. 提供修理物品进口报关单和修理物品出口报关单

C. 提供海关“保证金收据”

D. 向海关开具发票

参考答案　BC

解　　析　进境修理物品修理完毕复运出境的，待海关办结出运手续后，经营单位应凭原修理物品进口货物报关单及现修理物品出口报关单及相关随附单据办理担保销案手续。

当事人必须于规定的担保期限届满前，凭“海关保证金、风险担保金、抵押金收据”或留存的保证函向海关办理销案手续。

选项 A 超期错误；选项 D 保证金的缴纳和退还不需要开具发票，缴纳时海关会开具“海关保证金、风险担保金、抵押金收据”，退还时海关一般要求企业提供“退还收据”。

故本题正确答案为选项 B、C。

第二篇　出入境检验检疫

一、大纲细则

（一）主要内容

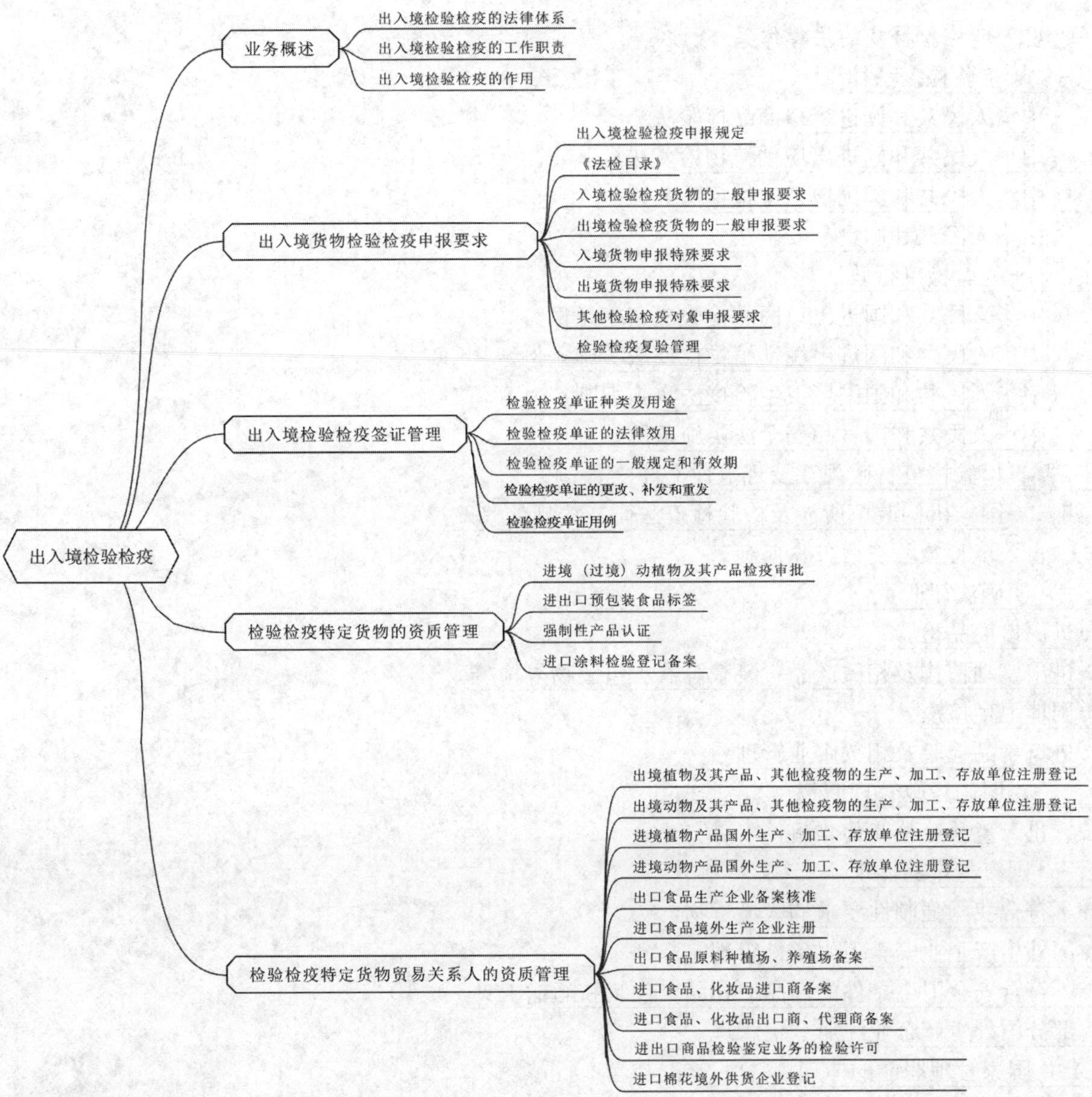

（二）基本要求

1. 了解新海关中出入境检验检疫的法律体系；

2. 了解出入境检验检疫申报的含义、申报范围、申报当事人从事申报行为应当具备的资格、申报方式、申报程序、如何更改、撤销和重新申报、出入境货物申报要求等；

3. 了解检验检疫单证的种类及用途、法律效应及相关规定；

4. 了解办理相关货物进口、出口前需要提前获取的资质要求；

5. 了解海关对进出口企业、生产、加工、存放单位等的资质管理要求；

6. 基本概念：进出口商品检验法、进出境动植物检疫法、国境卫生检疫法、食品安全法、申报、法检目录、申报范围、申报方式、检验检疫单证种类、检验检疫单证用途、审批、检疫许可证、注册登记、核准、备案。

（三）考试内容

第一单元 业务概述

一、出入境检验检疫的法律体系

（一）★检验检疫法律

1.《中华人民共和国进出口商品检验法》

2.《中华人民共和国进出境动植物检疫法》

3.《中华人民共和国国境卫生检疫法》

4.《中华人民共和国食品安全法》

（二）★检验检疫行政法规

1.《中华人民共和国进出口商品检验法实施条例》

2.《中华人民共和国进出境动植物检疫法实施条例》

3.《中华人民共和国国境卫生检疫法实施细则》

4.《中华人民共和国食品安全法实施条例》

（三）☆检验检疫行政规章及规范性文件

（四）☆国家机构改革所涉及检验检疫法律、法规的修改

二、出入境检验检疫的工作职责

（一）明确法律职责

☆进出口商品检验

☆进出境动植物及相关产品、装载容器、包装物等检疫

☆国境卫生检疫

☆进口食品检验及相关企业管理

（二）☆明确行政管理职责

三、出入境检验检疫的作用

（一）国家主权的体现

☆不符合我国强制性要求的入境货物

☆国外生产企业安全卫生条件管理

☆不符合安全卫生条件的商品、物品、包装和运输工具

☆部分国外生产企业注册登记管理

（二）国家管理职能的体现

★出入境人员、物品、运输工具

★出口产品生产企业、包装企业

★出口商品

★危险品包装容器

★船舱、集装箱

★强制性认证

★成套设备和废旧物品

（三）国家经济建设和社会发展的保障

☆保护农林牧渔业生产安全

☆保护我国人民健康

☆有效提高我国出口企业的管理水平和产品质量，不断开拓国际市场

（四）对外经济贸易顺利进行的保障

☆对进出口商品的检验检疫监管为对外贸易各方提供了公正、权威的凭证

☆对进出口商品的检验检疫监管是建立国家技术保护屏障的重要手段

第二单元　出入境货物检验检疫申报要求

一、出入境检验检疫申报规定

（一）★检验检疫申报的含义

（二）★出入境检验检疫申报范围

1. 必须由海关实施检验检疫的

2. 必须凭海关出具的证书方准入境的

3. 必须经检验检疫并取得有关证书（明）方准入境的

4. 须凭海关签发的证书进行交换、结算的

（三）☆检验检疫申报当事人的资格

（四）★检验检疫申报方式

1. 整合申报

2. 两步申报

（五）★检验检疫申报程序

1. 准备申报单证

2. 电子申报数据录入

3. 上传无纸化单据

4. 联系配合现场查验

5. 签领单证

（六）★更改、撤销及重新申报

1. 可以更改的情况

2. 应重新申报的情形

二、《法检目录》

☆《法检目录》的产生

☆《法检目录》的基本结构

☆《法检目录》的制定、调整

三、入境检验检疫货物的一般申报要求

☆入境检验检疫申报

★申报时限和地点

★申报时应提供的单据（含电子单据）

四、出境检验检疫货物的一般申报要求

☆出境检验检疫申报

★申报时限和地点

★申报时应提供的单据

五、入境货物申报特殊要求

（一）入境动物及动物产品

☆申报范围（动物、肉类产品、水产品、动物源性饲料及饲料添加剂、其他动物产品及其他检疫物）

★入境动物及动物遗传物质
★入境肉类产品及水产品
★入境动物源性饲料及饲料添加剂
★入境其他动物产品及其他检疫物
★依据
（二）入境植物及植物产品
☆申报范围（植物、种子、苗木及其他繁殖类材料；水果、烟叶和茄科蔬菜；粮食和植物源性饲料；其他植物产品；转基因产品）
★入境种子、苗木等植物繁殖材料
★入境水果、烟叶和茄科蔬菜
★入境粮食和植物源性饲料
☆其他入境植物产品
☆入境转基因产品
★依据
（三）进口食品
★申报范围（食品、食品添加剂、食品相关产品、预包装食品）
★申报要求（资质、单证、信息）
★依据
（四）进口乳品
★申报范围（初乳、生乳和乳制品）
★申报要求（资质、单证、资料）
★依据
（五）进口化妆品
★申报范围（化妆品范围及分类）
★申报要求（资质、单证）
★依据
（六）☆进口玩具
（七）☆进口机动车辆
（八）进口旧机电产品
★申报范围（旧机电产品类型）
☆申报要求
★依据
（九）☆进口涂料
（十）☆入境危险化学品
（十一）☆入境展览物品
六、出境货物申报特殊要求
（一）出境动物及动物产品
★申报范围（动物、肉类产品、水产品、其他动物产品及其他检疫物；野生动物及其制品）
★出境动物（申报时限、地点、单证、依据）
★纳入《进出口野生动植物种商品目录》管理范围的出境野生动物及其制品（申报范围、单证）
★出口肉类产品（申报范围、时间、地点、依据）
★出口水产品（申报范围、地点、单证、依据）
（二）出境植物及植物产品

★申报范围（植物及其植物产品；其他检疫物）
☆出境水果（申报范围、地点、单证、依据）
☆出境粮食（申报范围、地点、单证、依据）
☆出境竹木草制品（申报范围、单证、依据）
☆出境转基因产品（申报范围、单证、依据）
（三）出口食品
★申报范围（食用、饮用、传统习惯加入药物的食品、食品添加剂）
☆申报时应提供的单证、依据
（四）出口化妆品
★申报范围（包括成品和半成品）
☆申报时应提供的单证、依据
（五）出境危险货物
★危险货物概念、法定检验范围
☆出境烟花爆竹（申报范围、单证、依据）
☆出境打火机、点火枪类商品（申报范围、单证、依据）
（六）☆出口至塞拉利昂、埃塞俄比亚货物的装运前检验（申报范围、时间、地点、单证、依据）
（七）☆出口至伊朗工业产品的装运前检验（申报范围、单证、依据）
（八）☆出口至也门工业产品的装运前检验（申报范围、单证、依据）

七、其他检验检疫对象申报要求

（一）进出境集装箱检验检疫申报
★申报范围（进境、出境、过境集装箱）
☆申报要求、依据
（二）☆出入境交通运输工具申报（申报范围、申报要求）
（三）☆出入境快件申报（申报范围、申报要求、依据）
（四）☆出入境邮寄物申报（申报范围、申报要求）
（五）出入境特殊物品申报
★申报范围（微生物、人体组织、生物制品、血液及其制品）
★申报要求（单证、依据）
（六）出境货物运输包装容器申报
☆一般货物运输包装容器（申报范围、单证要求）
★危险货物运输包装容器（申报范围、单证要求）
☆出境食品包装（申报范围、单证要求）

八、检验检疫复验管理

☆工作程序和时限
☆申请时限和条件
☆申请时应提供的单据
☆申请的受理
☆复验的费用

第三单元　出入境检验检疫签证管理

一、检验检疫单证种类及用途

☆检验检疫单证种类（证书类、凭单类、监督管理证明类、专用单证类）
★检验检疫单证用途

二、检验检疫单证的法律效用

★检验检疫单证是海关代表国家履行国际义务的凭证

★检验检疫单证是出入境货物通关放行的重要凭证

★检验检疫单证是对受检对象实施监管的有效凭证

★检验检疫单证是海关征收和减免关税的有效凭证

★检验检疫单证是履行交接、结算及进口国准入的有效证件

★检验检疫单证是议付货款的有效证件

★检验检疫单证是证明履约、明确责任的有效证件

★检验检疫单证是办理索赔、仲裁及诉讼的有效证件

三、检验检疫单证的一般规定和有效期

☆检验检疫单证的一般规定

☆检验检疫单证的有效期

四、☆检验检疫单证的更改、补充和重发

五、☆检验检疫单证用例

第四单元　检验检疫特定货物的资质管理

一、进境（过境）动植物及其产品检疫审批

★审批范围

☆主管部门

★申请条件

★申请需提交的材料（进境活动物、动物遗传物质、非食用动物产品、生物材料、粮食、水果、烟叶、饲料；过境动物；特许审批）

☆办理流程、时限、方式

★依据

二、☆进出口预包装食品标签

三、强制性产品认证

（一）★强制性产品认证适用范围

★无须办理和免于办理强制性产品认证的有关规定

（二）☆管理职能调整

（三）☆《强制性产品认证目录》调整情况

四、☆进口涂料检验登记备案

五、特殊物品卫生检疫审批

★适用范围

★主管机构

★办理地点

★办理要求（单证、资料）

☆办理流程、时限、方式

★特殊物品审批单有效期

★依据

第五单元　检验检疫特定货物贸易关系人的资质管理

一、出境植物及其产品、其他检疫物的生产、加工、存放单位注册登记

★适用范围

★主管机构

☆许可条件［出境粮食加工仓储企业、种苗花卉生产企业、新鲜水果（含冷冻水果）果园和包装厂、烟叶加工及仓储企业、竹木草制品生产加工企业、饲料生产及加工和存放企业、货物木质包装除害处理标识加施企业］

☆材料要求、办理流程、办理方式

☆监管措施

★依据

二、出境动物及其产品、其他检疫物的生产、加工、存放单位注册登记

☆适用范围

★主管机构

☆许可条件

☆材料要求

☆办理流程

☆办理方式

☆监管措施

★依据

三、进境植物产品国外生产、加工、存放单位注册登记

★适用范围（境外生产、加工、存放单位）

★主管机构

☆基本要求

☆申请材料

★办理流程（推荐、审查、注册登记）

☆办理方式

★依据

四、进境动物产品国外生产、加工、存放单位注册登记

★适用范围（境外生产、加工、存放单位）

★主管机构

☆基本要求

☆申请材料

★办理流程（推荐、审查、注册登记）

☆办理方式

★依据

五、出口食品生产企业备案核准

☆适用范围

★主管机构

☆基本要求

☆办理流程

☆办理方式

★依据

六、进口食品境外生产企业注册

★适用范围（境外生产、加工、存储企业）

★主管机构

☆基本要求

☆申请材料

★办理流程（申请、提交、受理、评审、审查、准予注册）
☆办理方式
★依据
七、出口食品原料种植场、养殖场备案
☆适用范围
★主管机构
☆备案申请
☆办理流程
☆审查标准
☆办理形式
★依据
八、进口食品、化妆品进口商备案
★适用范围（进口商、收货人）
★主管机构
★基本要求
☆申请材料
☆办理流程
☆办理方式
★依据
九、进口食品、化妆品出口商、代理商备案
★适用范围（出口商、代理商）
★主管机构
★备案主体
☆申请材料
☆办理流程
☆办理方式
★依据
十、☆进出口商品检验鉴定业务的检验许可
十一、进口棉花境外供货企业登记
★适用范围
★主管机构
☆基本要求
☆申请材料
☆办理流程
☆办理方式
★依据

（四）题型分值

题　型	年　份				
	2016	**2017**	**2018**	**2019**	**2020**
单选题	0	0	0	4	14
多选题	0	3	0	0	4
判断题	0	0	0	0	0
填空题	0	0	0	0	0
案例题	0	0	0	0	0
总计（分）	0	3	0	4	18

二、大纲知识点解析

（一）业务概述

《中华人民共和国进出口商品检验法实施条例》

【2020 单选题】《商检法实施条例》由（　　）发布。

A. 海关总署　　B. 原国家出入境检验检疫局

C. 国务院　　D. 全国人民代表大会

参考答案　C

解　　析　本题依据国务院令第 447 号《中华人民共和国进出口商品检验法实施条例》。

（二）出入境货物检验检疫申报要求

1. 出入境检验检疫申报范围

＊＊**【2017 多选题】**下列适用入境货物通关单的是（　　）。

A. 进口可用作原料的废物　　B. 进口旧机电产品

C. 进口列入《法检目录》的入境商品　　D. 进口人道主义紧急救灾援助物资

参考答案　ABC（此题 A 选项已失效）

解　　析　本题依据为生态环境部、商务部、发展改革委、海关总署公告 2020 年第 53 号《关于全面禁止进口固体废物有关事项的公告》。

【2020 单选题】我国 A 企业以一般贸易、一般征税的方式进口一批货物。该商品在《中华人民共和国进出口税则》中的信息如下：

最惠（%）	暂定税率	普通	增值/消费	监管条件	检验检疫	特殊证件/对美关税	协定税率		特惠税率
							亚太 5 国	韩国	亚太 2 国
7		20	13/	OA	M	/	4.9	0	

该商品在进口时需实施（　　）。

A. 进口商品检验　　B. 进境卫生检疫

C. 民用商品入境验证　　D. 进口食品卫生监督检验

参考答案　A

解　　析　检验检疫类别代码：

M：进口商品检验；

N：出口商品检验；

P：进境动植物、动植物产品检疫；

Q：出境动植物、动植物产品检疫；

R：进口食品卫生监督检验；

S：出口食品卫生监督检验；

L：民用商品入境验证。

2. 必须由海关实施检验检疫的

【2020 多选题】以下对象在出入境时，必须向海关报检，由海关实施检验检疫或鉴定工作的有（　　）。

A. 出口一批旧打印机　　B. 旅客携带的宠物猫

C. 进口用于拆解的废旧船舶　　D. 出口的一批木制家具

参考答案　BCD

解　　析　法定检验检疫范围包括：

（1）列入《实施检验的进出口商品目录》；

（2）进口旧机电产品；

（3）进出境集装箱；

（4）进境、出境、过境的动植物、动植物产品及其他检疫物；

（5）出口危险货物包装容器的性能检验和使用鉴定；

（6）装载动植物、动植物产品和其他检疫物的装载容器、包装物、铺垫材料；进境动植物性包装物、铺垫材料；

（7）来自动植物疫区的运输工具；装载进境、出境、过境的动植物、动植物产品及其他检疫物的运输工具；

（8）进境拆解的废旧船舶；

（9）出入境人员、交通工具、运输设备及其可能传播检疫传染病的行李、货物和邮包等物品；

（10）旅客携带物（包括微生物、人体组织、生物制品、血液及其制品、骸骨、骨灰、废旧物品和可能传播传染病的物品以及动植物、动植物产品和其他检疫物）和携带伴侣动物；

（11）国际邮寄物（包括动植物、动植物产品和其他检疫物、微生物、人体组织、生物制品、血液及其制品以及其他需要实施检疫的国际邮寄物）；

（12）其他。

选项 A 出口旧打印机（8443321200）不在法定检验检疫范围内，故本题正确答案为选项 B、C、D。

3. 申报时限和地点

【2019 单选题】上海某食品贸易有限公司（企业注册地：上海徐汇区）接受国外订单，委托苏州某糖果加工厂（企业注册地：苏州吴江区）生产一批糖果，计划从宁波机场空运出口，在货物出口前，企业需向（　　）提出实施出口检验检疫申请。

A. 上海海关　　B. 吴江海关　　C. 宁波机场海关　　D. 以上海关部门均可

参考答案　B

解　　析　海关总署于 2018 年 7 月 11 日发布 2018 年第 89 号《关于优化出口货物检验检疫监管的公告》，公告内容包括实施出口检验检疫的货物，企业应在报关前向产地/组货地海关提出申请。本题中，货物的产地为：苏州吴江区，故企业应向“吴江海关”申请出口检验检疫。故本题正确答案为选项 B。

4. 入境动物及动物遗传物质

【2020 单选题】上海某动物园拟从新西兰进口一只种用羊驼，预定航班为 2020 年 3 月 4 日抵达上海

虹桥机场，为满足海关报检时限，动物园最迟需在（　　）前办理报检手续。

A. 2020 年 1 月 24 日　　B. 2020 年 2 月 3 日　　C. 2020 年 2 月 13 日　　D. 2020 年 2 月 23 日

参考答案　B

解　　析　根据国务院令第 206 号《中华人民共和国进出境动植物检疫法实施条例》，输入种畜禽及其精液、胚胎的，应当在进境前 30 日报检；输入其他动物的，应当在进境前 15 日报检；输入植物种子、种苗及其他繁殖材料的，应当在进境前 7 日报检。

5. 申报范围（动物、肉类产品、水产品、其他动物产品及其他检疫物；野生动物及其制品）

【2020 单选题】隔离检疫的出境动物，海关综合业务部门在动物出境前（　　）天受理预申请，隔离前（　　）天受理申请。

A. 30，7　　B. 60，7　　C. 30，10　　D. 60，10

参考答案　B

解　　析　根据原国家出入境检验检疫局令第 16 号《出入境检验检疫报检规定》第二十四条规定，需隔离检疫的出境动物在出境前 60 天预报，隔离前 7 天报检。

6. 申报范围（植物及其植物产品；其他检疫物）

【2020 单选题】厦门某贸易公司（东渡海关管辖）接受国外订单，从漳州芗城某木材加工厂（漳州海关管辖）购买一批木材，委托厦门同安某家具加工厂（集同海关管辖）组装成办公室用木家具，计划从海沧港区（海沧海关管辖）海运出口，在货物出口前，企业需向（　　）提出实施出口检验检疫申请。

A. 东渡海关本部　　B. 漳州海关本部　　C. 集同海关本部　　D. 海沧海关本部

参考答案　C

解　　析　根据《关于优化出口货物检验检疫监管的公告》，实施出口检验检疫的货物，企业应在报关前向产地/组货地海关提出申请。本题中，货物的出口报验状态为“办公室用木家具”，其组货地为“厦门市同安区”，故企业应向“集同海关本部”提出申请出口检验检疫。故本题正确答案为选项 C。

7. 申报要求、依据

【2020 单选题】关于进出境集装箱检验检疫报检的要求，下列说法错误的是（　　）。

A. 所有进出境集装箱都应实施卫生检疫

B. 植物性铺垫材料的进境集装箱应实施动植物检疫

C. 过境的集装箱进出境口岸都应实施检验检疫

D. 装有冷冻品的集装箱，应实施清洁卫生冷藏密固等适载检验

参考答案　C

解　　析　根据原国家出入境检验检疫局令 2000 年第 17 号《进出境集装箱检验检疫管理办法》第四条规定，集装箱进出境前、进出境时或过境时，承运人、货主或其代理人，必须向海关报检。海关按照有关规定对报检集装箱实施检验检疫。

第五条规定，过境应检集装箱，由进境口岸海关实施查验，离境口岸海关不再检验检疫。

第六条规定，进境集装箱应按有关规定实施下列检验检疫：

（1）所有进境集装箱应实施卫生检疫；

（2）来自动植物疫区的，装载动植物、动植物产品和其他检验检疫物的，以及箱内带有植物性包装物或铺垫材料的集装箱，应实施动植物检疫。

第十四条规定，出境集装箱应按有关规定实施下列检验检疫：

装运出口易腐烂变质食品、冷冻品的集装箱应实施适载检验。

（三）检验检疫特定货物的资质管理

1. 依据

【2019 单选题】 进境动植物检疫许可证（　　）。

A. 三个月有效　　B. 一次有效　　C. 不得跨年度使用　　D. 不能延期

参考答案　D

解　　析　根据国家质检总局令 2002 年第 25 号《进境动植物检疫审批管理办法》第十三条规定，《检疫许可证》的有效期分别为 3 个月或者一次有效。除对活动物签发的《检疫许可证》外，不得跨年度使用。

＊＊**【2019 单选题】** 进口（　　）免于提交植物检疫证书。

A. 深加工的木制品　　B. 树根雕刻制品　　C. 藤蔓编织品　　D. 植物枝条编织品

参考答案　A

解　　析　此题 A 选项没有表述清楚什么是深加工，如果是木制家具进口，则需要提供《植物检疫证书》。

《植物检疫证书》指境外检验检疫机构出具的证明进口植物、植物产品检验检疫结果的书面文件。树根雕刻制品、木质雕刻制品、藤蔓编织品、植物枝条编织品包括木制家具类进口，均需要进境植物产品检疫，需要提供境外官方出具的《植物检疫证书》。

2. 无须办理和免于办理强制性产品认证的有关规定

【2020 单选题】 广州某贸易公司需进口一批 1000 伏开关用于展会展览物品，企业在提交资料向海关报检时，下列不需要提供的是（　　）。

A. 发票、清单、合同　　B. 参展函电

C. 3C 认证证书　　D. 提（运）单

参考答案　C

解　　析　根据国家认监委 2008 年第 38 号公告《调整免予强制性产品认证检测处理程序》，符合以下条件的，可免于办理强制性产品认证：

（1）为科研、测试所需的产品；

（2）为考核技术引进生产线所需的零部件；

（3）直接为最终用户维修目的所需的产品；

（4）工厂生产线/成套生产线配套所需的设备/部件（不包含办公用品）；

（5）仅用于商业展示，但不销售的产品；

（6）暂时进口后需退运出关的产品（含展览品）；

（7）以整机全数出口为目的而用一般贸易方式进口的零部件；

（8）以整机全数出口为目的而用进料或来料加工方式进口的零部件。

3.《强制性产品认证目录》调整情况

【2019 单选题】 关于强制认证证书，以下表述正确的是（　　）。

A. 强制认证目录内商品必须取得 3C 认证证书，方可入境

B. 强制认证目录内商品都可以通过 3C 目录外确认申报入境

C. 强制认证证书出具单位为中国海关

D. 强制认证目录内商品符合特定条件可以办理 3C 免办手续入境

参考答案　D

解　　析　根据《调整免予强制性产品认证检测处理程序》，符合条件的，可免于办理强制性产品认证。符合 3C 描述之外的，可通过目录外确认办理入境。

第三篇　保税实务

一、大纲细则

（一）主要内容

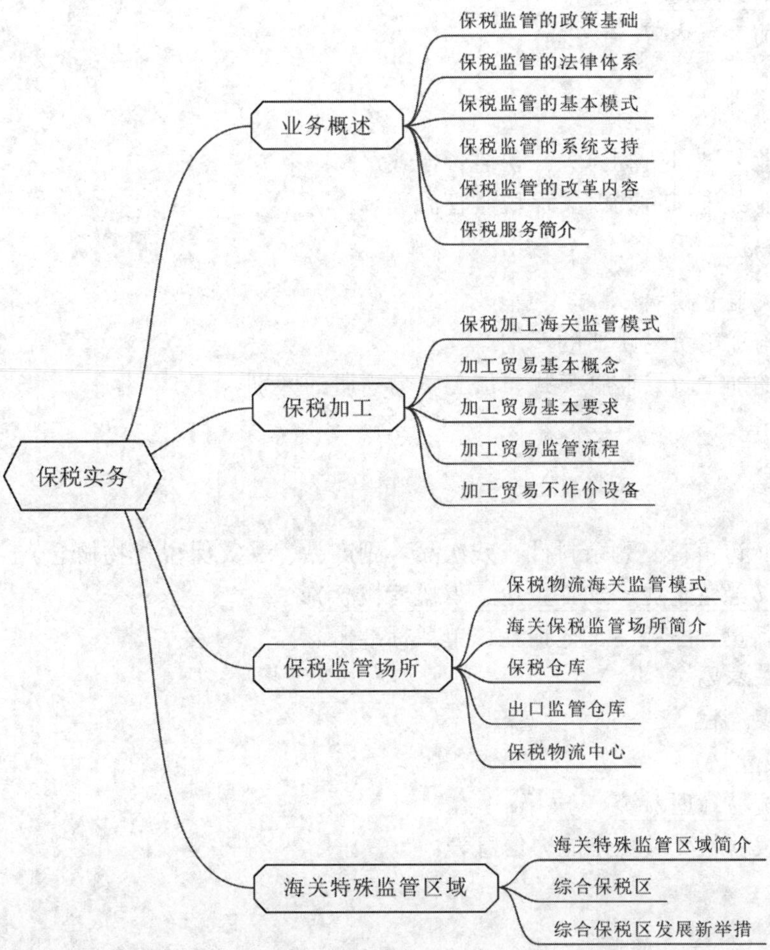

（二）基本要求

1. 了解海关保税监管制度的体系构成，包括政策基础、法律体系、基本模式、系统支持和改革内容，其中重点是海关保税监管制度的法律体系；

2. 了解海关对保税加工的监管模式以及加工贸易的管理规定，了解海关的监管流程及加工贸易不作价设备；

3. 了解海关对保税物流的监管模式，通过对海关保税监管场所的介绍，了解保税仓库、出口监管仓库、保税物流中心的设立以及海关监管规定，对保税物流业务有初步的认识；

4. 了解海关特殊监管区域的概况，重点是对综合保税区的监管规定以及发展举措进行介绍，明了海关特殊监管区域下一步发展方向；

5. 基本概念：保税监管、保税服务、保税加工、加工贸易、来料加工、进料加工、加工贸易货物、加工贸易企业、单耗、深加工结转、外发加工、内销征税、核销、加工贸易不作价设备、保税物流、保税仓库、出口监管仓库、保税物流中心、海关特殊监管区域、综合保税区。

(三) 考试内容

第一单元　业务概述

一、★保税监管的政策基础（概念及特点）

二、★保税监管的法律体系（相关法律、行政法规、部门规章）

三、☆保税监管的基本模式（过程监管、手册管理）

四、☆保税监管的系统支持

五、☆保税监管的改革内容

六、保税服务简介

☆国际服务外包

☆国际服务外包业务进口货物海关保税监管模式

★国际服务外包业务进口货物海关保税监管流程

第二单元　保税加工

一、保税加工海关监管模式

★加工贸易手册与加工贸易账册的区别

★以企业为单元的加工贸易监管模式与加工贸易手册的区别

★以企业为单元

二、加工贸易基本概念

★加工贸易

★加工贸易货物（边角料、剩余料件、残次品、副产品、受灾保税货物概念）

★加工贸易企业（经营企业、加工企业、承揽者概念）

★单耗（单位耗料量、净耗、工艺损耗、单耗标准概念）

三、★加工贸易基本要求

四、加工贸易监管流程

（一）前期——设立

☆金关二期加工贸易管理系统

☆加工贸易企业经营状况及生产能力信息表

★规范性申报

☆手册设立

☆单耗管理

☆加工贸易担保

☆手册变更

（二）中期——管理

★进出口申报（进出口方式）

★保税核注清单（流程变化）

★深加工结转（定义、流程变化）

★外发加工（定义、与深加工结转的区别）

★内销征税（定义、管理规则）

★余料结转（定义、管理规则）

（三）★后期——核销（概念、时间要求）

五、加工贸易不作价设备

★定义

★主要政策规定

☆不作价设备手册设立

☆不作价设备解除监管

第三单元　保税监管场所

一、保税物流海关监管模式

★双线监管

★账册管理

二、海关保税监管场所简介

★种类

★业务开展要求

★依据

三、保税仓库

☆保税仓库的定义、分类

☆保税仓库的设立和验收

☆海关对保税仓库的管理要求

★海关对存入保税仓库货物的监管规定（可以存入和转出的情形、存储期限及限制管理）

四、出口监管仓库

☆出口监管仓库的概念、分类

☆出口监管仓库的设立和验收

☆海关对出口监管仓库的管理要求

★海关对存入出口监管仓库货物的监管规定（可以存入、不得存入、存储期限、退税及交税管理）

五、保税物流中心

★保税物流中心的分类及概念

☆保税物流中心（B 型）的设立和验收

★海关对物流中心的管理要求（可以开展的业务、不得开展的业务）

★海关对存入保物流中心货物的监管规定

★海关对进出物流中心货物的通关监管（“一线”进出、“二线”进出）

第四单元　海关特殊监管区域

一、海关特殊监管区域简介

★包含类型

★依据

二、综合保税区

（一）☆综合保税区的设立和验收

（二）★海关对综合保税区的管理要求（可以开展的业务）

（三）海关对综合保税区货物的监管规定

☆基本规定

★综合保税区与境外之间进出货物（“一线”进出）

★综合保税区与境内区外之间进出货物（“二线”进出）

☆综合保税区内其他业务

三、综合保税区发展新举措

☆促进综合保税区高水平开放、高质量发展的 21 项举措

（四）题型分值

题　型	年　份				
	2016	2017	2018	2019	2020
单选题	10.5	15	8	12	12
多选题	6	6	10	12	12
判断题	0	0	7	0	0
填空题	8	8	0	0	0
案例题	15	15	15	20	8
总计（分）	39.5	44	40	44	32

二、大纲知识点解析

（一）业务概述

国际服务外包业务进口货物海关保税监管流程

【2019 多选题】下列选项，属于保税服务的有（　　）。

A. 保税检测维修　　B. 保税拍卖　　C. 出境加工　　D. 进料加工

参考答案　ABC

解　析　保税服务是一种新兴的保税形式，是指保税+服务贸易，包括：（1）保税检测维修；（2）保税拍卖与保税展示；（3）保税研发；（4）出境加工等。

（二）保税加工

1. 加工贸易手册与加工贸易账册的区别

【2018 判断题】目前，海关电子底账包括电子账册和无纸化电子手册两种模式，其中，无纸化电子手册为海关联网监管主要模式。

参考答案　错误

解　析　根据海关总署令第 150 号《中华人民共和国海关加工贸易企业联网监管办法》第二条规定，海关对加工贸易企业实施联网监管，是指加工贸易企业通过数据交换平台或者其他计算机网络方式向海关报送能满足海关监管要求的物流、生产经营等数据，海关对数据进行核对、核算，并结合实物进行核查的一种加工贸易海关监管方式。

第八条规定，海关应当根据联网企业报送备案的资料建立电子底账，对联网企业实施电子底账管理。电子底账包括电子账册和电子手册。电子账册是海关以企业为单元为联网企业建立的电子底账；实施电子账册管理的，联网企业只设立一个电子账册。电子手册是海关以加工贸易合同为单元为联网企业建立的电子底账；实施电子手册管理的，联网企业的每个加工贸易合同设立一个电子手册。

2. 以企业为单元的加工贸易监管模式与加工贸易手册的区别

【2020 单选题】经海关确认，加工贸易手册延期最长不超过（　　）。

A. 1 年　　B. 2 年　　C. 3 年　　D. 5 年

参考答案　B

解　析　根据海关总署公告 2016 年第 56 号《关于〈商务部 海关总署 2016 年第 45 号公告〉执行有关问题公告》，企业应当按照合同有效期申报手册有效期，但原则上不超过一年，经主管海关确认，可予以延期，最长不超过两年。

3. 以企业为单元

【2016 单选题】保税加工企业包括经海关注册的经营企业和（　　）企业。

A. 加工企业　　B. 物流企业　　C. 报关企业

参考答案　A

解　　析　根据海关总署令第 219 号《中华人民共和国海关加工贸易货物监管办法》（通常简称《加工贸易货物监管办法》）第二条规定，本办法适用于办理加工贸易货物手册设立、进出口报关、加工、监管、核销手续。

加工贸易经营企业、加工企业、承揽者应当按照本办法规定接受海关监管。

【2017 填空题】保税加工企业，包括保税加工（　　）企业和加工企业。

参考答案　经营

解　　析　同上题。

4. 加工贸易

【2017 单选题】加工贸易保税监管准予保税的“料件”除原辅材料、零部件、元器件外，还包括（　　）。

A. 半成品　　B. 加工工具　　C. 包装物料　　D. 副产品

参考答案　C

解　　析　根据《加工贸易货物监管办法》第三条规定，本办法所称“加工贸易”是指经营企业进口全部或者部分原辅材料、零部件、元器件、包装物料，经过加工或者装配后，将制成品复出口的经营活动，包括来料加工和进料加工。

【2018 单选题】经海关批准暂缓办理纳税手续进境，在境内储存、加工、装配后复运出境或转为进口的货物，是（　　）。

A. 特定减免税货物　　B. 保税货物　　C. 通运货物　　D. 暂时进出货物

参考答案　B

解　　析　根据《海关法》规定，保税货物是指经海关批准未办理纳税手续进境，在境内储存、加工、装配后复运出境的货物。

根据法释〔2014〕10 号《关于办理走私刑事案件适用法律若干问题的解释》规定，保税货物是指经海关批准，未办理纳税手续进境，在境内储存、加工、装配后应予复运出境的货物，包括通过加工贸易、补偿贸易等方式进口的货物，以及在保税仓库、保税工厂、保税区或者免税商店内等储存、加工、寄售的货物。

【2018 单选题】服装的辅料（如拉链、纽扣等）在 78 种范围之内且进口总值在（　　）（含本数）以下的可以办理“辅料登记表”，不进行手册设立管理。

A. 5000 美元　　B. 10000 美元　　C. 2000 美元　　D. 3000 元人民币

参考答案　A

解　　析　根据海关总署公告 2019 年第 18 号《中华人民共和国海关进出口货物报关单填制规范》（以下简称《进出口货物报关单填制规范》），特殊情况下加工贸易货物监管方式填报要求如下：

进口少量低值辅料（即 5000 美元以下，78 种以内的低值辅料）按规定不使用《加工贸易手册》的，填报“低值辅料”。使用《加工贸易手册》的，按《加工贸易手册》上的监管方式填报。

【2018 单选题】（　　）是指进口料件由境外企业提供，经营企业不需要对外付汇，按照境外企业的要求进行加工或者装配，只收取加工费，制成品由境外企业销售的经营活动。

A. 来料加工　　B. 进料加工　　C. 保税加工　　D. 外发加工

参考答案　A

解　　析　根据海关《加工贸易货物监管办法》，来料加工是指进口料件由境外企业提供，经营企业不需要付汇进口，按照境外企业的要求进行加工或者装配，只收取加工费，制成品由境外企业销售的经营活动。

5. 加工贸易货物

【2017 单选题】加工货物按海关规定内销，免征缓税利息的是（　　）。

A. 副产品　　B. 残次品　　C. 边角料

参考答案　C

解　　析　根据海关总署令第 111 号《关于加工贸易边角料、剩余料件、残次品、副产品和受灾保税货物的管理办法》第四条规定，加工贸易企业申请内销边角料的：

海关按照加工贸易企业向海关申请内销边角料的报验状态归类后适用的税率和审定的边角料价格计征税款，免征缓税利息。

【2018 单选题】现行实施的加工贸易补税缓税利息率是（　　）。

A. 0.12%　　B. 0.24%　　C. 0.36%　　D. 0.48%

参考答案　C

解　　析　根据海关总署公告 2009 年第 14 号《关于加工贸易保税货物内销缓税利息征收及退还》，缓税利息的利率参照中国人民银行公布的活期存款利率执行，现为 0.36%。海关将根据中国人民银行公布的活期存款利率即时调整并执行。

【2018 多选题】加工贸易剩余料件如作（　　）处理，必须填制报关单报关。

A. 内销　　B. 结转　　C. 退运　　D. 放弃

参考答案　ABCD

解　　析　根据《关于加工贸易边角料、剩余料件、残次品、副产品和受灾保税货物的管理办法》，剩余料件，是指加工贸易企业在从事加工复出口业务过程中剩余的、可以继续用于加工制成品的加工贸易进口料件。

处理的方式有内销、结转、退运、放弃、销毁等，有关报关单是企业报核的必要单证。

【2018 多选题】下列对于加工贸易保税商品转为内销时，需要支付缓税利息的是（　　）。

A. 结余料件　　B. 制成品　　C. 边角料　　D. 副产品

参考答案　ABD

解　　析　根据《关于加工贸易边角料、剩余料件、残次品、副产品和受灾保税货物的管理办法》第四条规定，加工贸易企业申请内销边角料的：

海关按照加工贸易企业向海关申请内销边角料的报验状态归类后适用的税率和审定的边角料价格计征税款，免征缓税利息。

【2018 判断题】加工贸易边角料，是指加工贸易企业从事加工复出口业务，在海关核定的单耗标准内，加工过程中产生的，无法再用于加工该合同项下出口制成品的数量合理的废、碎料及下脚料。

参考答案　正确

解　　析　根据《关于加工贸易边角料、剩余料件、残次品、副产品和受灾保税货物的管理办法》，边角料，是指加工贸易企业从事加工复出口业务，在海关核定的单位耗料量内、加工过程中产生的、无法再用于加工该合同项下出口制成品的数量合理的废、碎料及下脚料。

【2020 单选题】加工贸易企业从事加工复出口业务，在加工生产出口合同规定的制成品过程中同时产生的，且出口合同未按规定应当复出口的一个或者一个以上的其他产品是指（　　）。

A. 边角料　　B. 剩余料件　　C. 残次品　　D. 副产品

参考答案　D

解　　析　根据《关于加工贸易边角料、剩余料件、残次品、副产品和受灾保税货物的管理办法》，边角料，是指加工贸易企业从事加工复出口业务，在海关核定的单位耗料量内、加工过程中产生的、无法再用于加工该合同项下出口制成品的数量合理的废、碎料及下脚料。

剩余料件，是指加工贸易企业在从事加工复出口业务过程中剩余的、可以继续用于加工制成品的加工贸易进口料件。

残次品，是指加工贸易企业从事加工复出口业务，在生产过程中产生的有严重缺陷或者达不到出口合同标准，无法复出口的制品（包括完成品和未完成品）。

副产品，是指加工贸易企业从事加工复出口业务，在加工生产出口合同规定的制成品（即主产品）过程中同时产生的，并且出口合同未规定应当复出口的一个或者一个以上的其他产品。

6. 单耗

【2017 单选题】关于单耗，以下表述错误的是（　　）。

A. 有单耗标准的，按照单耗标准执行　　B. 特殊监管区域内企业不适用单耗标准

C. 单耗等于企业的生产 BOM 耗用量　　D. 单耗可以在成品出口前向海关申报

参考答案　C

解　　析　根据海关总署令第 155 号《中华人民共和国海关加工贸易单耗管理办法》（通常简称《加工贸易单耗管理办法》），单耗是指加工贸易企业在正常加工条件下加工单位成品所耗用的料件量，单耗包括净耗和工艺损耗。

加工贸易企业应当在成品出口、深加工结转或者内销前如实向海关申报单耗，但生产工艺流程简单、产品净耗比较稳定、产品单耗关系不太复杂的企业，可以在合同备案环节向海关申报单耗。

单耗标准是指供通用或者重复使用的加工贸易单位成品耗料量的准则。单耗标准设定最高上限值，其中出口应税成品单耗标准增设最低下限值。

（1）单耗标准由海关根据有关规定会同相关部门制定，并以公告形式对外发布。

（2）单耗标准适用于海关特殊监管区域、保税监管场所外的加工贸易企业，海关特殊监管区域、保税监管场所内的加工贸易企业不适用单耗标准。

（3）海关特殊监管区域、保税监管场所外的加工贸易企业应当在单耗标准内向海关进行单耗备案或者单耗申报。企业申报的单耗在单耗标准内的，海关按照申报的单耗对保税料件进行核销；申报的单耗超出单耗标准的，海关按照单耗标准的最高上限值或者最低下限值对保税料件进行核销。

（4）尚未公布单耗标准的，加工贸易企业应当如实向海关申报单耗，海关按照加工贸易企业的实际单耗对保税料件进行核销。

【2018 单选题】一生产玩具的加工贸易企业，为生产 500 只玩具，进口了 2000 码长的长毛绒布匹。生产过程中检验出有 100 码为残次品，未用。合同执行完毕后，还剩余 500 码合格的布匹。该批玩具的净耗为 2.7 码/只，则该批玩具的工艺损耗率是（　　）。

A. 10%　　B. 3.57%　　C. 32.5%　　D. 28.95%

参考答案　B

解　　析　单耗=净耗/（1-工艺损耗率），因此工艺损耗率=1-净耗/单耗。本题的单耗=（2000-100-500）/500=2.8（码/只），因此工艺损耗=1-2.7/2.8=0.0357。

【2019 单选题】能够列入工艺损耗的情况是（　　）。

A. 企业加急订单，采购的非保税料件产生的损耗　　B. 企业生产过程中报废的半成品

C. 企业生产过程中产生的边角料　　D. 企业生产过程中突然停电产生的额外损耗

参考答案　C

解　　析　根据《加工贸易单耗管理办法》第十六条规定，下列情况不列入工艺损耗范围：

（1）因突发停电、停水、停气或者其他人为原因造成保税料件、半成品、成品的损耗；

（2）因丢失、破损等原因造成的保税料件、半成品、成品的损耗；

(3) 因不可抗力造成保税料件、半成品、成品灭失、损毁或者短少的损耗；
(4) 因进口保税料件和出口成品的品质、规格不符合合同要求，造成用料量增加的损耗；
(5) 因工艺性配料所用的非保税料件所产生的损耗；
(6) 加工过程中消耗性材料的损耗。

【2020 综合案例题】 某塑料袋加工企业向海关申请电子化手册设立手续，根据外商订单合同，需生产三种颜色大小各异的塑料袋 5000 千克，其中红色塑料袋 3000 千克，蓝色塑料袋 500 千克，无色塑料袋 1500 千克，三种颜色塑料袋均只使用同一种进口原材料 HDPE 无色塑料粒子，对应成品消耗料件清单如下：

成品塑料袋颜色	成品数量（千克）	耗 HDPE 粒子总数量（千克）	HDPE 工艺性损耗（千克）
红色	3000	3031	61
蓝色	500	505	10
无色	1500	1531	31

根据上述案例回答下列问题：

1. 生产红色塑料袋时的 HDPE 净耗是（　　）。

A. 0.98　　B. 1.01　　C. 0.99　　D. 1

参考答案 C

解　析 单耗=净耗/（1-工艺损耗率），净耗=（料件耗用量-工艺性损耗）/成品数量=（3031-61）/3000=0.99

2. 生产蓝色塑料袋时的 HDPE 单耗是（　　）。

A. 0.98　　B. 1.01　　C. 0.99　　D. 1

参考答案 B

解　析 单耗=总耗用量/成品数量= 505/500=1.01。

7. 加工贸易基本要求

【2016 填空题】 企业加工贸易货物被人民法院或者有关行政执法部门封存的，该企业应当自货物被封存之日起（　　）个工作日内向海关报告。

参考答案 5

解　析 根据《加工贸易货物监管办法》第三十八条规定，加工贸易企业出现分立、合并、破产、解散或者其他停止正常生产经营活动情形的，应当及时向海关报告，并且办结海关手续。

加工贸易货物被人民法院或者有关行政执法部门封存的，加工贸易企业应当自加工贸易货物被封存之日起 5 个工作日内向海关报告。

8. 规范性申报

＊＊**【2016/2017 多选题】** 加工贸易备案资料库的内容包括（　　）。

A. 料件与成品的商品编码　　B. 料件和成品的名称

C. 料件和成品的计量单位　　D. 最近一年的加工贸易业绩（进口总值）

参考答案 ABCD（此题失效）

解　析 根据海关总署公告 2019 年第 218 号《关于精简和规范作业手续、促进加工贸易便利化的公告》，企业通过金关二期加工贸易管理系统办理加工贸易手册设立（变更）时，不再向海关申报设立备案资料库，直接发送手册设立（变更）数据，海关按规定对企业申报的手册设立（变更）数据进行审核并反馈。

9. 手册设立

【2017 单选题】某企业开展加工贸易，海关应当要求该企业在办理手册设立手续时提供担保的情形是（　　）。

A. 厂房为租赁的

B. 首次开展加工贸易业务的

C. 办理异地加工贸易手续的

D. 该企业涉嫌走私，已经被海关立案侦查，案件尚未审结的

参考答案　D

解　　析　根据《加工贸易货物监管办法》第十三条规定，有下列情形之一的，海关应当在经营企业提供相当于应缴税款金额的保证金或者银行、非银行金融机构保函后办理手册设立手续：

（1）涉嫌走私，已经被海关立案侦查，案件尚未审结的；

（2）由于管理混乱被海关要求整改，在整改期内的。

有下列情形之一的，海关可以要求经营企业在办理手册设立手续时提供相当于应缴税款金额的保证金或者银行、非银行金融机构保函：

（1）租赁厂房或者设备的；

（2）首次开展加工贸易业务的；

（3）加工贸易手册延期两次（含两次）以上的；

（4）办理异地加工贸易手续的；

（5）涉嫌违规，已经被海关立案调查，案件尚未审结的。

故本题正确答案为选项 D。

【2020 多选题】经营企业在办理以下（　　）手续时，必须提供相当于应缴税款金额的保证金或者银行、非银行金融机构保函。

A. 申请手册设立，涉嫌走私，已经被海关立案侦查，案件尚未审结的

B. 申请手册设立，由于管理混乱被海关要求整改，在整改期内的

C. 申请外发加工，将全部工序外发加工的

D. 申请余料结转，同一经营企业申报剩余料件所属加工贸易合同办理两次及两次以上延期手续的

参考答案　ABC

解　　析　根据《加工贸易货物监管办法》第十三条规定，有下列情形之一的，海关应当在经营企业提供相当于应缴税款金额的保证金或者银行、非银行金融机构保函后办理手册设立手续：

（1）涉嫌走私，已经被海关立案侦查，案件尚未审结的；

（2）由于管理混乱被海关要求整改，在整改期内的。

第二十二条规定，经营企业将全部工序外发加工的，应当在办理备案手续的同时向海关提供相当于外发加工货物应缴税款金额的保证金或者银行、非银行金融机构保函。

10. 单耗管理

＊＊**【2017 单选题】**保税加工货物电子化手册设立包括（　　）两个步骤。

A. 备案资料库设立、通关手册设立　　B. 商品归类、商品归并

C. 商品归并、单耗申报　　D. 出口成品申报、进口料件申报

参考答案　A（选项 A 备案资料库部分失效）

解　　析　根据《关于精简和规范作业手续、促进加工贸易便利化的公告》，企业通过金关二期加贸管理系统办理加工贸易手册设立（变更）时，不再向海关申报设立备案资料库，直接发送手册设立（变更）数据，海关按规定对企业申报的手册设立（变更）数据进行审核并反馈。

电子化手册的设立流程如下图所示：

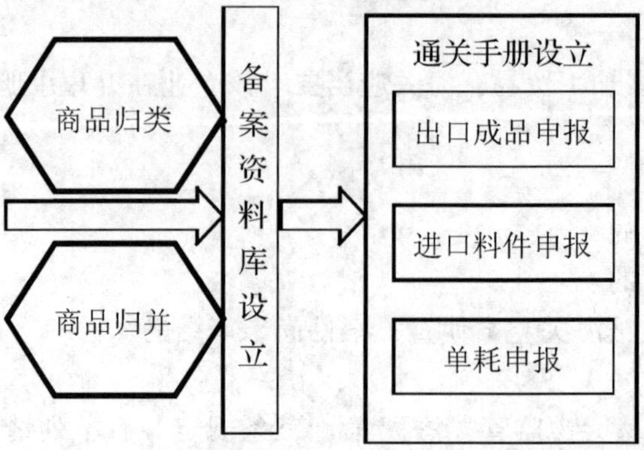

由上图可知，商品归类、商品归并为备案资料库设立的前期程序，通关手册的设立包括出口成品申报、进口料件申报、单耗申报。

【2017 多选题】（　　），海关不予办理加工贸易电子化手册设立手续。

A. 加工产品属于国家禁止在我国境内加工生产的

B. 进口料件属于国家禁止进口的

C. 出口成品属于许可证管理的

D. 手册到期未报核，重新申报设立手册的

参考答案　ABD

解　　析　根据《加工贸易货物监管办法》第十五条规定，加工贸易企业有下列情形之一的，不得办理手册设立手续：

（1）进口料件或者出口成品属于国家禁止进出口的；

（2）加工产品属于国家禁止在我国境内加工生产的；

（3）进口料件不宜实行保税监管的；

（4）经营企业或者加工企业属于国家规定不允许开展加工贸易的；

（5）经营企业未在规定期限内向海关报核已到期的加工贸易手册，又重新申报设立手册的。

【2017 填空题】经营企业提交齐全、有效的单证材料，申报设立手册的，海关应当自接受企业手册设立申报之日起（　　）个工作日内完成加工贸易手册设立手续。

参考答案　5

解　　析　根据《加工贸易货物监管办法》第十二条规定，经营企业按照本办法第十一条、第十二条规定，提交齐全、有效的单证材料，申报设立手册的，海关应当自接受企业手册设立申报之日起 5 个工作日内完成加工贸易手册设立手续。

＊＊**【2017 填空题】**电子化手册设立前，主管海关根据企业提供的资料为企业建立加工贸易（　　）备案资料库。

参考答案　项号级（此题已失效）

解　　析　根据《关于精简和规范作业手续、促进加工贸易便利化的公告》，企业通过金关二期加工贸易管理系统办理加工贸易手册设立（变更）时，不再向海关申报设立备案资料库，直接发送手册设立（变更）数据，海关按规定对企业申报的手册设立（变更）数据进行审核并反馈。

【2020 多选题】企业申请开展加工贸易，不管是设立加工贸易手册还是加工贸易账册，应该满足的监管要求有（　　）。

A. 加工贸易企业应当将加工贸易货物与非加工贸易货物分开管理，专料专放

B. 加工贸易货物的手册设立和核销单证自加工贸易手册核销结案之日起留存 3 年

C. 经海关批准，经营企业可以在保税料件与非保税料件之间进行串换，但被串换的料件应当属于同一企业，并且应当遵循同品种、同规格、同数量、不牟利的原则

D. 加工贸易货物被人民法院或者有关行政执法部门封存的，加工贸易企业应当自加工贸易货物被封存之日起5个工作日内向海关报告

参考答案　ABCD

解　　析　企业申请开展加工贸易，不管是设立加工贸易手册还是加工贸易账册，应该满足以下监管要求：

（1）加工贸易企业应当将加工贸易货物与非加工贸易货物分开管理；

（2）加工贸易货物应当专料专放，经海关批准，经营企业可以在保税料件之间、保税料件与非保税料件之间进行串换，但被串换的料件应当属于同一企业，并且应当遵循同品种、同规格、同数量、不牟利的原则；

（3）来料加工保税进口料件不得串换；

（4）已经加工的保税进口料件不得进行退换；

（5）未经海关批准，加工贸易货物不得抵押；

（6）加工贸易货物被人民法院或者有关行政执法部门封存的，加工贸易企业应当自加工贸易货物被封存之日起5个工作日内向海关报告；

（7）加工贸易企业应当根据《中华人民共和国会计法》以及海关有关规定，设置符合海关监管要求的账簿、报表以及其他有关单证，记录与本企业加工贸易货物有关的进口、存储、转让、转移、销售、加工、使用、损耗和出口等情况，凭合法、有效凭证记账并且进行核算；

（8）加工贸易货物的手册设立和核销单证自加工贸易手册核销结案之日起留存3年；

（9）加工贸易企业出现分立、合并、破产、解散或者其他停止正常生产经营活动情形的，应当及时向海关报告，并且办结海关手续。

【2016单选题】加工贸易成品耗用的同一料件既有保税也有非保税料件的，企业应在单耗表中逐项申报（　　）。

A. 保税料件比率　　B. 非保税料件比率　　C. 单耗变更情况

参考答案　B

解　　析　根据《加工贸易单耗管理办法》第十五条规定，加工贸易企业申报单耗应当包括以下内容：

（1）加工贸易项下料件和成品的商品名称、商品编号、计量单位、规格型号和品质；

（2）加工贸易项下成品的单耗；

（3）加工贸易同一料件有保税和非保税料件的，应当申报非保税料件的比率、商品名称、计量单位、规格型号和品质。

11. 进出口申报（进出口方式）

【2016单选题】某企业已办理加工贸易手册，料件进口后发现申报内容与事实不符，海关将责令企业将货物作（　　）处理。

A. 退运出境　　B. 内销　　C. 余料结转　　D. 销毁

参考答案　A

解　　析　根据《加工贸易货物监管办法》第十六条规定，经营企业办理加工贸易货物的手册设立，申报内容、提交单证与事实不符的，海关应当按照下列规定处理：

（1）货物尚未进口的，海关注销其手册；

（2）货物已进口的，责令企业将货物退运出境。

12. 保税核注清单（流程变化）

【2016单选题】现行加工贸易核销政策明确了可以依据（　　）进行核销。

A. 加工贸易手册　　B. 专用报关单　　C. 电子数据　　D. 备案资料

参考答案 C

解　　析 根据《加工贸易货物监管办法》第三十条规定，海关核销可以采取纸质单证核销、电子数据核销的方式，必要时可以下厂核查，企业应当予以配合。

【2016 单选题】下列选项中对电子化手册核销作业原则的表述错误的是（　　）。

A. 避免进出口金额、时间倒挂　　B. 避免超期核销

C. 物料形态应如实申报　　D. 使用不同手册灵活结转

参考答案 D

解　　析 电子化手册核销作业原则：

（1）在实际通关作业过程中，应绝对避免进出口金额的倒挂、进出口时间的倒挂。

（2）为避免在核销环节才暴露问题，企业应强化日常手册设立申报、进出口通关作业过程中的部门协作流程，关务部门应及时收集、核对进出口报关单证，发现错误及时纠正，以确保核销作业的及时、准确，避免超期核销。

（3）企业应当增强边角料、残次品、料件、产成品、副产品等保税加工货物的过程管控能力，对于保税料件经加工后形成的物料形态（余料、边角料、残次品、成品、副产品等），企业均应如实申报并提出相应的处理申请，同时，有计划地执行内销征税、边角料征税、余料结转、货物销毁、退运出境等海关手续。

（4）对于通关作业执行过程中发生的特殊情况（例如，料件替代、溢短装），企业在报核时即应做出书面说明。

（5）需办理余料结转手续的企业，应注意“转入手册”料件进口量的控制，以保证正常办理余料结转手续。

（6）发生手册（分册）遗失等情况，应及时到海关办理相关手续。

（7）如果企业从事来料加工生产，为了方便企业对来料加工手册中的保税货物申请处理，企业应提前准备有效的外商授权书。

本题中选项 D 表述错误，应注意“转入手册”料件进口量的控制，以保证正常办理余料结转手续，因此选项 D 为正确答案。

【2018 判断题】保税加工料件除国家另有规定外，属于国家对进口有限制性规定的，需交验进口许可证件。

参考答案 错误

解　　析 根据《加工贸易货物监管办法》第四条规定，除国家另有规定外，加工贸易进口料件属于国家对进口有限制性规定的，经营企业免于向海关提交进口许可证件。

加工贸易出口制成品属于国家对出口有限制性规定的，经营企业应当取得出口许可证件。海关对有关出口许可证件电子数据进行系统自动比对验核。

【2019 多选题】保税出口业务中，保税核注清单商品项归并为报关单同一商品项的，需遵循的原则有（　　）。

A. 10 位商品编码相同　　B. 申报计量单位相同

C. 申报币制相同　　D. 货物原产国相同

参考答案 ABC

解　　析 根据海关总署公告 2018 年第 23 号《关于启用保税核注清单的公告》的相关规定，符合下列条件的保税核注清单商品项可归并为报关单（备案清单）同一商品项：

出口成品同时满足：10 位商品编码相同；申报计量单位相同；中文商品名称相同；币制相同；最终目的国相同的可予以归并。其中，出口应税商品不得归并；涉及单耗标准与不涉及单耗标准的料号级成品不得归并；因管理需要，海关或企业认为需要单列的商品不得归并。

13. **深加工结转（定义、流程变化）**

【2018 单选题】某加工贸易企业从美国进口线路板 2000 个，由前本手册转入 1000 个，深加工结转转入 1000 个，成品总耗用 3000 个，退运出境 500 个，内销 400 个，剩余料件数量为（　　）个。

A. 100　　B. 1100　　C. 1900　　D. 1000

参考答案　A

解　　析　剩余料件数量=进口数量（前本手册转入+本手册进口）+深加工结转转入数量-成品耗用数量-退运出境数量-内销数量=2000+1000+1000-3000-500-400=100。

【2018 判断题】深加工结转货物，进出口货物报关单原产国（地区）和最终目的国（地区）均为中国。

参考答案　正确

解　　析　根据报关单填制规范，深加工结转货物进出口货物报关单原产国（地区）和最终目的国（地区）均为中国（142）。

因此本题描述正确。

【2018 判断题】经营企业进口加工贸易货物，除可以从境外或海关特殊监管区域、保税监管场所进口，还可通过深加工方式转入。

参考答案　正确

解　　析　根据《加工贸易货物监管办法》第十九条规定，经营企业进口加工贸易货物，可以从境外或者海关特殊监管区域、保税监管场所进口，也可以通过深加工结转方式转入。

经营企业出口加工贸易货物，可以向境外或者海关特殊监管区域、保税监管场所出口，也可以通过深加工结转方式转出。

14. **外发加工（定义、与深加工结转的区别）**

【2016/2018 多选题】甲公司将加工贸易料件外发至乙公司开展外发加工业务，这种情况可以(　　)。

A. 将加工贸易料件转卖给乙公司　　B. 由乙公司将加工贸易料件再次外发

C. 将全部工序外发加工　　D. 将边角料不运回甲公司进行处理

参考答案　CD

解　　析　根据《加工贸易货物监管办法》第二十二条规定，经营企业开展外发加工业务，应当按照外发加工的相关管理规定自外发之日起 3 个工作日内向海关办理备案手续。

经营企业开展外发加工业务，不得将加工贸易货物转卖给承揽者；承揽者不得将加工贸易货物再次外发。

经营企业将全部工序外发加工的，应当在办理备案手续的同时向海关提供相当于外发加工货物应缴税款金额的保证金或者银行、非银行金融机构保函。

第二十三条规定，外发加工的成品、剩余料件以及生产过程中产生的边角料、残次品、副产品等加工贸易货物，经营企业向所在地主管海关办理相关手续后，可以不运回本企业。

【2017 单选题】下列符合外发加工管理规范的选项是（　　）。

A. 经营企业可以将加工贸易货物转卖给加工承揽者

B. 承揽企业可以将加工贸易货物再次外发

C. 外发加工过程中产生的边角料可以不运回经营企业

D. 承揽企业可以将制成品直接出口

参考答案　C

解　　析　同上题。

* * **【2017 单选题】**苏州 A 企业欲将该企业进料加工手册项下一批五金件运送至深圳 B 企业进行注

塑复合加工，加工完毕后复运回A企业继续加工，该企业应办理（　　）手续。

A. 出料加工　　B. 外发加工　　C. 深加工结转　　D. 异地加工

参考答案　B（D选项已废止）

解　　析　根据《加工贸易货物监管办法》，外发加工，是指经营企业委托承揽者对加工贸易货物进行加工，在规定期限内将加工后的产品最终复出口的行为。

【2019单选题】天津A公司因产能不足，将部分保税料件外发给苏州B公司进行全工序加工，以下表述正确的是（　　）。

A. 因货物监管权转移到苏州，B公司应向苏州海关缴纳保证金

B. 因货物监管权转移到苏州，A公司应向天津海关缴纳保证金

C. 因该业务为跨关区外发，A公司应向天津海关缴纳保证金

D. 因该业务为全工序外发，A公司应向天津海关缴纳保证金

参考答案　D

解　　析　根据《加工贸易货物监管办法》，经营企业将全部工序外发加工的，应当在办理备案手续的同时向海关提供相当于外发加工货物应缴税款金额的保证金或者银行、非银行金融机构保函。

15. 内销征税（定义、管理规则）

【2016单选题】国内某公司于2016年5月6日以来料加工方式进口保税布料一批，因市场原因于8月6日向海关申请转内销处理，8月8日海关同意其申请，8月10日办理了内销申报手续。该批布料适用税率日期为（　　）。

A. 2016年5月6日　　B. 2016年8月6日　　C. 2016年8月8日　　D. 2016年8月10日

参考答案　D

解　　析　已申报进境并放行的保税货物、减免税货物、租赁货物或者已申报进出境并放行的暂准进出境货物，有下列情形之一需缴纳税款的，应当适用海关接受纳税义务人再次填写报关单申报办理纳税及有关手续之日实施的税率：

（1）保税货物经批准不复运出境的；

（2）保税仓储货物转入国内市场销售的；

（3）减免税货物经批准转让或者移作他用的；

（4）可暂不缴纳税款的暂准进出境货物，经批准不复运出境或者进境的；

（5）租赁进口货物，分期缴纳税款的。

本题属于保税料件内销，应以办理内销申报手续的日期为税率日期，本题选项D为正确答案。

【2017单选题】加工贸易货物项下原进口的料件涉及反倾销税，在（　　）时需征收反倾销税。

A. 出口　　B. 结转　　C. 内销　　D. 核销

参考答案　C

解　　析　根据《关于加工贸易边角料、剩余料件、残次品、副产品和受灾保税货物的管理办法》第十三条规定，属于加征反倾销税、反补贴税、保障措施关税或者报复性关税（以下统称特别关税）的，按照下列情况办理：

剩余料件、残次品对应进口料件属于加征特别关税的，海关按照规定征收需加征的特别关税。

【2017多选题】（　　），海关不予办理加工贸易内销集中纳税。

A. 属于失信企业的

B. 因为管理混乱处于整改期的

C. 有逾期未报核手册的

D. 涉嫌走私、违规已被海关立案调查、侦查，案件未审结的

参考答案　ABCD

解　　析　根据海关总署公告2013年第70号《关于加工贸易集中办理内销征税手续的公告》的相关规定，企业采用集中纳税模式办理内销手续，需事先向海关提交《集中办理内销纳税手续情况表》备案，并按规定提供相应担保。

企业有下列情形之一的，海关不予办理：

（1）涉嫌走私、违规已被海关立案调查、侦查，案件未审结的；

（2）有逾期未报核加工贸易手册的；

（3）因为管理混乱被海关要求整改，在整改期内的。

【2017填空题】加工贸易内销集中纳税适用于海关（　　）及以上企业。

参考答案　一般信用

解　　析　根据《关于加工贸易集中办理内销征税手续的公告》的相关规定，加工贸易内销集中征税是指符合条件的加工贸易企业先行内销加工贸易保税货物，再集中向主管海关办理内销纳税手续。

海关特殊监管区域内企业（H账册企业）、区外联网监管企业（E账册企业）按各自原有规定办理内销集中纳税手续，区外非联网监管的B类及以上企业按本公告办理内销集中纳税手续。

【2020单选题】国内A公司于2020年3月1日以来料加工方式进口布匹一批，2020年3月2日向海关申报进境。受疫情影响，该批布匹尚未加工。A公司于8月31日与国内B公司签署布匹买卖协议，9月13日A公司向海关办理了内销申报手续。该批布匹内销适用税率日期为（　　）。

A. 2020年3月1日　　B. 2020年3月2日　　C. 2020年8月31日　　D. 2020年9月13日

参考答案　D

解　　析　根据《关税条例》第十六条规定，有下列情形之一，需缴纳税款的，应当适用海关接受申报办理纳税手续之日实施的税率：

（1）保税货物经批准不复运出境的；

（2）减免税货物经批准转让或者移作他用的；

（3）暂时进境货物经批准不复运出境，以及暂时出境货物经批准不复运进境的；

（4）租赁进口货物，分期缴纳税款的。

16. 余料结转（定义、管理规则）

【2016填空题】加工贸易手册剩余料件结转至下一手册继续使用称为（　　）。

参考答案　余料结转

解　析　加工贸易余料结转是指加工贸易企业在经营来料加工、进料加工复出口业务过程中剩余的、可以继续用于制成品的加工贸易进口料件，结转到同一经营单位、同一加工企业、同样进口料件和同一加工监管方式的另一个加工贸易合同项下继续加工复出口。

加工贸易企业申请将剩余料件结转到另一个加工贸易合同使用，限同一经营单位、同一加工厂、同样进口料件和同一加工贸易方式。

同一经营单位申请将剩余料件结转到另一加工厂的，应当经主管海关同意并缴纳相当于结转保税料件应缴税款金额的风险担保金；对已实行台账实转的合同，台账实转金额不低于结转保税料件应缴税款金额的，经主管海关同意，可以免予缴纳风险担保金。

【2018综合案例题】广州甲公司通过加工贸易手册从日本购进塑胶粒一批，制成打印机外壳后，通过深加工结转交深圳乙公司装配成条码打印机出口。已知乙公司条码打印机对应打印机外壳的净耗为1，工艺损耗率为20%，共出口条码打印机2000台，生产完毕后，乙公司还有保税货物打印机外壳500个。

请就本案例回答下列相关问题：

1. 该案件中的出口条码打印机共耗用打印机外壳（　　）。

A. 1500个　　B. 2000个　　C. 2500个　　D. 3000个

参考答案　C

解　　析　原料耗用量=核算数量＊净耗/（1-损耗率）。

2. 甲乙公司在办理深加工结转手续时，下列描述正确的是（　　）。

A. 转入、转出报关的价格应为实际成交价格

B. 转入、转出商品编码必须保持10位一致

C. 企业可在实际收发货后30天内办理申报收发货单手续

D. 申报数量可大于申请表数量的5%

参考答案　AC

解　　析　结转需要保持商品编码8位一致即可。申报数量必须小于等于申请表数量。

＊＊3. 甲乙公司应当于实际收发货的（　　）办结该批货物的报关手续。

A. 10天内　　B. 20天内　　C. 次月10日前　　D. 次月底前

参考答案　D（此题选项及答案因政策调整失效）

解　　析　根据《关于精简和规范作业手续、促进加工贸易便利化的公告》，企业应于每月15日前对上月深加工结转情况进行保税核注清单及报关单的集中申报，但集中申报不得超过手（账）册有效期或核销截止日期，且不得跨年申报。

4. 对剩余的打印机外壳500个的处理方式正确的有（　　）。

A. 结转至下一本手册　　B. 退运出境　　C. 内销处理　　D. 放弃处理

参考答案　ABCD

解　　析　手册剩余料件处理可有四种处理方式：结转至下一本手册、退运出境、内销处理、放弃处理。

5. 如果乙公司需要对打印机进行内销，下列对于缓税利息描述正确的为（　　）。

A. 利率按照中国人民银行公布的定期存款利率执行

B. 利率适用日期为海关填发税款缴款书之日

C. 计息起始日为加工贸易手册开办之日

D. 计息终止日为海关填发税款缴款书之日

参考答案　BD

解　　析　利率应按照活期存款利率，计息起始日应为手册首批料件进口日。

【2018多选题】乙公司在核销周期前，通过内部自查，发现问题，想使用海关最新的“补充申报”模式，下列情况描述中，符合“补充申报”的情形有（　　）。

A. 保税料件库存存在短、溢的　　B. 未经核准串换保税料件的

C. 出现进出口时间、货值倒挂的　　D. 未按规定办理加贸手册手续的

参考答案　ABCD

解　　析　根据海关总署公告2018年第19号规定，补充申报适用于上述ABCD四种情况描述。

17. 后期——核销（概念、时间要求）

【2016综合案例题】2016年7月，上海A贸易公司与香港B公司签订一份加工贸易合同，委托南京C公司加工生产涤纶长丝。B公司提供聚酯切片100吨，进料合同价格为CIF上海1000美元/吨。

根据上述案例，解答下列各题：

1. 本案例备案手续表述正确的是（　　）。

A. A公司在A公司所在地主管海关备案　　B. A公司在C公司所在地主管海关备案

C. C公司在A公司所在地主管海关备案　　D. C公司在C公司所在地主管海关备案

参考答案　B

解　　析　根据《加工贸易货物监管办法》第十条规定，经营企业应当向加工企业所在地主管海关办理加工贸易货物的手册设立手续。

2. 本案例中C公司生产过程中产生2吨残次品，C公司可以（　　）。

A. 外发加工　　B. 深加工结转　　C. 申请内销　　D. 申请销毁

参考答案　CD

解　　析　根据《关于加工贸易边角料、剩余料件、残次品、副产品和受灾保税货物的管理办法》，残次品，是指加工贸易企业从事加工复出口业务，在生产过程中产生的有严重缺陷或者达不到出口合同标准，无法复出口的制品（包括完成品和未完成品）。

3. 该加工贸易合同执行完毕后（　　）。

A. 由A公司向其主管海关报核

B. 由C公司向其主管海关报核

C. 报核单证齐全有效的，海关应当受理报核

D. 对经核销结案的加工贸易手册，海关签发“核销结案通知书”

参考答案　ACD

解　　析　加工贸易手册核销，是指加工贸易经营企业在制成品复出口（深加工结转转出）或者加工贸易货物办理内销等海关手续后，按规定向海关如实申报进口料件、出口成品、边角料、剩余料件、残次品、副产品及单耗等情况，提交相关单证，海关实施核查以后办理解除加工贸易货物监管手续的行为。本案例中应该由A公司向其主管海关报核，选项B描述错误。

【2017单选题】下列关于电子化手册报核的描述错误的是（　　）。

A. 经营企业对外签订的合同提前终止的，应当自合同终止之日起30日内向海关报核

B. 海关应当自受理报核之日起15日内予以核销

C. 对经核销结案的加工贸易手册，海关向经营企业签发核销结案通知书

D. 加工贸易货物的手册设立和核销单证自加工贸易手册核销结案之日起留存3年

参考答案　B

解　　析　经营企业应当在规定的期限内将进口料件加工复出口，并且自加工贸易手册项下最后一批成品出口或者加工贸易手册到期之日起30日内向海关报核；经营企业对外签订的合同提前终止的，应当自合同终止之日起30日内向海关报核。

【2017综合案例题】西安A公司与韩国B公司签订了10000个背包的出口合同，与韩国C公司签订了80000平方米涤纶布的料件进口合同，与青岛D公司签订了10000个背包的委托加工合同。西安A公司拟向海关申请加工贸易电子化手册。

请根据上述案例，回答下列各题：

1. 西安A公司应向（　　）主管海关办理电子化手册的设立手续，该电子化手册“经营单位”栏应填报（　　）。

A. 西安A公司、西安A公司　　B. 青岛D公司、西安A公司

C. 西安A公司、青岛D公司　　D. 青岛D公司、青岛D公司

参考答案　B

解　　析　西安A公司为签订合同的企业，属于“经营单位”，青岛D公司为加工企业。办理手册时，应当在加工企业所在地主管海关办理电子化手册设立的手续。

＊＊2. 办理该电子化手册设立手续时应向海关提供的资料有（　　）。

A. 加工贸易加工企业生产能力证明　　B. 经营企业对外签订的合同

C. 备案资料库资料　　D. 委托加工合同

参考答案　ABCD（此题A、C选项已取消）

解　　析　根据商务部、海关总署公告2018年第109号《关于取消〈加工贸易企业经营状况及生产能力证明〉的公告》，此题A选项已取消。

根据《关于精简和规范作业手续、促进加工贸易便利化的公告》，企业通过金关二期加工贸易管理系

统办理加工贸易手册设立（变更）时，不再向海关申报设立备案资料库，直接发送手册设立（变更）数据，海关按规定对企业申报的手册设立（变更）数据进行审核并反馈。故此题C选项已取消。

3. 已出口的背包在手册核销前，由于质量不符部分退运进口并不再出口，退运进口时应申报(　　)。

A. 退运货物　B. 无代价抵偿　C. 进料成品退换　D. 来料料件退换

参考答案　C

解　　析　由于质量不符退运进口并不再出口，指的是成品退运进境，在手册核销前，仍然应通过手册办理进口手续，申报监管方式为“进料成品退换”，对于退换后不再出口的，应当及时补税。

【2019单选题】关于电子账册滚动核销，以下表述正确的有（　　）。

A. 电子账册有效期为180天

B. 电子账册余料结转，进出口报关单同时产生

C. 电子账册核销期间可以正常进行进出口申报

D. 电子账册核销无须与海关核对进出口数据

参考答案　C

解　　析　电子账册以核销周期（目前为180天）代替手册的有效期，无须办理余料结转手续；电子账册模式下，报核期间可照常进出口；电子账册报核数据以报核周期内所有报关单的数据为基础，计算出报核期内的保税料件进口数量、出口成品数量、成品耗用数量、料件应剩余数量（理论库存）和企业的实际库存数量等数据，企业提交这些报核数据后，会与海关根据海关底账计算出来的数据作对碰。

＊＊**【2019综合案例题】**某W海关在对T企业实地核查中发现，该企业一本有效期为2017年6月的进料加工贸易手册项上进口的保税料件ABS塑胶粒子理论存量大于实际存量，且不能提供正当理由。加工贸易监管部门以保税料件无故短少为由将线索移交缉私部门。经海关缉私部门调查，该案涉案货物的价值为人民币300万元，漏缴税款人民币26万元。

1. 该企业出口成品，客户发现品质不良要求退换，在退换进口时监管方式应选择（　　），出口时选择（　　）。

A. 进料成品退换，进料成品退换

B. 进料成品退换，进料对口

C. 无代价抵偿，其他

D. 退运货物，进料对口

参考答案　A（此题干没有表述手册是否已核销）

解　　析　根据署加发〔2010〕244号《海关总署关于加强加工贸易成品退换管理的通知》的相关规定，对来、进料加工正在执行的手册或电子账册项下出口成品因品质、规格或其他原因退运进境，经加工、维修或更换同类商品复出口时，允许企业凭成品退换合同在同一手册或电子账册项下按“成品退换”方式进行管理。

成品退换分“来料成品退换（4400）”和“进料成品退换（4600）”。

对已经核销的加工贸易手册（账册）项下的出口成品，退换时不得按照“成品退换”方式进行申报。

2. 造成该企业ABS塑胶粒子无故短少的原因，可能的是（　　）。

A. 该企业生产部门超额领用保税料件未有记录

B. 销售部门依照非保税出货手续从仓库擅自内销保税成品

C. 该企业在日常管理过程中未作保税与非保税区分

D. 该企业销售部门擅自将未入库的保税成品用于客户送样

参考答案　ACD

解　　析　本题考查加工贸易料件的管理。选项A对应的是保税料件管理记录问题；选项C对应的是保税与非保税料件混放存在串换的问题；选项D对应的是已用于加工保税成品的料件，对应加工结果没有记录，没有形成对应的核销关系，导致料件使用数据有误，所以选项A、C、D都会涉及料件数据错误。而选项B对应的是加工成品短少问题。

因此本题正确答案是选项A、C、D。

3. 该企业单耗申报时，可计入工艺损耗的是（　　）。

A. 该企业突发停电造成保税料件、半成品、成品的损耗

B. 该企业因失窃造成的保税料件、半成品、成品的损耗

C. 该企业因地震造成保税料件、半成品、成品灭失、损毁或者短少的损耗

D. 该企业因注塑工艺要求切除的边角料

参考答案 D

解　　析 根据《加工贸易单耗管理办法》第十六条规定，下列情况不列入工艺损耗范围：

（1）因突发停电、停水、停气或者其他人为原因造成保税料件、半成品、成品的损耗；

（2）因丢失、破损等原因造成的保税料件、半成品、成品的损耗；

（3）因不可抗力造成保税料件、半成品、成品灭失、损毁或者短少的损耗；

（4）因进口保税料件和出口成品的品质、规格不符合合同要求，造成用料量增加的损耗；

（5）因工艺性配料所用的非保税料件所产生的损耗；

（6）加工过程中消耗性材料的损耗。

4. 该企业在案发后有（　　）行为可能挽回部分损失。

A. 向海关缴纳足额保证金，以争取减轻或从轻处罚

B. 将理论数量调低，以使与实际存量平衡

C. 及时查找短少原因，并向海关说明相关情况

D. 向海关申请变更手册

参考答案 AC

解　　析 海关缉私部门调查阶段发现存在问题后，企业已不能通过选项 B、D 调整手册内容的方式去解决问题，可以与海关说明协商解决问题的方式，只可能是选项 A、C，最终是否可以减少损失，以海关最终确定结果为准。

5. 企业如需申请主动披露，应当在（　　），向海关提出申请。

A. 海关实施稽查活动发现问题前

B. 企业盘点发现问题时

C. 海关核销盘点发现问题时

D. 海关下达稽查通知书后

参考答案 B

解　　析 根据海关总署令第 230 号《〈中华人民共和国海关稽查条例〉实施办法》第二十五条规定，进出口企业、单位主动向海关书面报告其违反海关监管规定的行为并接受海关处理的，海关可以认定有关企业、单位主动披露。但有下列情形之一的除外：

（1）报告前海关已经掌握违法线索的；

（2）报告前海关已经通知被稽查人实施稽查的；

（3）报告内容严重失实或者隐瞒其他违法行为的。

18. 不作价设备解除监管

【2020 多选题】为简化保税货物报关手续，企业办理以下（　　）业务的，直接填报保税核注清单向海关进行申报，可以不再向海关办理报关单申报手续。

A. 深加工结转

B. 余料结转

C. 加工贸易货物销毁（处置后获得收入）

D. 不作价设备结转

参考答案 BD

解　　析 加工贸易及保税监管企业已设立金关二期保税底账的，在办理货物进出境、进出海关特殊监管区域、保税监管场所，以及开展海关特殊监管区域、保税监管场所、加工贸易企业间保税货物流（结）转业务的，相关企业应按照金关二期保税核注清单系统设定的格式和填制要求向海关报送保税核注清单数据信息，再根据实际业务需要办理报关手续。为简化保税货物报关手续，在金关二期保税核注清单系统启用后，企业办理加工贸易货物余料结转、加工贸易货物销毁（处置后未获得收入）、加工贸易不作价设备结转手续的，可不再办理报关单申报手续；海关特殊监管区域、保税监管场所间或与区（场所）

外企业间进出货物的，区（场所）内企业可不再办理备案清单申报手续。

故本题正确答案为选项 B、D。

（三）保税监管场所

1. 海关对存入保税仓库货物的监管规定

【2018/2019 单选题】下列不属于保税仓库功能的有（　　）。

A. 仓储　　B. 商品展示　　C. 简单加工　　D. 售后维修

参考答案 D

解　　析 根据海关总署令第 105 号《中华人民共和国海关对保税仓库及所存货物的管理规定》第五条规定，下列货物，经海关批准可以存入保税仓库：

（1）加工贸易进口货物；

（2）转口货物；

（3）供应国际航行船舶和航空器的油料、物料和维修用零部件；

（4）供维修外国产品所进口寄售的零配件；

（5）外商暂存货物；

（6）未办结海关手续的一般贸易货物；

（7）经海关批准的其他未办结海关手续的货物。

第二十条规定，保税仓储货物可以进行包装、分级分类、加刷唛码、分拆、拼装等简单加工，不得进行实质性加工。

售后维修属于保税港区功能。

2. 海关对存入出口监管仓库货物的监管规定

【2020 单选题】出口监管仓库可以开展的业务包括（　　）。

A. 服装加工　　B. 食品包装　　C. 箱包定型　　D. 手机装配

参考答案 B

解　　析 根据海关总署令第 133 号《中华人民共和国海关对出口监管仓库及所存货物的管理办法》第二十二条规定，存入出口监管仓库的货物不得进行实质性加工。

经主管海关同意，可以在仓库内进行品质检验、分级分类、分拣分装、加刷唛码、刷贴标志、打膜、改换包装等流通性增值服务。

（四）海关特殊监管区域

1. 包含类型

【2018 单选题】保税区内企业进料加工手册，余料结转申报监管方式应为（　　）。

A. 进料余料结转　　B. 进料料件复出　　C. 保税间货物　　D. 保税区仓储转口

参考答案 A

解　　析 进料余料结转（0657）是指加工贸易企业在加工复出口业务过程中剩余的、可以继续用于加工制成品的加工贸易进口料件，结转到同一加工企业、同样进口料件和同一加工监管方式的另一个加工贸易合同项下的继续加工复出口。进料加工料件复出（0664）是指进料加工进口的保税料件因品质、规格等原因退运，以及加工过程中产生的剩余料件退运出境。保税间货物（1200）是指海关保税场所及保税区域之间往来的货物。保税区仓储转口（1234）是指保税区进出境仓储、转口货物，从境外存入保税区、保税物流园区和从保税区、保税物流园区运出境的仓储、转口货物。

【2018 多选题】以下关于保税物流园区表述正确的是（　　）。

A. 除安全人员和相关部门、企业值班人员外，其他人员不得在园区内居住

B. 园区内不得建立工业生产加工场所和商业性消费设施

C. 园区内可以进行加工制造、翻新、拆解的业务

D. 法律、行政法规禁止进出口的货物、物品不得进出园区

参考答案　ABD

解　　析　根据海关总署令第 134 号《中华人民共和国海关对保税物流园区的管理办法》第五条规定，园区内设立仓库、堆场、查验场和必要的业务指挥调度操作场所，不得建立工业生产加工场所和商业性消费设施。

海关、园区行政管理机构及其经营主体、在园区内设立的企业等单位的办公场所应当设置在园区规划面积内、围网外的园区综合办公区内。除安全保卫人员和相关部门、企业值班人员外，其他人员不得在园区内居住。

第六条规定，园区可以开展下列业务：

（1）存储进出口货物及其他未办结海关手续货物；

（2）对所存货物开展流通性简单加工和增值服务；

（3）国际转口贸易；

（4）国际采购、分销和配送；

（5）国际中转；

（6）检测、维修；

（7）商品展示。

第八条规定，园区内不得开展商业零售、加工制造、翻新、拆解及其他与园区无关的业务。

第十一条规定，法律、行政法规禁止进出口的货物、物品不得进出园区。

【2019 单选题】海关对保税港区内加工贸易货物（　　）。

A. 按照申报的单耗进行核销　　B. 按照单耗标准的最高上限值核销

C. 按照单耗标准的最低下限值核销　　D. 不适用单耗标准管理

参考答案　D

解　　析　根据《加工贸易单耗管理办法》，单耗标准适用于海关特殊监管区域、保税监管场所外的加工贸易企业，海关特殊监管区域、保税监管场所内的加工贸易企业不适用单耗标准。

【2019 多选题】关于海关特殊监管区域，具备国内货物入区退税功能的有（　　）。

A. 综合保税区　　B. 出口加工区　　C. 保税区　　D. 保税港区

参考答案　ABD

解　　析　特殊监管区域是国务院批准设立并由海关实行封闭监管的特定区域，包括保税区、出口加工区、保税物流园区、保税港区、综合保税区、跨境工业园区六类。除保税区为货物入区并离境后才能退税外，其他五种海关特殊监管区域都具备国内货物入区退税功能。

【2020 单选题】以下（　　）不属于海关特殊监管区域。

A. 保税物流中心　　B. 出口加工区　　C. 跨境工业园区　　D. 综合保税区

参考答案　A

解　　析　海关特殊监管区域共有六类：保税区、出口加工区、保税物流园区、跨境工业园区（珠海跨境工业园区）、保税港区、综合保税区。

进口保税仓库 、出口监管仓库、保税物流中心（分为 A 型和 B 型）这三种模式属于保税监管场所。

2. 综合保税区内其他业务

【2020 单选题】综合保税区不可以开展（　　）。

A. 国际转口业务　　B. 商品展示　　C. 资源性产品加工　　D. 港口作业

参考答案　C

解　　析　综合保税区内可以开展下列业务：（1）存储进出口货物和其他未办结海关手续的货物；（2）国际转口贸易；（3）国际采购、分销和配送；（4）国际中转；（5）检测和售后服务维修；（6）商品展示；（7）研发、加工、制造；（8）港口作业；（9）经海关批准的其他业务；区内企业的生产经营活动应当符合国家产业发展要求，不得开展高耗能、高污染和资源性产品，以及列入《加工贸易禁止类商品目录》商品的加工贸易业务。

3. 综合保税区发展新举措

＊＊**【2016 单选题】**下列选项中关于跨境电商零售进口商品海关管理规定正确的是（　　）。

A. 仅征收关税　　B. 纳税义务人是电子商务企业

C. 完税价格即货物零售价格　　D. 单次交易限值为人民币 2000 元

参考答案　D（此题选项 D 已调整）

解　　析　根据财关税〔2018〕49 号《关于完善跨境电子商务零售进口税收政策的通知》的相关规定，将跨境电子商务零售进口商品的单次交易限值由人民币 2000 元提高至 5000 元，年度交易限值由人民币 20000 元提高至 26000 元。

【2017 单选题】跨境电商零售进口业务类型适用的海关监管方式不包括（　　）。

A. 0110　　B. 9610　　C. 1210　　D. 1239

参考答案　A

解　　析　“0110”是一般贸易代码；海关总署公告 2014 年第 12 号《关于增列海关监管方式代码的公告》增列海关监管方式代码“9610”，全称“跨境贸易电子商务”，简称“电子商务”；海关总署公告 2014 年第 57 号《关于增列海关监管方式代码的公告》增列海关监管方式代码“1210”，全称“保税跨境贸易电子商务”，简称“保税电商”；海关总署公告 2016 年第 75 号《关于增列“保税跨境贸易电子商务 A”海关监管方式代码》增列海关监管方式代码“1239”，全称“保税跨境贸易电子商务 A”，简称“保税电商 A”。

【2017 填空题】跨境电商零售进出口商品在申报前，跨境电商企业或其代理人、物流企业应当如实向海关传输三单信息。三单信息是指（　　）、支付和物流电子信息。

参考答案　交易

解　　析　根据商财发〔2018〕486 号《关于完善跨境电子商务零售进口监管有关工作的通知》，通过与海关联网的电子商务交易平台交易，能够实现交易、支付、物流电子信息“三单”比对。

【2018 单选题】某跨境电商从韩国进口一批零售商品，以保税模式进入郑州（试点城市）保税物流中心做网购销售，入区应采用的监管方式是（　　）。

A. 区内物流货物（代码 5034）　　B. 物流中心进出境货物（代码 6033）

C. 保税电商（代码 1210）　　D. 电子商务（代码 9610）

参考答案　C

解　　析　海关监管方式代码“1210”，全称“保税跨境贸易电子商务”，简称“保税电商”，适用于境内个人或电子商务企业在经海关认可的电子商务平台实现跨境交易，并通过海关特殊监管区域或保税监管场所进出的电子商务零售进出境商品［海关特殊监管区域、保税监管场所与境内区外（场所外）之间通过电子商务平台交易的零售进出口商品不适用该监管方式］。

【2018 判断题】某跨境电商从韩国进口一批零售商品，计划进入郑州（试点城市）保税物流中心做网购销售，采用“区内物流货物（代码 5034）”申报入区。

参考答案　错误

解　　析　同上题。

【2018 判断题】网购保税进口货物，境内消费者购买后因款式不喜欢问题原装退回保税区（7 天内），原购买时缴纳的税金，予以退回。

参考答案　正确

解　　析　根据海关总署公告2018年第194号《跨境电子商务零售进出口商品监管》第二十四条规定，在跨境电子商务零售进口模式下，允许跨境电子商务企业境内代理人或其委托的报关企业申请退货，退回的商品应当符合二次销售要求并在海关放行之日起30日内以原状运抵原监管作业场所，相应税款不予征收，并调整个人年度交易累计金额。

在跨境电子商务零售出口模式下，退回的商品按照有关规定办理有关手续。

第二十五条规定，对超过保质期或有效期、商品或包装损毁、不符合我国有关监管政策等不适合境内销售的跨境电子商务零售进口商品，以及海关责令退运的跨境电子商务零售进口商品，按照有关规定退运出境或销毁。

【2018单选题】小王通过www. amazon. it购买了一双价值500元人民币的鞋子（随附购物发票），店家寄到国内，她收到国内邮局“国际邮件办理手续通知单”，要求她去办理个人物品纳税手续，这种情况小王应该办理的海关手续是（　　）。

A. 按照电子商务（代码9610）申报进口　　B. 按照保税电商（代码1210）申报进口

C. 按照保税电商A（代码1239）申报进口　　D. 缴纳个人物品税金后提取包裹

参考答案　D

解　　析“9610”“1210”“1239”适用于跨境电商零售进出口业务，对应业务流程条件是个人在与海关联网的购物平台上购买货物，订单信息、支付信息及物流信息全部与海关联网，个人在线支付款项后，直接派送到个人。此题为个人在国外网站上购买物品，店家自行邮寄到国内邮局，属于个人物品范围，同时没有超出个人物品价值范围，交税提货即可。

【2018多选题】跨境电商零售进出口业务类型包括（　　）。

A. 一般出口　　B. 直购进口　　C. 特殊区域出口　　D. 网购保税进口

参考答案　ABCD

解　　析　跨境电商零售进出口业务类型包括：网购保税进口、直购进口、特殊区域出口、一般出口。

因此本题正确答案为选项A、B、C、D。

【2019单选题】跨境电子商务是指分属不同（　　）的交易主体，以互联网为媒介，经电子商务平台达成交易，进行支付结算，并通过跨境物流运营商送达商品，完成交易的一种国际商业活动。

A. 关境　　B. 国境　　C. 平台　　D. 区域

参考答案　A

解　　析　跨境指的是关境，而非国境。

第四篇 商品归类

一、大纲细则

（一）主要内容

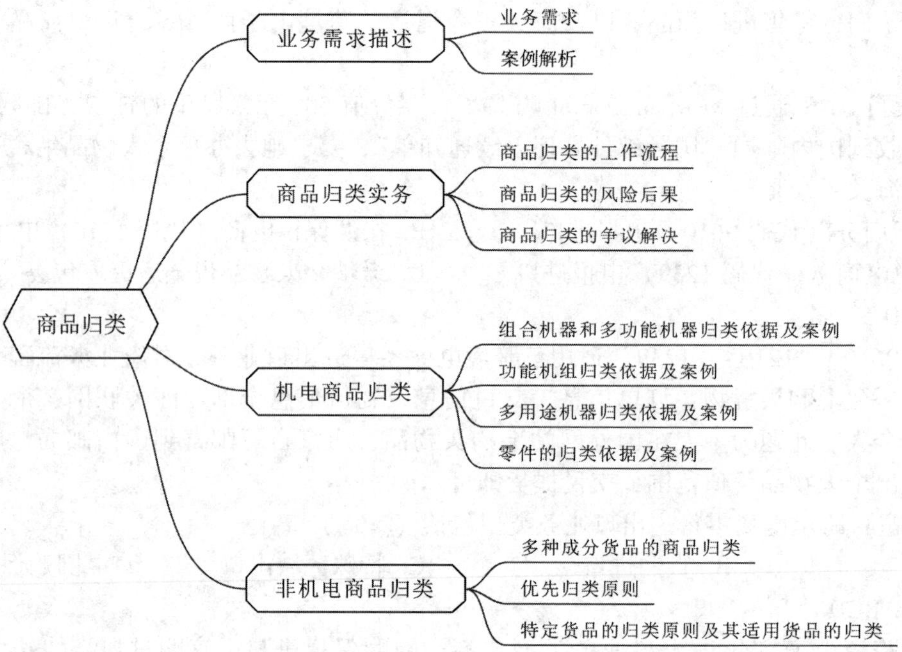

（二）基本要求

1. 学习商品归类业务在不同环节的涉及事项，了解办理商品归类的全流程，知道办理的最佳时间节点；
2. 了解进出口商品归类的风险，归类争议的处理，以及归类制度的建设，以达到关务工作的合规管理；
3. 了解归类的关键信息要素确认；
4. 了解进出口实务中的常见归类；
5. 理解规范申报要素的确认与核对；
6. 掌握多种成分货品的商品归类；
7. 理解优先归类原则；
8. 理解特定货品的归类原则；
9. 基本概念：进出口商品归类建议书、归类风险、归类争议、归类制度、可追溯、通用零件、功能机组、组合机器、多功能机器、多用途机器、百分比界定原则、不许含有原则以及重量最大原则。

（三）考试内容

第一单元 业务需求描述

一、业务需求

（一）货物实际进出口前

★归类建议书

★归类预裁定

☆归类行政裁定

（二）货物通关环节

★申报前看货和取样

☆放行前查验和验估

（三）货物放行后

☆事后验估

☆核查

☆稽查

二、案例解析

★进出口前案例

★通关中案例

★放行后案例

第二单元　商品归类实务

一、商品归类的工作流程

★信息收集（信息提供、信息复核）

★商品编码确定（专员归类、归类复核）

★归类要素验证（《规范申报目录》、归类申报要素）

★归类要素填报（填报位置、填报步骤）

★案例解析

★归类过程追溯（档案保管、责任确定、制度建设）

★归类数据审核

二、商品归类的风险后果

★经济风险（进出口货物放行前、进出口货物放行后）

★累积风险

★信用风险

★责任风险

三、商品归类的争议解决

☆归类争议的类型（国与国之间的争议、企业与海关间的争议、企业之间的争议、企业内部的争议）

☆归类争议的应对（企业内部检讨、第三方专业意见、海关专家咨询）

★归类的情况说明（基本原则、撰写思路、常见情形）

☆归类争议的误区

第三单元　机电商品归类

一、★组合机器和多功能机器归类依据及案例

二、★功能机组归类依据及案例

三、★多用途机器归类依据及案例

四、★零件的归类依据及案例

第四单元　非机电商品归类

一、多种成分货品的商品归类

★受成分影响归类的主要商品

★商品成分影响归类的主要规则［百分比界定原则、不许含有原则、重量最大原则（含重量相等从后归类原则）］

☆主要归类依据要点解析

★不同适用对象在运用重量最大原则时的主要差异

二、优先归类原则

☆第六类类注阐述的优先归类原则

★纺织服装及衣着附件的优先归类原则（第六十一章及第六十二章）

☆第九十七章的优先归类原则

三、特定货品的归类原则及其适用货品的归类

★塑料的废碎料及下脚料的归类规定（第七类）

☆毛皮与皮革组合制的衣服及衣着附件的归类规定（第八类）

☆鞋靴的归类原则（第十二类）

★第八十二章成套货品的归类

★电子游戏机及其归类规定（第九十五章）

★案例解析

(四) 题型分值

题 型	年 份				
	2016	2017	2018	2019	2020
单选题	3	0	7	60	36
多选题	0	0	10	0	0
判断题	0	0	5	0	0
填空题	0	0	0	0	0
归类题	18	30	18	0	0
总计（分）	21	30	40	60	36

二、大纲知识点解析①

【2016 单选题】 下列不应归入品目 84. 73 项下的商品是（　　）。

A. 计算机主板（不带 CPU）　　B. 内存条

C. CPU（中央处理器）　　D. 电脑机箱

参考答案　C

解　　析　选项 A 应按其零件归入品目 84. 73，如果带 CPU 则按部件归入品目 84. 71。选项 B 及选项 D 都符合计算机零件特征，应归入品目 84. 73。中央处理器（Central Processing Unit，CPU）是一块超大规模的集成电路，是一台计算机的运算核心和控制核心。它的功能主要是解释计算机指令及处理计算机软件中的数据，应按集成电路归入品目 85. 42。

因此本题正确答案为选项 C。

【2016 单选题】 个人擦鞋用的成套旅行套具（由鞋刷、鞋油、擦鞋布组成，装于皮革制包内，同时报验）应按（　　）归类。

A. 鞋刷　　B. 鞋油　　C. 擦鞋布　　D. 皮包

① 基于本篇“商品归类”的考点综合性较强，在下面的真题解析中就不一一说明知识点。这一部分的真题仅作为归类练习使用，以大纲应知应会为准。

参考答案　A

解　　析　略。

【2018 单选题】汽车发动机燃油泵用泵盖应归入品目（　　）。

A. 73.26　　B. 84.13　　C. 87.08　　D. 39.26

参考答案　B

解　　析　汽车发动机燃油泵用泵盖，属于油泵用零件，根据《税则》第十六类类注二，应按其所属最小部件的零件进行归类，即泵盖按燃油泵用零件归入品目 84.13。

故本题正确答案为 B。

【2018 单选题】运动员涂抹在手掌上的防滑粉，100%碳酸镁，400 克袋装，应归入品目（　　）。

A. 28.36　　B. 95.04　　C. 95.06　　D. 38.25

参考答案　A

解　　析　该商品为单一成分的碳酸镁，属于《税则》税目 28.36 项下具体列名的商品，根据归类总规则一及六，应归入品目 28.36。

故本题正确答案为 A。

【2018 单选题】无法区别是男式还是女式的服装，应（　　）。

A. 按男式归类　　B. 按女式归类　　C. 从后归类　　D. 按男式女式都可

参考答案　B

解　　析　根据《税则》第六十一章章注八，本章的服装，凡门襟为左压右的，应视为男式；右压左的，应视为女式。但本规定不适用于其式样已明显为男式或女式的服装。无法区别是男式还是女式的服装，应按女式服装归入有关品目。

故本题正确答案为 B。

【2018 单选题】下列选项符合协调制度所称“通用零件”的是（　　）。

A. 专用于汽车的减震弹簧　　B. 可用于多种电器的磁珠

C. 专用于汽车的正时皮带　　D. 可用于多种机器的油封环

参考答案　A

解　　析　根据第十五类注释二，本协调制度所称“通用零件”，是指：

（1）品目 73.07、73.12、73.15、73.17 或 73.18 的物品及其他贱金属制的类似品；

（2）贱金属制的弹簧及弹簧片，但钟表发条（品目 91.14）除外；以及

（3）品目 83.01、83.02、83.08、83.10 的物品及品目 83.06 的贱金属制的框架及镜子。

第七十三章至第七十六章（品目 73.15 除外）及第七十八章至第八十二章所列货品的零件，不包括上述的通用零件。

除上段及第八十三章注释一另有规定的以外，第七十二章至第七十六章及第七十八章至第八十一章不包括第八十二章、第八十三章的物品。

故本题正确答案为 A。

【2018 单选题】一种调味料，由胡椒粉（按重量计占 30%）与豆蔻粉（按重量计占 70%）混合而成，应归入品目（　　）。

A. 09.04　　B. 09.08　　C. 09.10　　D. 09.09

参考答案　C

解　　析　根据《税则》第九章章注一的规定，品目 09.04 至 09.10 所列产品的混合物，如果是不同品目的两种或两种以上产品的混合物，应归入品目 09.10。

故本题正确答案为 C。

【2018 单选题】52 度的茅台酒应归入编码（　　）。

A. 2208.9090　　B. 2207.2000　　C. 2208.9020　　D. 2207.1000

参考答案 C

解　　析 依据归类总规则一。

故本题正确答案为C。

【2018单选题】 缺少车轮的特斯拉MODEL3纯电机驱动的小轿车，应归入品目（　　）。

A. 87.08　　B. 87.03　　C. 87.07　　D. 87.06

参考答案 B

解　　析 缺少轮子的轿车属于轿车的不完整品，由于仍具有轿车的基本特征，所以仍应按轿车归类。

故本题正确答案为B。

【2019单选题】 番茄汁浓缩液，无菌包装到密闭瓶中（210克），通过洗涤、粉碎、筛选、离心和浓缩，产生49%的可溶性番茄固体和51%的水，应归入税号（　　）。

A. 2002.9011　　B. 2009.5000　　C. 2009.8920　　D. 2202.9900

参考答案 A

解　　析 根据第二十章注释四，干重量在7%及以上的番茄汁归入品目20.02。

【2019单选题】 虾饺皇，12只一袋，单只25克，内含完整虾仁1只，冷冻，未煮熟，应归入税号（　　）。

A. 1605.2900　　B. 1605.3000　　C. 1902.1900　　D. 1902.2000

参考答案 D

解　　析 第十六章注释二不适用包馅食品（品目19.02）。

【2019单选题】 单层机织绣花床罩，由50%人造丝纤维和50%真丝纤维制成，应归入税号（　　）。

A. 6304.1129　　B. 6304.1139　　C. 6304.1910　　D. 6304.1939

参考答案 D

解　　析 床罩属于装饰用织物制品，符合品目63.04条文的规定，故归入品目63.04，由于是机织的，故归入二级子目6304.19“其他”。该商品材料中人造丝纤维（属于化学纤维）与真丝纤维含量相同，根据第十一类子目注释二（一）规定，“含有两种或两种以上纺织材料的第五十六章至第六十三章的产品，应根据本类注释二对第五十章至第五十五章或品目58.09的此类纺织材料产品归类的规定来确定归类”；第十一类类注二（一）规定“可归入第五十章至第五十五章及品目58.09或59.02的由两种或两种以上纺织材料混合制成的货品，应按其中重量最大的那种纺织材料归类。当没有一种纺织材料重量较大时，应按可归入的有关品目中最后一个品目所列的纺织材料归类”。由于人造丝纤维与真丝纤维含量相同，则按照第五十章至第五十五章中“真丝”在前、“人造丝（化学纤维）”在后的排列规律，应按“从后归类”归入三级子目6304.193“化学纤维制”，又由于该商品为绣花床罩，因此归入税号6304.1939。

【2019单选题】 干马铃薯片，由干马铃薯片、焦磷酸钠（防腐剂）、亚硫酸氢钠（防腐剂）、甘油单酸酯（抗粘剂）、柠檬酸（抗氧化剂）和丁基化羟基茴香醚（抗氧化剂）组成，应归入税号（　　）。

A. 0701.9000　　B. 0712.9099　　C. 1105.2000　　D. 2005.2000

参考答案 D

解　　析 马铃薯属于“蔬菜”，但由于其制作方法超出了第七章“蔬菜”的加工范围，故应按品目20.05条文“其他未冷冻蔬菜，用醋或醋酸以外的其他方法制作或保藏的……”归类，然后按照具体列名归入税号2005.2000。

【2019单选题】 止回阀，由铁制成，用于油井行业，调节液压油流量，应归入税号（　　）。

A. 8431.4310　　B. 8431.4390　　C. 8481.2010　　D. 8481.3000

参考答案 C

解　　析 第八十四章子目注释三：子目8481.20所称“油压或气压传动阀”，是指在液压或气压系统中专用于传递“流体动力”的阀门，系统以加压流体（液体或气体）的形式提供能源。这些阀门可以是各种形式的（例如，减压阀、止回阀）。子目 8481.20 优先于品目 84.81 的其他子目。

【2019 单选题】 生产玻璃纤维的机器，高温下用熔融玻璃生产玻璃纤维，应归入税号（　　）。

A. 8444.0090　　B. 8464.9019　　C. 8475.2912　　D. 8479.8999

参考答案　C

解　　析　品目 84.75 所列的玻璃加工机器是指对受热变软或变成液状的玻璃（包括熔融石英或其他熔融硅石）进行加工的设备。这类机器主要是用浇铸、拉伸、滚压、纺丝、吹制、仿形、模制等加工方法进行操作。

【2019 单选题】 装有电动机的滚筒，直流电机，直流电压 24V，输出 60W，用于辊式运输机，应归入税号（　　）。

A. 8420.9100　　B. 8428.9090　　C. 8431.3900　　D. 8501.3100

参考答案　C

解　　析　品目 85.01 不包括装有电动机的滚筒或滚轴，适用于带式或辊式运输机（品目 84.31）。

【2019 单选题】 使用时通常放置于床上的电脑桌，竹制、折叠式，规格 60cm×38cm×29cm，应归入税号（　　）。

A. 4420.9090　　B. 9403.3000　　C. 9403.5099　　D. 9403.6099

参考答案　A

解　　析　该商品通常放置于床上，属于“非落地式”家具，不能归入第 94 章，应归入品目 44.20“第 94 章以外的木制家具”，归入税号 4420.9090。

【2019 单选题】 如图所示，激光翻页笔，由遥控激光翻页笔和带 U 盘的接收器两部分组成，是集激光笔、U 盘、PowerPoint 上下翻页遥控键于一体的多功能工具。使用者可无线遥控 PowerPoint 页面，激光指示演讲内容，应归入税号（　　）。

A. 8471.6090　　B. 8526.9200　　C. 8543.7099　　D. 9013.2000

参考答案　B

解　　析　该商品具有翻页、激光指示功能。激光翻页笔和 U 盘接收器组合在一起，具有无线遥控功能，而激光指示功能则为该产品的辅助功能，该产品应按主要功能归入税号 8526.9200。

【2019 单选题】 零售包装的羊毛纱线，按重量计，含羔羊绒 80%，植物绒 12%，抗起球纤维 8%，应归入税号（　　）。

A. 5109.1019　　B. 5109.1090　　C. 5109.9019　　D. 5109.9090

参考答案　D

解　　析　该商品属于羊毛或动物细毛纱线，供零售用，应归入品目51.09，羔羊毛不属于动物细毛，因此归入税号5109.9090。

【2019 单选题】 硅胶片，W550mm＊L7000mm＊T0.38mm，成卷，非自粘，经塑料材料双面涂层增强，无硬性，非泡沫，应归入税号（　　）。

A. 3910.0000　　B. 3920.9990　　C. 3921.9090　　D. 3926.9090

参考答案　B

解　　析　该产品为硅胶片，由聚硅氧烷塑料层经混合材料双面双层涂层（羟基封端二甲基乙烯基硅氧烷，羟基封端二甲基硅氧烷）处理而成，混合材料涂布层可以增强伸张性、缓冲性，防止变形及增强热传导作用，用于在制造液晶显示板过程中起到缓冲压力和传导热量的功能。根据归类总规则一及六，上述商品应归入税号3920.9990。因此本题正确答案为选项B。

【2019 单选题】 热轧不锈钢卷板，尺寸750mm宽和4mm厚，未经过包覆、镀层、涂层、退火或酸洗，C：≤0.08%，Si：≤1.0%，Mn：≤2.0%，Cr：18.0%~20.0%，Ni：8.0%~10.5%，S：≤0.03%，P：≤0.035%，应归入税号（　　）。

A. 7219.1319　　B. 7219.2300　　C. 7220.1200　　D. 7225.3000

参考答案　A

解　　析　本题考查子目归类确认，基于锰含量小于5.5%，正确答案为选项A。

【2019 单选题】 自热盒装黑胡椒牛肉饭，饭盒内有：叉勺、米饭（按重量计80%）、菜包（含牛肉、土豆、胡萝卜、洋葱等，按重量计20%）、发热包、发热水，应归入税号（　　）。

A. 1602.5090　　B. 1904.9000　　C. 2106.9090　　D. 1602.9090

参考答案　B

解　　析　按重量计牛肉含量小于20%，应按米饭基本特征归类。

【2019 单选题】 如图所示，汽车发动机曲轴，应归入税号（　　）。

A. 8409.9999　　B. 8483.1090　　C. 8483.9000　　D. 8708.9999

参考答案　B

解　　析　曲柄轴及凸轮轴即使专用于汽车发动机，仍应归入品目84.83。

【2019 单选题】 如图所示的超市购物手推车，应归入税号（　　）。

A. 7326.9019　　B. 7326.9090　　C. 8716.8000　　D. 9403.2000

参考答案　C

解　　析　该商品应按非机械驱动的车辆归入税号 8716.8000。

【2019 单选题】 如图所示，打印机齿轮，塑料制，应归入税号（　　）。

A. 3926.9090　　B. 8443.9990　　C. 8473.3090　　D. 8483.9000

参考答案　D

解　　析　按具体列名，单独报验的带齿的轮归入子目 8483.90，本题正确答案为选项 D。

【2019 单选题】 如图所示，电动牙刷头，应归入税号（　　）。

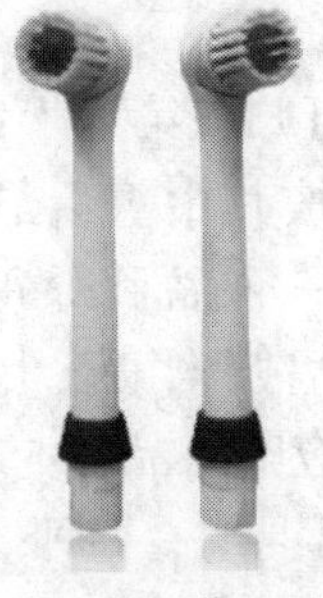

A. 8509.9000　　B. 9603.2100　　C. 9603.2900　　D. 9603.5091

参考答案　B

解　　析　牙刷已具体列名，应归入税号 9603.2100。

【2019 单选题】 冻猪后腿肉块，不带骨头，应归入税号（　　）。

A. 0203.1200　　B. 0203.1900　　C. 0203.2200　　D. 0203.2900

参考答案　D

解　　析　根据冷冻、不带骨头等特点，本商品应归入税号 0203.2900。

【2019 单选题】 带扣安全带，用于波音 737 飞机客舱座椅，构成为纺织品制成安全带，并带有金属制扣。安全带的两端和客舱座椅骨架相连，是安全座椅安全系统的重要组成部分，应归入税号（　　）。

A. 6307.2000　　B. 8302.4900　　C. 8803.9000　　D. 9401.9090

参考答案　D

解　　析　带有金属扣，构成座椅专用零件，应按其零件归入税号 9401.9090。

【2019 单选题】 保温包，由牛津帆布、铝箔构成，用于临时存储，保持食物及饮料温度用，可重复使用，应归入税号（　　）。

A. 4202.1290　　B. 4202.1900　　C. 4202.2200　　D. 4202.9200

参考答案　D

解　　析　品目42.02已列名，应归入税号4202.9200。

【2020单选题】汽油发动机润滑油，含从石油提取的基础油65%，增粘剂、降凝剂等添加剂35%。用作汽油发动机润滑油，适用于各类型客车，应归入品目（　　）。

A. 27.10　　B. 34.03　　C. 38.19　　D. 38.26

参考答案　B

解　　析　商品成分影响归类的主要规则，如百分比界定原则、不许含有原则、重量最大原则（含重量相等从后归类原则）。汽油发动机润滑油应根据所含矿物油的含量归入品目27.10或34.03。本题商品矿物油含量为65%，而品目27.10的品目条文明确注明了从石油及从沥青矿物提取的油类为基本成分（按重量计不低于70%），同时品目34.03的品目条文规定，“不包括从石油及从沥青矿物提取的油类为基本成分（按重量计不低于70%）的制剂”。本题商品所含矿物油基础油的含量符合品目34.03规定，所以本题正确答案为选项B。

【2020单选题】含50%棉，50%涤纶短纤的平纹机织布，未漂白，宽1.5米，成卷，170克/平方米，应归入（　　）。

A. 5210.1100　　B. 5513.1110　　C. 5514.1110

参考答案　B

解　　析　根据第十一类类注二（一）“可归入第五十章至第五十五章及品目58.09或59.02的由两种或两种以上的纺织材料混合制成的货品，应按其中重量最大的那种纺织材料归类。当没有一种纺织材料重量较大时，应按可归入的有关品目中最后一个品目所列的纺织材料归类”的规定，由于棉与化学纤维（涤纶属于化学纤维）的含量相等，故应从后归入第五十五章“化学纤维短纤”。由于涤纶属于合成纤维中的聚酯纤维，结合题目给出的有关条件，应归入品目55.13“合成纤维短纤纺制的机织物，按重量计合成纤维短纤含量在85%以下，主要或仅与棉混纺，每平方米重量不超过170克”。最后按“未漂白”“涤纶短纤”“平纹”这些条件归入税号5513.1110。

【2020单选题】共聚物比重小于0.94，乙烯49%，丙烯45%，丙烯酸6%，为单体单元组成的共聚物，应归入（　　）。

A. 3901.4010　　B. 3901.9010　　C. 3902.3010　　D. 3902.9000

参考答案　B

解　　析　乙烯聚合物应归入品目39.01，丙烯聚合物应归入品目39.02，丙烯酸聚合物应归入品目39.06，且乙烯单体含量最大，根据第三十九章章注四按重量最大原则，归入品目39.01。乙烯和丙烯共聚单体单元达到94%，虽然共聚物比重小于0.94，但不符合第三十九章子目注释一（一）2的规定，不可以归入子目3901.40项下。

由于子目3901.40同级有“其他”子目，故按第三十九章子目注释一（一）4的规定“不符合上述1、2、3款规定的聚合物，应按聚合物中重量最大的那种单体单元（与其他各种单一的共聚单体单元相比）所构成的聚合物归入该级其他相应子目。为此，归入同一子目的聚合物单体单元应作为一种单体单元对待。只有在同级子目中的聚合物共聚单体单元才可以进行比较”。故该商品归入税号3901.9010。

【2020单选题】金属管，如图所示，外径：76.2mm，壁厚：6.35mm，长度：609.6mm；成分含量

为：铁 36.142%、镍 41.67%、碳 0.008%、铬 22.18%，应归入品目（　　）。

A. 73.04　　B. 73.26　　C. 75.07　　D. 75.08

参考答案　C

解　　析　根据第十五类类注五合金的归类规则（第七十二章、第七十四章所规定的铁合金及母合金除外）“贱金属的合金按其所含重量最大的金属归类”，该商品排除按铁合金或不锈钢归类，应按第七十五章的镍及其制品归类。第七十五章子目注释一（二）镍合金中的 1、2、3 条是或者的关系，而不是并列的关系。该商品不含钴，不满足子目注释一（二）1，但是满足子目注释一（二）2（其中的铁含量为 36.142%，超过了表中规格的 0.5%），仍可视为镍合金。故该金属管应按镍合金管归入品目 75.07 项下。

【2020 单选题】 雨衣，由涤纶机织物单面涂布聚氯乙烯的面料（涂层可明显看出）制成，应归入品目（　　）。

A. 39.26　　B. 62.01　　C. 62.02　　D. 62.10

参考答案　D

解　　析　该商品雨衣在 62.01 和 62.02 品目均有列名，且该商品由涤纶机织物单面涂布聚氯乙烯的面料（涂层可明显看出）制成，属于品目 59.03 的面料，可以归入品目 62.10“用品目 56.02、56.03、59.03、59.06 或 59.07 的织物制成的服装”。根据第六十二章章注五“既可归入品目 62.10，也可归入本章其他品目的服装，除品目 62.09 所列的仍归入该品目外，其余的应一律归入品目 62.10”。所以按优先归类原则，该商品应归入品目 62.10。

【2020 单选题】 一只工具箱，内有锤子、钳子、扳手、螺丝刀，下面叙述正确的是（　　）。

A. 由于符合 8206 品目条文规定，故应根据归类总规则一归入品目 8206

B. 由于品目 8206 有具体列名，故不再按锤子、钳子、扳手、螺丝刀分别归类，应根据归类总规则三（一）归入品目 8206

C. 由于构成零售成套货品，故应根据总规则三（二）归入品目 8206

D. 由于不能确定哪个工具构成基本特征，故应运用总规则三（三）归入品目 8206

参考答案　A

解　　析　该商品锤子（82.05）、钳子（82.03）、扳手（82.04）、螺丝刀（82.05）符合品目 82.06 的条文规定，“由品目 82.02 至 82.05 中两个或多个品名所列工具组成的零售包装成套货品”，可归入品目

82.06 项下。因为其符合品目条文的规定，所以运用的是归类总规则一，而归类总规则一至五的运用规则是依次运用，本题运用规则一即可确定商品归类，无须再运用其他规则。

【2020 单选题】锅炉用的机械炉篦，应归入品目（　　）。

A. 8402　　B. 8404　　C. 8416　　D. 8479

参考答案　C

解　　析　锅炉用的机械炉篦虽然是用于锅炉，但是在品目 84.16 中有具体列名。根据第十六类类注二（一），凡在第八十四章、第八十五章的品目（品目 84.09、84.31、84.48、84.66、84.73、84.87、85.03、85.22、85.29、85.38 及 85.48 除外）列名的货品，均应按照该两章的相应品目的零件归类原则，将其归入品目 84.16 项下，而不能归入品目 84.02 锅炉的零件和品目 84.04 锅炉的辅助设备。

【2020 单选题】缝纫机用钢铁制缝纫机针，应归入（　　）。

A. 73 章　　B. 82 章　　C. 83 章　　D. 84 章

参考答案　D

解　　析　题目中的缝纫机针属于机床的零件，可根据第八十四章“核反应堆、锅炉、机器、机械器具及其零件”进行归类。第十六类类注二规定，机器零件应按下列规定归类：（一）凡在第八十四章、第八十五章的品目列名的货品，均应归入该两章的相应品目，故该商品应归入第 84 章的 8452.3000。

【2020 单选题】硫化橡胶制脚垫，压缩机用，装于压缩机底部，起减震支撑的作用，应归入税则号列（　　）。

A. 4016.9910　　B. 4016.9990　　C. 8414.9019　　D. 8414.9090

参考答案　A

解　　析　该商品虽然属于压缩机（税目 84.14）用零件，但根据第十六类类注一（一）的排他条款，其属于硫化橡胶制品，应归入税目 40.16。所以根据归类总规则一及六，应按品目 40.16 项下机器及仪器用零件归入税号 4016.9910。本题正确答案为选项 A。

【2020 单选题】PVC 单面涂层男式羽绒服短上衣，由化纤机织物经绗缝制成，内部填充鸭绒，属于被褥状纺织产品，应归入税号（　　）。

A. 6201.1310　　B. 6201.9310　　C. 6210.2000　　D. 6210.4000

参考答案　B

解　　析　本题依据为第六十二章子目注释“品目 58.11 的成匹被褥状纺织产品所制物品的归类”。根据第十一类子目注释二的规定，用品目 58.11 的成匹被褥状纺织产品所制物品应归入本章各税目的子目中。这类物品应以构成其面料的纺织材料所具有的基本特征来确定归类，即使面料本身归入税目 59.03、59.06 或 59.07，有关服装也不应归入税目 62.10，而是按服装本身归入税号 6201.9310［化纤制男式羽绒防寒短上衣防风衣（包括羽绒滑雪短上衣、防风短上衣及类似品）］，故本题答案为选项 B。

【2020 单选题】组合机器是由两台或多台不同类型的机器或器具组成的成套设备，下列不符合组合机器描述是（　　）。

A. A 机器安装在 B 机器的内部

B. A 机器、B 机器分别安装在地板上，由电缆连接在一起

C. A 机器安装在 B 机器的上面

D. A 机器、B 机器安装在同一个机壳内

参考答案　B

解　　析　在执行上述规定时，各种不同的机器如果是一台机器装在另一台机器的内部或上面，或者两者装在同一个底座、支架之上或同一个机壳之内，应作为一个整体对待。

机器的组合体不应视为构成一个整体，除非其各台机器是永久性地连在一起，或装在同一个底座、支架或机壳内。临时组合的或通常未构成组合机器的机器组合体不包括在内。

【2020 单选题】下列商品不属于多功能机器的有（　　）。

A. 激光雕刻机，可用于加工金属、有机玻璃、大理石等多种材料

B. 既能搅拌又可以切片的食品加工机

C. 可以加热和制冷的饮水机

D. 带有照明功能的收音机

参考答案　A

解　　析　依据第十六类类注三，第十六类总注释“六、多功能机器及组合机器”的定义。

【2020 单选题】以下机器设备零件不可以归入进出口税则第十六类的有（　　）。

A. 手机用塑料框架

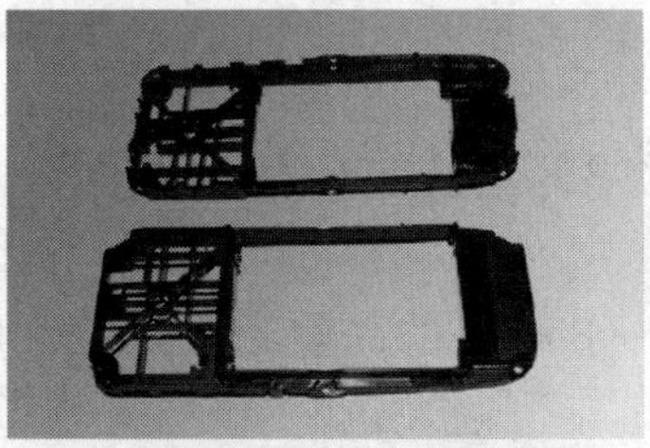

B. 打印机用塑料齿轮

C. 电冰箱用金属搁物架

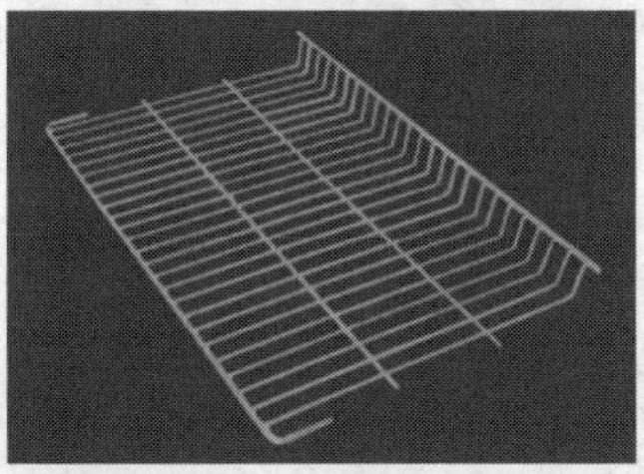

D. 数码相机用三脚架

参考答案　D

解　　析　第十六类类注一（十六）将品目 96.20 的独脚架、双脚架、三脚架及类似物品已排除。

依据《品目注释》第十六类类注二的相关规定，除本类注释一、第八十四章注释一及第八十五章注释一另有规定的以外，机器零件（不属于品目 84.84、85.44、85.45、85.46 或 85. 47 所列物品的零件）应按下列规定归类：

（1）凡在第八十四章、第八十五章的品目（品目 84.09、84.31、84.48、84.66、84.73、84.87、85.03、85.22、85.29、85.38 及 85.48 除外）列名的货品，均应归入该两章的相应品目；

（2）专用于或主要用于某一种机器或同一品目的多种机器（包括品目 84.79 或 85.43 的机器）的其他零件，应与该种机器一并归类，或酌情归入品目 84.09、84.31、84.48、84.66、84.73、85.03、85.22、85.29 或 85.38。但能同时主要用于品目 85.17 和 85.25 至 85.28 所列机器的零件，应归入品目 85.17；

（3）所有其他零件应酌情归入品目 84.09、84.31、84.48、84.66.、84.73、85.03、85.22、85.29 或 85.38，如不能归入上述品目，则应归入品目 84.87 或 85.48。

【2018 多选题】（　　）不能归入税则第三十九章。

A. 润滑剂

B. 蜡

C. 肝素及其盐　　D. 单独的已有化学定义的有机化合物

参考答案　ABCD

解　　析　根据《税则》注释第三十九章章注二。

【2018 多选题】以下钢铁制品，可归入品目 73.18 的有（　　）。

A. 垫圈　　B. 飞机用螺母　　C. 片簧　　D. 空心铆钉

参考答案　ABD

解　　析　片簧应归入品目 73.20。

【2018 多选题】下列可归入品目 85.44 的商品有（　　）。

A. 漆包线　　B. 由每根被覆光纤组成的光缆

C. 单根纤维未被覆的光缆　　D. 光导纤维束

参考答案　AB

解　　析　根据品目 85.44 条文描述，选项 A、B 符合要求。

【2018 多选题】以下贱金属工具可归入子目 8204.12 的商品有（　　）。

A. 固定扳手　　B. 活动扳手　　C. 管子钳　　D. 套筒扳手

参考答案　BC

解　　析　根据子目 8204.12 条文描述，选项 B、C 符合要求。

【2018 多选题】下列可归入第 85 章的商品有（　　）。

A. 陶瓷制绝缘子　　B. 玻璃制绝缘子

C. 蓝宝石原石　　D. 已加工未装配的唱针用蓝宝石

参考答案　ABD

解　　析　根据第十六类注释一（六），蓝宝石原石不属于第十六类；85.46 的品目条文明确说明了各种材料制的绝缘子。

因此，本题正确答案为选项 A、B、D。

【2018 判断题】有钟控功能的收音机，是一种既有计时功能又有接收无线广播功能的机器，应归入 9105。

参考答案　错误

解　　析　根据《税则》第十六类类注三，由两部及两部以上机器装配在一起形成的组合式机器，或具有两种及两种以上互补或交替功能的机器，除条文另有规定的以外，应按具有主要功能的机器归类，该商品主要功能是收音机，应归入品目 85.27。

【2018 判断题】隐形眼镜片清洗消毒、清洁等用药水，应归入 38089290。

参考答案　错误

解　　析　根据《税则》章注四，品目 33.07 所称“芳香料制品及化妆盥洗品”，主要适用于下列产品：香袋；通过燃烧散发香气的制品；香纸及用化妆品浸渍或涂布的纸；隐形眼镜片或假眼用的溶液；用香水或化妆品浸渍、涂布、包覆的絮胎、毡呢及无纺织物；动物用盥洗品，即镜片清洗消毒、清洁等用药水应归入品目 33.07。

【2018 判断题】玻璃制香水喷雾器应归入税号 70200099。

参考答案　错误

解　　析　根据《税则》税目 96.16 税目条文“香水喷雾器或类似的化妆用喷雾器及其座架、喷头；粉扑及粉拍，施敷脂粉或化妆品用”，即香水喷雾器无论任何材质，均应归入品目 96.16。

【2018 判断题】云南白药药粉，含三七等中药原料，不含磺胺和青蒿素，有止血、消炎等功效，5 千克装，该商品应该归入税则号列 30049053。

参考答案　错误

解　　析　该商品未配定剂量，未制成零售包装，不含磺胺和青蒿素，故归类错误。

【2018 判断题】溶于挥发性有机溶剂中的丙烯酸聚合物，丙烯酸聚合物占溶液总重量的 45%，应归入税则号列 39069090。

参考答案　错误

解　　析　第三十九章章注二（五）不包含品目 39.01 至 39.13 所列任何产品溶于挥发性有机溶剂的溶液。

【2016 归类题】蓝牙耳机。

参考答案　8517.6294

解　　析　蓝牙是一种低成本、大容量的短距离无线通信规范，蓝牙耳机就是将蓝牙技术应用在免持耳机上，让使用者可以免除电线牵绊，自在地以各种方式轻松通话。其属于无线通信设备，符合品目 85.17 的描述，根据归类总规则一及六，应归入税号 8517.6294。

【2016 归类题】沙发床，规格：178cm×91cm×96.5cm（沙发状态），178cm×124.5cm×78cm（打开为床状态）。沙发床是由木制框架（靠背+座位+扶手）、布制坐垫套（按预定尺寸裁剪缝合）、填充物（弹簧、海绵：按预定尺寸切割）、木制脚、铁制铰链等组成。用途：收起为沙发，打开为床，方便家用。

参考答案　9401.4090

解　　析　该货品为沙发床，收起为沙发，打开为床，属于能做床用的两用椅，符合品目 94.01 的描述；布制坐垫套，属于家用的，根据归类总规则一及六，应归入税号 9401.4090。

【2016 归类题】女童套头衫。该商品是女童套头衫，织造方式为针织，材质 100%涤纶，衣长 40cm。该商品款式为无领短袖，未开襟，袖口收紧并缝制蝴蝶结装饰，底部包含橡筋并缝制装饰性下摆。

参考答案　6110.3000

解　　析　该货品为女童套头衫，织造方式为针织，属于第六十一章货品；再根据套头衫将其归入品目 61.10；材质为 100%涤纶，属于合成纤维，根据归类总规则一及六，应将其归入税号 6110.3000。

【2016 归类题】棒棒糖。

参考答案 1704.9000

解　　析 棒棒糖不是品目17.02所列的“其他固体糖”，而是一种常见的糖果，属于“糖食”，应归入品目17.04“不含可可的糖食（包括白巧克力）”，然后归入税号1704.9000“其他”。

【2016归类题】相机用三脚架，该三脚架除主要用于数码相机外，还通用于各种照相机。

参考答案 9006.9199

解　　析 该三脚架在2017年之前归入税号9006.9199。2017年之后新增设品目96.20“独脚架、双脚架、三脚架及类似品”，该品目包括独脚架、双脚架、三脚架及类似品，用于支撑照相机、摄像机、精密仪器等，以减轻晃动。它们通常是可伸缩及便携式的，配有一个快卸器或快卸接头，以在支撑这些器械时便于安装或拆卸。这些物品可由任何材料制成，例如，木制、铝制、碳制或复合材料制。

因此，本题税号自2017年起应归入9620.0000。

【2016归类题】平纹机织物，按重量计含50%棉、50%涤纶短纤，幅宽为1.5米，200克/平方米。

参考答案 5514.3010

解　　析 该货品为平纹机织物，按重量计含50%棉、50%涤纶短纤；根据第十六类类注二（一），可归入第五十章至第五十五章及品目58.09或59.02的由两种或两种以上纺织材料混合制成的货品，应按其中重量最大的那种纺织材料归类。当没有一种纺织材料重量较大时，应按可归入的有关品目中最后一个品目所列的纺织材料归类。

该货品应按涤纶短纤归入第五十五章，幅宽为1.5米，200克/平方米，应归入品目55.14项下，由图片可以看出用各种不同颜色纱线或同一颜色不同深浅（纤维的自然色彩除外）纱线织成的机织物，符合色织机织物定义，涤纶短纤是由聚酯再纺成丝束切断后得到的纤维，因此应归入税号5514.3010。

【2017归类题】滚针轴承，滚子直径2mm长度5.8mm。

参考答案 8482. 5000

解　　析 根据第十六类子目注释四“子目 8482. 40 仅包括滚柱直径相同、最大不超过 5 毫米且长度至少是直径三倍的圆滚柱轴承，滚柱的两端可以磨圆”。本题商品名称虽然为“滚针轴承”，但其规格不符合子目注释描述，即长度未达到直径 3 倍的标准，因此最终归入税号 8482. 5000。

【2017 归类题】 塑料制游泳眼镜。

参考答案 9004. 9090

解　　析 根据品目 90. 04 条文“矫正视力、保护眼睛或其他用途的眼镜、挡风镜及类似品”，游泳眼镜属于其他用途的眼镜，最终归入税号 9004. 9090。

【2017 归类题】 棉 50%，亚麻 35%，黄麻 15%的未漂白机织物。

参考答案 5309. 2110

解　　析 （1）本题中商品构成有棉 50%，亚麻 35%，黄麻 15%，根据第十一类注释二（二）4“同一章或同一品目所列各种不同的纺织材料应作为单一的纺织材料对待”，亚麻和黄麻同属于第五十三章，应合并计算；其中棉属于第五十一章，占 50%，应按从后归入第五十三章。

（2）再以亚麻含量 35%大于黄麻含量 15%，应按亚麻机织物归入品目 53. 09。

（3）根据亚麻含量 35%，未漂白，最终归入税号 5309. 2110。

【2017 归类题】 五香蚕豆，200g/袋。

参考答案 2005. 9999

解　　析 （1）蚕豆属于豆类蔬菜，而五香蚕豆的加工方式已经超出第七章的范围，因此应考虑第二十章“蔬菜、水果、坚果或植物其他部分的制品”。

（2）在分析子目时，查询品目 07. 08 中“豇豆、菜豆，包括利马豆、绿豆、可连荚食用的豆（亦称肾形菜豆、法国菜豆、红花菜豆、豆角、蜡豆或劈啪豆）及牛豆（包括黑眼豆）”，而蚕豆不属于此类。

（3）再逐一排除，最终归入税号 2005. 9999。

【2017 归类题】 腈纶无纺布制的外科手术服。

参考答案 6210. 1030

解　　析 无纺布属于品目 56. 03，而用无纺布制的服装符合品目 62. 10 的描述“用品目 56. 02、56. 03、59. 03、59. 06 或 59. 07 的织物制成的服装，包括不论是男式或女式的所有用毡呢或无纺织物（不论是否浸渍、涂布、包覆或层压的）或品目 59. 03、59. 06 或 59. 07 所列纺织物（针织物或钩编织物除外）制成的服装，但品目 62. 09 的婴儿服装除外”。既可归入本品目，也可归入本章其他品目的服装，除品目 62. 09 所列的仍归入该品目外，其余的应一律归入本品目。再根据“腈纶”归入税号 6210. 1030。

【2017 归类题】 家用全自动洗碗机，尺寸为：长 595mm，宽 500mm，最大高度 650mm。

参考答案 8422.1100

解　析 品目84.22条文描述为“洗碟机；瓶子及其他容器的洗涤或干燥机器；瓶、罐、箱、袋或其他容器装填、封口、密封、贴标签的机器；瓶、罐、管、筒或类似容器的包封机器；其他包装或打包机器（包括热缩包装机器）；饮料充气机”。

洗碟机是利用电力清洗碗、碟、杯、盘等餐具的厨房电器，又称洗碗机、餐具清洗机。本题商品为家用型，因此应归入税号8422.1100。

【2017归类题】 聚乙烯占50%，聚氯乙烯占50%的混合粒子。

参考答案 3904.4000

解　析 （1）根据《税则》第三十九章注释四，“……聚合物混合体应按聚合物中重量最大的那种共聚单体单元所构成的聚合物归入相应税号。在本注释中，归入同一税号的聚合物的共聚单体单元应作为一种单体单元对待”。如果没有任何一种共聚单体单元重量为最大，共聚物或聚合物混合体应按号列顺序归入其可归入的最末一个品目。

（2）聚乙烯占50%，聚氯乙烯占50%的混合粒子，属于聚合物混合体，两种成分含量一样，应按号列顺序归入最末一个品目。

（3）聚乙烯应归入品目39.01，聚氯乙烯应归入品目39.04。

（4）排除子目3904.10聚氯乙烯，未掺其他物质。

（5）根据子目注释，“……在同级子目中有一个‘其他’子目的：子目所列聚合物名称冠有‘聚（多）’的（例如，聚乙烯及聚酰胺-6,6），是指列名的该种聚合物单体单元含量在整个聚合物中按重量计必须占95%及以上……”，因此子目3904.20其他聚氯乙烯也属于聚氯乙烯按重量计必须占95%及以上。

（6）最终归入税号3904.4000。

【2017归类题】 冷冻鸡爪。

参考答案 0207.1422

解　析 （1）本题商品符合第二章“肉及食用杂碎”的描述，且第二章章注释未排除。

（2）根据品目02.07条文所列，冷冻鸡爪符合品目02.07的描述。根据“冷冻”“杂碎”，最终归入税号0207.1422。

【2017归类题】 哑铃，铸铁内胆，表层浸塑，2KG/个。

参考答案 9506.9190

解　析 一般的体育活动、体操或竞技用品及设备，例如，吊架及吊环、单杠及双杠、平衡木、鞍马、跳马、跳板、爬绳及爬梯、墙杠、火棍、哑铃及杠铃、实心皮球、划船器、骑车器及其他锻炼用器械、扩胸器、握力器、助起跑器、跳栏、跳高架及架座、撑杆跳高撑杆、落地保护坑垫、标枪、铁饼、链球、铅球、拳击练习用吊球及吊袋、拳击或摔跤台、训练用攀登墙。

哑铃属于一般的体育活动、体操或竞技用品及设备，最终归入税号 9506. 9190。

【2017 归类题】 家用全自动面包机。

参考答案 8516. 7210

解　　析 （1）面包机根据设置的程序，放好配料后，自动完成和面、发酵、烘烤等面包制作程序，属于家用电热器具，应归入品目 85. 16。

（2）根据其他电热器具→烤面包器→家用，最终归入税号 8516. 7210。

【2018 归类题】 待用于磨制辣椒粉的干辣椒，应归入税号（　　）。

参考答案 0904. 2100

解　　析 本品为列名商品，但需要与品目 07. 09 的鲜辣椒做以区分。

【2018 归类题】 汽车用液压千斤顶，应归入税号（　　）。

参考答案 8425. 4210

解　　析 品目 84. 25 列名，滑车及提升机，但倒卸式提升机除外；卷扬机及绞盘；千斤顶，再根据车用、液压归入税号 8425. 4210。

【2018 归类题】 由 35% 的亚麻，25% 的黄麻和 40% 的棉花织成的匹状印花机织物，应归入税号(　　)。

参考答案 5309. 2900

解　　析 本题的商品为混纺机织物，因亚麻和黄麻同属于第 53 章的纤维，根据第十一类的注释二（二）4（同一章或同一品目所列各种不同的纺织材料应作为单一的纺织材料对待），两者合并计算，即麻的含量占 60%，大于棉的含量，要按麻的机织物归入第 53 章，麻的机织物归入品目 53. 09 至 53. 11，而本题的亚麻含量大于黄麻的含量，所以要按亚麻的机织物归入品目 53. 09，并根据亚麻含量和印花这些条件归入编码 5309. 2900。

故本题正确答案为 5309. 2900。

【2018 归类题】 猪肉三鲜馅的速冻饺子（每袋 720 克，其中猪肉重 350 克），应归入税号(　　)。

参考答案 1902. 2000

解　　析 本题中饺子是一种面食，而猪肉的含量超过了饺子总重的 20%，看起来应当按照第十六章章注二“本章食品按重量计必须含有 20%以上的肉……”进行归类，但是本注释中还说明了“本条规定不适用于品目 19. 02 的包馅食品”。故应按包馅食品的特性将其归入品目 19. 02，查阅子目后将其归入税号 1902. 2000。

【2018 归类题】 小轿车自动变速箱用装有滚子轴承的轴承座。其作用主要是用于固定轴承相对位置不变，应归入税号（　　）。

参考答案 8708. 4091

解　析　根据《税则》规定，装有滚珠或滚子轴承的轴承座应归入编码8483200000。但《商品及品目注释》（2017年版）品目84.83排他条款规定品目84.83不包括“专用于或主要用于车辆或飞机的上述传动设备（变速箱、传动轴、离合器、差动齿轮等）（第十七类）……”，因此根据归类总规则一及六，上述商品应按照汽车变速箱零件归入税号8708.4091。

【2018归类题】如图所示，吸尘器电机用碳刷（石墨制），装有接头，应归入税号（　　）。

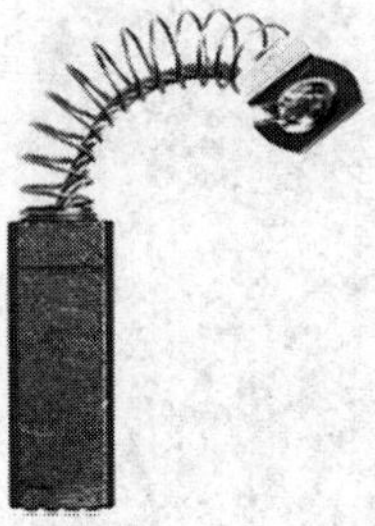

参考答案　8545.2000

解　析　碳刷可用作发电机、电动机等的滑动接触器，或用作电力机车等的集电器。虽然有些碳刷可直接用模制方法制成，但大多数碳刷是从品目38.01注释所述的“碳”块或板中切割制成的。碳刷的尺寸必须非常精确，其表面必须经过精密加工，只允许几百分之一毫米的误差。因此，碳刷可根据其尺寸、形状及其经过精加工的表面加以识别。在许多情况下，碳刷还可全部或部分涂有金属层，或装有接头（托架、电缆、接线柱、弹簧等）。

归入本品目的碳刷可由品目38.01注释所述的任何品级的碳制成，也可含有银。

但本品目不包括涂有石墨润滑层的金属电刷（品目85.35或85.36）。碳刷座（不论是否装有碳刷）应按机器零件归类（例如，品目85.03）。

第五篇　税费核算

一、大纲细则

（一）主要内容

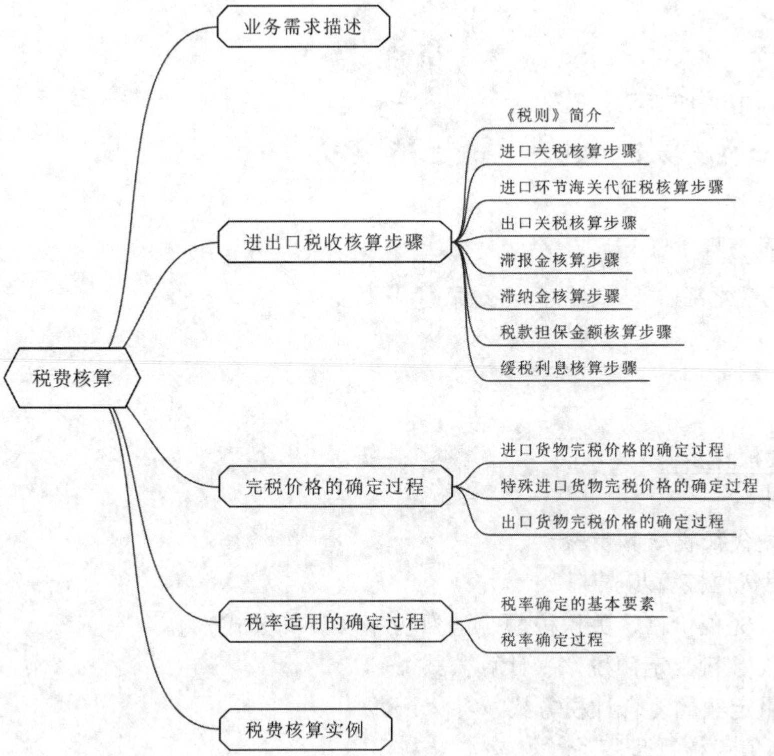

（二）基本要求

1. 能了解税收征管作业改革的最新进展；
2. 能对税费核算的重要性有进一步的认识；
3. 能对《税则》有初步的认识与了解；
4. 能对进出口税费核算种类进行正确描述；
5. 能对进出口税费核算步骤及方法进行正确描述；
6. 能遵循成交价格估价方法的定义及条件，完成完税价格确定的作业实施；
7. 能对相关计入项目和扣除项目费用按照规定进行调整；
8. 当成交价格估价方法无法实施时，能采用成交价格估价方法以外的其他估价方法来确定完税价格；
9. 在应对确定完税价格的虚拟案例时，能正确运用成交价格估价方法核算完税价格；
10. 能对税率确定涉及的基本要素进行正确描述；
11. 能按照税率适用的规定确定最终的适用税率；
12. 能按照从价、从量、复合关税及反倾销、反补贴等附加关税作业程序及计算公式，核算拟申报的进出口货物关税税款；
13. 能按照进口环节增值税、消费税核算作业程序、计算公式，核算拟申报的进出口货物进口环节代征税税款；

14. 能按照滞报金、滞纳金、税款担保、缓税利息等核算作业程序、计算公式，核算相应的滞报金、滞纳金、税款担保、缓税利息金额；

15. 基本概念：海关审定制、自报自缴制、《税则》、从价计征、从量计征、复合计征、完税价格、成交价格、税率适用时间、优惠原产地规则、非优惠原产地规则、价内税、价外税。

(三) 考试内容

第一单元　业务需求描述

☆海关审定制

★企业自报自缴制

☆税费征收改革的重要性

第二单元　进出口税收核算步骤

一、☆《税则》简介

二、进口关税核算步骤

(一) 关税正税核算步骤

★从价计征方式

★从量计征方式

★复合计征方式

(二) 进口附加税核算步骤

★反倾销税核算步骤

三、进口环节海关代征税核算步骤

(一) 进口环节消费税核算步骤

★从价定率方式（完税价格、关税税额、消费税率、计算公式）

★从量定额方式（数量、定额税率、计算公式）

★从价定率和从量定额的复合计税方式

(二) 进口环节增值税核算步骤

★确定关税完税价格、关税税额、消费税税额

★确定增值税税率

★计算公式

四、出口关税核算步骤

☆从价计征方式

☆从量计征方式

五、滞报金核算步骤

★滞报期间确定

★进口货物完税价格确定

★计算公式

六、滞纳金核算步骤

★确定发生滞纳税款的种类（金额）

★滞纳期间确定

★计算公式

七、☆税款担保金额核算步骤

八、缓税利息核算步骤

☆核实对应的关税及代征税款

★确定计息期限（天数）

★计算公式

第三单元　完税价格的确定过程

一、进口货物完税价格的确定过程

（一）成交价格方法的审查确定

★是否符合《审价办法》规定的销售概念

★是否符合《审价办法》关于买方、卖方的规定

★是否符合实付及应付（含直接或间接支付）规定

★相关计入项目和扣除项目费用是否能够按照规定进行调整

★买方对进口货物的处置和使用不受限制

★不应受到某些条件或因素的影响

★不得获得转售、处置、使用收益

★特殊关系未影响成交价格

（二）☆其他价格方法的审查确定（适用情况）

（三）运输及其相关费用、保险费的审查确定

★起卸前运输及其相关费用、保险费已经包括在进口货物的成交价格中

★起卸前运输及其相关费用、保险费未包括在进口货物的成交价格中

★判定出口地至进口地之间应计入完税价格费用的标准

（四）其他特殊情形运输及相关费用、保险费计算方法

★进口货物的运输及其相关费用无法确定

★运输工具作为进口货物，利用自身动力进境

★进口货物保险费无法确定或未实际发生

★邮运进口货物

（五）★主要贸易术语价格转换

二、特殊进口货物完税价格的确定过程

（一）内销保税货物

★非海关特殊监管区域及保税监管场所内加工贸易企业内销保税货物

★海关特殊监管区域、保税监管场所内保税物流货物内销

（二）★出境修理复运进境货物

（三）★出境加工复运进境货物

（四）☆暂准进境货物

（五）★租赁进口货物

（六）★特定减免税货物经批准出售、转让

（七）☆无成交价格货物

（八）★软件的介质

（九）★跨境电子商务零售进口商品

三、出口货物完税价格的确定过程

☆不同估价方法的选择适用

☆运输及其相关费用、保险费的审查确定

☆主要贸易术语价格转换

☆ 确定出口货物完税价格

第四单元　税率适用的确定过程

一、税率确定的基本要素

★税率适用时间的确定

★商品归类的确定

★原产地规则的适用

二、税率确定过程

（一）★确定税率适用的时间

（二）☆根据商品归类查找对应税率

（三）★确定符合相应原产地规则规定

（四）按照税率适用规定确定最终的计征税率

★进口关税正税税率适用选择（从低、暂定优先、关税配额税率优先等）

★关税附加税税率适用选择（反倾销、反补贴、报复性关税）

☆出口关税税率适用选择

☆进出口货物关税及代征税的补税和退还税率适用

第五单元　★税费核算实例

（四）题型分值

题　型	年　份				
	2016	2017	2018	2019	2020
单选题	1.5	4.5	5	2	8
多选题	3	9	8	4	20
判断题	0	0	3	0	0
填空题	2	4	0	0	0
案例题	9	9	18	20	12
总计（分）	15.5	26.5	34	26	40

二、大纲知识点解析

（一）业务需求描述

企业自报自缴制

【2020多选题】 某企业为一般信用企业，以下选项适用自报自缴模式的有（　　）。

A. 进口后需二次点价的铁矿砂

B. 进口原产于美国被列入加征关税清单的医疗设备

C. 进口原产于越南享受协定税率的服装

D. 进口原产于美国的聚苯硫醚

参考答案　BC

解　析　涉及公式定价货物、特案（包括实施反倾销、反补贴措施和保障措施）货物暂不适用自报自缴模式。

根据海关总署公告2018年第24号《关于扩大自主申报、自行缴税适用范围的公告》，为加快推进税收征管方式改革，海关总署决定扩大自主申报、自行缴税（“自报自缴”）适用范围。优惠贸易协定项下进口报关单均可适用“自报自缴”模式。

（二）进出口税收核算步骤

1.《税则》简介

【2017 多选题】《中华人民共和国进出口税则》设置的进口税率包括（　　）。

A. 协定税率　　B. 特惠税率　　C. 普通税率　　D. 最惠国税率

参考答案　ABCD

解　　析　根据《关税条例》第九条规定，进口关税设置最惠国税率、协定税率、特惠税率、普通税率、关税配额税率等税率。对进口货物在一定期限内可以实行暂定税率。

2. 从量计征方式

【2019 多选题】某企业拟从德国进口黑啤若干，灌装后在国内销售。请问该企业在核算进口关税成本时，需考量的关键因素有（　　）。

A. 该批啤酒的货值　　B. 该批啤酒的从价关税税率

C. 该批啤酒的重量　　D. 该批啤酒的单位税额

参考答案　CD

解　　析　海关对于啤酒的进口，目前是征收从量税，因此从量计征进口关税时，需要确定完税数（重）量、单位税额。故本题正确答案是选项 C、D。

【2020 多选题】下列进口商品中，（　　）的成交价格不影响其进口关税的税额。

A. 冻鸡　　B. 啤酒　　C. 石油原油　　D. 棉花

参考答案　ABC

解　　析　我国目前对冻整鸡及鸡产品、啤酒、石油原油、胶片等进口商品从量计征关税，因此这些商品的进口成交价格与关税税额并无关系。对于棉花计征滑准税。

故本题正确答案为选项 A、B、C。

【2020 单选题】以下货物税额征收时与重量相关的是（　　）。

A. 棉花　　B. 啤酒　　C. 磁带录像机　　D. 葡萄酒

参考答案　B

解　　析　从量计征进口关税时，啤酒适用从量计价方式。故本题正确答案为选项 B。

3. 反倾销税核算步骤

【2020 单选题】国内某企业于 2020 年 9 月 29 日向海关申报进口一批原产于日本 Shin-Etsu Chemical Co.，Ltd. 的光纤预制棒（商品编码：70022010；最惠国税率 6%，普通税率 50%），完税价格 100,000 元人民币。企业申报时无法向海关提交原产地证及原产商发票，该案例中应纳反倾销税税额正确的计算公式是（　　）。

反倾销税率见下表：

原产国（地区）	原厂商（中文）	原厂商（英文）	反倾销税率
日本	信越化学工业株式会社	Shin-Etsu Chemical Co.，Ltd.	17.0%
日本	株式会社藤仓	Fujikura Ltd.	14.4%
日本	其他日本公司	All others	31.2%
美国	其他美国公司	All others	41.7%
国（地）别不详	国（地）别不详		41.7%

A. 100,000×（50%+31.2%）　　B. 100,000×31.2%

C. 100,000×（6%+31.2%）　　D. 100,000×41.7%

参考答案　D

解　析　反倾销税计算公式为：应纳反倾销税税额=完税价格×反倾销税率。

4. 确定增值税税率

＊＊**【2018 单选题】**纳税人进口（　　），增值税税率为16%。

A. 硫酸铵肥料　　B. 瓶装矿泉水　　C. 儿童图画书　　D. 食用橄榄油

参考答案　B（题干数据已调整）

解　析　纳税人进口食用植物油、图书、化肥、自来水等产品，增值税税率为9%，而瓶装矿泉水，增值税税率为13%。

5. 计算公式

【2016 填空题】某进口货物需要分别征收进口关税、进口环节增值税、进口环节消费税，则该商品增值税组成计税价格=关税完税价格+（　　）+消费税税额。

参考答案　关税税额

解　析　本题考查增值税组成计税价格。增值税相关计算公式为：增值税应纳税额=增值税组成计税价格×增值税税率；其中：增值税组成计税价格=关税完税价格+关税税额+消费税税额。

因此，本题应填写“关税税额”。

【2017 多选题】化妆品进口环节增值税组成计税价格包括（　　）。

A. 进口关税完税价格　　B. 进口关税税额

C. 进口环节消费税税额　　D. 进口环节增值税税额

参考答案　ABC

解　析　进口环节增值税税额计算公式为：

应纳税额=增值税组成计税价格×增值税税率；

增值税组成计税价格=进口关税完税价格+进口关税税额+消费税税额。

本题化妆品需征收消费税，其增值税计税价格组成为进口关税完税价格、进口关税税额、消费税税额。

＊＊**【2018 多选题】**以下关于各类税费计算公式正确的有（　　）。

A. 进口货物完税价格=进口关税税额÷进口从价关税税率

B. 进口环节增值税组成计税价格=关税完税价格+关税税额+消费税税额

C. 进口环节消费税组成计税价格=（关税完税价格+关税税额）÷（1-消费税税率）

D. 消费税应纳税额=应征消费税进口数量×消费税定额税率

参考答案　ABCD（因原题选项C与选项B存在重复，本题选项C做如上调整）

解　析　根据《进出口货物征税管理办法》：从价计征关税的计算公式为：应纳税额=完税价格×关税税率。

根据国税发〔1993〕155号《国家税务总局　海关总署关于进口货物征收增值税、消费税有关问题的通知》的规定，纳税人进口货物，按照组成计税价格和规定的税率计算应纳税额。其计算公式如下：

（1）增值税应纳税额的计算：

组成计税价格=关税完税价格+关税+消费税，应纳税额=组成计税价格×增值税税率。

（2）消费税应纳税额的计算：

①实行从价定率办法的应税消费品的应纳税额的计算，即组成计税价格=（关税完税价格+关税）÷（1-消费税税率），应纳税额=组成计税价格×消费税税率；

②实行从量定额办法的应税消费品的应纳税额的计算，即应纳税额=应税消费品数量×消费税单位税额。

6. 滞报期间确定

【2018 多选题】以下关于滞报金的描述，正确的有（　　）。

A. 滞报金的起征点为 50 元，低于 50 元的免征

B. 滞报金以人民币“元”为计征单位，不足人民币一元的部分免于计征

C. 滞报金仅对进口货物征收

D. 滞报金的日征收金额为进口货物完税价格的万分之五

参考答案　ABCD

解　　析　根据海关总署令第 128 号《中华人民共和国海关征收进口货物滞报金办法》第九条规定，滞报金的日征收金额为进口货物完税价格的千分之零点五，以人民币“元”为计征单位，不足人民币一元的部分免予计征。

征收滞报金的计算公式为：进口货物完税价格 × 0.5‰ × 滞报期间

滞报金的起征点为人民币 50 元。

（三）完税价格的确定过程

1. 进口货物完税价格的确定过程

【2018 多选题】以下选项中的两种商品，不可以视为“相同货物”，审查确定其中一种进口货物的价格的有（　　）。

A. “德国产的奔驰小轿车”与“日本产的丰田小轿车”

B. “小米手机”与“iPhone 手机”

C. “丝绸衬衫”与“亚麻衬衫”

D. “红色 A 型国产儿童电动摩托车”与“蓝色 A 型国产儿童电动摩托车”

参考答案　ABC

解　　析　根据《审价办法》，“相同货物”，是指与进口货物在同一个国家或者地区生产的，在物理性质、质量和信誉等所有方面都相同的货物，但是表面的微小差异允许存在。选项 A 的产地不同，不能视为“相同货物”；选项 B 两个品牌不在同一个档次上，质量和信誉都不同，不能视为“相同货物”；选项 C 由于两种衬衫的材质不同，因此也不能视为物理性质一样的商品，不能认为是“相同货物”；选项 D 仅是表面存在颜色上的差异，其他性质均相同，所以可以被视为“相同货物”。

2. 是否符合《审价办法》关于买方、卖方的规定

【2020 多选题】进口货物的相关费用或价值计入完税价格，必须同时满足（　　）。

A. 该费用由买方负担　　B. 该费用由卖方负担

C. 未包括在进口货物的实付或应付价格中　　D. 有客观量化的数据资料

参考答案　ACD

解　　析　根据《审价办法》第十一条规定，以成交价格为基础审查确定进口货物的完税价格时，未包括在该货物实付、应付价格中的下列费用或者价值应当计入完税价格：

（1）由买方负担的下列费用：

①除购货佣金以外的佣金和经纪费；

②与该货物视为一体的容器费用；

③包装材料费用和包装劳务费用。

（2）与进口货物的生产和向中华人民共和国境内销售有关的，由买方以免费或者以低于成本的方式提供，并且可以按适当比例分摊的下列货物或者服务的价值：

①进口货物包含的材料、部件、零件和类似货物；

②在生产进口货物过程中使用的工具、模具和类似货物；

③在生产进口货物过程中消耗的材料；

④在境外进行的为生产进口货物所需的工程设计、技术研发、工艺及制图等相关服务。

(3) 买方需向卖方或者有关方直接或者间接支付的特许权使用费，但是符合下列情形之一的除外：

①特许权使用费与该货物无关；

②特许权使用费的支付不构成该货物向中华人民共和国境内销售的条件。

(4) 卖方直接或者间接从买方对该货物进口后销售、处置或者使用所得中获得的收益。

纳税义务人应当向海关提供本条所述费用或者价值的客观量化数据资料。纳税义务人不能提供的，海关与纳税义务人进行价格磋商后，按照本办法第六条列明的方法审查确定完税价格。

3. 相关计入项目和扣除项目费用是否能够按照规定进行调整

【2016 多选题】成交价格估价方法中相关费用或价值计入完税价格须满足的条件有（　　）。

A. 费用或价值由买方负担　　B. 未包括在进口货物的实付价格中

C. 未包括在进口货物的应付价格中　　D. 有客观量化的数据资料

参考答案　ABCD

解　　析　同上题。

【2017 单选题】某批进口货物合同成交方式为 FOB KOBE 2000 美元，保费 10 美元，海运费 220 美元，该批货物完税价格应该为（　　）。

A. 2000 美元　　B. 2010 美元　　C. 2220 美元　　D. 2230 美元

参考答案　D

解　　析　根据《审价办法》第三十八条规定，出口货物的完税价格由海关以该货物的成交价格为基础审查确定，并且应当包括货物运至中华人民共和国境内输出地点装载前的运输及其相关费用、保险费。本题完税价格应为 2000+10+220＝2230 美元。

因此，本题正确答案为选项 D。

【2018 判断题】《海关法》规定，进出口货物的完税价格，由海关以该货物的发票价格为基础审查确定。发票价格不能确定的，完税价格由海关确定。

参考答案　错误

解　　析　根据《海关法》第五十五条规定，进出口货物的完税价格，由海关以该货物的成交价格为基础审查确定。成交价格不能确定时，完税价格由海关依法估定。

【2018/2019 判断题】海关审定的进口货物的成交价格，是指卖方向中华人民共和国境内销售该货物时买方为进口该货物向卖方实付、应付的价格总额，包括直接支付的价款和间接支付的价款。

参考答案　错误

解　　析　根据《审价办法》第七条规定，进口货物的成交价格，是指卖方向中华人民共和国境内销售该货物时买方为进口该货物向卖方实付、应付的，并且按照本章第三节的规定调整后的价款总额，包括直接支付的价款和间接支付的价款。

【2018 单选题】某公司以“CFR 新加坡”向外方出口一批需征收出口关税的货物。其中发票中列明：货价 10000 元，境内发生的运费及保费为人民币 100 元，境外发生的运费为 150 元，境外发生的保费暂时未知。该批货物完税价格为（　　）。

A. 10150-出口关税　　B. 10100-出口关税

C. 10250-出口关税　　D. 10250-境外发生的保费-出口关税

参考答案　B

解　　析　根据《审价办法》第三十八条规定，出口货物的完税价格由海关以该货物的成交价格为基础审查确定，并且应当包括货物运至中华人民共和国境内输出地点装载前的运输及其相关费用、保险费。

第三十九条规定，出口货物的成交价格，是指该货物出口销售时，卖方为出口该货物应当向买方直接收取和间接收取的价款总额。

第四十条规定，下列税收、费用不计入出口货物的完税价格：

（1）出口关税；

（2）在货物价款中单独列明的货物运至中华人民共和国境内输出地点装载后的运输及其相关费用、保险费。

【2016 单选题】某公司以 CIF 吉隆坡 10250 元人民币出口一批货物。其中货价为人民币 10000 元，境内发生的运费及保险费为人民币 50 元，境外发生的运费和保险费分别为人民币 150 元和 50 元。该批货物完税价格为（　　）。

A. 10250 元-出口关税　B. 10200 元-出口关税　C. 10050 元-出口关税　D. 10000 元-出口关税

参考答案　C

解　　析　同上题。

【2018 判断题】中间人（或居间人）在买卖双方交易过程中收取的经纪费必须全部计入进口货物的完税价格。

参考答案　错误

解　　析　中间人（或居间人）向买方收取的经纪费才应全部计入进口货物的完税价格中。如果是向卖方收取的，不一定需要计入进口货物的完税价格中。

【2019 单选题】单独列明的（　　），计入进口货物完税价格。

A. 进口关税　B. 境内技术培训费　C. 境外考察费用　D. 保修费用

参考答案　D

解　　析　根据《审价办法》第十一条规定，以成交价格为基础审查确定进口货物的完税价格时，未包括在该货物实付、应付价格中的下列费用或者价值应当计入完税价格：

（1）由买方负担的下列费用：

①除购货佣金以外的佣金和经纪费；

②与该货物视为一体的容器费用；

③包装材料费用和包装劳务费用。

（2）与进口货物的生产和向中华人民共和国境内销售有关的，由买方以免费或者以低于成本的方式提供，并且可以按适当比例分摊的下列货物或者服务的价值：

①进口货物包含的材料、部件、零件和类似货物；

②在生产进口货物过程中使用的工具、模具和类似货物；

③在生产进口货物过程中消耗的材料；

④在境外进行的为生产进口货物所需的工程设计、技术研发、工艺及制图等相关服务。

（3）买方需向卖方或者有关方直接或者间接支付的特许权使用费，但是符合下列情形之一的除外：

①特许权使用费与该货物无关；

②特许权使用费的支付不构成该货物向中华人民共和国境内销售的条件。

（4）卖方直接或者间接从买方对该货物进口后销售、处置或者使用所得中获得的收益。

第十五条规定，进口货物的价款中单独列明的下列税收、费用，不计入该货物的完税价格：

（1）厂房、机械或者设备等货物进口后发生的建设、安装、装配、维修或者技术援助费用，但是保修费用除外；

（2）进口货物运抵中华人民共和国境内输入地点起卸后发生的运输及其相关费用、保险费；

（3）进口关税、进口环节海关代征税及其他国内税；

（4）为在境内复制进口货物而支付的费用；

（5）境内外技术培训及境外考察费用。

【2019 单选题】 国内某服装厂以 CIF 价格从美国购进一批缝编机，发票列明：缝编机 USD20,000，进口后的安装费 USD1,000，培训费 USD1,000，卖方佣金 USD500。该缝编机海关审定的成交价格应为(　　)。

A. USD20,000　　B. USD20,500　　C. USD22,500　　D. USD22,000

参考答案　B

解　　析　同上题。

【2019 多选题】 买卖双方签订一份从美国进口货物的贸易合同，成交方式为 FOB 美国旧金山，货物价值 5000 美元，国际运费 1000 美元，新加坡中转仓储费 50 美元，货物在洋山港转换国内船舶将货物运至武汉，其中卸货费 100 美元，内陆运输费 200 美元。以上费用应计入完税价格的有（　　）。

A. 5000 美元　　B. 1000 美元　　C. 50 美元　　D. 300 美元

参考答案　ABC

解　　析　同上题。

【2020 多选题】 进口货物的完税价格，由海关以该货物的成交价格为基础审查确定，并应当包括货物运抵中华人民共和国境内输入地点起卸前的（　　）。

A. 运输费　　B. 保险费　　C. 搬运费　　D. 装卸费

参考答案　ABCD

解　　析　同上题。

【2020 多选题】 买卖双方签订一份从美国进口货物的贸易合同，成交方式为 CIF 中国武汉，货物价值 5000 美元，国际运费 1000 美元，新加坡中转仓储费 50 美元，载有货物的船舶在洋山港停靠后运至武汉，其中船舶停靠 100 美元，内河运输费 200 美元。以上费用应计入完税价格的有（　　）。

A. 5000 美元　　B. 1000 美元　　C. 50 美元　　D. 300 美元

参考答案　ABCD

解　　析　同上题。

4. 买方对进口货物的处置和使用不受限制

【2018 单选题】（　　）情况并不影响成交价格的成立。

A. 进口的二手机械设备，因为国外卖方的经营策略，认为在江苏地区销售业绩好、需求量大，所以限制了该设备的销售地域

B. 进口的二手机械设备是基于买方必须向卖方购买一定数量的该设备加工出来的货物为条件而确定的

C. 进口的二手机械设备只能用于展览

D. 进口的二手机械设备加工制得的成品只能销售给卖方

参考答案　A

解　　析　有三种限制并不影响成交价格的成立：一是法律、行政法规规定实施的限制；二是对货物销售地域的限制；三是对货物价格无实质性影响的限制。

根据《审价办法》第八条规定，进口货物的成交价格应当符合下列条件：

对买方处置或者使用进口货物不予限制，但是法律、行政法规规定实施的限制、对货物销售地域的限制和对货物价格无实质性影响的限制除外；

第九条规定，有下列情形之一的，应当视为对买方处置或者使用进口货物进行了限制：

（1）进口货物只能用于展示或者免费赠送的；

（2）进口货物只能销售给指定第三方的；

（3）进口货物加工为成品后只能销售给卖方或者指定第三方的；

（4）其他经海关审查，认定买方对进口货物的处置或者使用受到限制的。

5. 进口货物的运输及其相关费用无法确定

【2020 单选题】国内某企业在向海关申报一批进口货物时，无法提供运费发票，海关应当（　　）。

A. 以货值的千分之三计算运费并计入完税价格

B. 按照该货物进口同期的正常运输成本审查确定

C. 按照合理方法审查确定

D. 以该企业以往进口货物的平均运费计算运费并计入完税价格

参考答案　B

解　　析　根据《审价办法》第三十五条规定，进口货物的运输及其相关费用，应当按照由买方实际支付或者应当支付的费用计算。如果进口货物的运输及其相关费用无法确定的，海关应当按照该货物进口同期的正常运输成本审查确定。

6. 主要贸易术语价格转换

【2017 综合案例题】深圳某进口商从台湾购入一套机床设备，设备价格为 FOB Taiwan 60000 美元，该货物从台湾经香港转运到深圳蛇口口岸，发票列明：台湾至香港的海运费为 500 美元，香港至深圳蛇口口岸的陆运费是 3000 港币，保险费 500 元人民币，蛇口口岸至深圳进口商仓库的运费为 2000 元人民币。

请根据上述案例，回答下列各题：

1. 该套机床向海关申报时，应计入进口货物完税价格的项目有（　　）。

A. 台湾至香港的海运费 500 美元

B. 香港至深圳蛇口口岸的陆运费 3000 港币

C. 保险费 500 元人民币

D. 蛇口口岸至深圳进口商仓库的运费 2000 元人民币

参考答案　ABC

解　　析　本题考查完税价格计入项目。进口货物的价款中单独列明的下列税收、费用，不计入该货物的完税价格：

（1）厂房、机械或者设备等货物进口后发生的建设、安装、装配、维修或者技术援助费用，但是保修费用除外；

（2）货物运抵境内输入地点起卸后发生的运输及其相关费用、保险费；

（3）进口关税、进口环节代征税及其他国内税；

（4）为在境内复制进口货物而支付的费用；

（5）境内外技术培训及境外考察费用。

本题中 D 选项为运抵境内输入地点起卸后发生的运费，不应计入完税价格。

因此，本题正确答案为选项 A、B、C。

2. 如该进口机床可以享受协定税率，则所指的协定简称是（　　）。

A. APEC　　　B. CEPA　　　C. ECFA　　　D. RCEP

参考答案　C

解　　析　（1）APEC 一般指亚太经济合作组织；

（2）CEPA 一般指内地与香港关于建立更紧密经贸关系的安排；

（3）ECFA 一般指海峡两岸经济合作框架协议；

（4）RCEP 一般指区域全面经济伙伴关系协定。

3. 该企业在申报后自行完成了应缴税款的计算和支付，这种作业方式称为（　　）。

A. 先放后税　　　B. 自报自缴　　　C. 集中纳税　　　D. 汇总征税

参考答案　B

解　　析　海关总署公告 2017 年第 44 号《关于简化海关税费电子支付作业流程的公告》取消了现

场海关通过打印税款缴款书（俗称“税单”）触发税款实扣的操作，进出口企业、单位选择以海关税费电子支付方式缴纳税款的，税款预扣成功后，海关通关业务系统自动发送税款实扣通知，税款扣缴成功且报关单符合放行条件的，系统自动放行。简单来说，海关打印税单不再是货物放行的必备要件，企业缴税后，符合条件即可自动放行。

电子支付作业流程简化后，如果再选择“自报自缴”，则更加便利。“自报自缴”是指进出口企业、单位自主向海关申报报关单及随附单证、税费电子数据，并自行缴纳税费的行为。

【2018 综合案例题】大连科德进出口有限公司进口 10 台原产于德国的立式加工中心，价格条款为 CIF 大连 50 万美元/台，科德公司另需支付给卖方特许权使用费 1 万美元，付给中间人购货佣金 1 万美元，买卖双方无特殊关系。该加工中心的关税普通税率为 20%，优惠税率为 9. 7%，增值税率为 16%。装载货物的运输工具于 2018 年 7 月 9 日（星期一）申报进境，该公司于 2018 年 7 月 27 日（星期五）向海关申报，海关当日接受申报。设 1 美元＝7. 5 元人民币。

请就本案例回答下列相关问题：

1. 该批货物滞报了（　　）天。

A. 2　　B. 3　　C. 4　　D. 5

参考答案　B

解　　析　货物最后申报期限应为 7 月 23 日，从 24 日起征收滞报金，共滞报 3 天。

2. 该批货物的完税价格为（　　）元人民币。

A. 3750 万　　B. 3757. 5 万　　C. 3765 万　　D. 3742. 5 万

参考答案　B

解　　析　完税价格为 CIF 价格为基础加上计入项目特许权使用费 1 万美元，共 501 万美元，折合人民币 3757. 5 万元，而购货佣金不是计入项目。

3. 该批货物滞报金为（　　）元。

A. 75150　　B. 75000　　C. 75300　　D. 74850

参考答案　A

解　　析　根据上一题，滞报金＝3757. 5×0. 5‰×4＝75150 元人民币。

4. 这批货物的关税税额是（　　）元人民币。

A. 3644775　　B. 3637500　　C. 3652050　　D. 3630225

参考答案　A

解　　析　关税税额＝3757. 5×9. 7%＝3644775 元人民币。

5. 这批货物的进口环节增值税为（　　）元人民币。

A. 6589928　　B. 6705562　　C. 6469947　　D. 6595164

参考答案　D

解　　析　增值税＝（3757. 5 万元+364. 4775 万元）×16%＝6595164 元。

6. 以下哪些情况属于“原产于德国”（　　）。

A. 该批机床的所有生产程序均在德国完成

B. 该批机床的全部原材料来源于德国

C. 原产于意大利的设备在德国经进一步加工后，税则号列前四位发生了改变

D. 原产于意大利的设备在德国进行了重新包装，使其可以直接用于销售

参考答案　ABC

解　　析　A、B、C 三个选项分别属于原产地确定的制造加工工序标准、区域价值成分标准、税则归类改变标准，而重新包装，不影响原产地的确认。

7. 非海关特殊监管区域及保税监管场所内加工贸易企业内销保税货物

＊＊**【2019 单选题】**非特殊区域及保税监管场所内的加工贸易企业内销保税货物，如果该货物为残

次品，则海关以（　　）为基础审查确定完税价格。

A. 接受申报时进口的相同货物成交价格　　B. 接受申报时进口的相同料件价格

C. 料件原进口成交价格　　D. 残次品的实际价值

参考答案　C（此题题干表述中应确定为“进料加工”）

解　　析　根据《内销保税货物审价办法》第四条规定，进料加工进口料件或者其制成品（包括残次品）内销时，海关以料件原进口成交价格为基础审查确定完税价格。

第五条规定，来料加工进口料件或者其制成品（包括残次品）内销时，海关以接受内销申报的同时或者大约同时进口的与料件相同或者类似的保税货物的进口成交价格为基础审查确定完税价格。

8. 海关特殊监管区域、保税监管场所内保税物流货物内销

【2018 多选题】特殊监管区域内货物出区内销时，以下费用均单独列明，（　　）无需计入完税价格。

A. 货物在特殊监管区域内的仓储费　　B. 货物在特殊监管区域内的包装费

C. 货物在特殊监管区域内的保险费　　D. 货物出区时的内销价格

参考答案　AC

解　　析　根据《内销保税货物审价办法》第十一条规定，海关特殊监管区域、保税监管场所内企业内销的保税物流货物，海关以该货物运出海关特殊监管区域、保税监管场所时的内销价格为基础审查确定完税价格；该内销价格包含的能够单独列明的海关特殊监管区域、保税监管场所内发生的保险费、仓储费和运输及其相关费用，不计入完税价格。

9. 出境修理复运进境货物

【2017 多选题】出境修理货物按期复运进境时，（　　）应当计入完税价格。

A. 原出境货物价格　　B. 境外修理费

C. 境外材料费　　D. 复运进境的运输及相关费用和保险费

参考答案　BC

解　　析　根据《审价办法》第二十八条规定，运往境外修理的机械器具、运输工具或者其他货物，出境时已向海关报明，并且在海关规定的期限内复运进境的，应当以境外修理费和料件费为基础审查确定完税价格。

出境修理货物复运进境超过海关规定期限的，由海关按照本办法第二章的规定审查确定完税价格。

10. 出境加工复运进境货物

【2020 判断题】经海关批准出境加工，并在规定期限内复运进境的货物，其完税价格应包括境外加工费和料件费用，但不应包括该货物复运进境的运输费及保险费。

参考答案　错误

解　　析　根据《审价办法》第二十九条规定，运往境外加工的货物，出境时已向海关报明，并且在海关规定期限内复运进境的，应当以境外加工费和料件费以及该货物复运进境的运输及其相关费用、保险费为基础审查确定完税价格。

出境加工货物复运进境超过海关规定期限的，由海关按照本办法第二章的规定审查确定完税价格。

11. 租赁进口货物

【2017 填空题】以分期支付租金方式的进口租赁货物，在租赁期间以海关审定的该货物的（　　）作为完税价格。

参考答案　租金

解　　析　根据《审价办法》第三十一条规定，租赁方式进口的货物，按照下列方法审查确定完税价格：

（1）以租金方式对外支付的租赁货物，在租赁期间以海关审查确定的租金作为完税价格，利息应当予以计入；

（2）留购的租赁货物以海关审查确定的留购价格作为完税价格；

（3）纳税义务人申请一次性缴纳税款的，可以选择申请按照本办法第六条列明的方法确定完税价格，或者按照海关审查确定的租金总额作为完税价格。

【2019 判断题】租赁进口货物以租金方式对外支付的，在租赁期间以海关审定的该货物的货值作为完税价格，利息予以计入。

参考答案 错误

解　　析 同上题。

【2019 多选题】内地进口商 A 因资金短缺，欲向香港某公司租赁一台价值为 1.1 亿人民币的设备，租赁期限为 5 年，租金 100 万元人民币/年，另付利息 5 万元人民币/年，以下描述正确的是（　　）。

A. 该案例中的货物适用经营租赁，每次按 105 万元人民币确定完税价格

B. 该案例中的货物适用经营租赁，纳税义务人可以申请一次性缴纳税款

C. 该案例中的货物适用融资租赁，每次按 2205 万元人民币确定完税价格

D. 该案例中的货物适用融资租赁，纳税义务人可以申请一次性缴纳税款

参考答案 AB

解　　析 同上题。

12. 跨境电子商务零售进口商品

【2018/2019 单选题】跨境电子商务零售进口商品，其完税价格包括（　　）。

A. 实际交易价格　　B. 实际交易价格+国内运费+国内保险费

B. 货物采购价格+国际运费+国际保险费　　C. 货物零售价格+国内运费+国内保险费

参考答案 A

解　　析 根据《跨境电子商务零售进出口商品监管》的相关规定，对跨境电子商务零售进口商品，海关按照国家关于跨境电子商务零售进口税收政策征收关税和进口环节增值税、消费税，完税价格为实际交易价格，包括商品零售价格、运费和保险费。

13. 确定出口货物完税价格

【2017 填空题】出口货物的完税价格由海关以该货物的成交价格为基础审查确定，并且应当包括货物运至中华人民共和关境内输出地点装载前的运输及其相关费用、（　　）。

参考答案 保险费

解　　析 根据《审价办法》第三十八条规定，出口货物的完税价格由海关以该货物的成交价格为基础审查确定，并且应当包括货物运至中华人民共和国境内输出地点装载前的运输及其相关费用、保险费。

第三十九条规定，出口货物的成交价格，是指该货物出口销售时，卖方为出口该货物应当向买方直接收取和间接收取的价款总额。

第四十条规定，下列税收、费用不计入出口货物的完税价格：

（1）出口关税；

（2）在货物价款中单独列明的货物运至中华人民共和国境内输出地点装载后的运输及其相关费用、保险费。

【2019 单选题】国内某公司向海关申报出口样机一台，该样机为新研制、新技术，采用国内专利，海关在确定该出口货物成交价格时，可采用的是（　　）。

A. 成交价格法　　B. 倒扣价格法　　C. 相同货物法　　D. 合理方法

参考答案 D

解　　析 该案例没有销售行为，且国内无相同或类似货物，无法用成交价格法、相同/类似货物法

确定该货物出口的完税价格；同时也不存在境外销售价格，无法使用倒扣价格法确定其完税价格。

根据《审价办法》第四十一条规定，出口货物的成交价格不能确定的，海关经了解有关情况，并且与纳税义务人进行价格磋商后，依次以下列价格审查确定该货物的完税价格：

（1）同时或者大约同时向同一国家或者地区出口的相同货物的成交价格；

（2）同时或者大约同时向同一国家或者地区出口的类似货物的成交价格；

（3）根据境内生产相同或者类似货物的成本、利润和一般费用（包括直接费用和间接费用）、境内发生的运输及其相关费用、保险费计算所得的价格；

（4）按照合理方法估定的价格。

（四）税率适用的确定过程

1. ★税率适用时间的确定

【2018 单选题】 关税税率适用原则中表述正确的是（　　）。

A. 进口货物到达前，经海关核准先行申报的，按申报日期实施的税率

B. 经海关批准，实行集中申报的进出口货物，按集中申报时的日期实施的税率

C. 因纳税义务人违反规定需要追征税款的进出口货物，应当适用违反规定的行为发生之日实施的税率

D. 因超过规定期限未申报而由海关依法变卖的进口货物，按海关处置该批货物的日期实施的税率

参考答案 C

解　　析 选项 A，应适用装载货物的运输工具申报进境之日的税率；选项 B，应适用每次货物进出口时海关接受该货物申报之日的税率；选项 D，应适用装载货物的运输工具申报进境之日的税率；选项 C 正确，因纳税义务人违反规定需要追征税款的进出口货物，应当适用违反规定的行为发生之日实施的税率，行为发生之日不能确定的，适用海关发现该行为之日实施的税率。

【2019 单选题】 如图为 2019 年“进口商品暂定税率表”部分截图，下列选项描述错误的是(　　)。

序号	EX [注1]	税则号列	商品名称	最惠国税率（%）	2019年暂定税率（%）
664	ex	90019090	液晶显示屏背光模组的光学元件(包括导光板、反射板、扩散片、增亮片)	5#4	2
665		90021131	单反相机镜头	6	3
666		90021139	其他照相机用镜头	6	3
667	ex	90021190	彩色投影机和数字光处理器的镜头及镜头组件	10	3
668	ex	90021990	摄像机、摄录一体机的镜头	9.4#7.5	3
669	ex	90021990	手机、平板电脑用物镜（800万像素及以上）	9.4#7.5	1—6月：8%
670		90031910	金属材料制眼镜架	7	6
671		90041000	太阳镜	7	6

A. 进口原产于德国的钛合金眼镜架，适用关税税率为 6%

B. 进口原产于日本的摄像机镜头，适用关税税率为 3%

C. 内销原产于中国的单反相机镜头，适用关税税率为 3%

D. 进口原产于韩国的手机用物镜，1200 万像素，适用关税税率为 7.5%（2019 年 3 月份进口）

参考答案 D

解　　析 与税率信息相关的内容，均以当年的《税则》为标准。

2. 原产地规则的适用

【2020 单选题】 我国 A 企业以一般贸易、一般征税的方式进口一批货物。该商品在《中华人民共和国进出口税则》中的信息如下：

最惠（%）	暂定税率	普通	增值/消费	监管条件	检验检疫	特殊证件/对美关税	协定税率		特惠税率
							亚太5国	韩国	亚太2国
7		20	13/	OA	M	/	4.9	0	

该商品是我国A企业与韩国的公司签订合同购买的货物。原产地证上写明：“Country of Origin：JAPAN.”，则该商品适用的进口关税税率是（　　）。

A. 7%　　B. 20%　　C. 4.9%　　D. 0%

参考答案　A

解　　析　同上题。

【2020综合案例题】国内某公司从产地印度尼西亚进口鲜红皮紫红肉火龙果25CTN，装箱规格10KG/CTN，Per kg CNY 20 CIF Shanghai，货物经新加坡中转，二程船于2020年10月10日申报进境。次日，该国内公司凭发票、箱单、原产地申明等资料向我国海关申报报关单电子数据，经海关现场查验后，企业向海关缴纳足额保证金后，先行提货。2020年10月20日，该公司凭新加坡出具的正本优惠原产地证向海关申请销保手续。

1. 该批火龙果如可以享受协定税率，则所指的协定简称是（　　）。

A. APEC　　B. CEPA　　C. ECFA　　D. ACFTA

参考答案　D

解　　析　印度尼西亚属于东盟十国之一，因此本题答案应选择D，ACFTA指ASEAN-China Free Trade Area，即中国-东盟自由贸易区优惠关税协议。

2. 该批火龙果如可以享受协定税率，以下说法正确的有（　　）。

A. 企业向海关申报时，应提供新加坡海关出具的未加工证明

B. 企业向海关申报时，应同时向海关进行原产地资格补充申报

C. 企业向海关申报时，无须提供新加坡海关出具的未加工证明

D. 企业向海关申报时，应确保申报的原产地与实际货物外包装上的产地标识相符

参考答案　BCD

解　　析　新加坡属于中国-东盟自由贸易区优惠关税协议的成员国，因此无须提供新加坡海关出具的未加工证明，符合直接运输规则。故选项A错误。

3. 该批鲜火龙果进口关税最惠国税率为20%，协定关税税率为0%，进口普通税率为80%，进口环节增值税税率为9%，进口环节消费税税率为0%，向海关申请担保时，需要缴纳保证金约（　　）元。

A. 5000×0%　　B. 5000×9%

C. 5000×（20%+9%+20%×9%）　　D. 5000×（80%+9%+80%×9%）

参考答案　C

解　　析　本题考查了税费核算技能。首先要确定该案例中原产国是印度尼西亚，且通过海关查验核实该货物原产地为印度尼西亚。该国内公司向海关申请担保时应足额向海关申请，因此，本题答案为C，即5000元×（20%+9%+20%×9%）。

3. 进口关税正税税率适用选择（从低、暂定优先、关税配额税率优先等）

【2017单选题】进口货物在税则中同时适用最惠国税率、特惠税率和暂定税率的（　　）。

A. 适用最惠国税率　　B. 适用特惠税率　　C. 适用暂定税率　　D. 从低适用税率

参考答案　D

解　　析　根据《关税条例》第十一条规定，适用最惠国税率的进口货物有暂定税率的，应当适用暂定税率；适用协定税率、特惠税率的进口货物有暂定税率的，应当从低适用税率；适用普通税率的进口货物，不适用暂定税率。

4. 出口关税税率适用选择

【2017单选题】根据如图所示出口商品税率表，下列选项正确的是（ ）。

出口商品税率表

序号	EX①	税则号列	商品名称（简称）	出口税率(%)	2017年暂定税率(%)
1		03019210	鳗鱼苗	20	
2		05061000	经酸处理的骨胶原及骨	40	
3		05069011	含牛羊成分的骨粉及骨废料	40	
4		05069019	其他骨粉及骨废料	40	
5	ex	05069090	其他骨及角柱(已脱胶骨、角柱除外)	40	
6	ex	05069090	已脱胶骨、角柱	40	0
7		25085000	红柱石，蓝晶石及硅线石，不论是否煅烧		10
8		25086000	富铝红柱石		10

A. 鳗鱼苗不征收出口税 B. 已脱胶骨、角柱不征收出口税

C. 富铝红柱石不征收出口税 D. ex 表示“商品名称”为该税则号列商品简称

参考答案 B

解 析 选项 A 鳗鱼苗适用 20%的出口税率，选项 B 正确，选项 C 富铝红柱石应征收 10%的出口税，选项 D ex 表示税则号列中的部分商品。

【2019单选题】广州加多力饮料公司从孟加拉国进口一批白利糖浓度为 12 的柠檬汁饮品，贸易方式为一般贸易，供应商提供了《亚太贸易协定》项下的原产地证书，该批柠檬汁适用进口关税税率为（ ）。

税号		2009311000
商品名称		白利糖浓度≤20 的柠檬汁
进口最惠国税率		5%
进口普通税率		90%
进口暂定税率		
亚太协定税率		4.7%
特惠税率	亚太 2 国	2.5%
	老/柬/缅	/0/
	37/1/1	0/0/0

A. 5% B. 90% C. 4.7% D. 2.5%

参考答案 D

解 析 原产于与中华人民共和国签订含有关税优惠条款的贸易协定的国家或地区的进口货物，适用协定税率。孟加拉国属于亚太贸易协定成员国内的特惠税率成员，税率适用 2.5%。

（五）税费核算实例

【2016综合案例题】国内某公司从法国购进瓶装葡萄酒一批。装载货物的运输工具于 2016 年 8 月 6 日进境，该公司于 8 月 8 日向海关传输申报电子数据。8 月 9 日，因申报数据不规范报关单电子数据在人工审核环节被退回修改。该公司由于未在规定时限完成修改，该电子数据报关单被海关撤销，后重新申报。8 月 20 日海关接受申报并填发了税款缴款书。相关单据显示，该公司支付运输及相关费用合计 2000

欧元。其中，法国酒庄至出口地港口境外运输费用 1100 欧元，海运费 600 欧元，我国境内港口发生拖箱等费用 100 欧元，我国境内港口运至该公司费用 200 欧元。

根据上述案例，解答下列各题：

1. 2000 欧元运输及相关费用中，应计入货物完税价格的有（　　）。

A. 1100 欧元境外运输费用　　B. 600 欧元海运费

C. 100 欧元我国境内港口发生拖箱等费用　　D. 200 欧元我国境内港口运至该公司费用

参考答案　AB

解　　析　进口货物的完税价格，由海关以该货物的成交价格为基础审查确定，并且应当包括货物运抵中华人民共和国境内输入地点起卸前的运输及其相关费用、保险费。因此我国境内港口发生拖箱等费用 100 欧元及我国境内港口运至该公司费用 200 欧元，是不计入完税价格的。

2. 对该批葡萄酒应适用税率的对应时间是（　　）。

A. 8 月 6 日　　B. 8 月 8 日　　C. 8 月 9 日　　D. 8 月 20 日

参考答案　D

解　　析　《进出口关税条例》规定，进出口货物应当适用海关接受该货物申报进口或者出口之日实施的税率。本题海关接受申报的日期为 8 月 20 日，因此本题选项 D 为正确答案。

3. 对该批葡萄酒征收从价消费税，其计税价格组成公式为（　　）。

A. （关税完税价格+关税税额）／（1−消费税比例税率）

B. （关税完税价格−关税税额）／（1−消费税比例税率）

C. （关税完税价格+关税税额）／（1+消费税比例税率）

D. （关税完税价格−关税税额）／（1+消费税比例税率）

参考答案　A

解　　析　（1）实行从价定率办法计算纳税额，采用价内税的计税方法，即计税价格的组成中包括了消费税税额。其计算公式为：消费税应纳税额=消费税组成计税价格×消费税比例税率；其中：消费税组成计税价格=（关税完税价格+关税税额）／（1−消费税比例税率）。

（2）从量征收的消费税的计算公式为：消费税应纳税额=应征消费税进口数量×消费税定额税率。

（3）实行从价定率和从量定额复合计税办法计算纳税的组成计税价格，其计算公式为：消费税应纳税额=消费税组成计税价格×消费税比例税率+应征消费税进口数量×消费税定额税率；其中：消费税组成计税价格=（关税完税价格+关税税额+应征消费税进口数量×消费税定额税率）／（1−消费税比例税率）。

案例中为从价消费税的计算，选项 A 描述符合，故本题选项 A 为正确答案。

【2019 综合案例题】潍坊 A 公司进口德国产模压成型机 1 台，成交条件为 CIF 青岛，装载该货物的运输工具于 2019 年 3 月 27 日申报进境，该企业于 4 月 3 日申报，当日生成报关单号为 431020191＊＊＊＊＊＊＊＊＊。货物的发票显示如下：总价 EUR1100,000，运保费 EUR7,000，卖方佣金 EUR18,000，潍坊设备调试费 EUR4,000，剩余为设备金额。进境关别：前湾口岸（4258）。适用最惠国税率，其关税率为 5%，增值税率为 13%。

日期	中国外汇交易中心受权公布人民币汇率中间价
4 月 3 日（星期三）	1 欧元对人民币 7.5290 元
3 月 27 日（星期三）	1 欧元对人民币 7.5688 元
3 月 20 日（星期三）	1 欧元对人民币 7.6170 元
2 月 20 日（星期三）	1 欧元对人民币 7.6622 元

1. 潍坊 A 公司进口模压成型机的申报地点和查验地点分别为（　　）。

A. 潍坊海关、前湾口岸　　B. 潍坊海关、潍坊海关

C. 前湾口岸、前湾口岸　　D. 前湾口岸、潍坊海关

参考答案　A

解　　析　应为实际进出境地海关实施查验，申报地海关为潍坊海关（4310），前湾口岸（4258）为查验地点，根据选项排除，答案为选项 A。

2. 进出口货物税率适用涉及要素主要有（　　）。

A. 税率适用时间的确定　　B. 商品归类的确定

C. 原产地规则的适用　　D. 汇率适用日期

参考答案　ABC

解　　析　略。

3. 该票货物适用的汇率为 1 欧元对人民币（　　）。

A. 7.5290 元　　B. 7.5688 元　　C. 7.6170 元　　D. 7.6622 元

参考答案　C

解　　析　略。

4. 海关按成交价格法审定完税价格，若适用汇率为 1 欧元对人民币 H，则完税价格为（　　）。

A. EUR 1100,000×H　　B. EUR（1100,000-4,000）×H

C. EUR（1100,000-7,000）×H　　D. EUR（1100,000-7,000-18,000）×H

参考答案　B

解　　析　略。

5. 该货物增值税组成计税价格为（　　）。

A. 关税完税价格+关税税额　　B. 关税完税价格+增值税税额

C. 关税完税价格+关税税额+增值税税额　　D. （关税完税价格+关税）/（1+消费税税率）

参考答案　A

解　　析　略。

第六篇　数据申报

一、大纲细则

（一）主要内容

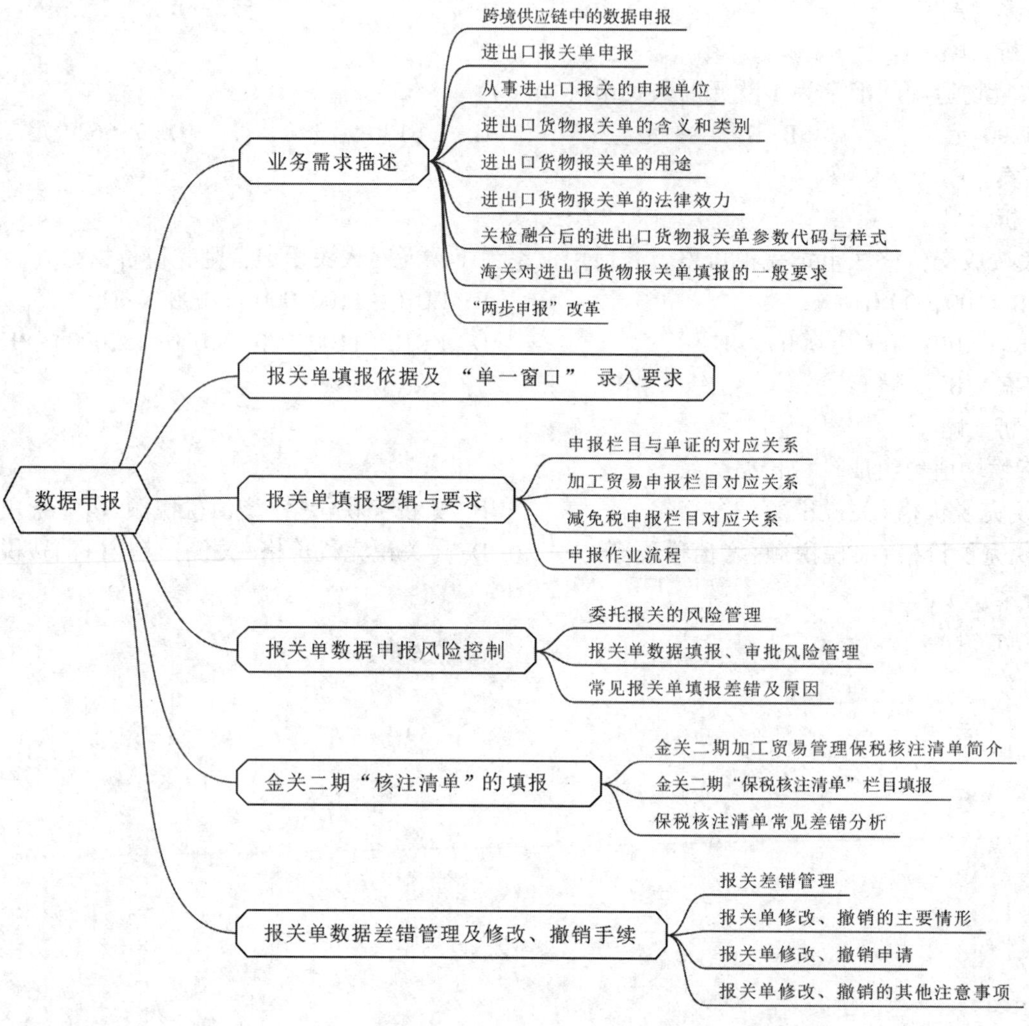

（二）基本要求

1. 能正确选用与相关手续对应的电子或纸质报关单；

2. 能正确理解“两个相符”、分单填报、分项填报等报关单填报一般要求；

3. 能熟悉掌握调整后的报关单结构，以及《报关单填报规范及项目沿革》的修订情况；

4. 能参与虚拟的常见监管方式下进（出）口货物报关单填报作业，包括检验检疫栏目的填报；

5. 使用“单一窗口”，进行进（出）口货物报关单录入填报；

6. 能参与虚拟的已填报完成的常见监管方式下进（出）口货物报关单的复核作业；

7. 在应对报关单填报作业相关案例时，能正确运用所学报关单填报规范及项目沿革知识及获取相关信息的技能，完成报关单填报或复核案例的分析判断与实际处理；

8. 能按照报关单填报虚拟案例的要求，收集报关单证，并对其进行初核；

9. 能按照报关单填报虚拟案例的要求，确认商品属性、申报要素及查询其他相关信息；

10. 能参与常见监管方式下虚拟申报案例的报关单填报作业；

11. 在应对报关单填报作业虚拟案例时，能正确运用规范填报知识与获取信息的技能，按步骤完成报关单填报作业；

12. 在接受报关委托阶段，能按照正确的工作流程进行报关单证、货物等信息审核，降低报关差错风险；

13. 在报关单数据填报中，运用常见的复核方法，逐项或使用逻辑审核的方法，确保所填报关单正确无差错；

14. 在报关单数据申报前，能正确运用复核及错误排查技能，完成报关单填报复核作业；

15. 能够实现报关单差错的管理、控制，理解报关单差错对企业信用、通关效率的影响；

16. 能够辨别可向海关赎回的报关单差错记录，并完成赎回工作；

17. 能够分析进（出）口货物报关单修改、撤销的情形，并完成报关单修改、撤销的作业；

18. 理解海关对进（出）口货物报关单修改、撤销管理要求；

19. 基本概念：进口货物报关单、出口货物报关单、报关单填报规范及项目沿革、报关单填报依据、报关单草单、报关单填报、报关单复核、报关单差错、逻辑审核、报关差错记录、进（出）口货物报关单修改、撤销管理。

（三）考试内容

第一单元　业务需求描述

一、☆跨境供应链中的数据申报

二、☆进出口报关单申报

三、☆从事进出口报关的申报单位

四、进出口货物报关单的含义和类别

☆按进出口流向分类

☆按表现形式分类

☆按使用性质分类

五、进出口货物报关单的用途

☆海关作业

☆加工贸易核销

☆进口货物付汇

☆出口货物收汇

☆出口货物退税

☆海关留存、企业留存

六、☆进出口货物报关单的法律效力

七、关检融合后的进出口货物报关单参数代码与样式

☆进出口货物报关单的改革背景

★进出口货物报关单的栏目变化

★进出口货物报关单的参数代码标准

★进（出）口报关单的样式

八、海关对进出口货物报关单填报的一般要求

☆按照相应制度申报并承担相应法律责任

★三个相符

★分单填报

★分商品填报

九、“两步申报”改革

★概要申报

☆完整申报

第二单元　报关单填报依据及“单一窗口”录入要求

一、☆预录入编号

二、☆海关编号

三、★境内收发货人

四、进出境关别

（一）填报规范及项目沿革

★特殊情况填报要求

★限定口岸要求

（二）信息来源

★实际进出境货物

★无实际进出境货物

五、☆进出口日期

六、☆申报日期

七、备案号

★“监管方式”与“备案号”栏目对应关系

★“征免性质”与“备案号”栏目对应关系

★加工贸易货物备案号填报

★减免税货物备案号填报

★免税品备案号填报

八、☆境外收发货人

九、运输方式

（一）★实际进出境货物

1. 进境货物运输方式

2. 进口转关运输货物

3. 非邮件方式进出境快递货物

4. 进（出）境展览品、留赠转卖品不复运出（入）境

5. 进出境旅客携带货物

6. 以固定设施运输货物

（二）★非实际进出境货物在境内流转

1. 境内非保税区运入保税区货物和保税区退区货物

2. 保税区运往境内非保税区货物

3. 境内存入出口监管仓库的出口监管仓库退仓货物

4. 保税仓库转内销货物或转加工贸易货物

5. 从境内保税物流中心外运入中心或从中心运往境内中心外的货物

6. 从境内保税物流园区外运入园区或从园区内运往境内园区外的货物

7. 保税港区、综合保税区与境内（区外）之间进出的货物

8. 出口加工区、珠澳跨境工业区（珠海园区）、中哈霍尔果斯边境合作区（中方配套区）与境内

(区外) 之间进出的货物

9. 境内运入深港西部通道港方口岸区的货物

10. 经横琴新区和平潭综合实验区二线指定申报通道运往境内区外或从境内经二线指定申报通道进入综合实验区的货物

11. 海关特殊监管区域内的流转、调拨货物

12. 海关特殊监管区域、保税监管场所之间的流转货物

13. 海关特殊监管区域与境内区外之间进出的货物

14. 海关特殊监管区域外的加工贸易余料结转、深加工结转、内销货物

十、☆运输工具名称及航次号

十一、☆提运单号

十二、★货物存放地点

十三、消费使用单位/生产销售单位

☆免税店

★减免税货物

★保税监管场所与境外之间的进出境货物

★海关特殊监管区域

☆自然人

十四、监管方式 (填制规范、适用范围)

★一般贸易

★来料加工贸易

★进料加工贸易

☆加工贸易深加工结转

★加工贸易料件复出

★加工贸易货物退换

★加工贸易保税货物内销

☆加工贸易进口设备

☆加工贸易余料结转、加工贸易货物销毁、不作价设备结转

☆监管年限内减免税设备结转

☆保税区间及保税仓库间货物结转

☆保税仓库进出境仓储、转口货物

★保税区进出境仓储、转口货物

★外商投资企业进口设备、物品

★退运进出口货物

★进出境修理物品

★租赁贸易

★暂时进出境货物

★进出境展览品

☆货样、广告品

★无代价抵偿进出口货物

☆其他免费提供的进出口货物

★对外承包工程进出口物资

☆国家或国际组织无偿援助和赠送的物资

☆进出口捐赠物资

十五、征免性质（适用范围）

★一般征税

☆加工设备

★来料加工

★进料加工

★中外合资

★中外合作

★外资企业

★鼓励项目

★自有资金

★其他法定

十六、许可证号

十七、★启运港

十八、☆合同协议号

十九、★贸易国（地区）

二十、启运国（地区）/运抵国（地区）

★直接运抵货物

★在第三国中转货物

★非实际进出境货物

二十一、★经停港/指运港

★直接运抵货物

★在第三国中转货物

★无实际进出境货物

二十二、☆入境口岸/离境口岸

二十三、包装种类

二十四、★件数

二十五、★毛重

二十六、★净重

二十七、成交方式

★海关“成交方式”与贸易术语对照

★无实际进出境的货物

二十八、★运费

二十九、★保费

三十、☆杂费

三十一、随附单证及编号

★监管证件

★优惠贸易协定项下进出口货物

★加工贸易项下内销补税、深加工结转

三十二、标记唛码及备注

★关联备案

★关联报关单

★直接退运

☆保税监管场所进出货物

☆加工贸易货物销毁
★暂时进出货物及展览品
★跨境电子商务进出口货物
☆加工贸易副产品
☆服务外包货物进口
☆公式定价进口货物
☆预裁定
☆行政裁定
☆预检验
☆ATA 单证册
☆动物源性
☆境外进入特殊监管区或者保税仓库
☆分送集报
☆军事装备
☆培养基及化学试剂
★修理物品
★压力容器、成套设备、食品添加剂、成品退换、旧机电产品
★特殊物品
☆集装箱项目
三十三、☆项号
三十四、☆商品编号
三十五、★检验检疫名称
三十六、商品名称、规格型号
★加工贸易及保税货物
★加工贸易边角料和副产品
★车辆
★汽车生产件
★汽车维修件
★合并商品
★品牌类型
★出口享惠情况
★反倾销、反补贴
三十七、数量及单位
★法定计量单位为“千克”特殊情况
★成套设备、减免税货物分批进口
★具有完整品或制成品基本特征的不完整品、未制成品
★加工贸易
★优惠贸易协定
★气体货物
三十八、★单价、总价、币制
三十九、原产国（地区）
★一般填报要求
★加工贸易特殊情况

★协定享惠

四十、★最终目的国（地区）

★一般填报要求

★加工贸易特殊情况

四十一、★境内目的地/境内货源地

四十二、★征免

四十三、☆原产地区

四十四、★特殊关系确认

四十五、★价格影响确认

四十六、★与货物有关的特许权使用支付确认

四十七、☆自报自缴

四十八、☆申报单位

四十九、☆海关批注及签章

五十、检验检疫货物的申报栏目

（一）☆检验检疫受理机关

（二）★企业资质类别及编号

1. 进出口食品、食品原料
2. 进口水产品
3. 进口肉类
4. 进口化妆品
5. 进口水果
6. 进口非食用动物产品
7. 饲料及饲料添加
8. 其他

（三）☆领证机关

（四）☆口岸检验检疫机关

（五）☆启运日期

（六）☆B/L号

（七）★目的地检验检疫机关

（八）☆关联号码及理由

（九）★使用单位联系人及使用单位联系电话

（十）☆原箱运输

（十一）☆特殊业务标识

（十二）☆所需单证

（十三）☆检验检疫签证申报要素

（十四）☆检验检疫货物规格

（十五）★产品资质

1. 特殊物品
2. 进口整车
3. 民用商品
4. 动植物产品
5. 进口化妆品
6. 进口预包装食品

7. 实施境外生产企业注册的进口食品
8. 其他商品
(十六) ★货物属性
(十七) ★用途
(十八) ★危险货物信息

第三单元　报关单填报逻辑与要求

一、申报栏目与单证的对应关系

(一) ★发票
1. 发货人
2. 收货人
3. 启运地及目的地
4. 品名及货物描述
5. 数量、单价、总价
6. 成交方式
(二) ★装箱单
1. 包装及件数
2. 毛重、净重
3. 唛头
(三) ★提运单
1. 运输工具
2. 提运单号
3. 启运国（地区）/运抵国（地区）、装运港/指运港
4. 件数、包装种类、毛重
5. 集装箱号、铅封号、箱型

二、★加工贸易申报栏目对应关系

三、★减免税申报栏目对应关系

四、申报作业流程

(一) ★填报前准备
1. 填报前的单证收集、审核
2. 归类信息收集、确认
3. 监管方式确认
4. 检验检疫相关单证的收集、审核
5. 运费、保险费、杂费确认
6. 特殊关系、价格影响、特许权使用费确认
(二) ★查找报关单各栏目的填报信息
(三) ★根据查找信息核实申报内容
(四) ★申报报关单电子数据并查询报关单通关状态
(五) ★出入境货物通关、物流数据查询

第四单元　报关单数据申报风险控制

一、委托报关的风险管理

☆对客户信用评估管理
☆接受客户委托的工作流程管理

客观审核、及时反馈、信息记录

二、报关单数据填报、审核风险管理

（一）★如实申报管理

（二）★报关单复核管理（逻辑关系）

1. 监管方式

2. 货物收发货人

3. 监管证件与报关单相关栏目

4. 成交方式与运费、保险费

5. 件数、毛重、净重

6. 数量、总价

7. 规范申报

（三）☆报关单数据的申报管理

（四）☆报关单数据的留档管理

三、常见报关单填报差错及原因

☆单证审核程序未及时更新

★专业技能不高、业务不熟练

★报关单栏目数据与许可证件、舱单数据、原产地证书不对应

★工作不细致、责任心不强

☆其他原因

第五单元　金关二期“核注清单”的填报

一、金关二期加工贸易管理保税核注清单简介

☆金关二期加工贸易管理系统

★保税核注清单申报的法规要求

二、★金关二期“保税核注清单”栏目填报

三、保税核注清单常见差错分析

☆保税核注清单与对应或关联报关单的修改、撤销

☆保税核注清单的常见差错

第六单元　报关单数据差错管理及修改、撤销手续

一、报关差错管理

★海关计入报关差错的范围

★海关对报关差错管理要求

☆报关差错管理

二、★报关单修改、撤销的主要情形

三、报关单修改、撤销申请

☆修改、撤销单证准备

☆报关单修改、撤销的申请

☆报关单修改、撤销的审批结果查询

四、报关单修改、撤销的其他注意事项

☆海关要求进出口货物报关单进行修改或者撤销

☆布控查验、涉嫌走私或违反海关规定的进出口货物报关单

☆海关已签发证明联的报关单修改或撤销

☆因修改涉及许可证件的进出口货物

（四）题型分值

题　型	年　份				
	2016	2017	2018	2019	2020
单选题	4.5	0	8	10	24
多选题	3	3	8	4	4
判断题	0	3	6	0	0
填空题	4	4	0	0	0
案例题	0	0	24	0	0
改错题	0	0	0	0	0
总计（分）	11.5	10	46	14	28

二、大纲知识点解析

（一）业务需求描述

1. 进出口报关单申报

【2018 综合案例题】中国甲公司（卖方）与德国乙公司（买方）签订的服装买卖合同中使用了“CIP 汉堡”贸易术语，甲公司委托上海丙（国际货代）公司办理通关、物流工作。

请就本案例回答下列相关问题：

1. 丙公司在接单后需要做的工作有（　　）。

A. 获取发票、装箱单、合同等单证

B. 获取商品信息，对该批服装进行商品归类

C. 根据甲方要求租船订舱

D. 整理报关单证并审核

参考答案　ABCD

解　　析　在接单环节，进出口收发货人及其代理人要尽可能地获取与申报货物有关的全部报关随附单证及相关信息，在报关准备、通关作业环节要做好报关资料准备、租船订舱和填制报关单等工作。

2. 甲公司出口服装的总价为 15000 美金，其中运费为 3000 美金，保险费为 225 美金，报关单的成交方式、运费、保费栏目应填报为（　　）。

A. 成交方式：CIF、运费：为空、保费：为空

B. 成交方式：CIF、运费：美金/3000/3、保费：美金/225/3

C. 成交方式：FOB、运费：为空、保费：为空

D. 成交方式：FOB、运费：美金/3000/3、保费：美金/225/3

参考答案　B

解　　析　此票货物为出口，贸易术语为 CIF，出口报关单中成交方式与发票相符，填报 CIF，并填报运费、保费金额。

3. 报关随附单证内容一致性的审核包括（　　）。

A. 货物金额、币制是否一致

B. 货物数量是否一致

C. 货物品名是否一致

D. 单证抬头是否一致

参考答案　ABCD

解　　析　各报关随附单证间内容一致性的审核，主要是审核货物金额、币制是否一致、货物数量是否一致、货物名称是否一致、单证抬头是否一致。

4. 若甲公司已经在上海海关办理了集中申报备案手续，该批出口服装装船日期为8月15日，则最迟应于（　　）前将货物运抵上海海关监管区，并对一个月内以集中申报清单申报的数据进行归并，填制出口货物报关单，在（　　）之前到上海海关办理集中申报手续。

A. 8月14日、9月10日　　B. 8月14日、9月30日

C. 8月13日、9月10日　　D. 8月13日、9月30日

参考答案　A

解　　析　适用集中申报时，进出口货物收发货人应具备一定的资质，并在货物所在地海关办理集中申报备案手续，出口货物时限为货物运抵海关监管区后、装货的24小时前，收发货人应当对一个月内以集中申报清单申报的数据进行归并，填制进出口货物报关单，一般贸易货物在次月10日之前、保税货物在次月月底之前到海关办理集中申报手续。

5. 在海关查验工作中，海关发现出口服装印制了某知名品牌的商标，该商标已在海关做了知识产权备案，甲公司需要向海关提供（　　）。

A. 知识产权权利人的商标使用授权等相关证明　　B. 商品成交价格的说明

C. 相关机构出具的商品的品质证明　　D. 商品成分、含量说明

参考答案　A

解　　析　海关认定查验结果异常时，需要收发货人配合提供相关资料，知识产权备案的相关知识在基础教程中有所说明。

6. 若该批出口服装放行后，由于配载原因造成部分服装需要变更运输工具，则丙公司需要立即准备下列（　　）材料。

A. 承运人证明材料　　B. 出口货物直接退运表

C. 退关、变更运输工具证明材料　　D. 进出口货物报关单修改/撤销表

参考答案　CD

解　　析　出口货物放行后，由于装运、配载等原因，造成原申报货物部分或者全部退运、变更运输工具的，需要向海关提交的材料有：进出口货物报关单修改/撤销表，以及退关、变更运输工具证明材料。

【2020多选题】下列单证属于报关单的有（　　）。

A. 过境货物报关单　　B. ATA单证册

C. 特殊监管区域进出境备案清单　　D. 进口货物集中申报清单

参考答案　ABCD

解　　析　报关单是由报关人员按照海关规定格式填制的申报单，是指进（出）口货物报关单或者带有进（出）口货物报关单性质的单证，比如特殊监管区域进出境备案清单、进出口货物集中申报清单、ATA单证册、过境货物报关单、快件报关单等。

2. 从事进出口报关的申报单位

【2016单选题】进出口货物收发货人自行办理报关业务称为（　　）。

A. 代理报关　　B. 自理报关　　C. 委托报关　　D. 属地报关

参考答案　B

解　　析　根据《海关法》第九条规定，进出口货物，除另有规定的外，可以由进出口货物收发货人自行办理报关纳税手续，也可以由进出口货物收发货人委托报关企业办理报关纳税手续。

【2017判断题】进出口货物收发货人自行办理报关手续，称为自理报关。报关企业接受进出口货物收发货人的委托，代理办理报关手续，称为代理报关。

参考答案　正确

解　　析　根据《海关法》第九条规定，进出口货物，除另有规定的外，可以由进出口货物收发货人自行办理报关纳税手续，也可以由进出口货物收发货人委托报关企业办理报关纳税手续。

第十条规定，报关企业接受进出口货物收发货人的委托，以委托人的名义办理报关手续的，应当向海关提交由委托人签署的授权委托书，遵守本法对委托人的各项规定。

【2017 判断题】 进出口收发货人主要包括国有企业、外商投资企业、民营企业和集体企业，具有企业数量多，报关单量多等特点。

参考答案 错误

解　　析 在海关注册登记的进出口货物收发货人，是指依法直接进口或者出口货物的中华人民共和国关境内的法人、其他组织或者个人，与数量及报关单量多少无关。

【2017 判断题】 报关人员指经报关单位向海关注册登记，专门负责办理所在单位报关业务的人员。

参考答案 错误

解　　析 根据《报关单位注册登记管理规定》的相关规定，报关单位可以在办理注册登记手续的同时办理所属报关人员备案。

进出口货物收发货人应当通过本单位所属的报关人员办理报关业务，或者委托海关准予注册登记的报关企业，由报关企业所属的报关人员代为办理报关业务。

【2018 单选题】 办理报关单位临时注册登记的单位，海关出具临时注册登记证明，有效期最长为（　　），有效期届满后应当重新办理临时注册登记手续。

A. 1 个月　　B. 3 个月　　C. 6 个月　　D. 一年

参考答案 D

解　　析 根据《报关单位注册登记管理规定》第三十条规定，临时注册登记的，海关可以出具临时注册登记证明，但是不予核发注册登记证书。

临时注册登记有效期最长为 1 年，有效期届满后应当重新办理临时注册登记手续。

已经办理报关注册登记的进出口货物收发货人，海关不予办理临时注册登记手续。

（二）报关单填报依据及“单一窗口”录入要求

1. 备案号

【2018 判断题】《中国-瑞士自由贸易协定》项下进口货物，应在报关单备案号栏目填报原产地证编号。

参考答案 错误

解　　析 根据海关总署公告 2021 年第 34 号《关于优惠贸易协定项下进出口货物报关单有关原产地栏目填制规范和申报事宜的公告》报关单“优惠贸易协定享惠”类栏目填制要求。

2. 免税品备案号填报

【2018 多选题】 以下哪些需填报在报关单备案号中（　　）。

A. 加工贸易手册　　B. 原产地证书　　C. 征免税证明　　D. 保税账册

参考答案 ACD

解　　析 根据《进出口货物报关单填制规范》的相关规定，备案号填报进出口货物收发货人、消费使用单位、生产销售单位在海关办理加工贸易合同备案或征、减、免税审核确认等手续时，海关核发的《加工贸易手册》、海关特殊监管区域和保税监管场所保税账册、《征免税证明》或其他备案审批文件的编号。

3. 境外收发货人

【2018 单选题】 从韩国 AEO 认证企业进口一批商品，韩国企业提供的认证证书编号是 No. 1135600，在填写境外收发货人时，填报样式正确的是（　　）。

A. KR<1135600>　　B. AEO<1135600>　　C. AEO<KR1135600>　　D. KR<AEO1135600>

参考答案 C

解　　析　根据《进出口货物报关单填制规范》的相关规定境外收发货人填报境外收发货人的名称及编码。名称一般填报英文名称，检验检疫要求填报其他外文名称的，在英文名称后填报，以半角括号分隔；对于 AEO 互认国家（地区）企业的，编码填报 AEO 编码，填报样式为“国别（地区）代码+海关企业编码”。

【2018 判断题】某企业与中国香港某公司签署一份“猫爬架”出口合同，合同约定该产品直接发往该公司德国汉堡客户，新报关单“境外收货人”栏目，应填写德国客户名称。

参考答案　错误

解　　析　根据《进出口货物报关单填制规范》的相关规定，境外收货人通常指签订并执行出口贸易合同中的买方或合同指定的收货人，境外发货人通常指签订并执行进口贸易合同中的卖方。

4. 进境货物运输方式

【2019 单选题】根据如下单证，某企业从日本进口电解液添加剂一批，单一窗口“运输方式”栏填报（　　）。

分拨提货单

收货人：

船名	海丰川崎/SITC KAWASAKI	航次	1922SI	到港日期	2019/11/2
分拨提单号	SITYKXM1919446_3	箱号	TLLU3119216	箱型	20GP
货物标记	货物品名		件数	重量(KGS)	体积(CBM)
PO NO. ETC...	CAPACITORS ETC...		3 PACKAGES	2,238.000	4.2300

A. 公路运输　　B. 航空运输　　C. 水路运输　　D. 其他运输

参考答案　C

解　　析　略。

5. ☆运输工具名称及航次号

【2019 单选题】根据如下单证，某企业从日本进口电解液添加剂一批，单一窗口“运输工具名称”栏填报（　　）。

分拨提货单

收货人：

船名	海丰川崎/SITC KAWASAKI	航次	1922SI	到港日期	2019/11/2
分拨提单号	SITYKXM1919446_3	箱号	TLLU3119216	箱型	20GP
货物标记	货物品名		件数	重量(KGS)	体积(CBM)
PO NO. ETC...	CAPACITORS ETC...		3 PACKAGES	2,238.000	4.2300

A. SITC KAWASAKI　　B. 海丰川崎

C. 海丰川崎/ SITC KAWASAKI　　D. SITC KAWASAKI/1922SI

参考答案　A

解　　析　略。

6. ☆提运单号

【2019 单选题】根据如下单证，某企业从日本进口电解液添加剂一批，单一窗口“提运单号”栏填

报（　　）。

分拨提货单

收货人：

船名	海丰川崎/SITC KAWASAKI	航次	1922SI	到港日期	2019/11/2
分拨提单号	SITYKXM1919446_3	箱号	TLLU3119216	箱型	20GP
货物标记	货物品名		件数	重量（KGS）	体积（CBM）
PO NO. ETC...	CAPACITORS ETC...		3 PACKAGES	2,238.000	4.2300

A. TLLU3119216/1922SI　　B. SITYKXM1919446

C. SITYKXM1919446/1922S　　D. SITYKXM1919446_3

参考答案　D

解　　析　略。

7. 退运进出口货物

【2017 填空题】货物进境后、海关放行前，进口货物收发货人、原运输工具负责人或者其代理人发现错发货物，需要将原货物退运境外，此情况应按（　　）监管方式申报。

参考答案　直接退运

解　　析　根据海关总署令第 217 号《中华人民共和国海关进口货物直接退运管理办法》第三条规定，货物进境后、办结海关放行手续前，有下列情形之一的，当事人可以向货物所在地海关办理直接退运手续：

（1）因为国家贸易管理政策调整，收货人无法提供相关证件的；

（2）属于错发、误卸或者溢卸货物，能够提供发货人或者承运人书面证明文书的；

（3）收发货人双方协商一致同意退运，能够提供双方同意退运的书面证明文书的；

（4）有关贸易发生纠纷，能够提供已生效的法院判决书、仲裁机构仲裁决定书或者无争议的有效货物所有权凭证的；

（5）货物残损或者检验检疫不合格，能够提供相关检验证明文书的。

8. 暂时进出境货物

【2019 多选题】下列可适用暂时进出境监管制度办理海关手续的货物是（　　）。

A. 随展览品进境的小卖品　　B. 旅游用自驾交通工具及其用品

C. 盛装货物的容器　　D. 货样

参考答案　BCD

解　　析　根据《进出境货物管理办法》第三条规定，暂时进出境货物包括：

（1）在展览会、交易会、会议以及类似活动中展示或者使用的货物；

（2）文化、体育交流活动中使用的表演、比赛用品；

（3）进行新闻报道或者摄制电影、电视节目使用的仪器、设备以及用品；

（4）开展科研、教学、医疗活动使用的仪器、设备和用品；

（5）在本款第（1）项至第（4）项所列活动中使用的交通工具以及特种车辆；

（6）货样；

（7）慈善活动使用的仪器、设备以及用品；

（8）供安装、调试、检测、修理设备时使用的仪器以及工具；

（9）盛装货物的包装材料；

（10）旅游用自驾交通工具及其用品；
（11）工程施工中使用的设备、仪器以及用品；
（12）测试用产品、设备、车辆；
（13）海关总署规定的其他暂时进出境货物。

9. 进出境展览品

【2018 判断题】 进境展览品在非展出期间应当存放在海关指定的监管场所，未经海关批准，不得移出。因特殊原因需移出的，应当经海关总署备案批准。

参考答案 错误

解　析 根据《进出境货物管理办法》第二十二条规定，未向海关提供担保的进境展览品在非展出期间应当存放在海关监管作业场所。因特殊原因需要移出的，应当经主管地海关同意，并且提供相应担保。

10. 一般征税

【2019 单选题】 根据如下单证，某企业从日本进口电解液添加剂一批，单一窗口“监管方式”栏为“一般贸易”，“征免性质”栏填报(　　)。

分拨提货单

收货人：

船名	海丰川崎/SITC KAWASAKI	航次	1922SI	到港日期	2019/11/2
分拨提单号	SITYKXM1919446_3	箱号	TLLU3119216	箱型	20GP
货物标记	货物品名	件数	重量(KGS)	体积(CBM)	
PO NO. ETC...	CAPACITORS ETC...	3 PACKAGES	2,238.000	4.2300	

A. 一般征税　　B. 照章征税　　C. 其他法定　　D. 自有资金

参考答案 A

解　析 略。

11. 其他法定

【2018 判断题】 一份报关单或海关其他作业单证只允许填报一种征免性质，涉及多个征免性质的，应分单填报。

参考答案 正确

解　析 根据《进出口货物报关单填制规范》第十五条规定，根据实际情况按海关规定的《征免性质代码表》选择填报相应的征免性质简称及代码，持有海关核发的《征免税证明》的，按照《征免税证明》中批注的征免性质填报。一份报关单只允许填报一种征免性质。

12. 许可证号

【2016 填空题】 两用物项和技术进口许可证证面的进口商、收货人应分别与海关进口货物报关单的(　　)栏、(　　)栏相一致。

参考答案 收发货人（经营单位）、消费使用单位（收货单位）

解　析 两用物项和技术进口许可证证面的进口商、收货人应分别与海关进口货物报关单的经营单位、收货单位相一致；两用物项和技术出口许可证证面的出口商和发货人应分别与海关出口货物报关单的经营单位、发货单位相一致。

新版报关单中已经将“经营单位”调整为“收发货人”，将“收货单位”调整为“消费使用单位”，将“发货单位”调整为“生产销售单位”。

如按新版报关单填制，本题应填报为“收发货人”“消费使用单位”。

＊＊【2018 单选题】以下监管证件需填入许可证号栏的是（　　）。

A. 两用物项和技术进（出）口许可证　　B. 自动进口许可证

C. 密码产品和设备进口许可证　　D. 固体废物进口许可证

参考答案　A（此题 D 选项已废止）

解　　析　根据《关于全面禁止进口固体废物有关事项的公告》的相关规定，禁止以任何方式进口固体废物，禁止我国境外的固体废物进境倾倒、堆放、处置。

另外，根据《进出口货物报关单填制规范》第十六条规定，许可证号填报进（出）口许可证、两用物项和技术进（出）口许可证、两用物项和技术出口许可证（定向）、纺织品临时出口许可证、出口许可证（加工贸易）、出口许可证（边境小额贸易）的编号。

免税品经营单位经营出口退税国产商品的，免予填报。

一份报关单只允许填报一个许可证号。

13. 启运港

Shipper JIANGXI FRUITS AND VEGETABLES I/E CO., LTD. 188 WAIMA ROAD NANCHANG CHINA		**B/L No.** FS81263 ××××有限公司 **COSCO CONTAINER LINES** **Port-to-Port Transport** **BILL OF LADING** **ORIGINAL**
Consignee TO ORDER		
Notify party KWONG FOO YOUNG CO., LTD. 34 JALAP STREET, 50050, SINGAPORE		
Pre-carriage by	Place of Receipt	
Ocean Vessel Voy. No. DONGFENG V. 037	**Port of loading** FUZHOU	
Port of Discharge SINGAPORE	Place of delivery	

Marks & Nos. Container No.	**No. & kind of pkgs**	**Description of goods**	**Gross weight**	**Measurement**
N/M	400PKGS	BEAN CURD AND VINEGAR	14800.00KGS	25.000CBM
1X20' LCL, CY / CY CN.: STEU4597111 SN.: 60010				

Total No. of container or other pkgs or units (in words)	SAY FOUR HUNDRED PACKAGES ONLY

Freight & charges	Revenue Tons	Rate	Per	Prepaid	Collect
FREIGHT COLLECT					

Ex rate	Prepaid at	Payable at	**Place and date of issue:** FUZHOU 22 FEB 2019
	Total prepaid	No. of B(s)/L THREE	**Signed by** COSCO CONTAINER LINES FUZHOU BRANCH
Laden on board the Vessel: **Date:** 22 FEB 2019			As agent for the carrier named above

【2020 单选题】根据以上信息，下列选项对装运地和目的地描述正确的是（　　）。

A. 装运地是新加坡，目的地是福州　　B. 装运地是福州，目的地是新加坡

C. 装运地是新加坡，目的地是南昌　　D. 装运地是南昌，目的地是新加坡

参考答案　B

解　　析　略。

14. 无实际进出境货物

【2018 单选题】某企业从美国进口一批集成电路，该货物由美国的洛杉矶港出口，经新加坡中转，再经宁波港，最终到达上海洋山港。报关单中的经停港应填报（　　）。

A. 洛杉矶　　B. 新加坡　　C. 宁波　　D. 上海

参考答案　B

解　　析　根据《进出口货物报关单填制规范》，经停港填报进口货物在运抵我国关境前的最后一个境外装运港。

【2018 单选题】某企业从泰国曼谷进口一批货物，运抵我国关境前最后一个装货港柬埔寨金边港（港口代码表无此口岸代码），报关时经停港应填报为（　　）。

A. 曼谷　　B. 金边　　C. 柬埔寨　　D. 无需填报

参考答案　C

解　　析　根据《进出口货物报关单填制规范》，在《港口代码表》中无港口名称及代码的，可选择填报相应的国家名称及代码。

15. 海关“成交方式”与贸易术语对照

【2018 单选题】根据进出口货物实际成交价格条款，按海关规定的《成交方式代码表》选择填报相应的成交方式代码。无实际进出境的货物，进口填报（　　）。

A. FOB　　B. CIF　　C. CFR　　D. C&I

参考答案　B

解　　析　根据《进出口货物报关单填制规范》第二十七条规定，根据进出口货物实际成交价格条款，按海关规定的《成交方式代码表》选择填报相应的成交方式代码。

无实际进出境的货物，进口填报 CIF，出口填报 FOB。

【2020 单选题】根据以下单据内容，本笔业务采用的贸易术语是（　　）。

Shipper JIANGXI FRUITS AND VEGETABLES I/E CO., LTD. 188 WAIMA ROAD NANCHANG CHINA	COSCO B/L No. FS81263
Consignee TO ORDER	××××有限公司 **COSCO CONTAINER LINES** **Port-to-Port Transport** **BILL OF LADING**
Notify party KWONG FOO YOUNG CO., LTD. 34 JALAP STREET, 50050, SINGAPORE	**ORIGINAL**

Pre-carriage by	Place of Receipt
Ocean Vessel Voy. No. DONGFENG V. 037	**Port of loading** FUZHOU
Port of Discharge SINGAPORE	Place of delivery

Marks & Nos. Container No.	**No. & kind of pkgs**	**Description of goods**	**Gross weight**	**Measurement**
N/M	400PKGS	BEAN CURD AND VINEGAR	14800.00KGS	25.000CBM
1X20' LCL, CY / CY CN.: STEU4597111 SN.: 60010				

Total No. of container or other pkgs or units (in words)	SAY FOUR HUNDRED PACKAGES ONLY

Freight & charges	Revenue Tons	Rate	Per	Prepaid	Collect
FREIGHT COLLECT					

Ex rate	Prepaid at	Payable at	**Place and date of issue:** FUZHOU 22 FEB 2019	
	Total prepaid	No. of B(s)/L THREE	**Signed by**	**COSCO CONTAINER LINES FUZHOU BRANCH**
Laden on board the Vessel: **Date:** 22 FEB 2019			As agent for the carrier named above	

A. FOB　　　　B. CFR　　　　C. CIF　　　　D. DDP

参考答案　A

解　　析　同上题。

16. 保费

【**2018 多选题**】报关单填制中，下列关于“保费”填制描述正确的为（　　）。

A. 进口货物保费指货物运抵我国境内输入地点起卸前的保险费用

B. 保险费计算公式为：保险费 = 货价×3‰

C. 运保费合并计算的，运保费填报在“运费”栏，保费栏免予填制

D. 保费总价申报时，录入格式为：保险金额/币值代码/3

参考答案 AC

解　　析 根据保费填制规范，选项 B 遗漏运费项，选项 D 应为币值代码/保险金额/3，因此本题正确答案为选项 A、C。

17. 监管证件

【2018 判断题】一票进口货物 2 个商品，1 个有自动进口许可证，另一个需要办理法定检验检疫，必须拆分两个报关单申报。

参考答案 错误

解　　析 不同运输工具、不同航次、不同提运单、不同监管方式、不同备案号、不同征免性质的货物，均应分不同的进（出）口货物报关单填报。此题描述不符合上述条件。

18. 优惠贸易协定项下进出口货物

＊＊【2018 单选题】中国-瑞士自由贸易协定项下进出口货物，使用原产地声明的应在报关单“随附单证编号”栏填报“<优惠贸易协定代码>”、（　　），以及“原产地声明序列号”。

A. C　　B. D　　C. E　　D. A

参考答案 B（此题题干已失效）

解　　析 本题依据《关于优惠贸易协定项下进出口货物报关单有关原产地栏目填制规范和申报事宜的公告》。

【2020 单选题】下列关于港澳 CEPA 项下原产地证书报关规范，表述正确的是（　　）。

A. 一份原产地证书可适用于多份提单

B. 一份原产地证书可适用于同一批次进口货物

C. 一份报关单可涉及多份原产地证书

D. 一份报关单可包含非原产地证书商品

参考答案 B

解　　析 根据优惠原产地规则原产地证书报关规范，原产地证书与报关单的关系是一份报关单，应当对应一份原产地证书，一份原产地证书，应当对应同一批次进口货物。

19. 出口享惠情况

【2018 多选题】商品名称及规格型号中“出口享惠情况”可选择填报以下哪几个（　　）。

A. 出口货物在最终目的国（地区）不享受优惠关税

B. 出口货物在最终目的国（地区）享受优惠关税

C. 出口货物不能确定在最终目的国（地区）享受优惠关税

D. 无需填报

参考答案 ABC

解　　析 根据《进出口货物报关单填制规范》的相关规定，出口享惠情况为出口报关单必填项目。可选择“出口货物在最终目的国（地区）不享受优惠关税”“出口货物在最终目的国（地区）享受优惠关税”“出口货物不能确定在最终目的国（地区）享受优惠关税”如实填报。进口货物报关单不填报该申报项。

20. 境内目的地/境内货源地

【2018 判断题】A 公司从意大利进口牛皮，仓储于天津保税物流中心后海运出口至美国，出口报关单中境内货源地栏目应填报意大利。

参考答案 错误

解　　析 根据《进出口货物报关单填制规范》第四十二条规定，海关特殊监管区域、保税物流中心（B 型）与境外之间的进出境货物，境内目的地/境内货源地填报本海关特殊监管区域、保税物流中心

（B型）所对应的国内地区。

21. 征免

【2018/2019 单选题】某医院进口一套核磁共振成像装置，在海关申请办理了《中华人民共和国进出口货物征免税证明》，关税为0%、增值税为13%，报关单征免方式栏应申报为（　　）。

A. 全免　　B. 特案　　C. 保函　　D. 照章征税

参考答案　B

解　　析　根据海关总署公告2018年第60号附件内容中征免方式填报的要求，本题正确答案为选项B。

22. 进出口食品、食品原料

【2018 多选题】某贸易公司，从澳大利亚进口坚果谷物棒，新报关单检验检疫栏目“企业资质类别”中应该填写（　　）。

A. 进口食品境外出口商代理商备案　　B. 进口食品进口商备案

C. 进口与预包装食品标签备案　　D. 进口食品接触产品备案书

参考答案　AB

解　　析　申报《法检目录》内的商品且根据进出口货物种类及法律法规和相关规定要求，相关企业须取得必要资质的情况时为必填。

按进出口货物种类及法律法规和相关规定要求，须在本栏选择填报货物的生产商/进出口商/代理商必须取得的资质类别。多个资质的须全部填写。包括：

（1）进口食品、食品原料类填写：进口食品境外出口商代理商备案、进口食品进口商备案；

（2）进口水产品填写：进口食品境外出口商代理商备案、进口食品进口商备案、进口水产品储存冷库备案；

（3）进口肉类填写：进口肉类储存冷库备案、进口食品境外出口商代理商备案、进口食品进口商备案、进口肉类收货人备案；

（4）进口化妆品填写：进口化妆品收货人备案；

（5）进口水果填写：进境水果境外果园/包装厂注册登记；

（6）进口非食用动物产品填写：进境非食用动物产品生产、加工、存放企业注册登记；

（7）饲料及饲料添加剂：饲料进口企业备案、进口饲料和饲料添加剂生产企业注册登记；

（8）其他：进境植物繁殖材料隔离检疫圃申请、进出境动物指定隔离场使用申请、进境栽培介质使用单位注册、进境动物遗传物质进口代理及使用单位备案、进境动物及动物产品国外生产单位注册、进境粮食加工储存单位注册、境外医疗器械捐赠机构登记、进出境集装箱场站登记、进口棉花境外供货商登记注册、对出口食品包装生产企业和进口食品包装的进口商实行备案。

23. 进口预包装食品

【2018 多选题】某贸易公司，从澳大利亚进口坚果谷物棒，新报关单检验检疫栏目“产品资质-产品许可”中应该填写（　　）。

A. 进口食品境外出口商代理商备案　　B. 进口食品进口商备案

C. 进口与预包装食品标签备案　　D. 原产地证书

E. 进口食品接触产品备案书

参考答案　CD

进出口货物取得了许可、审批或备案等资质时，应在“产品资质”项下的“许可证类别”中填报对应的许可、审批或备案证件类别和名称。

注意事项：同一商品涉及多个许可、审批或备案证件类别的，须全部录入相应的证件类别。

（1）特殊物品填写：出入境特殊物品卫生检疫审批；

（2）进口整车填写：免于强制性认证特殊用途进口汽车监测处理程序车辆一致性证书；

（3）入境民用商品验证填写：强制性产品（CCC）认证证书或免于办理强制性产品认证证书；

（4）入境需审批的动植物产品填写：进境动植物检疫许可证；

（5）进口废物原料填写：进口废物原料装运前检验证书；

（6）进口旧机电填写：进口旧机电境外预检验证书；

（7）进口化妆品填写：进口化妆品产品备案；

（8）进口预包装食品填写：进口预包装食品标签备案；

（9）实施境外生产企业注册的进口食品填写：进口食品境外生产企业注册；

（10）其他：如进出口商品免验、汽车预审备案、进口化妆品产品套装备案、出口产品型式试验、出库玩具质量许可（注册登记）、水果冻肉预检验证书、输美日用陶瓷生产厂认证、出口食品生产企业备案等均应在此勾选并填写相关证书名称、编号，需要核销的如出入境特殊物品卫生检疫审批、进境动植物检疫许可证、免于办理强制性产品认证证书等，同时填写核销数量和核销明细序号。

【2020 单选题】 根据以下资料，完成下列 5 题。

山东××进出口有限公司（370296××××）于 2020 年 6 月 9 号因质量不符从美国退运进境一批管道配件（接头），进口口岸为青岛保税港口岸，此批管道配件（接头）用于连接管道，铸铁制，加工工艺：铸造加工。出口报关单号：422720190270218674；退运协议号：140410，海运费：5900 美元，保费：0.3%，山东××进出口有限公司委托青岛××报关行办理该进口报关业务；法定计量单位：千克，成交单位：件；HS 编码：73071100.00；境内目的地：青岛其他。

INVOICE

TO: SHANDONG XXXX METALS & MACHINERY INC. 29F, NEW WORLD MANSION, 9 FUZHOUNAN ROAD, QINGDAO CHINA 266071 ATTN: MR. ZHOU BO		INVOICE NO.: DS # 140417 DATE: APR.17, 2020		
FROM NEW YORK	TO QINGDAO			
MARKS & NOS	QUANTITY, PACKING AND DESCRIPTION	UNIT PRICE	AMOUNT	G.W/N.W
	INDUSTRIAL CASTINGS			
SDMEC NO.1-14 QINGDAO		FOB NEW YORK PORT		
		USD	USD	
	JOINT 3200 PCS	2.8162	9,012.00	
	JOINT 23300 PCS	1.832	42,686.70	
	MADE IN CHINA		--------------------- ---	
		TOTAL	USD 51,698.70 =============	18278.00KGS/17382.00KGS

1. 报关单“运费”栏，下列填报正确的是（　　）。

A. 1/5900/502　　B. 2/5900/502　　C. 3/5900/502　　D. 不填

参考答案　C

解　　析　运费标记“1”表示运费率，“2”表示每吨货物的运费单价，“3”表示运费总价，本题案例中明确是 5900 美元，美元代码是 502，本题正确答案选 C。

2. 报关单监管方式栏填写“4561 退运货物”，相对应的征免性质应填报（　　）。

A. 进料加工　　B. 一般进出口　　C. 一般征税　　D. 其他法定

参考答案　D

解　　析　贸易方式栏“退运货物”相对应的征免性质、征免栏应分别填写“其他法定”。

3. 报关单“毛重”栏，填报正确的是（　　）。

A. 17382.00　　B. 17382.00KGS　　C. 18278.00　　D. 18278.00KGS

参考答案　C

解　　析　箱单对应 gross weight 为 18278，正确答案选 C。

4. 因货物单价不同，分两项申报，第 1 项管道配件（接头）数量及单位栏应填报（　　）。

A. 第一行 2986 千克，第二行空，第三行 3200 件

B. 第一行 14396 千克，第二行空，第三行 3200 件

C. 第一行 23300 件，第二行空，第三行 3200 件

D. 第一行 14396 千克，第二行空，第三行 23300 件

参考答案　A

解　　析　根据填制规范要求，应在报关单“数量及单位”栏第一行填报法定计量单位及对应数量，即“2986”千克，在本栏目第三行填报成交单位及数量，即“3200”件。

5. 报关单“经停港”应填报（　　）。

A. 美国　　B. 纽约（美国）　　C. 青岛　　D. 青岛（中国）

参考答案　B

解　　析　经停港填报进口货物在运抵我国关境前的最后一个境外装运港。

【2020 单选题】 根据以下资料，完成下列 5 题。

西玛声学股份有限公司（370796××××）以加工贸易方式进口一批韩国生产的料件。商品名称：印刷电路；加工贸易手册 C42274450066，对应加工贸易手册第 8 项，生产加工过程中发现该批料件存在质量问题，需退运出境维修。法定计量单位：块/千克，原进口报关单：422020141207088568。

1	06741394	112-06741394

Shipper's Name and Address
Shipper's Account Number

CimaAcoustic Limited by Share Ltd
RM. 1207, GENTURY
MANSION, NO. 39, DONGHAI XI
ROAD, 266071 QINGDAO, CHINA TEL:+86

NOT NEGOTIABLE　　中国货运航空有限公司
Air Waybill
CHINACARGO AIRLINES LTD
issued by

Copies 1, 3 and 3 of this Air Waybill are originals and have the same validity.

Consignee's Name and Address
Consignee's Account Number

JASxxxx korea co., ltd
Seocho-Dong Seocho-Gu 137070 Seoul
Korea

TEL : 82-(0)2-581-XXXX FAX:82-(0)2-581-0639

Issuing Carrier's Agent Name and City

EWT

Accounting Information

Agent' IATA Code	Account No.	TAOCPM14012

Airport of Departure (Addr. of First Carrier)and Rwquested Routi
QINGDAO

o	By	Routing and Destination	to	by	to	by	Currency	Chgs Code	WT/VAL		Other		Declared Value For Carriage	Declared Value For Customs
									PPD	COL	PPD	COL		
		MU					CNY		PP		PP		N. V. D	N. V. D

Place/Airport of Destination	Flight DateDate	Amount of Insurance	INSURANCE - If Carrier offers insurance, and such insurance is requested accordance with conditions on reverse thereof, indicate amount to be ured in figures in box marked "amount of Insurance."
INCHON, KR	MU559/22' JUL	IL	

Handling Information
ATTACHED: INVOICE&PA

No. of PieceRCP	Gross Weight	kg	Rate Class Commodityitem no.	Chargeable Weight	Rate	Total	Nature and Quantity of Goods(incl. Dimensions or Volume)
	16.0	K	N	45.0	16.4	721.8	PCB DIMS:460*240*340 VOL:0.04CBM

Pafe 1 of

PrepaidPrepaid　　WeightWeight ChargeCharge　　Collect
Other Charges
721.8
ValuationValuation ChargeCharge

AWC:50.00
MSC:30.00
Tax

TotalTotalotherother ChargesCharges DueDueAgentAgent
Shipper certifies that the particulars on the face hereof are correct and that insofar as any part of the consignment contains dangerous goods, such part is properly described by name and is in proper condition for carriage by air according to the applicable Dangerous Goods Regulations.
TotalTotalotherotherChargesChargesDueDueCarrierCarrier

80.00

TotalTotal PrepaidPrepaid　　TotalTotal CollectCollect
801.8　　21 JUL 2014 xx.TAO LXX
CCCCChargesCharges in Dest.Dest. CurencyCurency
CurrencyCurrencyConversionConversion RatesRates

ChargesCharges atat DestinationDestination　　TotalTotalCollectCollect ChargesCharges
For Carrier's Use only　　112-06741394
at Destination
ORIGINAL 2 (FOR CONSIGNEE)

1. 报关单“监管方式”栏应填报（　　）。

A. 修理物品　　B. 退运货物　　C. 进料对口　　D. 进料料件退换

参考答案　D

解　　析　加工贸易保税料件因品质、规格等原因退运出境，更换料件后复进口的，退运出境报关单和复运进境报关单的监管方式应填报“来料料件退换”或“进料料件退换”。

2. 以下报关单“项号”栏，填报正确的是（　　）。

A. 01　　B. 01
08　　C. 01
02　　D. 01
01

参考答案　B

解　　析　“项号”栏分两行填报。第一行填报报关单中的商品顺序编号；第二行填报该项商品在加工贸易手册中的顺序编号。由资料 1 可知，对应加工贸易手册第 8 项。故应填报“01”“08”。

3. 报关单中关联的报关单号应填报在（　　）栏中。

A. 随附单证栏　　B. 许可证号栏　　C. 关联报关单号栏　　D. 以上都不对

参考答案　C

解　　析　与本报关单有关联关系的，同时在业务管理范围方面又要求填报的报关单号，填报在电子数据报关单中“关联报关单”栏。

4. 报关单“原产国”栏，以下填报正确的是（　　）。

A. 中国　　B. 美国　　C. 韩国　　D. 日本

参考答案　C

解　　析　该料件为韩国生产的料件，因存在质量问题，需退运出境，故原产国应填报“韩国”。

5. 报关单“指运港”栏应填写（　　）。

A. 仁川（韩国）　　B. 首尔（韩国）　　C. 韩国　　D. 青岛

参考答案　A

解　　析　略。

（三）报关单填报逻辑与要求

1. 数量、单价、总价

【2018 单选题】报关人员审查商品价格不包括的内容是（　　）。

A. 进出口行为中买卖双方是否存在特殊关系

B. 进出口货物的成交方式

C. 进出口货物是否适用最惠国税率

D. 买方是否存在向卖方或者有关方直接或者间接支付与进口货物有关的特许权使用费，且未包括在进口货物的实付、应付价格中

参考答案　C

解　　析　上述选项中，最惠国税率对应的是货物原产国或地区与我国签订双边贸易协定情况对应的关税待遇，不属于影响商品成交价格的因素。而买卖双方如果存在特殊关系，没有在报关单申报时予以标注，可能会涉及后期海关稽查中发现问题；货物的成交方式涉及运费及保险费是否计入完税价格；特许权使用费与特殊关系一样，必须确定后在报关单申报时予以标明，如果存在特许权使用费问题，还涉及后期的补充申报问题。因此，报关人员需要密切关注选项 A、B、D 以及其他海关审核影响货物成交价格的要素。

2. 根据查找信息核实申报内容

【2017 多选题】报关人员对报关随附单证的审核是报关过程中重要环节，各随附单证间的（　　）

需要保持一致。

A. 货物金额　　B. 货物数量　　C. 货物名称　　D. 抬头名称

参考答案　ABCD

解　　析　上述四个选项是基本单证（发票、装箱单、合同）中必备的信息，相互间必须确保一致，报关人员必须予以审核。

（四）报关单数据申报风险控制

1. 接受客户委托的工作流程管理

【2016 单选题】某报关公司报关员在报关准备阶段发现舱单数据与装箱单数据不符，这种情况报关员应（　　）。

A. 按照舱单数据报关

B. 按照装箱单数据报关

C. 要求船公司或代理公司更改舱单

D. 先请委托方确认正确货物信息，再视情况更改相应数据

参考答案　D

解　　析　报关人员审查舱单数据与装箱单数据不符，首先需确认哪个数据是正确的，哪个数据是错误的，然后才能做出处理，选项 A、B、C 都是直接处理，显然不是正确处理异常事务的思路，因此本题 D 选项为正确答案。

2. 规范申报

【2019 单选题】报关员小王在理单时发现进口设备的规格型号在进口发票和货物说明书上显示不一致，这种情况下正确的做法是（　　）。

A. 申报时不提交货物说明书，以发票规格型号为准

B. 申报时同时提交货物说明书和进口发票

C. 申报时不填报规格型号

D. 建议客户向海关申请申报前看货

参考答案　D

解　　析　当发现单证不一致时，至少有一份单证显示错误，至于是发票还是货物说明书，最终应该以设备型号为准，所以选项 A、B、C 均是错误的处理方法。应该建议客户向海关申请申报前看货，申报前看货是企业的权利，企业应该有效合理地运用。本题选项 D 为正确答案。

（五）报关单数据差错管理及修改、撤销手续

1. 报关单修改、撤销的主要情形

【2016 单选题】某公司从韩国进口了一批钢材，向海关申报数量为 100 吨，因货物在装载过程中发生短装，实际卸货数量 95 吨，导致原申报数据与实际货物不符。事后向海关申请修改相关数据时，除应递交《进出口货物报关单修改/撤销表》外，还需提交（　　）。

A. 商品检验机构鉴定证书　　B. 入境货物通关单

C. 装箱单

参考答案　A（此题 B 选项已废止）

解　　析　当事人应填写“进（出）口货物报关单修改/撤销表”向海关提出申请，同时还需要根据不同的情况提交相应的资料。本题情形符合“进出口货物在装载、运输、存储过程中发生溢短装，或者由于不可抗力造成灭失、短损等，导致原申报数据与实际货物不符的”；根据海关总署令第 220 号《中华人民共和国海关进出口货物报关单修改和撤销管理办法》，应当提交商检机构或者相关部门出具的证明

材料。

【2018 判断题】某企业一般贸易进口一批零部件，货到工厂后，企业发现报关公司申报的报关单信息与单证数据不一致，立即通知报关公司改单。因为是报关人员操作失误导致的申报错误，符合删改单条件可以向海关申请改单。

参考答案　错误

解　　析　货物放行前因为报关操作失误导致的错误，可以向海关申请改单。货物放行后发现错误，不允许直接向海关申请改单。

2. 报关单修改、撤销申请

＊＊**【2016 多选题】**电子支付下修改与撤销报关单的处理原则是（　　）。

A. 税单未打印的，可以修改报关单

B. 税单已打印未核注的，可以修改报关单

C. 税单已打印已核注的，可以修改报关单

D. 税单无论是否打印，都可以撤销报关单

参考答案　AC（此题选项已废止）

解　　析　根据海关总署公告 2018 年第 169 号《关于全面推广〈海关专用缴款书〉打印改革的公告》，进出口企业、单位，以海关电子缴税方式缴纳税款后，可以通过"互联网+海关"一体化网上办事平台（http：//online. customs. gov. cn）或"单一窗口"（https：//www. singlewindow. cn）下载电子海关专用缴款书；或向海关现场申请打印纸质海关专用缴款书。

改革后，税单是否已打印与删改单无关。

【2016/2017 填空题】进出口货物报关单的修改或者撤销应当遵循（　　）优先原则。

参考答案　修改

解　　析　海关接受进出口货物申报后，报关单证及其内容不得修改或者撤销；符合规定情形的，可以修改或者撤销；进（出）口货物报关单的修改或者撤销，应当遵循修改优先原则，确实不能修改的，予以撤销。

【2017 单选题】进口货物在装载过程中发生短装，导致原申报数据与实际货物不符。向海关申请修改相关数据，除应递交《进出口货物报关单修改/撤销表》外，还需提交（　　）。

A. 相关检验机构出具的鉴定证书　　B. 商业发票

C. 装箱单　　D. 合同

参考答案　A

解　　析　当事人应填写进（出）口货物报关单修改/撤销表向海关提出申请，同时还需要根据不同的情况提交相应的资料。本题情形符合《报关单修改和撤销管理办法》中的"进出口货物在装载、运输、存储过程中发生溢短装，或者由于不可抗力造成灭失、短损等，导致原申报数据与实际货物不符的"的情形，因此，应当提交商检机构或者相关部门出具的证明材料。

真题及参考答案

2018年关务水平测试试卷（关务基础知识）

试卷说明：本试卷测试科目为关务基础知识，共含单项选择、多项选择、判断、不定项选择（案例）四种题型。测试时间为60分钟，满分100分。

一、单选题 请在下列各题的答案选项中，选出1个正确答案。（共16题，每题1分，共16分；错选、不选均不得分）

1.《2010年国际贸易术语解释通则》中，下列贸易术语中表示完税后交货的是（　　）。

A. FOB　　B. CIF　　C. DDP　　D. FCA

2. 定牌中性包装是指在商品本身及其包装上使用（　　）指定的商标、牌号（　　）生产国别。

A. 买方，注明　　B. 买方，不注明　　C. 卖方，注明　　D. 卖方，不注明

3. 中国A公司向德国B公司出口服装一批，使用D/D方式进行结算。德国汇出行应B公司的申请，将（　　）交给B公司，B公司再将票据转交A公司，A公司凭此向中国汇入行收取款项。

A. 商业远期汇票　　B. 商业即期汇票　　C. 银行远期汇票　　D. 银行即期汇票

4. 我国对消耗臭氧层物质实行严格的管理，对其进口实行__________管理，对其出口实行__________管理。

A. 进口许可证，两用物项出口许可证　　B. 进口配额许可证，出口许可证

C. 两用物项进口许可证，两用物项出口许可证　　D. 进口许可证，出口配额许可证

5. 2018年某公司申领了证面数量为10000吨、"非一批一证"管理的散装进口钢材的自动进口许可证进口，其中前三批共进口了8000吨，第四批进口时在不超过（　　）时可无须再申领进口许可证。

A. 2600吨　　B. 3000吨　　C. 2060吨　　D. 2100吨

6. 通过（　　）免于办理"黄金及其制品进出口准许证"。

A. 加工贸易转内销及境内购置黄金原料以加工贸易出口黄金制品

B. 海关特殊监管区域、保税监管场所与境内区外进出口黄金及制品

C. 个人、法人或者其他组织因公益事业捐赠进口黄金及黄金制品

D. 加工贸易方式进出或以暂时进出境方式进出境的黄金及其制品

7. 某企业申领了一份出口许可证（非一批一证），证面上的发证日期为2018年7月12日，这份出口许可证的有效截止日期为（　　），最多可使用（　　）次。

A. 2019年7月11日，6　　B. 2018年12月31日，6

C. 2019年7月11日，12　　D. 2018年12月31日，12

8. 2018年6月5日，大连海关隶属大窑湾海关查获一批化工废物，属国家禁止进口的固体废物，共计120余吨。这是海关在履行（　　）任务。

A. 监管　　B. 征税　　C. 缉私　　D. 统计

9.（　　）负责办理具体的海关业务，是海关进出境监督管理职能的基本执行单位。
A. 海关总署　　B. 直属海关　　C. 直属关区　　D. 隶属海关

10. 经海关批准暂缓办理纳税手续进境，在境内储存、加工、装配后复运出境或转为进口的货物，是（　　）。
A. 特定减免税货物　　B. 保税货物　　C. 通运货物　　D. 暂时进出货物

11. 从俄罗斯启运、经由我国境内铁路运输、最终运至越南的一批货物，是（　　）。
A. 通运货物　　B. 转运货物　　C. 过境货物　　D. 暂时进出货物

12. 知识产权海关保护备案自海关总署核准备案之日起生效，有效期为（　　）年。
A. 5　　B. 10　　C. 20　　D. 30

13、海关在货物实际进出口前，应对外贸易经营者申请，对实际进出口活动有关海关事务做出具有普遍约束力的决定的行为是（　　）。
A. 海关稽查　　B. 海关行政预裁定　　C. 海关事务担保　　D. 海关行政处罚

14. 纳税人进口（　　），增值税税率为16%。
A. 硫酸铵肥料　　B. 瓶装矿泉水　　C. 儿童图画书　　D. 食用橄榄油

15. 办理报关单位临时注册登记的单位，海关出具临时注册登记证明，有效期最长为（　　），有效期届满后应当重新办理临时注册登记手续。
A. 1个月　　B. 3个月　　C. 6个月　　D. 一年

16. 报关人员审查商品价格不包括的内容是（　　）。
A. 进出口行为中买卖双方是否存在特殊关系
B. 进出口货物的成交方式
C. 进出口货物是否适用最惠国税率
D. 买方是否存在向卖方或者有关方直接或者间接支付与进口货物有关的特许权使用费，且未包括在进口货物的实付、应付价格中

二、多选题　请在下列各题的答案选项中，选出2个或2个以上正确答案。（共14题，每题2分，共28分；全部选对得2分，少选得1分，错选、不选不得分）

1. 在国际贸易中，装运通知的作用主要是帮助（　　）。
A. 船、货衔接　　B. 装运、保险衔接
C. 明确买卖双方责任　　D. 买方准备接货、办理进口手续

2. 中国A企业向巴基斯坦出口货物一批，为防止因运输途中货物被窃造成损失，可以投保（　　）。
A. 偷窃险　　B. 一切险　　C. 平安险+偷窃险　　D. 一切险+偷窃险

3. 中国A公司从德国进口机械设备一批，A公司不需要办理出口报关手续，根据《2010年国际贸易术语解释通则》该合同使用的贸易术语有可能的是（　　）。
A. EXW　　B. FOB　　C. CIF　　D. DDP

4. 在我国，汇票必须记载（　　）、付款人名称、无条件支付的委托、确定金额，缺一则汇票无效。
A. 表明“汇票”字样　　B. 收款人名称　　C. 出票日期　　D. 出票人签章

5. 某公司对外签订出口合同，规定支付方式为跟单托收，下列说法不正确的是（　　）。

A. 托收行在付款人付清款项后方能将单据交予付款人

B. 托收时应附带商业单据和金融单据

C. 托收使用的汇票属于银行汇票

D. 该支付方式属于商业信用

6. 以下属于我国限制进口管理的货物有（　　）。

A. 莱克多巴胺　　B. 复方甘草片　　C. 化肥、钢材　　D. 黄金首饰

7. 下列属于消费税的征收范围的有（　　）。

A. 实木地板　　B. 汽车轮胎　　C. 贵重首饰　　D. 音像制品

8. 以下属于海关行政强制措施的选项有（　　）。

A. 扣留财物　　B. 抵缴、变价抵缴

C. 冻结存款、汇款　　D. 封存货物或者账簿、单证

9. 海关稽查的对象包括（　　）。

A. 从事对外贸易的企业、单位　　B. 从事保税加工业务的企业

C. 使用或者经营减免税进口货物的企业、单位　　D. 报关企业

10. 企业申请设立保税物流中心（B 型）需要下列哪些部门审批？（　　）

A. 财政部　　B. 海关总署　　C. 国家税务总局　　D. 国家外汇管理局

11. 进出口货物放行后，海关发现（　　）税款，应当自缴纳税款或者货物放行之日起一年内，向纳税义务人补征。

A. 少征　　B. 多征　　C. 稽征　　D. 漏征

12. 海关对某一般认证报关企业稽查中，发现该企业未按照规定保管进出口合同且逾期未按要求整改，海关可以（　　）。

A. 对企业处 2 万元以上 10 万元以下的罚款　　B. 撤销该企业的报关注册登记

C. 对企业处 1 万元以上 5 万元以下的罚款　　D. 调整该企业的信用等级

13. 联合惩戒的措施主要有（　　）。

A. 纳入黑名单　　B. 影响企业信用评定

C. 加强审核、检查类措施　　D. 限制性管理措施

14. （　　）可以向海关申请成为认证企业。

A. 失信企业

B. 认证企业被海关调整为一般信用企业满一年

C. 失信企业被海关调整为一般信用企业满一年

D. 失信企业被海关调整为一般信用企业满两年

三、判断题 请对下列各题做出正误判断。(共 14 题，每题 1 分，共 14 分；答错、不答不得分也不扣分)

1. 仲裁是解决国家之间货物买卖纠纷的途径之一，但仲裁裁决不具有法律约束力，当事人仍可将争议诉诸法院。

2. 预约保单（Open Policy）又称“小保单”，实质上是一种简化的保险单，法律效力与保险单相同。

3. 在国际贸易中，交货期（Time of Delivery）与装运期（Time of Shipment）的含义是一致的。

4. 中国 A 公司收到意大利 B 公司的一笔服装订单，B 公司寄来服装样品以表示商品品质，A 公司应生产并邮寄“对等样品”，以便将“凭买方样品买卖”变为“凭卖方样品买卖”，对 A 公司更为有利。

5. 按照国际贸易惯例，《2010 通则》生效实施后，《2000 通则》则自动作废。

6. 根据我国《保障措施条例》规定，保障措施的实施期限不得超过四年。

7. 《海关法》规定，进出口货物的完税价格，由海关以该货物的发票价格为基础审查确定。发票价格不能确定的，完税价格由海关确定。

8. 世界海关组织对关境的定义是“完全实施同一海关法的地区”，有可能与国境不一致。

9. 直属海关由海关总署领导，承担着在关区内开展海关各项业务等重要职责，仅设在各直辖市及省会城市。

10. “单一窗口”能够使企业在多个口岸管理部门间通过一个平台实现一次申报，建成“单一窗口”不仅能推动口岸执法简政放权，减轻企业负担，也有利于平均放行时间的统计和公布。

11. 对主动披露的进出口企业违法行为轻微并及时纠正，没有造成危害后果的，海关不予行政处罚。

12. 海关审定的进口货物的成交价格，是指卖方向中华人民共和国境内销售该货物时买方为进口该货物向卖方实付、应付的价格总额，包括直接支付的价款和间接支付的价款。

13. 暂时进出口货物的收发货人可以向海关申请办理转关手续，开展转关运输。

14. 报关单位对于保税货物报关单证、进出口单证、合同及进出口业务直接有关的其他资料，自保税货物放行之日起 3 年内进行保管。

四、案例分析题 请根据案例进行分析，在答案选项中选出 1 个或 1 个以上正确答案。(共三个案例 14 个问题，每题 3 分，共 42 分；每个问题全部选对得 3 分，少选得 1 分，错选、不选不得分)

案例一

我国境内 A 公司从日本 B 公司处购进 10 公吨取向性硅电钢宽板（监管证件：7），价格条款为每公吨 1620 美元 CIF 大连（INCOTERMS2000）。合同中规定使用信用证方式付款。货物运抵海关监管场所后，A 公司向海关申报进境，采取的报关方式是：向海关报送报关单电子数据并备齐和上传随附单证。该批货物中有 7 吨是经过审批，以进料加工方式进口的，另外 3 吨以一般贸易方式进口，用于内销。

请就本案例回答下列相关问题：

1. 本案例中，使用 CIF 贸易术语成交，应由（　　）办理运输，（　　）办理保险。

A. A 公司，A 公司　　B. B 公司，B 公司　　C. A 公司，B 公司　　D. B 公司，A 公司

2. A 公司进口的这批货物在申报进境时，（　　）。

A. 需要为 10 吨提供自动进口许可证

B. 需要为 3 吨用于内销的提交自动进口许可证

C. 不需要为 3 吨用于内销的提交自动进口许可证

D. 不需要为 7 吨用于进料加工的提交自动进口许可证

3. 关于 A 公司采取的进料加工贸易方式，下列说法正确的是（　　）。

A. A 公司须自负盈亏，通过买进原材料、加工、出售获取商业利润

B. B 公司须自负盈亏，A 公司在这笔交易中只是赚取加工费

C. A 公司以自有外汇购入这批货物，生产成品后，可以销售给国外买方

D. B 公司是这笔加工贸易的委托方，A 公司为承接方，成品应交与 B 公司处置。

4. 我国对原产于美国的进口取向性硅电钢征收反倾销税和反补贴税，下列说法正确的选项有（　　）。

A. 反补贴、反倾销属于贸易救济措施

B. 反补贴和反倾销措施针对的是价格歧视这种不公平贸易行为

C. A 公司无须办理原产地证书

D. A 公司需办理原产地证书

5. 根据《跟单信用证统一惯例》（UCP600）的规定，下列说法正确的是（　　）。

A. 信用证的开证人应为 A 公司

B. 本案例中的信用证一经开立，独立于合同以外并具有法律效力

C. 如果本案例中的信用证上未明确表示该证是否可被撤销，则应视作不可撤销信用证

D. 只有在 A 公司提供的单据与信用证、单据与货物相符时，开证行才承担付款责任。

案例二

2018 年 6 月蛇口海关稽查科对深圳市 AB 有限公司进行稽查，经稽查发现，该公司在 2015 年 9 月至 2017 年 7 月以一般贸易方式进口商品，其关联公司 AB（香港）公司在该期间为深圳 AB 公司支付了与该公司进口货物相关的运保费等合计 280600 元人民币，由于该司报关员工作疏忽，误将报关单中的 FOB 成交方式填报为 CIF，导致部分费用未向海关申报，涉税 5.2 万元人民币。

请就本案例回答下列相关问题：

1. 该企业的行为属于（　　）。

A. 走私行为　　B. 涉嫌走私罪

C. 违反海关监管规定行为　　D. 按走私行为论处的行为

2. 蛇口海关对该企业可采用的处罚方式有（　　）。

A. 警告　　B. 罚款

C. 没收非法所得　　D. 暂停或取消从事报关业务

3. 蛇口海关于 2018 年 8 月将“行政处罚告知单”送达当事人单位，对当事人处罚款人民币 2.2 万元。该企业可以（　　）。

A. 要求举证听证　　B. 向蛇口海关申请行政复议
C. 向上一级海关申请行政复议　　D. 向人民法院起诉

4. 如该企业未采取上述第三题的相关措施且逾期未交罚款的，海关可以（　　）。
A. 可以按日征收罚款数额的3%加处罚款　　B. 可以按日征收罚款数额的0.3%加处罚款
C. 追究企业法人的刑事责任　　D. 申请人民法院强制执行

5. 该企业在收到海关稽查通知后，进行自查，发现了该问题，并主动向海关报告，那么（　　）。
A. 该企业的行为属于主动披露，可以从轻或减轻行政处罚
B. 该企业的行为属于主动披露，但向海关报告时已接收到海关的稽查通知，所以，不可以对该企业从轻或减轻行政处罚
C. 因该企业向海关报告时已接收到海关的稽查通知，所以该企业的行为不属于主动披露
D. 由于该企业的行为不属于主动披露，所以不能根据是否主动披露对该企业从轻或减轻行政处罚

案例三

某汽车部件企业为高级认证企业，2016年申报报关单、进出境备案清单等总票数为9000票；海关稽核认定该企业2017年申报的100票货物，有商品编号申报不实的行为，共漏缴税120万元，最终科处罚款人民币73万元。

请就本案例回答下列相关问题：

1. 该企业为高级认证企业时，适用海关的管理措施有（　　）。
A. 进出口货物平均查验率在一般信用企业平均查验率的20%以下
B. AEO互认国家或者地区海关通关便利措施
C. 国家有关部门实施的守信联合激励措施
D. 海关收取的担保金额可以低于其可能承担的税款总额。

2. 处罚后海关对该企业信用等级管理为（　　）。
A. 保持高级认证企业不变　　B. 降为一般认证企业
C. 降为一般信用企业　　D. 降为失信

3. 处罚后该企业适用的管理措施为（　　）。
A. 适用汇总征税　　B. 不适用汇总征税
C. 海关为企业设立协调员　　D. 进出口货物平均查验率在80%以上

4. 该企业在未发生不符合海关认证企业标准的情况下，最快（　　）年可以申请认证企业。
A. 1　　B. 2　　C. 3　　D. 4

2018年关务水平测试试卷（关务基本技能）

试卷说明：

1. 本试卷测试科目为关务基本技能，共含单项选择、多项选择、判断、商品归类、报关单查错、不定项选择（案例）六种题型。

2. 本试卷对应各业务模块的分值为：进出境报关40分；保税加工关务管理40分；进出口商品归类40分；报关单填制40分；进出口税费核算40分。

3. 测试时间为120分钟，满分200分。

一、单选题 请在下列各题的答案选项中，选出1个正确答案。（共35题，每题1分，共35分；错选、不选均不得分）

1. 自2017年7月1日起，全国海关作业一体化模式全面启动，进出口企业可进行申报的海关（　　）。

A. 仅限货物目的地海关或企业属地海关　　B. 仅限企业属地海关或进出口岸海关
C. 可以是全国任一海关　　D. 仅限进出口岸海关或货物目的地海关

2. 海关对贸易性渠道进口的车辆在办结验放手续后签发（　　）。

A. 进口付汇证明联　　B. 货物进口证明书
C. 车辆进口许可证　　D. 车辆进口放行单

3. 两用物项和技术（进）出口许可证的“两用物项”是指（　　）。

A. 航天、通信用　　B. 军用、生化用　　C. 建筑、工程用　　D. 军用、民用

4. 某跨境电商从韩国进口一批零售商品，以保税模式进入郑州（试点城市）保税物流中心做网购销售，入区应采用的监管方式是（　　）。

A. 区内物流货物（代码5034）　　B. 物流中心进出境货物（代码6033）
C. 保税电商（代码1210）　　D. 电子商务（代码9610）

5. 某公司进口一批货物，载货运输工具于2017年7月8日申报进境，次日该公司向海关申报电子数据被系统退单。经确认相关信息，该公司于7月10日重新向海关发送申报电子数据并于当日收到电子放行回执信息，该公司于7月11日向现场海关提交纸质报关单证，该批货物的申报日期是（　　）。

A. 7月8日　　B. 7月9日　　C. 7月10日　　D. 7月11日

6. 小王通过www. amazon. it购买了一双价值500人民币的鞋子（随附购物发票），店家寄到国内，她收到国内邮局“国际邮件办理手续通知单”，要求她去办理个人物品纳税手续，这种情况小王应该办理的海关手续是（　　）。

A. 按照电子商务（代码9610）申报进口　　B. 按照保税电商（代码1210）申报进口
C. 按照保税电商A（代码1239）申报进口　　D. 缴纳个人物品税金后提取包裹

7. 货物在港口装船出运后，货代公司应及时将（　　）交给货主，并及时将装运信息及时预报给海外代理人或收货人。

A. 舱单　　B. 提单　　C. 收货单　　D. 托运单

8. 服装的辅料（如拉链、纽扣等）在 78 种范围之内且进口总值在（　　）（含本数）以下的可以办理“辅料登记表”，不进行手册设立管理。

A. 5000 美元　　B. 10000 美元　　C. 2000 美元　　D. 3000 人民币

9. 某加工贸易企业从美国进口线路板 2000 个，由前本手册转入 1000 个，深加工结转转入 1000 个，成品总耗用 3000 个，退运出境 500 个，内销 400 个，剩余料件数量为__________个。

A. 100　　B. 1100　　C. 1900　　D. 1000

10. 下列描述中，不属于保税仓库功能的有（　　）。

A. 仓储　　B. 商品展示　　C. 简单加工　　D. 售后维修

11. 保税区内企业进料加工手册，余料结转申报监管方式应为（　　）。

A. 进料余料结转　　B. 进料料件复出　　C. 保税间货物　　D. 保税仓储转口

12.（　　）是指进口料件由境外企业提供，经营企业不需要对外付汇，按照境外企业的要求进行加工或者装配，只收取加工费，制成品由境外企业销售的经营活动。

A. 来料加工　　B. 进料加工　　C. 保税加工　　D. 外发加工

13. 一生产玩具的加工贸易企业，为生产 500 只玩具，进口了 2000 码长的长毛绒布匹。生产过程中检验出有 100 码为残次品，未用。合同执行完毕后，还剩余 500 码合格的布匹。该批玩具的净耗为 2.7 码/只,则该批玩具的工艺损耗率是（　　）。

A. 10%　　B. 3.57%　　C. 32.5%　　D. 28.95%

14. 经营企业自身有加工能力的，应当提交主管部门签发的（　　）。

A.《验核报告》　　B.《加工贸易手册》

C.《加工贸易加工企业生产能力证明》　　D.《加工贸易审批表》

15. 汽车发动机燃油泵用泵盖应归入品目（　　）。

A. 73.26　　B. 84.13　　C. 87.08　　D. 39.26

16. 运动员涂抹在手掌上的防滑粉，100%碳酸镁，400 克袋装，应归入（　　）。

A. 28.36　　B. 95.04　　C. 95.06　　D. 38.25

17. 无法区别是男式还是女式的服装，应（　　）。

A. 按男式归类　　B. 按女式归类　　C. 从后归类　　D. 按男式女式都可

18. 下列选项符合协调制度所称“通用零件”的是（　　）。

A. 专用于汽车的减震弹簧　　B. 可用于多种电器的磁珠

C. 专用于汽车的正时皮带　　D. 可用于多种机器的油封环

19. 一种调味料，由胡椒粉（按重量计占 30%）与豆蔻粉（按重量计占 70%）混合而成，应归入品目（　　）。

A. 09.04　　B. 09.08　　C. 09.10　　D. 09.09

20. 52 度的茅台酒应归入编码（　　）。

A. 2208. 9090　　B. 2207. 2000　　C. 2208. 9020　　D. 2207. 1000

21. 缺少车轮的特斯拉 MODEL3 纯电机驱动的小轿车，应归入品目（　　）。

A. 87. 08　　B. 87. 03　　C. 87. 07　　D. 8706

22. 现行实施的加工贸易补税缓税利息率是（　　）。

A. 0. 12%　　B. 0. 24%　　C. 0. 36%　　D. 0. 48%

23. 关税税率适用原则中表述正确的是（　　）。

A. 进口货物到达前，经海关核准先行申报的，按申报日期实施的税率

B. 经海关批准，实行集中申报的进出口货物，按集中申报时的日期实施的税率

C. 因纳税义务人违反规定需要追征税款的进出口货物，应当适用违反规定的行为发生之日实施的税率

D. 因超过规定期限未申报而由海关依法变卖的进口货物，按海关处置该批货物的日期实施的税率。

24. 某公司以“CFR 新加坡”向外方出口一批需征收出口关税的货物。其中发票中列明：货价 10000 元，境内发生的运费及保费为人民币 100 元，境外发生的运费为 150 元，境外发生的保费暂时未知。该批货物完税价格为（　　）。

A. 10150-出口关税　　B. 10100-出口关税

C. 10250-出口关税　　D. 10250-境外发生的保费-出口关税

25. 以下哪种情况并不影响成交价格的成立（　　）。

A. 进口的二手机械设备，因为国外卖方的经营策略，认为在江苏地区销售业绩好、需求量大，所以限制了该设备的销售地域

B. 进口的二手机械设备是基于买方必须向卖方购买一定数量的该设备加工出来的货物为条件而确定的

C. 进口的二手机械设备只能用于展览

D. 进口的二手机械设备加工制得的成品只能销售给卖方

26. 进出口通关环节，不能向海关申请缴纳保证金申请提前放行的货物是（　　）。

A. 海关查验发现疑似固体废物，要求收货人做固废鉴别的货物

B. 正在海关办理征免税证明审批手续的货物

C. 原一般贸易出口现返回修理的货物

D. 暂时进境 3 个月后再返回出境的货物

27. 出口涉及需要征税的货物，应该缴纳的税金包括（　　）。

A. 关税　　B. 关税、增值税

C. 关税、增值税、消费税　　D. 关税、增值税、消费税、反倾销税

28. 跨境电子商务零售进口商品，其完税价格包括（　　）。

A. 实际交易价格　　B. 实际交易价格+国内运费+国内保险费

B. 货物采购价格+国际运费+国际保险费　　C. 货物零售价格+国内运费+国内保险费

29. 某企业从美国进口一批集成电路，该货物由美国的洛杉矶港出口，经新加坡中转，再经宁波港，最终到达上海洋山港。报关单中的经停港应填报（　　）。

A. 洛杉矶　　B. 新加坡　　C. 宁波　　D. 上海

30. 中国-瑞士自由贸易协定项下进出口货物，使用原产地声明的应在报关单“随附单证编号”栏填报“<优惠贸易协定代码>”、（　　），以及“原产地声明序列号”。

A. C　　B. D　　C. E　　D. A

31. 根据进出口货物实际成交价格条款，按海关规定的《成交方式代码表》选择填报相应的成交方式代码。无实际进出境的货物，进口填报（　　）。

A. FOB　　B. CIF　　C. CFR　　D. C&I

32. 以下监管证件需填入许可证号栏的是（　　）。

A. 两用物项和技术进（出）口许可证　　B. 自动进口许可证
C. 密码产品和设备进口许可证　　D. 固体废物进口许可证

33. 某医院进口一套核磁共振成像装置，在海关申请办理了《中华人民共和国进出口货物征免税证明》关税为0%、增值税为16%，报关单征免方式栏应申报为（　　）。

A. 全免　　B. 特案　　C. 保函　　D. 照章征税

34. 从韩国AEO认证企业进口一批商品，韩国企业提供的认证证书编号是No. 1135600，在填写境外收发货人时，填报样式正确的是（　　）。

A. KR<1135600>　　B. AEO<1135600>　　C. AEO<KR1135600>　　D. KR<AEO1135600>

35. 某企业从泰国曼谷进口一批货物，运抵我国关境前最后一个装货港柬埔寨金边港（港口代码表无此口岸代码），报关时经停港应填报为（　　）。

A. 曼谷　　B. 金边　　C. 柬埔寨　　D. 无须填报

二、多选题　请在下列各题的答案选项中，选出2个或2个以上正确答案。（共25题，每题2分，共50分；全部选对得2分，少选得1分，错选、不选不得分）

1. 以下情况属于海关不予放行进出口货物的有（　　）。

A. 包装不良，继续运输足以造成海关监管货物丢失的
B. 违反海关和其他进出境管理的法律、法规，非法进出境的
C. 单证不齐或应税货物未办理纳税手续，且又未提供担保的
D. 尚有其他未了手续尚待处理的（如违规罚款未交的）等

2. 以下口岸出口麻黄素类产品指定口岸海关的是（　　）。

A. 上海　　B. 北京　　C. 天津　　D. 深圳

3. 跨境电商零售进出口业务类型（　　）。

A. 一般出口　　B. 直购进口　　C. 特殊区域出口　　D. 网购保税进口

4. 全国通关一体化改革的内容是以“两中心、三制度”为结构支撑。“三制度”是指（　　）。

A. 分类通关　　B. 改革税收征管方式
C. 实施协同监管　　D. 实施货物通关“一次申报、分步处置”

5. 固体废物进口许可证申请提交资料包括（　　）。

A. 进口废物原料收货人海关注册登记证书

B. 进口可用作原料的固体废物加工利用企业环境保护报告
C. 境外供货商注册证书复印件
D. 代理其他企业进口固体废物的，提交代理双方的进口合同及海关注册登记证书
E. 申请加工贸易方式进口固体废物的，提交加工贸易业务批准证书

6. 加工贸易剩余料件如作（　　）处理，必须填制报关单报关。
A. 内销　B. 结转　C. 退运　D. 放弃

7. 以下关于保税物流园区表述正确的是（　　）。
A. 除安全人员和相关部门，企业值班人员外，其他人员不得在园区内居住
B. 园区内不得建立工业生产加工场所和商业性消费设施
C. 园区内可以进行加工制造，翻新，拆解的业务
D. 法律、行政法规禁止进出口的货物，物品不得进出园区

8. 甲公司将加工贸易料件外发至乙公司开展外发加工业务，可以（　　）。
A. 将加工贸易料件转卖给乙公司　B. 由乙公司将加工贸易料件再次外发
C. 将全部工序外发加工　D. 将边角料不运回甲公司进行处理

9. 下列对于加工贸易保税商品转为内销时，需要支付缓税利息的是（　　）。
A. 结余料件　B. 制成品　C. 边角料　D. 副产品

10. 下列选项中海关不予办理集中纳税的情形有（　　）。
A. 有逾期未报核加工贸易手册的
B. 高级认证企业调整为一般信用企业
C. 因为管理混乱被海关要求整改，在整改期内的
D. 涉嫌走私、违规已被海关立案调查、侦查，案件未审结的

11. 以下哪项不能归入税则第三十九章？（　　）
A. 润滑剂　B. 蜡
C. 肝素及其盐　D. 单独的已有化学定义的有机化合物

12. 以下钢铁制品，可归入品目 7318 的有（　　）。
A. 垫圈　B. 飞机用螺母　C. 片簧　D. 空心铆钉

13. 下列可归入品目 85.44 的商品有（　　）。
A. 漆包线　B. 由每根被覆光纤组成的光缆
C. 单根纤维未被覆的光缆　D. 光导纤维束

14. 以下贱金属工具可归入子目 8204.12 的商品有（　　）。
A. 固定扳手　B. 活动扳手　C. 管子钳　D. 套筒扳手

15. 下列可归入第 85 章的商品有（　　）。
A. 陶瓷制绝缘子　B. 玻璃制绝缘子
C. 蓝宝石原石　D. 已加工未装配的唱针用蓝宝石

16. 我国规定，（　　）有权签发出口货物原产地证书。
A. 海关　B. 中国国际贸易促进会及其地方分会

C. 制造商　　　　D. 出口商

17. 特殊监管区域内货物出区内销时，以下费用均单独列明，(　　) 无须计入完税价格。

A. 货物在特殊监管区域内的仓储费　　　　B. 货物在特殊监管区域内的包装费

C. 货物在特殊监管区域内的保险费　　　　D. 货物出区时的内销价格

18. 以下关于滞报金的描述，正确的有（　　）。

A. 滞报金的起征点为50元，低于50元的免征

B. 滞报金以人民币“元”为计征单位，不足人民币一元的部分免于计征

C. 滞报金仅对进口货物征收

D. 滞报金的日征收金额为进口货物完税价格的万分之五

19. 以下关于各类税费计算公式正确的有（　　）。

A. 进口货物完税价格=进口关税税额÷进口从价关税税率

B. 进口环节增值税组成计税价格=关税完税价格+关税税额+消费税税额

C. 进口环节消费税组成计税价格=关税完税价格+关税税额+消费税税额

D. 消费税应纳税额=应征消费税进口数量×消费税定额税率

20. 以下选项中的两种商品，不可以视为“相同货物”，审查确定其中一种进口货物的价格的有(　　)。

A.“德国产的奔驰小轿车”与“日本产的丰田小轿车”

B.“小米手机”与“Iphone手机”

C.“丝绸衬衫”与“亚麻衬衫”

D.“红色A型国产儿童电动摩托车”与“蓝色A型国产儿童电动摩托车”

21. 以下哪些需填报在报关单备案号中（　　）。

A. 加工贸易手册　　B. 原产地证书　　C. 征免税证明　　D. 保税账册

22. 商品名称及规格型号中“出口享惠情况”可选择填报以下哪几个（　　）。

A. 出口货物在最终目的国（地区）不享受优惠关税

B. 出口货物在最终目的国（地区）享受优惠关税

C. 出口货物不能确定在最终目的国（地区）享受优惠关税

D. 无须填报

23. 报关单填制中，下列关于“保费”填制描述正确的为（　　）。

A. 进口货物保费指货物运抵我国境内输入地点起卸前的保险费用

B. 保险费计算公式为：保险费=货价×3‰

C. 运保费合并计算的，运保费填报在“运费”栏，保费栏免予填制

D. 保费总价申报时，录入格式为：保险金额/币值代码/3

24. 某贸易公司，从澳大利亚进口坚果谷物棒（如图）新报关单检验检疫栏目“产品资质-产品许可”中应该填写（　　）。

A. 进口食品境外出口商代理商备案　　　　B. 进口食品进口商备案
C. 进口与预包装食品标签备案　　　　　　D. 原产地证书
E. 进口食品接触产品备案书

25. 某贸易公司，从澳大利亚进口坚果谷物棒（如图）新报关单检验检疫栏目“企业资质类别”中应该填写（　　）。

A. 进口食品境外出口商代理商备案　　　　B. 进口食品进口商备案
C. 进口与预包装食品标签备案　　　　　　D. 进口食品接触产品备案书

三、判断题　请对下列各题做出正确判断。（共 25 题，每题 1 分，共 25 分；答错、不答不得分也不扣分）

1. 进境展览品在非展出期间应当存放在海关的指定的监管场所，未经海关批准，不得移出。因特殊原因需移出的，应当经海关总署备案批准。

2. 某跨境电商从韩国进口一批零售商品，计划进入郑州（试点城市）保税物流中心做网购销售，采用“区内物流货物（代码 5034）”申报入区。

3. 网购保税进口货物，境内消费者购买后因款式不喜欢问题原装退回保税区（7 天内），原购买时缴纳的税金，予以退回。

4. 根据《中华人民共和国海关稽查条例》规定，进出口业务与之直接关系产生的资料，除加工贸易应自办结海关核销手续后保存三年，减免税设备应自办理海关解除监管手续后保存三年外，一般贸易仅需自办结海关手续后保存三年。

5. 某企业一般贸易进口一批零部件，货到工厂后，企业发现报关公司申报的报关单信息与单证数据不一致，立即通知报关公司改单。因为是报关人员操作失误导致的申报错误，符合删改单条件可以向海关申请改单。

6. 加工贸易边角料，是指加工贸易企业从事加工复出口业务，在海关核定的单耗标准内，加工过程中产生的，无法再用于加工该合同项下出口制成品的数量合理的废、碎料及下脚料。

7. 深加工结转货物，进出口货物报关单原产国（地区）和最终目的国（地区）均为中国。

8. 目前，海关电子底账包括电子账册和无纸化电子手册两种模式，其中，无纸化电子手册为海关联网监管主要模式。

9. 保税加工料件除国家另有规定外，属于国家对进口有限制性规定的，需交验进口许可证件。

10. 经营企业进口加工贸易货物，除可以从境外或海关特殊监管区域、保税监管场所进口，还可通过深加工方式转入。

11. 有钟控功能的收音机，是一种既有计时功能又有接收无线广播功能的机器，应归入 9105。

12. 隐形眼镜片清洗消毒、清洁等用药水，应归入 38089290。

13. 玻璃制香水喷雾器应归入税号 70200099。

14. 云南白药药粉，含三七等中药原料，不含磺胺和青蒿素，有止血、消炎等功效，5 千克装，该商品应该归入税则号列 30049053。

15. 溶于挥发性有机溶剂中的丙烯酸聚合物，丙烯酸聚合物占溶液总重量的 45%，应归入税则号列 39069090。

16. 2017 年 9 月 20 日起，所有在海关注册登记的企业均可适用汇总征税模式。

17. 进口环节海关代征税主要有增值税、消费税以及船舶吨税。

18. 中间人（或居间人）在买卖双方交易过程中收取的经纪费必须全部计入进口货物的完税价格。

19. 货物放行后，纳税义务人通过自查发现少缴或漏缴税款并主动补缴的，海关可以依法减免税款滞纳金。

20. 计征汇率为上一个月第三个星期三（第三个星期三为法定节假日的，顺延采用第四个星期三）中国银行公布的外币对人民币基准汇率。

21. A 公司从意大利进口牛皮，仓储于天津保税物流中心后海运出口至美国，出口报关单中境内货源地栏目应填报意大利。

22. 一份报关单或海关其他作业单证只允许填报一种征免性质，涉及多个征免性质的，应分单填报。

23.《中国-瑞士自由贸易协定》项下进口货物，应在报关单备案号栏目填报原产地证编号。

24. 一票进口货物 2 个商品，1 个有自动进口许可证，另一个需要办理法定检验检疫，必须拆分两个报关单申报。

25. 某企业与中国香港某公司签署一份“猫爬架”出口合同，合同约定该产品直接发往该公司德国汉堡客户，新报关单“境外收货人”栏目，应填写德国客户名称。

四、商品归类题 请分别查出下列商品的 8 位商品编码，将编码数字填在下列商品编码对应的空格处。（共 6 题，每题 3 分，共 18 分；全部正确得 3 分，前 6 位正确得 2 分，前 4 位正确得 1 分）

1. 待用于磨制的辣椒粉的干辣椒。

2. 汽车用液压千斤顶。

3. 由35%的亚麻，25%的黄麻和40%的棉花织成的匹状印花机织物。

4. 猪肉三鲜馅的速冻饺子（每袋720克，其中猪肉重350克）。

5. 小轿车自动变速箱用装有滚子轴承的轴承座。其作用主要是用于固定轴承相对位置不变。

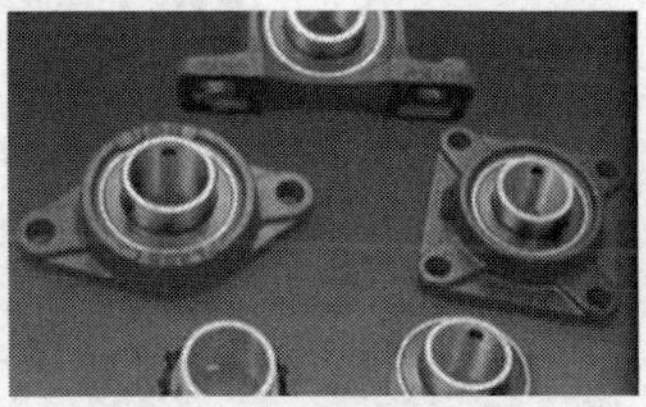

6. 如图所示，吸尘器电机用碳刷（石墨制），装有接头。

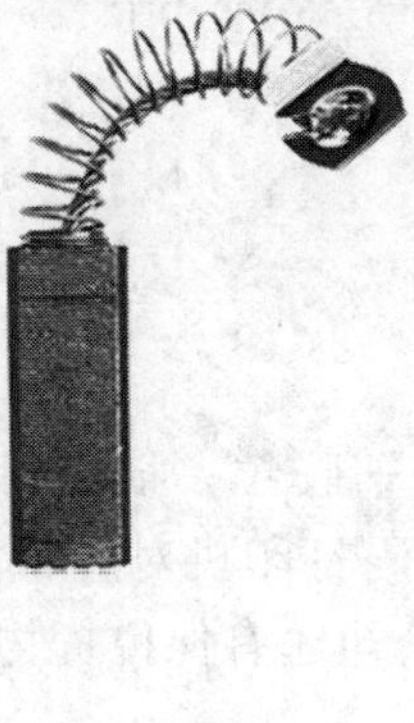

五、案例分析题 请根据案例进行分析，在答案选项中选出1个或1个以上正确答案。(共三个案例18个问题，每题3分，共54分；每个问题全部选对得3分，少选得1分，错选、不选不得分)

案例一

中国甲公司（卖方）与德国乙公司（买方）签订的服装买卖合同中使用了“CIP 汉堡”贸易术语，甲公司委托上海丙（国际货代）公司办理通关、物流工作。

请就本案例回答下列相关问题：

1. 丙公司在接单后需要做的工作有（　　）。

A. 获取发票、装箱单、合同等单证　　B. 获取商品信息，对该批服装进行商品归类

C. 根据甲方要求租船订舱　　D. 整理报关单证并审核

2. 甲公司出口服装的总价为15000美金，其中运费为3000美金，保险费为225美金，报关单的成交方式、运费、保费栏目应填报为（　　）。

A. 成交方式：CIF、运费：为空、保费：为空

B. 成交方式：CIF、运费：美金/3000/3、保费：美金/225/3

C. 成交方式：FOB、运费：为空、保费：为空

D. 成交方式：FOB、运费：美金/3000/3、保费：美金/225/3

3. 报关随附单证内容一致性的审核包括（　　）。

A. 货物金额、币制是否一致　　B. 货物数量是否一致

C. 货物品名是否一致　　D. 单证抬头是否一致

4. 若甲公司已经在上海海关办理了集中申报备案手续，该批出口服装装船日期为8月15日，则最迟应于（　　）前将货物运抵上海海关监管区，并对一个月内以集中申报清单申报的数据进行归并，填制出口货物报关单，在（　　）之前到上海海关办理集中申报手续。

A. 8月14日、9月10日　　B. 8月14日、9月30日

C. 8月13日、9月10日　　D. 8月13日、9月30日

5. 在海关查验工作中，海关发现出口服装印制了某知名品牌的商标，该商标已在海关做了知识产权备案，甲公司需要向海关提供（　　）。

A. 知识产权权利人的商标使用授权等相关证明　　B. 商品成交价格的说明

C. 相关机构出具的商品的品质证明　　D. 商品成分、含量说明

6. 若该批出口服装放行后，由于配载原因造成部分服装需要变更运输工具，则丙公司需要立即准备下列哪些材料？（　　）

A. 承运人证明材料　　B. 出口货物直接退运表

C. 退关、变更运输工具证明材料　　D. 进出口货物报关单修改/撤销表

案例二

广州甲公司通过加工贸易手册从日本购进塑胶粒一批，制成打印机外壳后，通过深加工结转交深圳乙公司装配成条码打印机出口。已知乙公司条码打印机对应打印机外壳的净耗为1，工艺损耗率为20%，共出口条码打印机2000台，生产完毕后，乙公司还有保税货物打印机外壳500个。

请就本案例回答下列相关问题：

1. 该案件中的出口条码打印机共耗用打印机外壳（　　）。

A. 1500个　　B. 2000个　　C. 2500个　　D. 3000个

2. 甲乙公司在办理深加工结转手续时，下列描述正确的是（　　）。

A. 转入、转出报关的价格应为实际成交价格

B. 转入、转出商品编码必须保持10位一致

C. 企业可在实际收发货后30天内办理申报收发货单手续

D. 申报数量可大于申请表数量5%

3. 甲乙公司应当实际收发货的（　　）办结该批货物的报关手续。

A. 10天内　　B. 20天内　　C. 次月10日前　　D. 次月底前

4. 对剩余的打印机外壳500个的处理方式正确的有（　　）。

A. 结转至下一本手册　　B. 退运出境　　C. 内销处理　　D. 放弃处理

5. 如果乙公司需要对打印机进行内销，下列对于缓税利息描述正确的为（　　）。

A. 利率按照中国人民银行公布的定期存款利率执行

B. 利率适用日期为海关填发税款缴款书之日

C. 计息起始日为加工贸易手册开办之日

D. 计息终止日为海关填发税款缴款书之日

6. 乙公司在核销周期前，通过内部自查，发现问题，想使用海关最新的“补充申报”模式，下列情况描述中，符合“补充申报”的情形有（　　）。

A. 保税料件库存存在短、溢的　　B. 未经核准串换保税料件的

C. 出现进出口时间、货值倒挂的　　D. 未按规定办理加贸手册手续的

案例三

大连科德进出口有限公司进口10台原产于德国的立式加工中心，价格条款为CIF大连50万美元/台，科德公司另需支付给卖方特许权使用费1万美元，付给中间人购货佣金1万美元，买卖双方无特殊关系。该加工中心的关税普通税率为20%，优惠税率为9.7%，增值税率为16%。装载货物的运输工具于2018年7月9日（星期一）申报进境，该公司于2018年7月27日（星期五）向海关申报，海关当日接受申报。设1美元=7.5元人民币。

请就本案例回答下列相关问题：

1. 该批货物滞报了（　　）天。

A. 2　　B. 3　　C. 4　　D. 5

2. 该批货物的完税价格为（　　）元人民币。

A. 3750万　　B. 3757.5万　　C. 3765万　　D. 3742.5万

3. 该批货物滞报金为（　　）元。

A. 75150　　B. 75000　　C. 75300　　D. 74850

4. 这批货物的关税税额是（　　）元人民币。

A. 3644775　　B. 3637500　　C. 3652050　　D. 3630225

5. 这批货物的进口环节增值税为（　　）元人民币。

A. 6589928　　B. 6705562　　C. 6469947　　D. 6595164

6. 以下哪些情况属于“原产于德国”（　　）。

A. 该批机床的所有生产程序均在德国完成

B. 该批机床的全部原材料来源于德国

C. 原产于意大利的设备在德国经进一步加工后，税则号列前四位发生了改变

D. 原产于意大利的设备在德国进行了重新包装，使其可以直接用于销售

六、报关单查错题 下列报关单中有20个编有序号（A）~（T）的已填（包括空填）栏目，请按题目指示找出其中填制错误的栏目。（直接点击报关单中填写有误的栏目进行答题，再次点击取消选择。共6个错误，每个选项3分，共18分；错选、不选不得分）

资料1：

青岛三元电子有限公司（3702948200）与日本晨星有限公司（AEO编码JP1234567）签订暂时进出口协议。根据协议，日本晨星有限公司提供1台功率检测仪，对青岛三元电子有限公司生产的手机充电器进行测试。于2018年7月17日进口，青岛三元电子有限公司委托青岛翔云报关行办理该进口报关业务。

法定计量单位：台。

资料 2：

COMMERCIAL INVOICE

<table>
<tr><td colspan="2">1. Shipper Exporter
HODEN ELECTRONICS CO. , LTD
4-33, KITAYUHOJI, 1-CHOME
YAO OSAKA 581-0071 JP
TEL：+81-729-24-4213</td><td>8. No. & date of invoiceJUL. 11, 2018
SKH-3870Q-1</td></tr>
<tr><td colspan="2">2. For Account & Risk of Messes
QINGDAO SANYUAN ELECTRONICS CO. , LTD
EASE ZHENGYANGDONG ROAD XIFU TOWN
CHENG YANG DISRICT QINGDAO CITY CHINA
TEL：（0532） 89088781 FAX：（0532） 89088726</td><td>9. No. & Date of L/C</td></tr>
<tr><td colspan="2">3. Notify party
QINGDAO XIANGYUN CUSTOMS BROKER CO. , LTD
TEL：（86） 532-89023316
FAX：（86） 532-89023315</td><td rowspan="3">10. Term
NO COMMERCIAL VALUE

DDP QINGDAO, CHINA</td></tr>
<tr><td>4. Port of loading
OSAKA, JAPAN</td><td>5. Final destination
QINGDAO, CHINA</td></tr>
<tr><td>6. Carrier</td><td>7. Sailing on or about</td></tr>
</table>

11. Marks and numbers of PKGS	12. Description of goods	13. Quantity /Unit	14. Unit	15. Amount（USD）
HODEN C/NO. 101-101 MADE IN JAPAN	Power detector 功率检测仪 MODEL：JBC3335	1 SET	7340. 00	7340. 00

TOTAL： 7340. 00

Hoden Electronics Co. , Ltd

资料3：

PACKING LIST

1. Shipper Exporter HODEN ELECTRONICS CO.，LTD 4-33，KITAYUHOJI，1-CHOME YAO OSAKA 581-0071 JP TEL：+81-729-24-4213		8. No. & date of invoiceJUL. 11，2018 SKH-3870Q-1
2. For Account & Risk of Messes QINGDAO SANYUAN ELECTRONICS CO.，LTD EASE ZHENGYANGDONG ROAD XIFU TOWN CHENG YANG DISRICT QINGDAO CITY CHINA TEL：(0532) 89088781 FAX：(0532) 89088726		9. No. & Date of L/C
3. Notify party QINGDAO XIANGYUN CUSTOMS BROKER CO.，LTD TEL：(86) 532-89083316 FAX：(86) 532-89083315		10. Term NO COMMERCIAL VALUE DDP QINGDAO，CHINA
4. Port of loading OSAKA，JAPAN	5. Final destination QINGDAO，CHINA	
6. Carrier	7. Sailing on or about	

11. Marks and numbers of PKGS	12. Description of goods	13. Quantity /Unit	14. N.W (KGS)	15. G.W (KGS)
HODEN C/NO. 101-101 MADE IN JAPAN	Power detector 功率检测仪 MODEL：JBC3335	1 SET	48.00	60.00

TOTAL：1 CARTON 48.00 60.00

Hoden Electronics Co.，Ltd

资料 4：提单

	KIX	50797272	HAWB No:02150002

Shipper's Name and Address Shipper's Account Number HODEN ELECTRONICS CO.,LTD HODENSA501 4-33,KITAYUHOJI,1-CHOME YAO OSAKA 581-0071 JP TEL: +81-729-24-4213	NOT NEGOTIABLE 69540415814 Air Waybill YUSEN LOGISTICS CO.,LTD OSAKA,JAPAN (Air Consignment note) issued by Shipper's Name and Address Shipper's Account Number HODEN CORPORATIONG HOSIDEOSA501 4-33,KITAYUHOJI,1-CHOME YAO OSAKA 581-0071 JP TEL: +81-729-24-1206 Copies 1, 3 and 3 of this Air Waybill are originals and have the same validity.
Consignee's Name and Address Consignee's Account Number QINGDAO SANYUAN ELECTRONICS CO EAST ZHENGYANGDONG ROAD,XIFU TOWN CHENYANG DISTRINT,QINGDAO CITY,CHINA QINGDAO CN TEL : (0532)8908-8781	It is agreed that the goods described herein are accepted in apparent good order and condition (except as noted) for carriage SUBJECT TO THE CONDITIONS OF CONTRACT ON THE REVERSE HEREOF. THE SHIPPER'S ATTENTION IS DRAWN TO THE NOTICE CONCERNING CARRIERS' LIMITATION OF LIABILITY. Shipper may increase such limitation of liability by declaring higher value for carriage and paying a supplemental charge it required.
Issuing Carrier's Agent Name and City YUSEN LOGISTICS CO.,LTD	Accounting Information
Agent' IATA Code / Account No.	
Airport of Departure (Addr.of First Carrier)and Rwquested Routing	

To	By	Routing and Destination	to	by	to	by	Currency	Chgs Code	WT/VAL PPD	COL	Other PPD	COL	Declared Value For	Declared Value For Customs
TAO				Y8			JPY	PP			X		N.V.D	N.V.D

Place / Airport of Destination		
Flight Date Date Y87428/17	Amount of Insurance	INSURANCE - If Carrier offers insurance, and such insurance is requested in accordance with conditions on reverse thereof, indicate amount to be insured in figures in box marked "amount of Insurance."

Handling Information

No. of Pieces RCP	Gross Total	kg	Rate Class	Commodity	Chargeable	Rate	Total	
1	60.0	K	Q		60.0	27000	27000	
	NOTIFY:QINGDAO XIANGYUN CUSTOMS BROKER CO.LTD 60F, GOLDEN BUILDING 66 ZHANGLIUGAN ROD Qingdao SHANDONG 26607 C TEL:+86-532-75336666							
1	60						27000	1 1 60.0 K Q NOTIFY:QINGDAO XIANGYUN C GOLDEN BUILDING 66 ZHANGL TEL:+86-532-75336666

资料 5：

中华人民共和国海关进口货物报关单

预录入编号：　　　　　　　　　　　　　　　　　海关编号：　　　　页码/页数：

(A)境内收货人（913703856790459933） 青岛三元电子有限公司(3702948200)	进境关别	进口日期	申报日期	备案号
(B)境外发货人 AEO<JP1234567> HODEN ELECTRONICS CO. ,LTD	(C)运输方式（5） 航空运输	(D)运输工具名称及航次号 Y87428	(E)提运单号 87150797272_02150002	货物存放地点

消费使用单位	(F)监管方式（2600） 暂时进出货物	(G)征免性质（101） 一般征税	许可证号	启运港
合同协议号	贸易国(地区)(JPN) 日本	(H)启运国(地区)(JPN) 日本	(I)经停港（JPN） 日本	入境口岸

(J)包装种类（22） 纸制或纤维板制盒/箱	件数 1	(K)毛重(千克) 60	(L)净重(千克) 48	成交方式（1） CIF	(M)运费 116/27000/3	(N)保费 0.3/1	杂费

随附单证及编号：
随附单证 2：发票；装箱单；提/运单；企业提供的其他；代理报关委托协议(电子)

(O)标记唛码及备注
备注：HODEN C/NO 101-101 MADE IN JAPAN 暂时进境/海关暂进：4220180700001/暂时进出境货物类别：《管理办法》第三条第八款。供安装、调试、检测、修理设备时使用的仪器及工具。/20190116 前复运出境

项号	(P)商品编号	(Q)商品名称及规格型号	(R)数量及单位	单价/总价/币制	(S)原产国(地区)	最终目的国(地区)	境内目的地	(T)征免
1	90303900.00	功率检测仪(带记录装置) 检测功率用丨检测功率大小丨 带记录装置丨SANYUAN 牌丨JBC3335	1台 1台	7340.0000 7340.0000 美元	日本(JPN) (1)			照章征税
2								
3								
4								
5								
6								

特殊关系确认：　　价格影响确认：　　支付特许权使用费确认：　　自报自缴：

录入员　录入单位	兹申明以上内容承担如实申报、依法纳税之法律责任	海关批注及签章
报关人员 申报单位(签章)		

2019年关务水平测试试卷（关务基础知识）

试卷说明：本试卷测试科目为关务基础知识，共含单项选择、多项选择、判断三种题型。测试时间为60分钟，满分100分。

一、单选题 请在下列各题的答案选项中，选出1个正确答案。（共20题，每题2分，共40分；错选、不选均不得分）

1. 跨境电子商务是指分属不同（　　）的交易主体，以互联网为媒介，经电子商务平台达成交易，进行支付结算，并通过跨境物流运营商送达商品，完成交易的一种国际商业活动。

A. 关境　　B. 国境　　C. 平台　　D. 区域

根据下面的单据，回答以下（2~4）试题。

上海华纱进出口有限公司

CHINA ARTEX SHANGHAI IMPORT AND EXPORT CORPORATION

18 XIZANG NORTH ROAD SHANGHAI, CHINA

COMMERCIAL INVOICE

Tel: [redacted]　　Invoice No.: ATX051212

Fax: [redacted]　　Date: Oct. 08, 2019

E-mail: [redacted]　　S/C No.: GD-11ATX2509

L/C No.: TH5391

Sold to Messers:

THE ABCDE GROUP, INC.

445 KENNEDY DRIVESAYREVILLE, NEW JERSEY

FROM: SHANGHAI　　TO: NEWYORK VIA HONGKONG BY VESSEL

Marks & No.s	Description of Goods	Quantity	Unit Price	Amount
JOHNSON'S	GARMENTS		CIF	USD6,000.00
12KG05107	100% COTTON		NEWYORK	USD6,400.00
NEW YORK	JERSEY BABY'S OVERALL	2,000PCS	USD3.00/PC	
NO. 1-80	100% COTTON	2,000PCS	USD3.20/PC	USD12,400.00
MADE IN CHINA	JERSEY BABY'S BEATLE			

TOTAL: SAY U.S. DOLLARS TWELVE THOUSAND FOUR HUNDRED ONLY.

THE ABOVE MENTIONED GOODS ARE OF CHINESE ORIGIN.

THIS IS TO CERTIFY THAT THE ABOVE MENTIONINGS ARE TRUE AND CORRECT.

CHINA ARTEX SHANGHAI IMPORT AND EXPORT CORPORATION

WANG LIQING

2. 根据本单据上的内容显示，以下描述正确的是（　　）。

A. 这笔贸易是华纱进出口有限公司从美国购进的一票货物

B. 这笔贸易是华纱进出口有限公司出口到美国的一票货物

C. 这批货物原产国是美国

D. 这批货物原产国是韩国

3. 已知本笔贸易适用《2010年国际贸易术语解释通则》，则货物的国际运费由（　　）承担，国际货物运输保险费由（　　）承担。

A. 华纱进出口有限公司，华纱进出口有限公司

B. 华纱进出口有限公司，THE ABCDE GROUP，INC.

C. THE ABCDE GROUP，INC. ，华纱进出口有限公司

D. THE ABCDE GROUP，INC. ，THE ABCDE GROUP，INC.

4. 本单据上的货物采用（　　）运输，从（　　）发出，途经（　　）运至（　　）。

A. 航空，纽约，中国香港，上海　　B. 水路，中国香港，新泽西，上海

C. 航空，纽约，上海，中国香港　　D. 水路，上海，中国香港，纽约

5. 我国出口商出口泰国曼谷某商品，按CIF价商品每千克50美元。现泰国客户要求改报FOB价。已知我出口商投保W. P. A. ，保险费率0. 25%，主运费每千克5美元。如果我国出口商利润不变，向进口商报FOB价计算公式为（　　）。

A. FOB价=CFR价×［1-保险费率×（1+投保加成率）］-运费

B. FOB价=CIF价×［1+保险费率×（1+投保加成率）］-运费

C. FOB价=CFR价-运费

D. FOB价=CIF价-运费

6. 在出口灰鸭毛的合同中，若规定“含绒量18%，上下1%”的内容属于（　　）。

A. 溢短装条款　　B. 品质公差条款

C. 品质机动幅度条款　　D. 数量机动幅度条款

7. 海运提单中必须经背书才能转让的是（　　）。

A. 记名提单　　B. 不记名提单　　C. 指示提单　　D. 副本提单

8. 下列关于整箱货与拼箱货描述错误的选项是（　　）。

A. 整箱货是指由集装箱堆场负责装箱和计数，填写装箱单，并加封志的集装箱货物

B. 拼箱货是指由承运人的集装箱货运站负责装箱和计数，填写装箱单，并加封志的集装箱货物

C. 在目前的海上货运实践中，班轮公司主要从事整箱货的货运业务

D. 在目前的货运实践中，主要由拼箱集运公司从事拼箱货的货运业务。

9. 进境动植物检疫许可证（　　）。

A. 三个月有效　　B. 一次有效　　C. 不得跨年度使用　　D. 不能延期

10. 对主动披露的进出口企业、单位违反海关监管规定的行为，以下说法正确的是（　　）。

A. 海关应当从轻或者减轻行政处罚　　B. 海关应当减免滞纳金

C. 违法行为轻微不予追补税款　　D. 已补缴税款的不予行政处罚

11. 杭州腾力工具有限公司的TL-LIFT商标备案情况在知识产权海关保护系统部分页面如下，该商标知识产权有效期截止到（　　）。

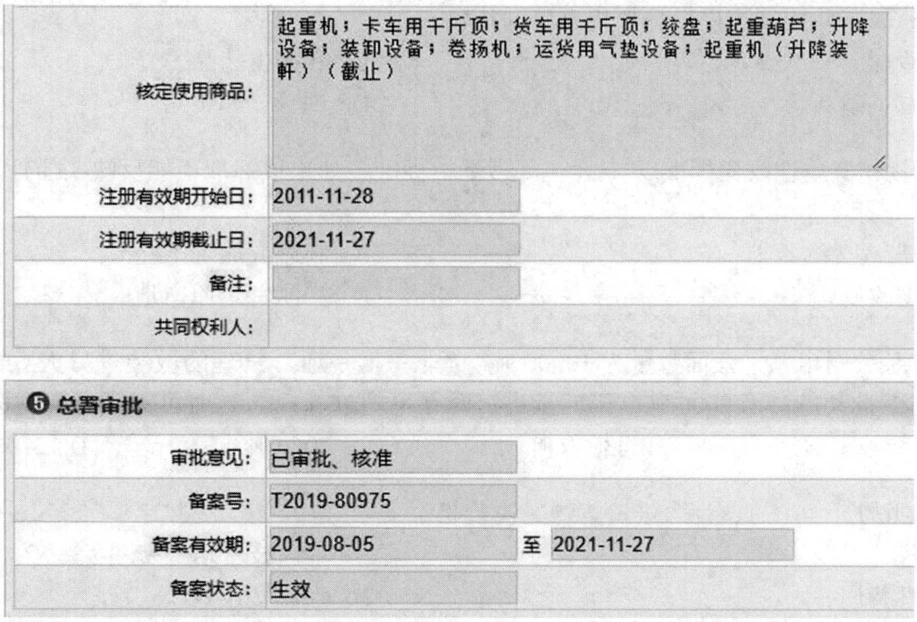

核定使用商品:	起重机；卡车用千斤顶；货车用千斤顶；绞盘；起重葫芦；升降设备；装卸设备；卷扬机；运货用气垫设备；起重机（升降装軒）（截止）
注册有效期开始日:	2011-11-28
注册有效期截止日:	2021-11-27
备注:	
共同权利人:	

❺ 总署审批

审批意见:	已审批、核准
备案号:	T2019-80975
备案有效期:	2019-08-05 至 2021-11-27
备案状态:	生效

A. 2029 年 8 月 4 日　　B. 2031 年 11 月 26 日
C. 2021 年 11 月 27 日　　D. 2029 年 11 月 26 日

12. 广州加多力饮料公司从孟加拉国进口一批白利糖浓度为 12 的柠檬汁饮品，贸易方式为一般贸易，供应商提供了《亚太贸易协定》项下的原产地证书，该批柠檬汁适用进口关税税率为（　　）。

税号		2009311000
商品名称		白利糖浓度≤20 的柠檬汁
进口最惠国税率		5%
进口普通税率		90%
进口暂定税率		
亚太协定税率		4. 7%
特惠税率	亚太 2 国	2. 5%
	老/柬/缅	/0/
	37/1/1	0/0/0

A. 5%　　B. 90%　　C. 4. 7%　　D. 2. 5%

13. （　　）属于列入海关统计的进出口货物。
A. 易货贸易货物　　B. 暂时进出货物　　C. 退运货物　　D. 过境货物

14. 海关的四项基本任务除了监管、缉私、统计外，还包括（　　）。
A. 查验　　B. 审单　　C. 征税　　D. 认证

15. 非特殊区域及保税监管场所内的加工贸易企业内销保税货物，如果该货物为残次品，则海关以（　　）为基础审查确定完税价格。
A. 接受申报时进口的相同货物成交价格　　B. 接受申报时进口的相同料件价格
C. 料件原进口成交价格　　D. 残次品的实际价值

16.（　　）属于我国禁止进口且禁止出口的货物。

A. 野生红豆杉　　B. 麻醉类药品

C. 硅砂、石英砂　　D. 虎骨、犀牛角

17. 进出口货物实质性改变标准以（　　）为基本标准，如果该标准不能反映实质性改变的，以从价百分比等作为补充标准。

A. 完全获得　　B. 制造或加工工序

C. 税则归类改变　　D. 产品特定原产地

18. 2019 年某公司申领了证面数量为 10000 吨、“非一批一证”管理的散装进口大豆的自动进口许可证进口，其中前三批共进口了 8000 吨，第四批进口时在不超过（　　）时可无须再申领进口许可证。

A. 2600 吨　　B. 3000 吨　　C. 2060 吨　　D. 2100 吨

19. 单独列明的（　　），计入进口货物完税价格。

A. 进口关税　　B. 境内技术培训费

C. 境外考察费用　　D. 保修费用

20. 原产于优惠贸易协定成员国或者地区的货物，经过其他国家或者地区运输至中国境内，若符合直接运输规则，不能（　　）。

A. 换装运输工具　　B. 临时储存　　C. 通风干燥　　D. 改换包装

二、多选题　请在下列各题的答案选项中，选出 2 个或 2 个以上正确答案。（共 10 题，每题 4 分，共 40 分；全部选对得 4 分，少选得 2 分，错选、不选不得分）

1. 根据《2000 年国际贸易术语解释通则》的规定，风险和费用划分点相分离的贸易术语有（　　）。

A. FOB　　B. CIF　　C. CPT　　D. DDP

2. 运输标志即唛头，其主要内容包括（　　）。

A. 货物名称或代号　　B. 收、发货人的代号

C. 目的地的名称或代号　　D. 件号

3. 对外贸易中溢短装条款具体伸缩量的掌握（　　）。

A. 可由卖方决定　　B. 买方负责装运时，可由买方决定

C. 可由港务装运部门依情况自行决定　　D. 可授权承运人决定

4. 班轮运输中，通常会涉及（　　）等有关货物运输的关系人。

A. 班轮承运人　　B. 船舶代理人　　C. 无船承运人　　D. 货运代理人

5. 关于进口环节海关代征税的表述，正确的有（　　）。

A. 主要有增值税、消费税两种

B. 均采用从价计征方式

C. 起征点均为 50 元

D. 进口货物如果有消费税，应先计算消费税，再计算增值税

6. 以下项目属于法定减免税情形的是（　　）。

A. 单票货物关税税额在人民币 50 元以下的

B. 某外商企业进口投资额度内的一台自用大型设备

C. 某科研机构进口的一批科研用残疾人专用商品

D. 无商业价值的广告品和货样

7. 下列可适用暂时进出境监管制度办理海关手续的货物是（　　）。

A. 随展览品进境的小卖品　　B. 旅游用自驾交通工具及其用品

C. 盛装货物的容器　　D. 货样

8. 下列选项中，海关应与纳税义务人进行价格磋商的情形有（　　）。

A. 采用成交价格方法确定完税价格

B. 采用相同货物成交价格方法确定完税价格

C. 采用倒扣价格估价方法确定完税价格

D. 超过磋商规定的时限，纳税义务人未进行价格磋商的

9. 从境外进入保税区的（　　），免于提交相应许可证件。

A. 监控化学品（监管条件 2）　　B. 黄金首饰（监管条件 J）

C. 湿濒危野牛皮（监管条件 F）　　D. 钢材（监管条件 7）

10. 非优惠原产地项下出口货物，进口方未明确要求的，申请人可以向（　　）申请办理。

A. 海关　　B. 商务部　　C. 贸促会　　D. 工信部

三、判断题　请对下列各题做出正误判断。（共 10 题，每题 2 分，共 20 分；答错、不答不得分也不扣分）

1. 中性包装是指在出口商品和内外包装上标明生产国别，但不注明生产商的包装方式。

2. 在出口贸易中，为了明确责任，最好采用既凭样品，又凭规格买卖的方法。

3. 一切险是水渍险和各种附加险的总和，是保险范围最广的险别。

4. 装箱单是卖方向买方开立的，对所装运货物做出全面、详细说明，并凭此向买方收款的货款价目总清单。

5. 没有向海关备案或者已备案的知识产权权利人，如果发现即将进出口的货物涉嫌侵犯其知识产权的，都可以向货物进出境地海关依法提出扣留侵权嫌疑货物的申请。

6. 我国境内企业的自有货物出口至美国，其原产地不属于海关预裁定的适用范围。

7. 一般出口货物经海关放行实际运离关境后，方视为结关。

8. 租赁进口货物以租金方式对外支付的，在租赁期间以海关审定的该货物的货值作为完税价格，利息予以计入。

9. 货物确为签有自由贸易协定的国家原产，在货物申报进口之日起一年后补交原产地证书的，适用协定税率或特惠税率。

10. 进口货物成交价格是指卖方向中华人民共和国境内销售该货物时，买方为进口该货物向卖方实付、应付的价款总额，包括直接支付的价款和间接支付的价款。

2019 年关务水平测试试卷（关务基本技能）

试卷说明：

本试卷测试科目为关务基本技能，共含单项选择、多项选择、报关单查错、不定项选择（案例）四种题型。测试时间为 120 分钟，满分 200 分。

一、单选题 请在下列各题的答案选项中，选出 1 个正确答案，总计 100 分。（第 1 部分第 1~20 题，每题 2 分，共 40 分；第 2 部分第 21~40 题，每题 3 分，共 60 分，错选、不选均不得分）

第一部分（1~20 题）

1. 上海某食品贸易有限公司（企业注册地：上海徐汇区）接受国外订单，委托苏州某糖果加工厂（企业注册地：苏州吴江区）生产一批糖果，计划从宁波机场空运出口，在货物出口前，企业需向（　　）提出实施出口检验检疫申请。

A. 上海海关　　B. 吴江海关　　C. 宁波机场海关　　D. 以上海关部门均可

2. 进口（　　）免于提交植物检疫证书。

A. 深加工的木制品　　B. 树根雕刻制品　　C. 藤蔓编织品　　D. 植物枝条编织品

3. 关于汇总征税方式以下描述错误的是（　　）。

A. 汇总征税是海关对进出口税收进行征缴的一种作业模式

B. 汇总征税是海关对符合条件的进出口收发货人于某一段时间内多次进出口产生的税款集中进行汇总计征

C. 所有应税企业应于每月 5 日前完成上月应纳税款的汇总电子支付

D. 除失信企业外，所有进出口报关单上的收发货人均可申请汇总征税模式

4. 关于强制认证证书，以下表述正确的是（　　）。

A. 强制认证目录内商品必须取得 3C 认证证书，方可入境

B. 强制认证目录内商品都可以通过 3C 目录外确认申报入境

C. 强制认证证书出具单位为中国海关

D. 强制认证目录内商品符合特定条件可以办理 3C 免办手续入境

5. 报关员小王在理单时发现进口设备的规格型号在进口发票和货物说明书上显示不一致，这种情况下正确的做法是（　　）。

A. 申报时不提交货物说明书，以发票规格型号为准

B. 申报时同时提交货物说明书和进口发票

C. 申报时不填报规格型号

D. 建议客户向海关申请申报前看货

6. 某医院进口一套核磁共振成像装置，在海关申请办理了《中华人民共和国进出口货物征免税证明》关税为0%、增值税为13%，报关单征免方式栏应申报为（　　）。

A. 全免　　B. 特案　　C. 保证金　　D. 照章征税

根据如下单证，填写7~10题相应申报数据。某企业从日本进口电解液添加剂一批。

分拨提货单

收货人：

船名	海丰川崎/SITC KAWASAKI	航次	1922SI	到港日期	2019/11/2
分拨提单号	SITYKXM1919446_3	箱号	TLLU3119216	箱型	20GP
货物标记	货物品名	件数	重量(KGS)	体积(CBM)	
PO NO. ETC...	CAPACITORS ETC...	3 PACKAGES	2,238.000	4.2300	

7. 单一窗口"运输方式"栏填报（　　）。

A. 公路运输　　B. 航空运输　　C. 水路运输　　D. 其他运输

8. 单一窗口"提运单号"栏填报（　　）。

A. TLLU3119216/1922SI　　B. SITYKXM1919446

C. SITYKXM1919446/1922S　　D. SITYKXM1919446_ 3

9. 单一窗口"监管方式"栏为"一般贸易"，"征免性质"栏填报（　　）。

A. 一般征税　　B. 照章征税　　C. 其他法定　　D. 自有资金

10. 单一窗口"运输工具名称"栏填报（　　）。

A. SITC KAWASAKI　　B. 海丰川崎

C. 海丰川崎/ SITC KAWASAKI　　D. SITC KAWASAKI/1922SI

11. 国内某公司向海关申报出口样机一台，该样机为新研制、新技术，采用国内专利，海关在确定该出口货物成交价格时，可采用的是（　　）。

A. 成交价格法　　B. 倒扣价格法　　C. 相同货物法　　D. 合理方法

12. 跨境电子商务零售进口商品，其完税价格包括（　　）。

A. 实际交易价格　　B. 实际交易价格+国内运费+国内保险费

C. 货物采购价格+国际运费+国际保险费　　D. 货物零售价格+国内运费+国内保险费

13. 如图为2019年"进口商品暂定税率表"部分截图，下列选项描述错误的是（　　）。

序号	EX [注1]	税则号列	商品名称	最惠国税率（%）	2019年暂定税率（%）
664	ex	90019090	液晶显示屏背光模组的光学元件(包括导光板、反射板、扩散片、增亮片)	5#4	2
665		90021131	单反相机镜头	6	3
666		90021139	其他照相机用镜头	6	3
667	ex	90021190	彩色投影机和数字光处理器的镜头及镜头组件	10	3
668	ex	90021990	摄像机、摄录一体机的镜头	9.4#7.5	3
669	ex	90021990	手机、平板电脑用物镜（800万像素及以上）	9.4#7.5	1—6月：8%
670		90031910	金属材料制眼镜架	7	6
671		90041000	太阳镜	7	6

A. 进口原产于德国的钛合金眼镜架，适用关税税率为6%
B. 进口原产于日本的摄像机镜头，适用关税税率为3%
C. 内销原产于中国的单反相机镜头，适用关税税率为3%
D. 进口原产于韩国的手机用物镜，1200万像素，适用关税税率为7.5%（2019年3月份进口）

14. 国内某服装厂以CIF价格从美国购进一批缝编机，发票列明：缝编机USD20,000，进口后的安装费USD1,000，培训费USD1,000，卖方佣金USD500。该缝编机海关审定的成交价格应为（　　）。
A. USD20,000　　B. USD20,500　　C. USD22,500　　D. USD22,000

15. 某企业为一般信用企业，以下选项适用自报自缴模式的是（　　）。
A. 涉及公式定价货物　　B. 实施反倾销货物
C. 保障措施货物　　D. 涉及进口许可证货物

16. 海关对保税港区内加工贸易货物（　　）。
A. 按照申报的单耗进行核销　　B. 按照单耗标准的最高上限值核销
C. 按照单耗标准的最低下限值核销　　D. 不适用单耗标准管理

17. 能够列入工艺损耗的情况是（　　）。
A. 企业加急订单，采购的非保税料件产生的损耗
B. 企业生产过程中报废的半成品
C. 企业生产过程中产生的边角料
D. 企业生产过程中突然停电产生的额外损耗

18. 天津A公司因产能不足，将部分保税料件外发给苏州B公司进行全工序加工，以下表述正确的是（　　）。
A. 因货物监管权转移到苏州，B公司应向苏州海关缴纳保证金
B. 因货物监管权转移到苏州，A公司应向天津海关缴纳保证金
C. 因该业务为跨关区外发，A公司应向天津海关缴纳保证金
D. 因该业务为全工序外发，A公司应向天津海关缴纳保证金

19. 关于电子账册滚动核销，以下表述正确的有（　　）。
A. 电子账册有效期为180天
B. 电子账册余料结转，进出口报关单同时产生
C. 电子账册核销期间可以正常进行进出口申报
D. 电子账册核销无须与海关核对进出口数据

20. 下列描述中，不属于保税仓库功能的有（　　）。
A. 仓储　　B. 商品展示　　C. 简单加工　　D. 售后维修

第二部分第21~40题，根据描述，选出8位商品编码。

21. 番茄汁浓缩液，无菌包装到密闭瓶中（210克），通过洗涤，粉碎，筛选，离心和浓缩，产生49%的可溶性番茄固体和51%的水。
A. 2002.9011　　B. 2009.5000　　C. 2009.8920　　D. 2202.9900

22. 虾饺皇，12只一袋，单只25克，内含完整虾仁1只，冷冻，未煮熟。
A. 1605.2900　　B. 1605.3000　　C. 1902.1900　　D. 1902.2000

23. 单层机织绣花床罩，由50%人造丝纤维和50%真丝纤维制成。

A 6304.1129　　B. 6304.1139　　C. 6304.1910　　D. 6304.1939

24. 干马铃薯片，由干马铃薯片，焦磷酸钠（防腐剂），亚硫酸氢钠（防腐剂），甘油单酸酯（抗粘剂），柠檬酸（抗氧化剂）和丁基化羟基茴香醚（抗氧化剂）组成。

A. 0701.9000　　B. 0712.9099　　C. 1105.2000　　D. 2005.2000

25. 止回阀，由铁制成，用于油井行业，调节液压油流量。

A. 8431.4310　　B. 8431.4390　　C. 8481.2010　　D. 8481.3000

26. 生产玻璃纤维的机器，高温下用熔融玻璃生产玻璃纤维。

A. 8444.0090　　B. 8464.9019　　C. 8475.2912　　D. 8479.8999

27. 装有电动机的滚筒，直流电机，直流电压24V，输出60W，用于辊式运输机。

A. 8420.9100　　B. 8428.9090　　C. 8431.3900　　D. 8501.3100

28. 使用时通常放置于床上的电脑桌，竹制、折叠式，规格60cm×38cm×29cm。

A. 4420.9090　　B. 9403.3000　　C. 9403.5099　　D. 9403.6099

29. 如图所示，激光翻页笔，由遥控激光翻页笔和带U盘的接收器两部分组成，是集激光笔、U盘、PowerPoint上下翻页遥控键于一体的多功能工具。使用者可无线遥控PowerPoint页面，激光指示演讲内容。

A. 8471.6090　　B. 8526.9200　　C. 8543.7099　　D. 9013.2000

30. 零售包装的羊毛纱线，按重量计，含羔羊绒80%，植物绒12%，抗起球纤维8%。

A. 5109.1019　　B. 5109.1090　　C. 5109.9019　　D. 5109.9090

31. 硅胶片，W550mm×L7000mm×T0.38mm，成卷，非自粘，经塑料材料双面涂层增强，无硬性，非泡沫。

A. 3910.0000　　B. 3920.9990　　C. 3921.9090　　D. 3926.9090

32. 热轧不锈钢卷板，尺寸 750 毫米宽和 4mm 厚，未经过包覆、镀层、涂层、退火或酸洗，C：≤0.08%，Si：≤1.0%，Mn：≤2.0%，Cr：18.0～20.0%，Ni：8.0～10.5%，S：≤0.03%，P：≤0.035%。

A. 7219.1319　　B. 7219.2300　　C. 7220.1200　　D. 7225.3000

33. 自热盒装黑胡椒牛肉饭，饭盒内有：叉勺、米饭（按重量计 80%）、菜包（含牛肉、土豆、胡萝卜、洋葱等，按重量计 20%）、发热包、发热水。

A. 1602.5090　　B. 1904.9000　　C. 2106.9090　　D. 1602.9090

34. 如图所示，汽车发动机曲轴。

A. 8409.9999　　B. 8483.1090　　C. 8483.9000　　D. 8708.9999

35. 如图所示的超市购物手推车。

A. 7326.9019　　B. 7326.9090　　C. 8716.8000　　D. 9403.2000

36. 如图所示，打印机齿轮，塑料制，应归入税号（　　）。

A. 3926.9090　　B. 8443.9990　　C. 8473.3090　　D. 8483.9000

37. 如图所示，电动牙刷头。

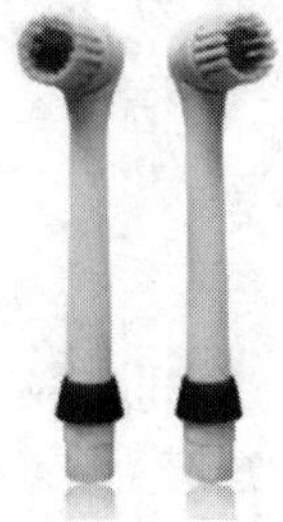

A. 8509.9000　　B. 9603.2100　　C. 9603.2900　　D. 9603.5091

38. 冻猪后腿肉块，不带骨头。

A. 0203.1200　　B. 0203.1900　　C. 0203.2200　　D. 0203.2900

39. 带扣安全带，用于波音737飞机客舱座椅，构成为纺织品制成安全带，并带有金属制扣。安全带的两端和客舱座椅骨架相连，是安全座椅安全系统的重要组成部分。

A. 6307.2000　　B. 8302.4900　　C. 8803.9000　　D. 9401.9090

40. 保温包，由牛津帆布、铝箔构成，用于临时存储，保持食物及饮料温度用，可重复使用。

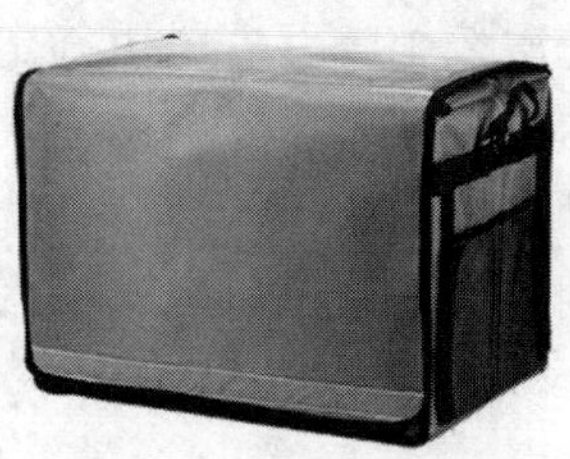

A. 4202.1290　　B. 4202.1900　　C. 4202.2200　　D. 4202.9200

二、多选题　请在下列各题的答案选项中，选出2个或2个以上正确答案。（共10题，每题4分，共40分；全部选对得4分，少选得2分，错选、不选不得分）

1. 海关复验有下列几种情形（　　）。

A. 货物涉嫌走私违规，需要重新查验的

B. 初次查验时，进出口货物收发货人或其代理人不在场

C. 海关对经初次查验未能查明货物的真实属性，需要对已查货物的某些性状做进一步确认的

D. 进出口货物收发货人对海关查验结论有异议，提出复验要求并经海关同意而再次进行查验的

2. 进出口货物收发货人应海关要求，为（　　）需进行补充申报。

A. 确定申报货物价格的完整性和准确性

B. 确定货物原产地准确性

C. 确定货物商品编码准确性

D. 进一步核实已放行货物价格、商品编码和原产地等内容

3.（　　）可以向海关申请提前放行货物担保。

A. 进出口货物的商品归类存在争议尚未确定的　　B. 在纳税期限内税款尚未缴款的

C. 进口许可证尚未提供的　　D. 有效报关单证尚未提供的

4. 某企业出口到新加坡的照相机，因品质不良被退回修理。退回修理货物进境时，企业向海关申请了为期6个月的担保并交纳了保证金。企业在照相机复运出境后办理担保销案时应（　　）。

A. 自担保到期后30日内向海关提出申请
B. 提供修理物品进口报关单和修理物品出口报关单
C. 提供海关“保证金收据”
D. 向海关开具发票

5. 买卖双方签订一份从美国进口货物的贸易合同，成交方式为FOB美国旧金山，货物价值5000美元，国际运费1000美元，新加坡中转仓储费50美元，货物在洋山港转换国内船舶将货物运至武汉，其中卸货费100美元，内陆运输费200美元。以上费用应计入完税价格的有（　　）。
A. 5000美元　　B. 1000美元　　C. 50美元　　D. 300美元

6. 某企业拟从德国进口黑啤若干，灌装后在国内销售。请问该企业在核算进口关税成本时，需考量的关键因素有（　　）。
A. 该批啤酒的货值　　B. 该批啤酒的从价关税税率
C. 该批啤酒的重量　　D. 该批啤酒的单位税额

7. 内地进口商A因资金短缺，欲向香港某公司租赁一台价值为1.1亿人民币的设备，租赁期限为5年，租金100万人民币/年，另付利息5万人民币/年，以下描述正确的是（　　）。
A. 该案例中的货物适用经营租赁，每次按105万人民币确定完税价格
B. 该案例中的货物适用经营租赁，纳税义务人可以申请一次性缴纳税款
C. 该案例中的货物适用融资租赁，每次按2205万人民币确定完税价格
D. 该案例中的货物适用融资租赁，纳税义务人可以申请一次性缴纳税款

8. 下列选项，属于保税服务的有（　　）。
A. 保税检测维修　　B. 保税拍卖　　C. 出境加工　　D. 进料加工

9. 保税出口业务中，保税核注清单商品项归并为报关单同一商品项的，需遵循的原则有（　　）。
A. 10位商品编码相同　　B. 申报计量单位相同　C. 申报币制相同　　D. 货物原产国相同

10. 关于海关特殊监管区域，具备国内货物入区退税功能的有（　　）。
A. 综合保税区　　B. 出口加工区　　C. 保税区　　D. 保税港区

三、案例分析题　请根据案例进行分析，在答案选项中选出1个或1个以上正确答案。（共两个案例10个问题，每题4分，共40分；每个问题全部选对得4分，少选得2分，错选、不选不得分）

（一）潍坊A公司进口德国产模压成型机1台，成交条件为CIF青岛，装载该货物的运输工具于2019年3月27日申报进境，该企业于4月3日申报，当日生成报关单号为431020191＊＊＊＊＊＊＊＊＊。货物的发票显示如下：总价EUR1100,000，运保费EUR7,000，卖方佣金EUR18,000，潍坊设备调试费EUR4,000，剩余为设备金额。进境关别：前湾口岸（4258）。适用最惠国税率，其关税率为5%，增值税率为13%。

日期	中国外汇交易中心受权公布人民币汇率中间价
4月3日（星期三）	1欧元对人民币7.5290元
3月27日（星期三）	1欧元对人民币7.5688元
3月20日（星期三）	1欧元对人民币7.6170元
2月20日（星期三）	1欧元对人民币7.6622元

1. 潍坊 A 公司进口模压成型机的申报地点和查验地点分别为（　　）。

A. 潍坊海关、前湾口岸　　B. 潍坊海关、潍坊海关

C. 前湾口岸、前湾口岸　　D. 前湾口岸、潍坊海关

2. 进出口货物税率适用涉及要素主要有（　　）。

A. 税率适用时间的确定　　B. 商品归类的确定

C. 原产地规则的适用　　D. 汇率适用日期

3. 该票货物适用的汇率为 1 欧元对人民币（　　）。

A. 7.5290 元　　B. 7.5688 元　　C. 7.6170 元　　D. 7.6622 元

4. 海关按成交价格法审定完税价格，若适用汇率为 1 欧元对人民币 H，则完税价格为（　　）。

A. EUR 1100,000×H　　B. EUR（1100,000-4,000）×H

C. EUR（1100,000-7,000）×H　　D. EUR（1100,000-7,000-18,000）×H

5. 该货物增值税组成计税价格为（　　）。

A. 关税完税价格+关税税额　　B. 关税完税价格+增值税税额

C. 关税完税价格+关税税额+增值税税额　　D.（关税完税价格+关税）/（1+消费税税率）

（二）某 W 海关在对 T 企业实地核查中发现，该企业一本有效期为 2017 年 6 月的进料加工贸易手册项上进口的保税料件 ABS 塑胶粒子理论存量大于实际存量，且不能提供正当理由。加工贸易监管部门以保税料件无故短少为由将线索移交缉私部门。经海关缉私部门调查，该案涉案货物的价值为人民币 300 万元，漏缴税款人民币 26 万元。

1. 该企业出口成品，客户发现品质不良要求退换，在退换进口时监管方式应选择（　　），出口时选择（　　）。

A. 进料成品退换，进料成品退换　　B. 进料成品退换，进料对口

C. 无代价抵偿，其他　　D. 退运货物，进料对口

2. 造成该企业 ABS 塑胶粒子无故短少的原因，可能的是（　　）。

A. 该企业生产部门超额领用保税料件未有记录

B. 销售部门依照非保税出货手续从仓库擅自内销保税成品

C. 该企业在日常管理过程中未作保税与非保税区分

D. 该企业销售部门擅自将未入库的保税成品用于客户送样

3. 该企业单耗申报时，可计入工艺损耗的是（　　）。

A. 该企业突发停电造成保税料件、半成品、成品的损耗

B. 该企业因失窃造成的保税料件、半成品、成品的损耗

C. 该企业因地震造成保税料件、半成品、成品灭失、损毁或者短少的损耗

D. 该企业因注塑工艺要求切除的边角料

4. 该企业在案发后有哪些行为可能挽回部分损失？（　　）。

A. 向海关缴纳足额保证金，以争取减轻或从轻处罚

B. 将理论数量调低，以使与实际存量平衡

C. 及时查找短少原因，并向海关说明相关情况

D. 向海关申请变更手册

5. 企业如需申请主动披露，应当在（　　），向海关提出申请。

A. 海关实施稽查活动发现问题前　　B. 企业盘点发现问题时

C. 海关核销盘点发现问题时　　D. 海关下达稽查通知书后

四、报关单查错题　下列报关单中有26个编有序号(A)～(Z)的已填（包括空填）栏目，请按题目指示找出其中填制错误的栏目。（直接点击报关单中填写有误的栏目进行答题，再次点击取消选择。共5个错误，每个选项4分，共20分；错选、不选不得分）

资料1：

天津德泰进出口贸易有限责任公司以一般贸易方式向天津新港海关申报进口线性低密度聚乙烯颗粒一批，该货物可享受协定税率，法定计量单位：千克。承载该批货物的进境船舶，从上海洋山港进境后运至天津新港口岸。

PIER OR PLACE OF RECEIPT * PORT KLANG	PRE-CARRIAGE BY *		
VESSEL VOY (FLAG) CSCL ASIA 0134E	PORT OF LOADING PORT KLANG	TYPE OF MOVE	CONTAINERIZED(Vessel only) ☐Yes ☐No
PORT OF DISCHARGE XINGANG	PLACE OF DELIVERY (BY ON CARRIER) * XINGANG	FINAL DESTINATION(FOR THE MERCHANT' S REFERENCE ONLY)	

PARTICULARS FURNISHED BY SHIPPER

CONTAINER NO. SEAL NO MARKS & NOS.	NO OF PKGS. OR CONTAINERS	H M * *	KIND OF PACKAGES:DESCRIPTION OF GOODS	TOTAL GROSS WEIGHT KGS (POUNDS)	TOTAL MEASUREMENT CBM(CFT)
			=SHIPPER'S LOAD & COUNT=	54,000.000	100.000
DFOU8026802 CY/CY S/SM125462 1080BG 27000.000KGS 50.000CBM SMCU1152539 CY/CY S/SM125454 1080BG 27000.000KGS 50.000CBM	2160 2X40HC		BAGS IN TOTAL CONTAINER(S) SAID TO CONTAIN: RECYCLED PLASTIC GRAIN (LLDPE)		

资料 2：发票

NUSAHAYA RESOURCES SDN BHD

371 UPPER OAYA LEBAR ROAD #01-01 YI KAI COURT SINGAPORE

Invoice

Invoice No: TD201907003

Page: 1

buyer:

TIANJIN TAIDE IMPORT AND EXPORT TRADING
CO., LTD
1-205 XIWANGGUANGCHANG TAIXIN SOUTH ROAD
HEXI DIST, TIANJIN

Date:2019.07.19

Terms: CIF
Payment: T/T 60 days after B/L date

Pos No	Quantity/MT	Declaration	Price USD/MT			TOTAL
						(USD)
1	54.000	Recycled Plastic Grain(LLDPE)	706.00		FOB	38,124.00
2		Sub-Total Insurance & Frieght				1,250.00

AMOUNT PREPAYMENT 39,374.00

资料 3：原产地证

ORIGINAL

1.Products Consigned from (Exporter's business name,address,country) NUSAHAYA RESOURCES SDN BHD 371 UPPER OAYA LEBAR ROAD #01-01 YI KAI COURT SINGAPORE	Certificate No.: KL-2019-E-13-33243 **ASEAN-CHINA FREE TRADE AREA** **PREFERENTIAL TARIFF** **CERTIFICATE OF ORIGIN** **(Combined Declaration and Certificate)** **FORM E** **Issued in MALAYSIA** (Country) See Overleaf Notes
2.Products Consigned to (Consignee's name,address,country) TIANJIN TAIDE IMPORT AND EXPORT TRADING CO., LTD 1-205 XIWANGGUANGCHANG TAIXIN SOUTH ROAD HEXI DIST,TIANJIN	
3.Means of transport and route(as far as known) Departure Date 22 July 2019 by Maritime Transport Vessel / Flight/Train/Vehicle No. CSCL ASIA v.0314E Port of discharge XINGANG	4.For Official Use ☐ Preferential Treatment Given Under ASEAN-CHINA Free Trade Area Preferential Tariff ☐ Preferential Treatment Not Given(Please state reasons) Signature of Authorized Signatory of the importing Counry

5.Item number	6.Marks and numbers on packages	7.Number and type of packages;description of goods(including quantity where appropriate and HS NUMBER of the importing Country)	8.Origin criterion (see Notes overleaf)	9.Gross weight, or quantity and value(FOB)	10.Number, date of invoice
1	CONTAINERS/ SEAL NO: DFOU8026802/ SM125462 SMCU1152539/ SM125454	2160 BAG RECYCLED PLASTIC GRAIN(LLDPE) NET WEIGHT:54000KGS IMPORTING COUNTRY HS CODE 3901402000	Single Country content 100%	54000kgs USD38124.00	TD201907003 19/07/2019
		Page 1of 1	TOTAL:	54000KGS USD38124	

11.Declaration by the exporter	12.Certification
The undersigned hereby declares that the above details and statement are correct,that all the goods were produced in MALAYSIA (Country) and that they comply with the origin requirements specified in the FTA for the goods exported to CHINA (Importing country) SELANGOR,22 July 2019 Place and date,signature of authorized signatory	It is hereby certified,on the basis of control carried out,that the declaration of the exporter is correct.

资料4：箱单

NUSAHAYA RESOURCES SDN BHD

371 UPPER OAYA LEBAR ROAD #01-01 YI KAI COURT SINGAPORE

Packing List

Invoice No: TD201907003　　　　Page : 1

buyer:　　　　Date :2019.07.19

TIANJIN TAIDE IMPORT AND EXPORT TRADING
CO.， LTD
1-205 XIWANGGUANGCHANG TAIXIN SOUTH ROAD
HEXI DIST,TIANJIN

Shipment of 2 Containers					
Pos.No.	Container No.	Kind of Packages	Declaration	N.W(KGS)	G.W(KGS)
1	SMCU1152539	1080Bags	Recycled Plastic Grain(LLDPE)	27,000.00	27,000.00
2	DFOU8026802	1080Bags	Recycled Plastic Grain(LLDPE)	27,000.00	27,000.00
Total：				54,000.00	54,000.00

资料 5：合同

SALES CONFIIRMATION

No: TD201907003

The Buyer:

TIANJIN TAIDE IMPORT AND EXPORT TRADING CO., LTD
1-205 XIWANGGUANGCHANG TAIXIN SOUTH ROAD
HEXI DIST,TIANJIN

The Seller:

NUSAHAYA RESOURCES SDN BHD
371 UPPER OAYA LEBAR
ROAD #01-01 YI KAI
COURT SINGAPORE

Pos No	Quantity/MT	Declaration	Price USD/MT		TOTAL (USD)
1	54.000	Recycled Plastic Grain(LLDPE)	706.00	FOB	38,124.00
2		Sub-Total Insurance & Frieght			1,250.00
		AMOUNT PREPAYMENT			39,374.00

With 10% more or less both quantity allowed at the Seller's option
CIF XINGANG
Terms of payment:The buyer need payment 100%by T/T within 180days
Shipment time: In July, 2019;
Port of Destination: by container to XINGANG TIANJIN CHINA
Packing: In Seller 's export packing

中华人民共和国海关进口货物报关单

预录入编号：　　　　海关编号：　　（新港海关）

境内收货人（91120102MA06BYPG5P） 天津德泰进出口贸易有限责任公司	(A) 进境关别 (2248) 洋山港区	进口日期 20190802	申报日期	备案号
(B)境外发货人 NUSAHAYA RESOURCES SDN BHD	(C)运输方式（2） 水路运输	(D)运输工具名称及航次号 CSCLASIA/ @0134E	(E)提运单号 SMLMPKG9A1209400	货物存放地点

消费使用单位 (91120102MA06BYPG5P) 天津德泰进出口贸易有限责任公司	(F)监管方式（0110） 一般贸易	(G)征免性质（101） 一般征税	许可证号	(L)启运港 巴生港(马来西亚)
(H)合同协议号 TD201907003	(I)贸易国(地区) (MYS) 马来西亚	(J)启运国(地区)（MYS） 马来西亚	(K)经停港 (993111) 洋山保税港区	入境口岸（120001） 天津

(M)包装种类（06/06） 包/袋/包/袋	(N)件数 2160	(O)毛重(千克) 54000	(P)净重(千克) 54000	(Q)成交方式 FOB(3)	(R)运费	(S)保费	杂费

(T)随附单证及编号：
随附单证1：原产地证明<01>KL-2019-E-13-33243

(U)标记唛码及备注
备注：N/M 集装箱标箱数及号码：4；DFOU8026802；SMCU1152539；

项号	(V)商品编号	商品名称及规格型号	(W)数量及单位	(X)单价/总价/币制	(Y)原产国(地区)	最终目的国(地区)	境内目的地	(Z)征免
1	3901402000	线性低密度聚乙烯颗粒 0|3|绿色颗粒|聚乙烯98% 添加物2%| 乙烯:丁烯=9:1|0.933|包装膜| 薄膜级|无	54000千克 54000千克	0.7291 39374.0000 美元	新加坡 (SGP)	中国(12029/120102) (CHN)	河东区/天津 (1)	照章征税
2								
3								
4								
5								
6								

特殊关系确认：否　　价格影响确认：否　　支付特许权使用费确认：否　　自报自缴：否

申报人员 申报单位	申报人员证号	电话	兹申明以上内容承担如实申报、依法纳税之法律责任 申报单位(签章)	海关批注及签章

2020年关务水平测试试卷（关务基础知识）

试卷说明：本试卷测试科目为关务基础知识，共含单项选择、多项选择、判断三种题型。测试时间为60分钟，满分100分。

一、单选题 请在下列各题的答案选项中，选出1个正确答案。（共20题，每题2分，共40分；错选、不选均不得分）

根据信息，回答1~3题。

我国A企业以一般贸易、一般征税的方式进口一批货物。该商品在《中华人民共和国进出口税则》中的信息如下：

最惠（%）	暂定税率	普通	增值/消费	监管条件	检验检疫	特殊证件/对美关税	协定税率		特惠税率
							亚太5国	韩国	亚太2国
7		20	13/	OA	M	/	4.9	0	

1. 该商品在进境报关时需提供（　　）。

A. 密码产品和设备进口许可证　　B. 进口许可证

C. 两用物项和技术进口许可证　　D. 自动进口许可证（新旧机电产品）

2. 该商品是我国A企业与韩国的公司签订合同购买的货物。原产地证上写明："Country of Origin：JAPAN." 则该商品适用的进口关税税率是（　　）。

A. 7%　　B. 20%　　C. 4.9%　　D. 0%

3. 该商品在进口时需实施（　　）。

A. 进口商品检验　　B. 进境卫生检疫

C. 民用商品入境验证　　D. 进口食品卫生监督检验

4. 对于（　　）货物，海关的监管时限是自货物进境起，到海关监管年限期满止，或向海关办理补证、补税手续止。

A. 一般进出口　　B. 暂时进口　　C. 保税进口　　D. 特定减免税

5. 按照我国"海洋货物运输保险条款"的规定，"一切险"的承保范围包括（　　）。

A. 平安险+一般附加险　　B. 平安险+一般附加险+特殊附加险

C. 水渍险+一般附加险　　D. 水渍险+一般附加险+特殊附加险

6.（　　），指装货费用按班轮运输处理，即卖方不负担装货费用。

A. FOB Liner Terms　　B. FOB Stowed　　C. FOB Trimmed　　D. FOB Stowed and Trimmed

7. 根据国际商会《跟单信用证统一惯例》（UCP600），信用证是一种（　　），（　　）处于第一付款人的地位。

A. 商业信用，开证行　　B. 银行信用，开证行
C. 商业信用，通知行　　D. 银行信用，通知行

8. 关于“两用物项和技术进口许可证”，表述正确的是（　　）。
A. 实行“非一批一证”制和“一证一关”制
B. 实行“一批一证”制和“一证一关”制
C. 每证在有效期内可多次报关使用，不限定次数
D. 有效期不超过一年，仅限公历年度内使用

9. 以下情形中，海关不予担保放行的是（　　）。
A. 货物滞报，滞报金尚未缴纳的
B. 进出口货物的商品归类、完税价格、原产地尚未确定的
C. 货物属于进口许可证管理、而企业不能提供进口许可证的
D. 在纳税期限内，税款尚未缴纳的

10. 监管证件代码为“1”的货物，属于我国（　　）。
A. 禁止进口管理的货物
B. 限制进口管理的货物
C. 自由进口管理的货物
D. 自由进口管理中，属于自动进口许可管理的货物

11. 出口监管仓库可以开展的业务包括（　　）。
A. 服装加工　　B. 食品包装　　C. 箱包定型　　D. 手机装配

12. 进出口企业、单位主动披露涉税违规行为不予行政处罚的是（　　）。
A. 漏缴、少缴税款人民币 50 万元以下　　B. 漏缴、少缴税款人民币 60 万元以下
C. 漏缴、少缴税款人民币 80 万元以下　　D. 漏缴、少缴税款人民币 100 万元以下

13. 下列关于港澳 CEPA 项下原产地证书报关规范，表述正确的是（　　）。
A. 一份原产地证书可适用于多份提单
B. 一份原产地证书可适用于同一批次进口货物
C. 一份报关单可涉及多份原产地证书
D. 一份报关单可包含非原产地证书商品

14.（　　）是针对进口产品激增的情况而采取的对外贸易救济措施。
A. 反倾销措施　　B. 反补贴措施　　C. 保障措施　　D. 知识产权措施

15. 下列对两用物项和技术进出口许可证管理表述正确的是（　　）。
A. 两用物项和技术进口许可证实行“一批一证”制和“一证一关”制
B. 两用物项和技术出口许可证实行“非一批一证”制和“一证一关”制
C. 两用物项和技术进出口许可证有效期一般不超过一年，跨年度使用时，在有效期内只能使用到次年 3 月 31 日
D. 两用物项和技术进出口许可证逾期后可以向发证机构申请延期

16. 下列监管证件中代码表述正确的是（　　）。
A. 固体废物进口许可证监管证件代码为“X”

B. 有毒化学品进出口环境管理放行通知单监管证件代码为“P”

C. 两用物项和技术进口许可证监管证件代码为“L”

D. 农药进出口登记管理放行通知单监管证件代码为“S”

Shipper JIANGXI FRUITS AND VEGETABLES I/E CO., LTD. 188 WAIMA ROAD NANCHANG CHINA	**B/L No.** FS81263 ××××有限公司 **COSCO CONTAINER LINES** **Port-to-Port Transport** **BILL OF LADING** **ORIGINAL**
Consignee TO ORDER	
Notify party KWONG FOO YOUNG CO., LTD. 34 JALAP STREET, 50050, SINGAPORE	

Pre-carriage by	Place of Receipt
Ocean Vessel Voy. No. DONGFENG V. 037	**Port of loading** FUZHOU
Port of Discharge SINGAPORE	Place of delivery

Marks & Nos. Container No.	**No. & kind of pkgs**	**Description of goods**	**Gross weight**	**Measurement**
N/M	400PKGS	BEAN CURD AND VINEGAR	14800.00KGS	25.000CBM
1X20' LCL, CY / CY CN.: STEU4597111 SN.: 60010				

Total No. of container or other pkgs or units (in words)	SAY FOUR HUNDRED PACKAGES ONLY

Freight & charges	Revenue Tons	Rate	Per	Prepaid	Collect
FREIGHT COLLECT					

Ex rate	Prepaid at	Payable at	**Place and date of issue:** FUZHOU 22 FEB 2019
	Total prepaid	No. of B(s)/L THREE	**Signed by** COSCO CONTAINER LINES FUZHOU BRANCH
Laden on board the Vessel: **Date:** 22 FEB 2019			As agent for the carrier named above [redacted]

17. 根据单据内容，本笔业务采用的贸易术语是（　　）。

A. FOB　　B. CFR　　C. CIF　　D. DDP

18. 下列选项对装运地和目的地描述正确的是（　　）。

A. 装运地是新加坡，目的地是福州　　B. 装运地是福州，目的地是新加坡

C. 装运地是新加坡，目的地是南昌　　D. 装运地是南昌，目的地是新加坡

19. 该单据的种类属于（　　）。

A. 转船提单　　B. 记名提单　　C. 指示提单　　D. 收货待运提单

20. 下列选项对集装箱描述正确的是（　　）。

A. 1个20英尺的整箱货　　B. 1个20英尺的拼箱货　　C. 场到站交接方式　　D. 站到站交接方式

二、多选题　请在下列各题的答案选项中，选出2个或2个以上正确答案。（共10题，每题4分，共40分；全部选对得4分，少选得2分，错选、不选不得分）

1. 进口货物的相关费用或价值计入完税价格，必须同时满足（　　）。

A. 该费用由买方负担　　B. 该费用由卖方负担

C. 未包括在进口货物的实付或应付价格中　　D. 有客观量化的数据资料

2. 进口货物的完税价格，由海关以该货物的成交价格为基础审查确定，并应当包括货物运抵中华人民共和国境内输入地点起卸前的（　　）。

A. 运输费　　B. 保险费　　C. 搬运费　　D. 装卸费

3. 根据《2010年国际贸易术语解释通则》，以下贸易术语中，关于卖方所承担费用的大小，表述正确的是（　　）。

A. CPT>CIF>FCA　　B. EXW>CIP>DDP　　C. CIP>CPT>FCA　　D. CIF>CFR>FOB

4. 下列进口商品中，（　　）的成交价格不影响其进口关税的税额。

A. 冻鸡　　B. 啤酒　　C. 石油原油　　D. 棉花

5. 根据“两步申报”，下列报关单项目中，（　　）属于“概要申报”时应填制的项目。

A. 境内收发货人　　B. 提运单号　　C. 监管方式　　D. 商品名称

6. 风险类保证金包括（　　）。

A. 对涉及知识产权保护收取的保证金

B. 对加工贸易企业收取的保证金

C. 对同一经营单位申请将剩余料件结转到另一加工厂收取的保证金

D. 对租赁进出口货物、物品收取的保证金

7. 我国具有法律效力的进出口货物商品归类依据主要包括（　　）。

A.《进出口税则》　　B.《进出口税则商品及品目注释》

C.《海关统计商品目录》　　D.《本国子目注释》

8. 广州市某企业出口甘草30万吨，该企业可以选择的报关口岸包括（　　）。

A. 大连海关　　B. 天津海关　　C. 上海海关　　D. 广州海关

9. 下列险种属于特殊附加险的是（　　）。

A. 混杂、沾污险　　B. 拒收险　　C. 交货不到险　　D. 黄曲霉素险

10. 已装船提单的签发期为7月15日，信用证规定的有效期为8月15日，交单期限为装运日后的15天，如果信用证要求卖方提交保险单，则保险单的出单日期可以为（　　）。

A. 7月30日　　B. 7月15日　　C. 7月10日　　D. 8月15日

三、判断题 请对下列各题做出正误判断。(共10题，每题2分，共20分；答错、不答不得分也不扣分)

1. 根据《2010年国际贸易术语解释通则》，CIF术语项下，由卖方负责国际运费和保险费，因此，国际运输的风险也由卖方承担。

2. 进口属于进口许可证管理的货物，收货人在货物进境后，办理海关报关手续前，应向相应的发证机构提交进口许可证申请，并取得该许可证。

3. 仲裁是解决国家之间货物买卖纠纷的途径之一，但仲裁裁决不具有法律约束力，当事人对仲裁结论不满，仍可将争议诉诸法院。

4. 过境货物、通运货物、转运货物、退运货物、租赁货物，均不列入海关统计。

5. 经海关批准出境加工，并在规定期限内复运进境的货物，其完税价格应包括境外加工费和料件费用，但不应包括该货物复运进境的运输费及保险费。

6. 我国海关对高级认证企业每两年重新认证一次，对一般认证企业不定期重新认证。

7. 对列入《进出口药品目录》的药品，办好相关的药品许可证，在任何口岸都可进口。

8. 归类决定编号为W2016-049的商品是经归类技术委员会讨论决定的。

9. 信用证关于货物的描述为“blue cotton wears”，发票显示为“colored cotton wears”是可以接受的。

10. 根据《UCP600》的规定，信用证项下单据应在信用证效期和交单期内向银行提交，如果信用证对“交单期”未做出规定，则交单期不得迟于运输单据日后的21天，并且不得迟于信用证的有效期。

2020年关务水平测试试卷（关务基本技能）

试卷说明：

本试卷测试科目为关务基本技能，共含单项选择、多项选择、报关单查错、不定项选择（案例）四种题型。测试时间为120分钟，满分200分。

一、单选题 请在下列各题的答案选项中，选出1个正确答案，总计100分。（第1部分第1–35题，每题2分，共70分；第2部分第36~45题，每题3分，共30分，错选、不选均不得分）

1. 提前申报出口货物，应于货物运抵海关监管场所前（　　）内向海关申报。

A. 3日　　B. 5日　　C. 3个工作日　　D. 5个工作日

2. 特定减免税适用于按国务院特别规定可享受减免税的（　　）货物。

A. 进口　　B. 出口　　C. 进口和出口　　D. 法定减免税

3. 境外收发货人的信用等级为（　　）及以上，进口货物涉及的监管证件已实现联网核查的，且实际进境的货物均可采用“两步申报”。

A. 高级认证　　B. 一般认证　　C. 一般信用　　D. 失信

4. 天津静海区某公司（主管：静海海关0218）从天津新港（主管：新港海关0202）进口一精密仪器，用于安装在其河北省石家庄市的工厂内（主管：廊加工区0409），因该设备查验需在无静电环境进行，若企业想采用提前报关方式办理转关手续，需经（　　）批准后，方可办理。

A. 静海海关0218　　B. 新港海关0202　　C. 廊加工区0409　　D. 以上海关都可以

5.《商检法实施条例》，由（　　）发布。

A. 海关总署　　B. 原国家出入境检验检疫局

C. 国务院　　D. 全国人民代表大会

6. 隔离检疫的出境动物，海关综合业务部门在动物出境前（　　）受理预申请，隔离前（　　）天受理申请。

A. 30，7　　B. 60，7　　C. 30，10　　D. 60，10

7. 厦门某贸易公司（东渡海关管辖）接受国外订单，从漳州芗城某木材加工厂（漳州海关管辖）购买一批木材，委托厦门同安某家具加工厂（集同海关管辖）组装成办公室用木家具，计划从海沧港区（海沧海关管辖）海运出口，在货物出口前，企业需向（　　）提出实施出口检验检疫申请。

A. 东渡海关本部　　B. 漳州海关本部　　C. 集同海关本部　　D. 海沧海关本部

8. 上海某动物园拟从新西兰进口一只种用羊驼，预定航班为2020年3月4日抵达上海虹桥机场，为满足海关报检时限，动物园最迟需在（　　）前办理报检手续。

A. 2020 年 1 月 24 日　　B. 2020 年 2 月 3 日　　C. 2020 年 2 月 13 日　D. 2020 年 2 月 23 日

9. 广州某贸易公司需进口一批 1000 伏开关用于展会展览物品，企业在提交资料向海关报检时，下列不需要提供的是（　　）。

A. 发票、清单、合同　　B. 参展函电　　C. 3C 认证证书　　D. 提（运）单

10. 某航空公司某航班于 2020 年 10 月 9 日 11:00 从新加坡樟宜机场起飞，飞行航程为 5 小时，于 2020 年 10 月 9 日 16:00 抵达中国郑州机场，若 A 公司进口货物需要提前报关，那么舱单传输人最迟应在（　　）前向海关传输原始舱单主要数据。

A. 10 月 9 日 15:00　　B. 10 月 9 日 14:00　　C. 10 月 9 日 13:00　　D. 10 月 9 日 12:00

11. 国内 A 公司于 2020 年 3 月 1 日以来料加工方式进口布匹一批，2020 年 3 月 2 日向海关申报进境。受疫情影响，该批布匹尚未加工。A 公司于 8 月 31 日与国内 B 公司签署布匹买卖协议，9 月 13 日 A 公司向海关办理了内销申报手续。该批布匹内销适用税率日期为（　　）。

A. 2020 年 3 月 1 日　　B. 2020 年 3 月 2 日　　C. 2020 年 8 月 31 日　D. 2020 年 9 月 13 日

12. 以下货物税额征收时与重量相关的是（　　）。

A. 棉花　　B. 啤酒　　C. 磁带录像机　　D. 葡萄酒

13. 国内某企业在向海关申报一批进口货物时，无法提供运费发票，海关应当（　　）。

A. 以货值的千分之三计算运费并计入完税价格

B. 按照该货物进口同期的正常运输成本审查确定

C. 按照合理方法审查确定

D. 以该企业以往进口货物的平均运费计算运费并计入完税价格

14. 国内某企业于 2020 年 9 月 29 日向海关申报进口一批原产于日本 Shin-Etsu Chemical Co.，Ltd. 的光纤预制棒（商品编码：70022010；最惠国税率 6%，普通税率 50%），完税价格 100,000 人民币。反倾销税率见下表：

原产国（地区）	原厂商（中文）	原厂商（英文）	反倾销税率
日本	信越化学工业株式会社	Shin-Etsu Chemical Co.，Ltd.	17.0%
日本	株式会社藤仓	Fujikura Ltd.	14.4%
日本	其他日本公司	All others	31.2%
美国	其他美国公司	All others	41.7%
国（地）别不详	国（地）别不详		41.7%

企业申报时无法向海关提交原产地证及原产商发票，该案例中应纳反倾销税税额正确的计算公式是（　　）。

A. 100,000×（50%+31.2%）　　B. 100,000×31.2%

C. 100,000×（6%+31.2%）　　D. 100,000×41.7%

15. 国内某企业进口一批钢材，船舶于 2020 年 9 月 21 日运抵，当日该企业采用两步申报模式通过“单一窗口”完成概要申报并收到提货放行回执。2020 年 10 月 9 日，该企业打算向海关完整申报时，得知该票单证已超期，无法完成完整申报。请问，该案例中，涉及滞纳期（　　）天。

A. 0　　B. 1　　C. 2　　D. 3

16. 加工贸易企业从事加工复出口业务，在加工生产出口合同规定的制成品过程中同时产生的，且出口合同未按规定应当复出口的一个或者一个以上的其他产品是指（　　）。

A. 边角料　　B. 剩余料件　　C. 残次品　　D. 副产品

17. 经海关确认，加工贸易手册延期最长不超过（　　）。

A. 1年　　B. 2年　　C. 3年　　D. 5年

18. 以下（　　）不属于海关特殊监管区域。

A. 保税物流中心　　B. 出口加工区　　C. 跨境工业园区　　D. 综合保税区

19. 综合保税区不可以开展（　　）。

A. 国际转口业务　　B. 商品展示　　C. 资源性产品加工　　D. 港口作业

20. 关于进出境集装箱检验检疫报检的要求，下列说法错误的是（　　）。

A. 所有进出境集装箱都应实施卫生检疫

B. 植物性铺垫材料的进境集装箱应实施动植物检疫

C. 过境的集装箱进出境口岸都应实施检验检疫

D. 装有冷冻品的集装箱，应实施清洁卫生冷藏密固等适载检验

21. 以下机器设备零件不可以归入进出口税则第十六类的有（　　）。

A. 手机用塑料框架

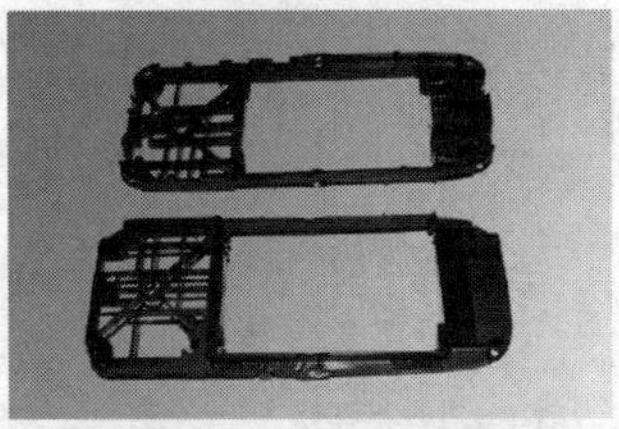

B. 打印机用塑料齿轮

C. 电冰箱用金属搁物架

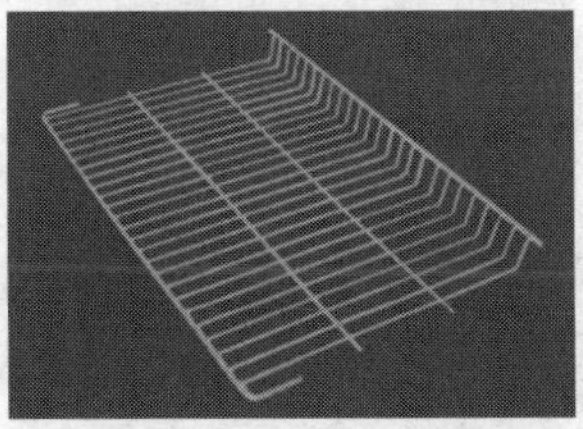

D. 数码相机用三脚架

22. 以下不可以作为商品归类依据的是（　　）。

A.《中华人民共和国海关进出口税则》

B. 欧盟约束性预归类网站

C.《进出口税则商品及品目注释》

D. 海关总署发布的关于商品归类的行政裁定、归类决定

23. 组合机器是由两台或多台不同类型的机器或器具组成的成套设备，下列不符合组合机器描述是（　　）。

A. A机器安装在B机器的内部

B. A机器、B机器分别安装在地板上，由电缆连接在一起

C. A机器安装在B机器的上面

D. A机器、B机器安装在同一个机壳内

24. 下列商品不属于多功能机器的有（　　）。
A. 激光雕刻机，可用于加工金属、有机玻璃、大理石等多种材料
B. 既能搅拌又可以切片的食品加工机
C. 可以加热和制冷的饮水机
D. 带有照明功能的收音机

25. 汽油发动机润滑油，含从石油提取的基础油 65%，增粘剂、降凝剂等添加剂 35%。用作汽油发动机润滑油，适用于各类型客车，应归入品目（　　）。
A. 27.10　　B. 34.03　　C. 38.19　　D. 38.26

根据以下资料，完成下列 5 题。

山东××进出口有限公司（370296××××）于 2020 年 6 月 9 号因质量不符从美国退运进境一批管道配件（接头），进口口岸为青岛保税港口岸，此批管道配件（接头）用于连接管道，铸铁制，加工工艺：铸造加工。出口报关单号：422720190270218674；退运协议号：140410，海运费：5900 美元，保费：0.3%，山东××进出口有限公司委托青岛××报关行办理该进口报关业务；法定计量单位：千克，成交单位：件；HS 编码：73071100.00；境内目的地：青岛其他。

INVOICE

TO: SHANDONG XXXX METALS & MACHINERY INC. 29F, NEW WORLD MANSION, 9 FUZHOUNAN ROAD, QINGDAO CHINA 266071 ATTN: MR. ZHOU BO				INVOICE NO.: DS # 140417 DATE: APR.17, 2020		
FROM NEW YORK	TO QINGDAO					
MARKS & NOS	QUANTITY, PACKING AND DESCRIPTION			UNIT PRICE	AMOUNT	G.W/N.W
	INDUSTRIAL CASTINGS					
SDMEC NO.1-14 QINGDAO				FOB NEW YORK PORT		
				USD	USD	
	JOINT	3200	PCS	2.8162	9,012.00	
	JOINT	23300	PCS	1.832	42,686.70	
	MADE IN CHINA					
				TOTAL	USD 51,698.70	18278.00KGS/17382.00KGS

26. 报关单“运费”栏，下列填报正确的是（　　）。
A. 1/5900/502　　B. 2/5900/502　　C. 3/5900/502　　D. 不填

27. 报关单监管方式栏填写“4561 退运货物”，相对应的征免性质应填报（　　）。
A. 进料加工　　B. 一般进出口　　C. 一般征税　　D. 其他法定

28. 报关单“毛重”栏，填报正确的是（　　）。
A. 17382.00　　B. 17382.00KGS　　C. 18278.00　　D. 18278.00KGS

29. 因货物单价不同，分两项申报，第 1 项管道配件（接头）数量及单位栏应填报（　　）。
A. 第一行 2986 千克，第二行空，第三行 3200 件　B. 第一行 14396 千克，第二行空，第三行 3200 件
C. 第一行 23300 件，第二行空，第三行 3200 件　D. 第一行 14396 千克，第二行空，第三行 23300 件

30. 报关单“经停港”应填报（　　）。
A. 美国　　B. 纽约（美国）　　C. 青岛　　D. 青岛（中国）

根据以下资料，完成下列 5 题。

西玛声学股份有限公司（370796××××）以加工贸易方式进口一批韩国生产的料件。商品名称：印刷电路；加工贸易手册 C42274450066，对应加工贸易手册第 8 项，生产加工过程中发现该批料件存在质量问题，需退运出境维修。法定计量单位：块/千克，原进口报关单：422020141207088568。

1 | 06741394 | 112-06741394

Shipper's Name and Address
Shipper's Account Number

CimaAcoustic Limited by Share Ltd
RM. 1207, GENTURY
MANSION, NO. 39, DONGHAI XI
ROAD, 266071 QINGDAO, CHINA TEL:+86

NOT NEGOTIABLE　　中国货运航空有限公司
Air Waybill
CHINACARGO AIRLINES LTD
issued by

Copies 1, 3 and 3 of this Air Waybill are originals and have the same validity.

Consignee's Name and Address
Consignee's Account Number

JASxxxx korea co., ltd
Seocho-Dong Seocho-Gu 137070 Seoul
Korea

TEL : 82-(0)2-581-XXXX FAX:82-(0)2-581-0639

Issuing Carrier's Agent Name and City
EWT

Accounting Information

Agent' IATA Code | Account No. | TAOCPM14012

Airport of Departure (Addr.of First Carrier)and Rwquested Routi
QINGDAO

o	By	Routing and Destination	to	by	to	by	Currency	Chgs Code	WT/VAL		Other		Declared Value For Carriage	Declared Value For Customs
									PPD	COL	PPD	COL		
		MU					CNY		PP		PP		N.V.D	N.V.D

Place/Airport of Destination	Flight DateDate	Amount of Insurance	
INCHON, KR	MU559/22' JUL	IL	INSURANCE - If Carrier offers insurance, and such insurance is requested accordance with conditions on reverse thereof, indicate amount to be ured in figures in box marked "amount of Insurance."

Handling Information
ATTACHED: INVOICE&PA

No. of PieceRCP	Gross Weight	kg	Rate Class Commodityitem no.	Chargeable Weight	Rate	Total	Nature and Quantity of Goods(incl. Dimensions or Volume)
	16.0	K	N	45.0	16.4	721.8	PCB DIMS:460*240*340 VOL:0.04CBM

Pafe 1 of

PrepaidPrepaid　　WeightWeight ChargeCharge　　Collect
Other Charges
721.8
ValuationValuation ChargeCharge

AWC:50.00
MSC:30.00
Tax

TotalTotalotherother ChargesCharges DueDueAgentAgent
Shipper certifies that the particulars on the face hereof are correct and that insofar as any part of the consignment contains dangerous goods, such part is properly described by name and is in proper condition for carriage by air according to the applicable Dangerous Goods Regulations.
TotalTotalotherotherChargesChargesDueDueCarrierCarrier

80.00

TotalTotal PrepaidPrepaid　　TotalTotal CollectCollect
801.8　　21 JUL 2014 xx. TAO LXX
CCCCChargesCharges in Dest.Dest. CurencyCurency
CurrencyCurrencyConversionConversion RatesRates

ChargesCharges atat DestinationDestination　　TotalTotalCollectCollect ChargesCharges
For Carrier's Use only　　112-06741394
at Destination
ORIGINAL 2 (FOR CONSIGNEE)

31. 报关单“监管方式”栏应填报（　　）。

A. 修理物品　B. 退运货物　C. 进料对口　D. 进料料件退换

32. 以下报关单“项号”栏，填报正确的是（　　）。

A. 01　B. 01 08　C. 01 02　D. 01 01

33. 报关单中关联的报关单号应填报在（　　）栏中。

A. 随附单证栏　B. 许可证号栏　C. 关联报关单号栏　D. 以上都不对

34. 报关单“原产国”栏，以下填报正确的是（　　）。

A. 中国　B. 美国　C. 韩国　D. 日本

35. 报关单“指运港”栏应填写（　　）。

A. 仁川（韩国）　B. 首尔（韩国）　C. 韩国　D. 青岛

36. 含50%棉，50%涤纶短纤的平纹机织布，未漂白，宽1.5米，成卷，170克/平方米，应归入(　　)。

A. 5210.1100　B. 5513.1110　C. 5514.1110　D. 5516.4100

37. 共聚物比重小于0.94，乙烯49%，丙烯45%，丙烯酸6%为单体单元组成的共聚物应归入(　　)。

A. 3901.4010　B. 3901.9010　C. 3902.3010　D. 3902.9000

38. 金属管，如图所示，外径：76.2mm，壁厚：6.35mm，长度：609.6mm；成分含量为：铁36.142%、镍41.67%、碳0.008%、铬22.18%应归入品目（　　）。

A. 73.04　B. 73.26　C. 75.07　D. 75.08

39. 雨衣，由涤纶机织物单面涂布聚氯乙烯的面料（涂层可明显看出）制成，应归入品目（　　）。

A. 39.26　B. 62.01　C. 62.02　D. 62.10

40. 一只工具箱，内有锤子、钳子、扳手、螺丝刀，下面叙述正确的是（　　）。
A. 由于符合 8206 品目条文规定，故应根据归类总规则一归入品目 8206
B. 由于品目 8206 有具体列名，故不再按锤子、钳子、扳手、螺丝刀分别归类，应根据归类总规则三（一）归入品目 8206
C. 由于构成零售成套货品，故应根据总规则三（二）归入品目 8206
D. 由于不能确定哪个工具构成基本特征，故应运用总规则三（三）归入品目 8206

41. 锅炉用的机械炉篦，应归入品目（　　）。
A. 8402　　B. 8404　　C. 8416　　D. 8479

42. 缝纫机用钢铁制缝纫机针，应归入（　　）。
A. 73 章　　B. 82 章　　C. 83 章　　D. 84 章

43. 将“银锡焊条，金属合金组成：银 6%，锡 94%”下列说法正确的是（　　）。
A. 依据归类总规则一，归入 71 章　　B. 依据归类总规则一，归入 80 章
C. 依据归类总规则三，归入 71 章　　D. 依据归类总规则三，归入 80 章

44. 硫化橡胶制脚垫，压缩机用，装于压缩机底部，起减震支撑的作用，应归入税则号列（　　）。

A. 4016.9910　　B. 4016.9990　　C. 8414.9019　　D. 8414.9090

45. PVC 单面涂层男式羽绒服短上衣，由化纤机织物经绗缝制成，内部填充鸭绒，属于被褥状纺织产品，应归入税号（　　）。
A. 6201.1310　　B. 6201.9310　　C. 6210.2000　　D. 6210.4000

二、多选题　请在下列各题的答案选项中，选出 2 个或 2 个以上正确答案。（共 10 题，每题 4 分，共 40 分；全部选对得 4 分，少选得 2 分，错选、不选不得分）

1. 下列单证属于报关单的有（　　）。
A. 过境货物报关单　　B. ATA 单证册
C. 特殊监管区域进出境备案清单　　D. 进口货物集中申报清单

2. 关于损坏货物索赔，以下说法正确的是（　　）。
A. 对于查验过程中由于海关工作人员责任造成的货物损失
B. 海关赔偿的范围包括进出口货物的直接经济损失和间接经济损失
C. 因报关人员搬移的原因造成的损失，不在海关赔偿范围内
D. 在查验过程中突发地震造成货物灭失的，不在海关赔偿范围内

3. 关于企业主动披露制度，下列说法不正确是（　　）。

A. 主动披露是企业实行自我纠错的有效途径

B. 对主动披露并补缴税款的进出口企业，海关应当减免滞纳金

C. 对主动披露的进出口企业，海关应当从轻或减轻行政处罚

D. 违法行为轻微的，不予追补税款

4. 某报关公司接受收发货人委托进口清关，品名：复合肥，商品编码：3105200010，经查询，该商品监管条件为“At”，请问在接单人员在接单时，需要收发货人提供哪些资料？（　　）

A. 商业发票　　B. 装箱单

C. 自动进口许可证　　D. 化肥进口关税配额证明

5. 以下对象在出入境时，必须向海关报检，由海关实施检验检疫或鉴定工作的有（　　）。

A. 出口一批旧打印机　　B. 旅客携带的宠物猫

C. 进口用于拆解的废旧船舶　　D. 出口的一批木制家具

6. 某企业为一般信用企业，以下选项适用自报自缴模式的有（　　）。

A. 进口后需二次点价的铁矿砂

B. 进口原产于美国被列入加征关税清单的医疗设备

C. 进口原产于越南享受协定税率的服装

D. 进口原产于美国的聚苯硫醚

7. 买卖双方签订一份从美国进口货物的贸易合同，成交方式为 CIF 中国武汉，货物价值 5000 美元，国际运费 1000 美元，新加坡中转仓储费 50 美元，载有货物的船舶在洋山港停靠后运至武汉，其中船舶停靠 100 美元，内河运输费 200 美元。以上费用应计入完税价格的有（　　）。

A. 5000 美元　　B. 1000 美元　　C. 50 美元　　D. 300 美元

8. 企业申请开展加工贸易，不管是设立加工贸易手册还是加工贸易账册，应该满足的监管要求有（　　）。

A. 加工贸易企业应当将加工贸易货物与非加工贸易货物分开管理，专料专放

B. 加工贸易货物的手册设立和核销单证自加工贸易手册核销结案之日起留存 3 年

C. 经海关批准，经营企业可以在保税料件与非保税料件之间进行串换，但被串换的料件应当属于同一企业，并且应当遵循同品种、同规格、同数量、不牟利的原则

D. 加工贸易货物被人民法院或者有关行政执法部门封存的，加工贸易企业应当自加工贸易货物被封存之日起 5 个工作日内向海关报告

9. 为简化保税货物报关手续，企业办理以下（　　）业务的，直接填报保税核注清单向海关进行申报，可以不再向海关办理报关单申报手续。

A. 深加工结转　　B. 余料结转

C. 加工贸易货物销毁（处置后获得收入）　　D. 不作价设备结转

10. 经营企业在办理以下（　　）手续时，必须提供相当于应缴税款金额的保证金或者银行、非银行金融机构保函。

A. 申请手册设立，涉嫌走私，已经被海关立案侦查，案件尚未审结的

B. 申请手册设立，由于管理混乱被海关要求整改，在整改期内的

C. 申请外发加工，将全部工序外发加工的

D. 申请余料结转，同一经营企业申报剩余料件所属加工贸易合同办理两次及两次以上延期手续的

三、案例分析题 请根据案例进行分析，在答案选项中选出1个或1个以上正确答案。（共三个案例10个问题，每题4分，共40分；每个问题全部选对得4分，少选得2分，错选、不选不得分）

（一）天津A公司和越南B贸易公司签订进口水果一批，向曼谷公司订购清迈果园产鲜杨桃一批，装载该货物的运输工具于2020年9月27日在曼谷装船，2020年10月1日运抵天津新港，2020年10月1日申报进境，因适逢国庆放假，故A公司于2020年9月30日向海关提前申报电子数据并审结。

8月19日（星期三）1美元对人民币6.9168元

9月16日（星期三）1美元对人民币6.7825元

9月23日（星期三）1美元对人民币6.7986元

10月7日（星期三）1美元对人民币6.9389元

1. 为满足国内进口商提前报关需求，舱单传输人最迟应于（　　）向海关传输原始舱单主要数据，最迟应于（　　）向海关传输原始舱单其他数据。

A. 2020年9月27日，2020年10月1日前　　B. 2020年9月26日，2020年10月1日前

C. 2020年9月27日，2020年9月30日前　　D. 2020年9月26日，2020年9月30日前

2. 天津A公司向海关申报时，需要提供的单证包含（　　）。

A. 商业发票　　B. 到货通知　　C. 商业合同　　D. 原产地证明

3. 该批货物适用汇率是（　　）中国外汇交易中心受权公布人民币汇率中间价。

A. 8月19日（星期三）　　B. 9月16日（星期三）

C. 9月23日（星期三）　　D. 10月7日（星期三）

4. 该票在申报时随附单据中“植物检疫证书”，应由以下（　　）申请办理。

A. 天津A公司　　B. 越南B公司　　C. 曼谷公司　　D. 以上都可以

5. 需要向我国海关总署办理食品备案的企业是（　　）。

A. 天津A公司 曼谷公司　　B. 天津A公司 越南B公司

C. 越南B公司 曼谷公司　　D. 曼谷公司　清迈公司

（二）国内某公司从产地印度尼西亚进口鲜红皮紫红肉火龙果25CTN，装箱规格10KG/CTN，Per kg CNY 20 CIF Shanghai，货物经新加坡中转，二程船于2020年10月10日申报进境。次日，该国内公司凭发票、箱单、原产地申明等资料向我国海关申报报关单电子数据，经海关现场查验后，企业向海关缴纳足额保证金后，先行提货。2020年10月20日，该公司凭新加坡出具的正本优惠原产地证向海关申请销保手续。

1. 该批火龙果如可以享受协定税率，则所指的协定简称是（　　）。

A. APEC　　B. CEPA　　C. ECFA　　D. ACFTA

2. 该批火龙果如可以享受协定税率，以下说法正确的有（　　）。

A. 企业向海关申报时，应提供新加坡海关出具的未加工证明

B. 企业向海关申报时，应同时向海关进行原产地资格补充申报

C. 企业向海关申报时，无需提供新加坡海关出具的未加工证明

D. 企业向海关申报时，应确保申报的原产地与实际货物外包装上的产地标识相符

3. 该批鲜火龙果进口关税最惠国税率为20%，协定关税税率为0%，进口普通税率为80%，进口环节增值税税率为9%，进口环节消费税税率为0%，向海关申请担保时，需要缴纳保证金约（　　）元。

A. 5000×0%
B. 5000×9%
C. 5000×（20%+9%+20%×9%）
D. 5000×（80%+9%+80%×9%）

（三）某塑料袋加工企业向海关申请电子化手册设立手续，根据外商订单合同，需生产三种颜色大小各异的塑料袋5000千克，其中红色塑料袋3000千克，蓝色塑料袋500千克，无色塑料袋1500千克，三种颜色塑料袋均只使用同一种进口原材料HDPE无色塑料粒子，对应成品消耗料件清单如下：

成品塑料袋颜色	成品数量（千克）	耗HDPE粒子总数量（千克）	HDPE工艺性损耗（千克）
红色	3000	3031	61
蓝色	500	505	10
无色	1500	1531	31

根据上述案例回答下列问题：

1. 生产红色塑料袋时的HDPE净耗是（　　）。

A. 0.98　B. 1.01　C. 0.99　D. 1

2. 生产蓝色塑料袋时的HDPE单耗是（　　）。

A. 0.98　B. 1.01　C. 0.99　D. 1

四、报关单查错题　下列报关单中有26个编有序号（A）~（Z）的已填（包括空填）栏目，请按题目指示找出其中填制错误的栏目。（直接点击报关单中填写有误的栏目进行答题，再次点击取消选择。共5个错误，每个选项4分，共20分；错选、不选不得分）

资料1：

青岛三光电子有限公司（370294××××）与日本××公司签订暂时进出口协议，根据协议，日本××公司提供功率检测仪对青岛三光电子有限公司生产的手机充电器进行测试，以保证其性能合格，需暂时进口功率检测仪1台（品牌：SANYUAN牌，带有记录装置）。2020年7月17日，青岛三光电子有限公司委托青岛××报关行办理该进口报关业务。法定计量单位：台。

资料 2：

INVOICE

①For account & risk or Messrs

QINGDAO SANGUANG ELECTRONICS CO.,LTD
EASE ZHENGYANGDONG ROAD XIFU TOWN
CHENG YANG DISRICT QINGDAO CITY CHINA
TEL:(0532)8908XXXX,8 FAX:(0532)8908XXXX

⑤No. & date of invoice

JUL. 11, 2020

SKH-3870Q-1

⑥No.& date of L/C

NO COMMERCIAL VALUE

②Consignee & Notify party

1)QINGDAO SANGUANG ELECTRONICS CO.,LTD
EASE ZHENGYANGDONG ROAD XIFU TOWN
CHENG YANG DISRICT QINGDAO CITY CHINA
TEL:(0532)8908XXXX FAX:(0532)8908XXXX
2)QINGDAO XIANGYUN CUSTOMS BROKER CO.,LTD.
TEL:(86)532-8908XXXX FAX:(86)532-8908XXXX

⑦L/C issuning bank

⑧Carrier

⑨Sailing on or about

JUL. 19, 2020

③Port of loading

OSAKA,JAPAN

④Final destination

QINGDAO,CHINA

⑩Marks and numbers of PKGS & Re-mark

⑪Description of Goods

⑫Quantity/Unit

⑬Unit Price

USD
DDP
QINGDAO,CHINA

SANGUANG(IN DIA)

HOSIDEN
C/NO.
101-101
MADE IN JAPAN
* - 1 CARTON - (G.W : 60.00 KG)
* AIRWAYBILL NO.
* H-AWB NO.

JIG

C/NO. **MODEL : JBC3335**

C/NO.	Description of Goods		Quantity/Unit	Unit Price
101	Power detector 功率检测仪	YC628－147	1 PCS	7,340.00
	TOTAL :	1 CARTON	1 PCS	

Hosiden Electronics Co.,Ltd.

资料 3：

PACKING LIST

①Shipper's Name and Address

HOSIDEN CORPORATIONG
4-33,KITAYUHOJI,1-CHOME
YAO OSAKA 581-0071 JP
TEL: +81-729-24-xxxx

⑤No. & date of invoice

JUL. 11, 2020
SKH-3870Q-1

⑥No.& date of L/C

NO COMMERCIAL VALUE

②Consignee & Notify party

1)QINGDAO SANGUANG ELECTRONICS CO.,LTD
EASE ZHENGYANGDONG ROAD XIFU TOWN
CHENG YANG DISRICT QINGDAO CITY CHINA
TEL:(0532)8908XXXX FAX:(0532)8908XXXX
2)QINGDAO XIANGYUN CUSTOMS BROKER CO.,LTD.
TEL:(86)532-8908XXXX FAX:(86)532-8908XXXX

⑦L/C issuning bank

⑧Carrier

⑨Sailing on or about

JUL. 19, 2019

③Port of loading

OSAKA,JAPAN

④Final destination

QINGDAO,CHINA

⑩Marks and numbers of PKGS & Re-mark | ⑪Description of Goods | ⑫Quantity/Unit | NW | GW

SANGUANG(IN DIA)
HOSIDEN
C/NO. 101-101
MADE IN JAPAN
* - 1 CARTON - (G.W : 60.00 KG)
* AIRWAYBILL NO.
* H-AWB NO.
JIG

C/NO.	MODEL : JBC3335		Quantity/Unit	NW (KGS)	GW (KGS)
101	Power detector 功率检测仪	YC628－147	1 PCS	48.00	60.00
	TOTAL : 1 CARTON		1 PCS	48.00	60.00

Hosiden Electronics Co.,Ltd.

资料 4：

871 KIX 50797272 **HAWB No:02150002**

Shipper's Name and Address	Shipper's Account Number	NOT NEGOTIABLE 69540415814 Air Waybill (Air Consignment note) issued by YUSEN LOGISTICS CO.,LTD OSAKA,JAPAN
HOSIDEN CORPORATIONG 4-33,KITAYUHOJI,1-CHOME YAO OSAKA 581-0071 JP TEL: +81-729-24-1206	HOSIDEOSA501	Copies 1, 3 and 3 of this Air Waybill are originals and have the same validity.

Consignee's Name and Address	Consignee's Account Number	
QINGDAO SANGUANG ELECTRONICS CO EAST ZHENGYANGDONG ROAD,XIFU TOWN CHENYANG DISTRINT,QINGDAO CITY,CHINA QINGDAO CN TEL : (0532)8908-9003		It is agreed that the goods described herein are accepted in apparent good order and condition (except as noted) for carriage SUBJECT TO THE CONDITIONS OF CONTRACT ON THE REVERSE HEREOF. THE SHIPPER'S ATTENTION IS DRAWN TO THE NOTICE CONCERNING CARRIERS' LIMITATION OF LIABILITY. Shipper may increase such limitation of liability by declaring higher value for carriage and paying a supplemental charge it required.

Issuing Carrier's Agent Name and City		Accounting Information
YUSEN LOGISTICS CO.,LTD		
Agent' IATA Code	Account No.	
Airport of Departure (Addr.of First Carrier)and Rwquested Routing OSAKA JAPAN		

To	By	Routing and Destination	to	by	to	by	Currency	Chgs Code	WT/VAL PPD	WT/VAL COL	Other PPD	Other COL	Declared Value For Carriage	Declared Value For Customs
TAO		Y8					JPY	PP	X		X		N.V.D	N.V.D

Place / Airport of Destination	Flight DateDate	Amount of Insurance	INSURANCE - If Carrier offers insurance, and such insurance is requested in accordance with conditions on reverse thereof, indicate amount to be insured in figures in box marked "amount of Insurance."
QINGDAO	Y8 7428/17		

Handling Information

No. of Pieces RCP	Gross Total	kg	Rate Class Commodity	Chargeable	Rate	Total	Nature and Quantity of Goods (incl. Dimensions or Volume)
1	60.0	K	Q	60.0	27000	27000	Power detector(JBC3335) FREIGHT PREPAID INV#:SKH-3870Q
	NOTIFY:QINGDAO XIANGYUN CUSTOMS BROKER CO.LTD 60F, GOLDEN BUILDING 66 ZHANGLIUGAN ROD Qingdao SHANDONG 26607 C TEL:+86-532-75336666						
1	60					27000	TOTAL M3:0.033

PrepaidPrepaid WeightWeight ChargeCharge Collect Other Charges

27000

ValuationValuation ChargeCharge

Tax

16

TotalTotalotherotherChargesCharges DueDueAgentAgent

200

TotalTotalotherotherChargesChargesDueDueCarrierCarrier

282

Shipper certifies that the particulars on the face hereof are correct and that insofar as any part of the consignment contains dangerous goods, such part is properly described by name and is in proper condition for carriage by air according to the applicable Dangerous Goods Regulations.

Signature of Shipper or his Agent

TotalTotal PrepaidPrepaid TotalTotal CollectCollect AGENT FOR THE CARRIER:SHANDONG AIRLINES

CurrencyCurrencyConversionConversion RatesRates CCCCChargesCharges in Dest.Dest CurrencyCurency

27498

17-Jul-14 Executed on (date) OSAKE at (place) Stamp and Signature of the Carrier or its Agent

For Carrier's Use only HAWB No:02150002 at Destination ChargesCharges atat DestinationDestination TotalTotalCollectCollect ChargesCharges

ORIGINAL 2 (FOR CONSIGNEE)

中华人民共和国海关进口货物报关单

预录入编号： 海关编号：

(A)境内收货人 青岛三光电子有限公司 (370294××××)	进境关别 青机场关 4220	(B)进口日期 2020/07/17	申报日期	备案号
境外发货人	(C)运输方式 航空运输	运输工具名称及航次号 Y87428	(D)提运单号 87150797272-	货物存放地点
消费使用单位 青岛三光电子有限公司 (370294××××)	(E)监管方式 暂时进出货物	(F)征免性质 一般征税	许可证号	(G)启运港 大阪
合同协议号	贸易国（地区）	(H)启运国（地区） 日本	经停港	入境口岸 流亭机场

(I)包装种类 纸箱	(J)件数 1	(K)毛重（千克） 60	(L)净重（千克） 48	(M)成交方式 FOB	(N)运费	(O)保费	杂费

随附单证及编号

标记唛码及备注

暂时进境，海关暂进 4220140700001 号，暂时进出境货物类别：《管理办法》第三条六款。供安装、调试、检测、修理设备时使用的仪器及工具。附说明及协议 NO. 00102357864

<table>
<tr><th>项号</th><th>商品编号</th><th>(P)商品名称及规格型号</th><th>(Q)数量及单位</th><th>单价/总价/(R)币制</th><th>(S)原产国(地区)</th><th>最终目的国（地区）</th><th>境内目的地</th><th></th></tr>
<tr><td>01</td><td>90303900.00</td><td>功率检测仪（带记录装置）
检测功率用|检测功率大小|
带记录装置|SANYUAN牌|
JBC3335</td><td>1 台
48千克</td><td>7340美元</td><td>日本</td><td>中国</td><td>青岛其他/山东省青岛市</td><td>照章征税</td></tr>
</table>

报关人员 报关人员证号 电话 兹申明对以上内容承担如实申报、依法纳税之法律责任 申报单位 申报单位（签章）	海关批注及签章

2018年关务水平测试试卷（关务基础知识）参考答案

一、单选题

1. 【参考答案】 C　2. 【参考答案】 B　3. 【参考答案】 D　4. 【参考答案】 B
5. 【参考答案】 C　6. 【参考答案】 D　7. 【参考答案】 D　8. 【参考答案】 C
9. 【参考答案】 D　10. 【参考答案】 B　11. 【参考答案】 C　12. 【参考答案】 B
13. 【参考答案】 B　14. 【参考答案】 B　15. 【参考答案】 D　16. 【参考答案】 C

二、多选题

1. 【参考答案】 A B C D　2. 【参考答案】 B C　3. 【参考答案】 B C D
4. 【参考答案】 A B C D　5. 【参考答案】 A B C　6. 【参考答案】 B D
7. 【参考答案】 A B C　8. 【参考答案】 A C D　9. 【参考答案】 A B C D
10. 【参考答案】 A B C D　11. 【参考答案】 A D　12. 【参考答案】 C D
13. 【参考答案】 A B C D　14. 【参考答案】 B C D

三、判断题

1. 【参考答案】 错误　2. 【参考答案】 错误　3. 【参考答案】 错误
4. 【参考答案】 正确　5. 【参考答案】 错误　6. 【参考答案】 错误
7. 【参考答案】 错误　8. 【参考答案】 正确　9. 【参考答案】 错误
10. 【参考答案】 正确　11. 【参考答案】 正确　12. 【参考答案】 错误
13. 【参考答案】 正确　14. 【参考答案】 错误

四、案例分析题

（一）案例一

1. 【参考答案】 B　2. 【参考答案】 B D　3. 【参考答案】 A C
4. 【参考答案】 A B D　5. 【参考答案】 A B C

（二）案例二

1. 【参考答案】 C　2. 【参考答案】 A B C　3. 【参考答案】 C D
4. 【参考答案】 A D　5. 【参考答案】 C D

（三）案例三

1. 【参考答案】 A B C　2. 【参考答案】 C　3. 【参考答案】 A
4. 【参考答案】 A

2018年关务水平测试试卷（关务基本技能）
参考答案

一、单选题

1. 【参考答案】 C 2. 【参考答案】 B 3. 【参考答案】 D 4. 【参考答案】 C
5. 【参考答案】 C 6. 【参考答案】 D 7. 【参考答案】 B 8. 【参考答案】 A
9. 【参考答案】 A 10. 【参考答案】 D 11. 【参考答案】 A 12. 【参考答案】 A
13. 【参考答案】 B 14. 【参考答案】 C 15. 【参考答案】 B 16. 【参考答案】 A
17. 【参考答案】 B 18. 【参考答案】 A 19. 【参考答案】 C 20. 【参考答案】 C
21. 【参考答案】 B 22. 【参考答案】 C 23. 【参考答案】 C 24. 【参考答案】 B
25. 【参考答案】 A 26. 【参考答案】 A 27. 【参考答案】 A 28. 【参考答案】 A
29. 【参考答案】 B 30. 【参考答案】 B 31. 【参考答案】 B 32. 【参考答案】 A
33. 【参考答案】 B 34. 【参考答案】 C 35. 【参考答案】 C

二、多选题

1. 【参考答案】 A B C D 2. 【参考答案】 A B C D 3. 【参考答案】 A B C D
4. 【参考答案】 B C D 5. 【参考答案】 A B C E 6. 【参考答案】 A B C D
7. 【参考答案】 A B D 8. 【参考答案】 C D 9. 【参考答案】 A B D
10. 【参考答案】 A C D 11. 【参考答案】 A B C D 12. 【参考答案】 A B D
13. 【参考答案】 A B 14. 【参考答案】 B C 15. 【参考答案】 A B D
16. 【参考答案】 A B 17. 【参考答案】 A C 18. 【参考答案】 A B C D
19. 【参考答案】 A B C D 20. 【参考答案】 A B C 21. 【参考答案】 A C D
22. 【参考答案】 A B C 23. 【参考答案】 A C 24. 【参考答案】 C D
25. 【参考答案】 A B

三、判断题

1. 【参考答案】 错误 2. 【参考答案】 错误 3. 【参考答案】 正确
4. 【参考答案】 正确 5. 【参考答案】 错误 6. 【参考答案】 正确
7. 【参考答案】 正确 8. 【参考答案】 错误 9. 【参考答案】 错误
10. 【参考答案】 正确 11. 【参考答案】 错误 12. 【参考答案】 错误
13. 【参考答案】 错误 14. 【参考答案】 错误 15. 【参考答案】 错误
16. 【参考答案】 错误 17. 【参考答案】 错误 18. 【参考答案】 错误
19. 【参考答案】 正确 20. 【参考答案】 错误 21. 【参考答案】 错误
22. 【参考答案】 正确 23. 【参考答案】 错误 24. 【参考答案】 错误

25. 【参考答案】 错误

四、商品归类题

1. 【参考答案】 0904. 2100　2. 【参考答案】 8425. 4210　3. 【参考答案】 5309. 2900
4. 【参考答案】 1902. 2000　5. 【参考答案】 8708. 4091　6. 【参考答案】 8545. 2000

五、案例分析题

（一）案例一
1. 【参考答案】 A B C D　2. 【参考答案】 B　3. 【参考答案】 A B C D
4. 【参考答案】 A　5. 【参考答案】 A　6. 【参考答案】 C D

（二）案例二
1. 【参考答案】 C　2. 【参考答案】 A C　3. 【参考答案】 D
4. 【参考答案】 A B C D　5. 【参考答案】 B D　6. 【参考答案】 A B C D

（三）案例三
1. 【参考答案】 B　2. 【参考答案】 B　3. 【参考答案】 A
4. 【参考答案】 A　5. 【参考答案】 D　6. 【参考答案】 A B C

六、报关单查错题

【参考答案】 B G I M N T

2019年关务水平测试试卷（关务基础知识）参考答案

一、单选题

1. 【参考答案】 A 2. 【参考答案】 B 3. 【参考答案】 A 4. 【参考答案】 D
5. 【参考答案】 C 6. 【参考答案】 C 7. 【参考答案】 C 8. 【参考答案】 A
9. 【参考答案】 D 10. 【参考答案】 A 11. 【参考答案】 C 12. 【参考答案】 D
13. 【参考答案】 A 14. 【参考答案】 C 15. 【参考答案】 C 16. 【参考答案】 D
17. 【参考答案】 C 18. 【参考答案】 D 19. 【参考答案】 D 20. 【参考答案】 D

二、多选题

1. 【参考答案】 B C 2. 【参考答案】 B C D 3. 【参考答案】 A B D
4. 【参考答案】 A B C D 5. 【参考答案】 C D 6. 【参考答案】 A D
7. 【参考答案】 B C D 8. 【参考答案】 B C 9. 【参考答案】 B D
10. 【参考答案】 A C

三、判断题

1. 【参考答案】 错误 2. 【参考答案】 错误 3. 【参考答案】 错误
4. 【参考答案】 错误 5. 【参考答案】 正确 6. 【参考答案】 错误
7. 【参考答案】 正确 8. 【参考答案】 错误 9. 【参考答案】 错误
10. 【参考答案】 错误

2019年关务水平测试试卷（关务基本技能）参考答案

一、单选题

1. 【参考答案】 B 2. 【参考答案】 A 3. 【参考答案】 C 4. 【参考答案】 D
5. 【参考答案】 D 6. 【参考答案】 B 7. 【参考答案】 C 8. 【参考答案】 D
9. 【参考答案】 A 10. 【参考答案】 A 11. 【参考答案】 D 12. 【参考答案】 A
13. 【参考答案】 D 14. 【参考答案】 B 15. 【参考答案】 D 16. 【参考答案】 D
17. 【参考答案】 C 18. 【参考答案】 D 19. 【参考答案】 C 20. 【参考答案】 D
21. 【参考答案】 A 22. 【参考答案】 D 23. 【参考答案】 D 24. 【参考答案】 D
25. 【参考答案】 C 26. 【参考答案】 C 27. 【参考答案】 C 28. 【参考答案】 A
29. 【参考答案】 B 30. 【参考答案】 D 31. 【参考答案】 B 32. 【参考答案】 A
33. 【参考答案】 B 34. 【参考答案】 B 35. 【参考答案】 C 36. 【参考答案】 D
37. 【参考答案】 B 38. 【参考答案】 D 39. 【参考答案】 D 40. 【参考答案】 D

二、多选题

1. 【参考答案】 A C D 2. 【参考答案】 A B C D 3. 【参考答案】 A B D
4. 【参考答案】 B C 5. 【参考答案】 A B C 6. 【参考答案】 C D
7. 【参考答案】 A B 8. 【参考答案】 A B C 9. 【参考答案】 A B C
10. 【参考答案】 A B D

三、案例分析题

（一）
1. 【参考答案】 A 2. 【参考答案】 A B C 3. 【参考答案】 C
4. 【参考答案】 B 5. 【参考答案】 A

（二）
1. 【参考答案】 A 2. 【参考答案】 A C D 3. 【参考答案】 D
4. 【参考答案】 A C 5. 【参考答案】 B

四、报关单查错题

【参考答案】 I K Q T Y

2020 年关务水平测试试卷（关务基础知识）参考答案

一、单选题

1. 【参考答案】 D 2. 【参考答案】 A 3. 【参考答案】 A 4. 【参考答案】 D
5. 【参考答案】 C 6. 【参考答案】 A 7. 【参考答案】 B 8. 【参考答案】 A
9. 【参考答案】 C 10. 【参考答案】 B 11. 【参考答案】 B 12. 【参考答案】 A
13. 【参考答案】 B 14. 【参考答案】 C 15. 【参考答案】 C 16. 【参考答案】 D
17. 【参考答案】 A 18. 【参考答案】 B 19. 【参考答案】 C 20. 【参考答案】 B

二、多选题

1. 【参考答案】 A C D 2. 【参考答案】 A B C D 3. 【参考答案】 C D
4. 【参考答案】 A B C 5. 【参考答案】 A B C D 6. 【参考答案】 B C D
7. 【参考答案】 A B D 8. 【参考答案】 A B C 9. 【参考答案】 B C D
10. 【参考答案】 B C

三、判断题

1. 【参考答案】 错误 2. 【参考答案】 错误 3. 【参考答案】 错误
4. 【参考答案】 错误 5. 【参考答案】 错误 6. 【参考答案】 错误
7. 【参考答案】 错误 8. 【参考答案】 错误 9. 【参考答案】 错误
10. 【参考答案】 正确

2020年关务水平测试试卷（关务基本技能）参考答案

一、单选题

1.【参考答案】 A　2.【参考答案】 A　3.【参考答案】 C　4.【参考答案】 C
5.【参考答案】 C　6.【参考答案】 B　7.【参考答案】 C　8.【参考答案】 B
9.【参考答案】 C　10.【参考答案】 D　11.【参考答案】 D　12.【参考答案】 B
13.【参考答案】 B　14.【参考答案】 D　15.【参考答案】 A　16.【参考答案】 D
17.【参考答案】 B　18.【参考答案】 A　19.【参考答案】 C　20.【参考答案】 C
21.【参考答案】 D　22.【参考答案】 B　23.【参考答案】 B　24.【参考答案】 A
25.【参考答案】 B　26.【参考答案】 C　27.【参考答案】 D　28.【参考答案】 C
29.【参考答案】 A　30.【参考答案】 B　31.【参考答案】 D　32.【参考答案】 B
33.【参考答案】 C　34.【参考答案】 C　35.【参考答案】 A　36.【参考答案】 B
37.【参考答案】 B　38.【参考答案】 C　39.【参考答案】 D　40.【参考答案】 A
41.【参考答案】 C　42.【参考答案】 D　43.【参考答案】 A　44.【参考答案】 A
45.【参考答案】 B

二、多选题

1.【参考答案】 A B C D　2.【参考答案】 A C D　3.【参考答案】 B D
4.【参考答案】 A B D　5.【参考答案】 B C D　6.【参考答案】 B C
7.【参考答案】 A B C D　8.【参考答案】 A B C D　9.【参考答案】 B D
10.【参考答案】 A B C

三、案例分析题

(一)
1.【参考答案】 B　2.【参考答案】 A C D　3.【参考答案】 B
4.【参考答案】 C　5.【参考答案】 A
(二)
1.【参考答案】 D　2.【参考答案】 B C D　3.【参考答案】 C
(三)
1.【参考答案】 C　2.【参考答案】 B

四、报关单查错题

【参考答案】 D F M Q T

2021年关务水平测试模拟试卷及参考答案

2021年关务水平测试模拟试卷（关务基础知识）

试卷说明：本试卷测试科目为关务基础知识，共含单项选择、多项选择、判断三种题型。测试时间为60分钟，满分100分。

一、单选题 请在下列各题的答案选项中，选出1个正确答案。（共20题，每题2分，共40分；错选、不选均不得分）

1.（　　）不属于海关行政许可范围。

A. 入/出境特殊物品检疫审批　　B. 国境口岸卫生许可证核发

C. 进境动植物检疫许可审批　　D. 水产苗种进出口审批

2. 在海关特殊监管区域和海关附近沿海沿边规定地区以外，海关可以因为（　　），连续追缉将其带回处理。

A. 进出境运输工具违抗海关监管逃逸

B. 有走私嫌疑的运输工具藏匿走私货物

C. 有走私嫌疑的除公民住处以外场所藏匿走私货物

D. 有走私嫌疑的嫌疑人

3. 海关总署（　　）负责加强全国海关业务风险的统筹管理。

A. 企业管理和稽查司　　B. 风险管理司

C. 政策法规司　　D. 督查内审司

4. 属地海关负责（　　）。

A. 物品监管　　B. 货物查验　　C. 现场验估　　D. 报关单修改

5. 海关预裁定结果（　　）。

A. 适用于做出决定的直属海关关区　　B. 有效期1年

C. 有效期3年　　D. 所指向的货物"一事一申请"

6.（　　）不属于海关稽查部门监管职责。

A. 减免税货物核查　　B. 走私案件协查

C. 进出口贸易调查　　D. 进出口商品安全问题追溯调查

7.《海关全面深化业务改革2020框架方案》中"两轮驱动"是指（　　），协同分工、优势互补的风险统一防控机制。

A. 随机抽查、协同防控　　B. 随机抽查、精准布控

C. 协同防控、精准布控　　D. 随机抽查、现场自控

8.《海关全面深化业务改革2020框架方案》中"两段准入"是以（　　）为界，根据是否允许货物入境和是否允许货物进入国内市场销售或使用，分段实施货物准予提离、货物准予销售或使用监管。

A. 货物申报　　B. 舱单申报　　C. 口岸放行　　D. 入市销售

9.《海关全面深化业务改革2020框架方案》中“两类通关”是针对邮寄、快递的物品及该渠道的小批量、多批次货物，统一规范通关模式，形成（　　）“两类通关”。

A. 海运渠道和空运渠道　　B. 铁路渠道和陆运渠道
C. 空运渠道和寄递渠道　　D. 货运渠道和寄递渠道

10.《海关全面深化业务改革2020框架方案》中“两区优化”指的是优化（　　）海关监管制度。

A. 海关特殊监管区和自贸试验区　　B. 综合保税区和保税区
C. 综合保税区和保税港区　　D. 保税区和出口加工区

11.（　　）进口口岸海关已放行，即已办结海关手续（已结关）。

A. 出口加工区内企业从境外进口的加工用材料　　B. 出口货物因交易双方贸易取消退运进境
C. 暂时进境演出用设备　　D. 加工贸易进口料件

12. 进出口企业申请认证期间被海关稽查、核查的，海关可以中止认证。中止时间超过（　　）的，海关终止认证。

A. 3个月　　B. 6个月　　C. 9个月　　D. 12个月

13. 用于人体接种的新冠病毒疫苗（零售包装），应归入税号（　　）。

A. 3822.0010　　B. 3822.0090　　C. 3002.1500　　D. 3002.2000

14. 需要海关价格磋商的进出口货物申报完税价格应大于（　　）万人民币。

A. 4　　B. 5　　C. 8　　D. 10

15.（　　）是贸易管制的特点之一。

A. 发展本国经济，保护本国经济利益　　B. 政治目的
C. 军事目的　　D. 因时因势而变化

16. AMAZON美国在线购物平台核心运营模式属于（　　）。

A. C2C　　B. B2B　　C. B2C　　D. B2B2C

17. 属于《2020通则》较《2010通则》的变化是（　　）。

A. 贸易术语数量由原来的13种变为11种
B. D组贸易术语中仅保留DDP、DPU、DAP
C. 贸易术语分类由四类变为两类
D. 使用范围扩大至国内贸易合同

18. 国际海运集装箱按用途可以分为不同类型的集装箱，其中“TK”代表（　　）。

A. 挂衣箱　　B. 开顶箱　　C. 油罐箱　　D. 框架箱

19. CFS/CFS集装箱货物运输适合于（　　）交接方式。

A. FCL/FCL　　B. FCL/LCL　　C. LCL/FCL　　D. LCL/LCL

20. 龙门式起重机（旧，HS：8426193000，无海关监管要求）出口（　　）需要实施装运前检验。

A. 南苏丹　　B. 海地　　C. 伊朗　　D. 柬埔寨

二、多选题 请在下列各题的答案选项中，选出2个或2个以上正确答案。（共10题，每题4分，共40分；全部选对得4分，少选得2分，错选、不选不得分）

1. 海关对进口食品实施合格评定，其中（　　）属于海关行政审批范围。

A. 境外生产企业海关注册　　B. 境外出口商海关备案
C. 进口商海关备案　　D. 进境动植物检疫审批

2. 可签发 FORM B 证书的国家为（　　）。

A. 印度　　B. 孟加拉国　　C. 泰国　　D. 柬埔寨

3. 按照国际货运运输对象的重量体积比率划分，属于泡货的是（　　）。

A. 玻璃杯　　B. 毛绒玩具　　C. 黄桃罐头　　D. 干香菇

4. 海关总署关税征管局设置在（　　）。

A. 上海　　B. 青岛　　C. 广州　　D. 京津

5. 海关总署风险管控局设置分别在（　　）。

A. 上海　　B. 青岛　　C. 天津　　D. 黄埔

6. Incoterms 2020 包括（　　）术语。

A. DAP　　B. DPU　　C. DDU　　D. DDP

7.（　　）属于贸易政策措施中的非关税措施形式。

A. 进出口配额措施　　B. 反倾销措施、反补贴措施、保障措施
C. 商品检验措施　　D. 复杂的产品技术标准

8. 云南瑞丽国际商品交易市场内经营者，适合采用“市场采购”监管方式出口，单票报关单货值10万美元的商品包括（　　）。

A. 在检验检疫管理范围　　B. 在出口许可管理范围
C. 涉及征收出口关税　　D. 在国家禁止出口商品范围

9.（　　）属于“两步申报”需同时满足的条件。

A. 舱单已提前传输
B. 涉及检验检疫的货物需确定商品6位编码
C. 已办好税款担保备案（高级认证企业可以申请免除担保）
D. 监管证件已经办理且属于联网核查范围

10. 以下针对载有货物的进境运输工具舱单传输时间表述错误的是（　　）。

A. 集装箱船舶装船的48小时以前
B. 航程8小时以下的，航空器起飞前
C. 铁路列车抵达境内第一目的站的2小时以前
D. 公路车辆抵达境内第一目的站的2小时以前

三、判断题 请对下列各题做出正误判断。(共10题，每题2分，共20分；答错、不答不得分也不扣分)

1. 海关工作人员使用的武器和警械，由当地公安机关统一配发。

2. 某企业计划进口一批用于企业宣传用的光盘，数量总计最多在200盘以内（该企业属于非经营音像制品性质的单位)，按照规定可以免领有关音像制品批准文件。

3. 凡是未有声明价值国际航空运输货物，由于承运人的责任而造成损失时，承运人对普通货物承担的责任限额为USD 40/KG。

4. 最惠国税率不属于优惠税率，在原产地规则上对是否直接运输没有要求。

5. 进出口贸易合同中约定，买方在收到货物后90天内，如发现品质、规格或数量与合同约定不符，可以凭买方国家官方机构出具的检验证书要求索赔或更换。如果超出这个期限买方未做通知的，视为货物符合双方约定，卖方不再承担后续发生的赔偿义务。

6. 我国出口美国玻璃杯，应出具FORM A原产地证书。

7. 进出口企业以海关电子缴税方式缴纳税款后，可以通过“互联网+海关”打印海关专用缴款书。

8. A公司以CIF成交方式进口一批成套设备，合同索赔条款中应包含“货物出口国或进口国的检验权、检验时间与地点、检验机构与检验证书、检验方法与标准”方面的表述，以保障其利益。

9. 悬挂中国旗帜的渔船，在靠近英国附近的公海进行捕捞作业，捕获的海产品在法国进行纸箱包装后出口至中国，进口申报时原产地应填报英国。

10. 某企业为一般信用企业，涉及公式定价货物不适用“自报自缴”模式。

2021 年关务水平测试模拟试卷（关务基本技能）

试卷说明：

1. 本试卷测试科目为关务基本技能，共含单项选择、多项选择、不定项选择（案例）、报关单查错四种题型。

2. 测试时间为 120 分钟，满分 200 分。

一、单选题 请在下列各题的答案选项中，选出 1 个正确答案。（第 1 部分第 1~35 题，每题 2 分，共 70 分；第 2 部分第 36~45 题，每题 3 分，共 30 分，错选、不选均不得分）

1. 加工贸易租赁机器设备进口（租赁期 2 年），应适用（　　）监管方式向海关申报。

A. 一般贸易　　B. 租赁贸易　　C. 不作价设备　　D. 加工贸易设备

2. 某合资企业用海关进出口货物征免税证明申报一批免税设备进口，目前还在监管期内，由于产品停产需将该批设备退出国外，应用（　　）监管方式申报出境。

A. 合资合作设备　　B. 外资设备物品　　C. 退运货物　　D. 其他

3.（　　）进口申报时，征免性质应填报“其他法定”。

A. 保税区内加工贸易货物内销　　B. 保税物流园区之间往来货物

C. 从境外进入保税物流园区的货物　　D. 存入保税仓库的货物

4. 承包工程结束后，复运进境原从国内出去的承包工程项下的设备、物资，适用（　　）监管方式。

A. 承包工程进口　　B. 退运货物　　C. 其他进出口免费　　D. 其他贸易

5. 加工贸易企业因加工生产需要，由外商暂时提供一台设备免费使用 3 个月，该设备进口时应使用（　　）监管方式向海关申报。

A. 暂时进出货物　　B. 其他进出口免费　　C. 不作价设备　　D. 加工贸易设备

6. 以下（　　）进口申报时应填入“企业资质类别及编号”栏目项下。

A. 进口化妆品卫生许可批件　　B. 进口化妆品收货人备案号

C. 进口化妆品备案号　　D. 进口（非）特殊用途化妆品行政许可批件

7. 进境动植物检疫许可证号应填入报关单（　　）栏目项下。

A. 监管证件　　B. 企业资质类别　　C. 许可证类别　　D. 产品资质

8. 免于办理强制性产品认证证明号应填入报关单（　　）栏目项下。

A. 监管证件　　B. 企业资质类别　　C. 许可证类别　　D. 产品资质

9. 深加工结转核注清单中“关联备案编号”应（　　）。

A. 为对方企业手（账）册号　　B. 为本方企业手（账）册号

C. 为空　　D. 与“备案编号”相同

10. 以下进出口报关单填制错误，只能办理撤销手续的是（　　）。

A. “启运港”栏目申报错误　　B. “许可证号”栏目申报错误

C. “规格型号”栏目申报错误　　D. 已放行的深加工结转报关单

11. 2020 年 12 月从韩国进口某商品，进口时提供了中韩优惠产地证明，按 3.6%税率征收了关税。该批进口货物存在特许权使用费，企业在 2021 年 1 月支付了特许权使用费后，向海关进行了补充申报，该货物 2021 年享受中韩协定税率 3.2%，补充申报时（　　）。

A. 提交新的中韩原产地证后可享受 3.6%税率

B. 不需要提交新的原产地证即可享受 3.6%税率

C. 提交新的中韩原产地证后可享受 3.2%税率

D. 不需要提交新的中韩原产地证后即可享受 3.2%税率

12. 一批货物进境日期为 2021 年 4 月 7 日，企业在 2021 年 4 月 6 日向海关提前申报，选择汇总征税模式，该票应在 2021 年（　　）前完成支付，否则将产生滞纳金。

A. 4 月 19 日　　B. 4 月 20 日　　C. 5 月 9 日　　D. 5 月 10 日

13. 加工贸易制成品经批准内销的，缓税利息计息期限的起始日期为对应合同（　　）。

A. 首批料件进口之日　　B. 首批制成品出口之日

C. 最近一次核销之日　　D. 最后一次核销之日

14. 某公司从德国租赁进口一台设备，该设备 CIF 价格为 400 万美元，租赁期 48 个月，每月付租金 8 万美元，四年年租金总额为 384 万美元。四年期满后，该公司要向美方支付 40 万美元，作为购买旧设备的款项。在该项租赁货物进口时，该公司按月支付租金，并要求按月支付税款，海关审定关税完税价格为（　　）万美元。

A. 424　　B. 400　　C. 384　　D. 8

15. 某电子自动化公司从德国进口一批电力保护装置，同时进口了一张载有该批电力保护装置使用授权密码的光盘，该光盘（　　）。

A. 应按照电力保护装置归类单独申报　　B. 应按照光盘归类单独申报

C. 应将其按照特许权使用费进行申报　　D. 将其价值放入电力保护装置合并申报

16. 保税仓库与境外之间的进出境货物，消费使用单位/生产销售单位填报（　　）。

A. 申报单位名称　　B. 保税仓库名称

C. 保税仓库经营企业名称　　D. 无须填写

17. 企业保税货物深加工结转，以下表述错误的是（　　）。

A. 必须每月底前对上月深加工结转情况进行集中申报

B. 不需要向海关进行事前审核

C. 不需要向海关申报深加工结转申报表

D. 不需要向海关申报收发货记录

18. 海关总署对进境中药材实施（　　）管理。

A. 境外生产企业备案　　B. 用途申报

C. 进境动植物检疫许可证　　D. 目的地检验检疫

19. 某企业计划从西班牙进口百露花露水，进口前（　　）。

A. 无须办理任何进口批件单证

B. 办理进口特殊用途化妆品卫生许可批件

C. 办理进口非特殊用途化妆品备案凭证

D. 办理进口化妆品境外生产企业注册凭证（或编号）

20. （　　）进口前需要获得进口特殊用途化妆品卫生许可批件。

A. 香水　B. 脱毛膏　C. 按摩膏　D. 染发膏

21. 外籍船舶在境内维修、改装产生的废钢铁，在符合国内固体废物管理相关法规标准条件下办理进口手续时，监管方式应采用（　　）。

A. 退运货物　B. 其他　C. 其他贸易　D. 其他进出口免费

22. 海关对（　　）境外生产企业实施注册登记管理。

A. 中药材　B. 药品　C. 兽药　D. 医疗器械

23. 进口（　　）在取得检验检疫合格证明之前，应当存放在海关指定或者认可的场所，未经海关许可，任何单位和个人不得擅自调离、销售、使用。

A. 兽药　B. 药品　C. 药材　D. 化妆品

24. 南京某食品贸易公司（企业注册地：南京鼓楼区）接受国外订单，委托苏州某糖果加工厂（企业注册地：苏州吴江区）生产一批糖果，计划从南京禄口机场空运出口，在货物出口前，企业需向（　　）提出实施出口检验检疫申请。

A. 南京海关　B. 吴江海关　C. 南京禄口机场海关　D. 以上海关均可

25. 出境水果应当向（　　）海关报检。

A. 果园所在地　B. 包装厂所在地　C. 存储仓库所在地　D. 出境口岸

26. 出境野生捕捞水生动物应当在水生动物出境（　　）天前向出境口岸海关报检。

A. 3　B. 5　C. 7　D. 10

27. 出境水产品应向（　　）海关报检。

A. 养殖场所在地　B. 生产企业所在地　C. 包装厂多所在地　D. 出境口岸

28. 出境大米应向（　　）海关报检。

A. 加工企业所在地　B. 储存企业所在地

C. 储存或者加工企业所在地　D. 出境口岸

29. 出境猪肉应向（　　）海关报检。

A. 饲养场所在地　B. 生产加工企业所在地

C. 饲养场或生产企业所在地　D. 出境口岸

30. 出口蜂蜜海关出具的检验检疫证书上注明的有效期为（　　）天。

A. 30　B. 60　C. 90　D. 120

31. 报检人申请复验，应当自收到海关的检验结果之日起（　　）日内提出。

A. 15　B. 20　C. 30　D. 45

32. 进口商品需对外索赔出证的，货主或其代理人应在索赔有效期前不少于（　　）天向到货口岸或货物到达地的海关申请检验。

A. 20　　B. 30　　C. 45　　D. 60

33. A 企业进口静脉血样采血管，进口上述商品时需要准备（　　）。

A. 进口化妆品卫生许可批件　　B. 进口化妆品备案凭证

C. 中华人民共和国医疗器械注册证　　D. 中华人民共和国医疗器械备案凭证

34. A 公司从马来西亚进口一批鞋进入国内销售，产生以下费用：为便于运输，A 公司支付 1 万美元重新包装；为加快马来西亚工厂生产进度，贸易商免费提供价值 5 万美元的模具；为获取马来西亚工厂品牌销售权，A 公司额外支付 8 万美元；为落实该笔交易，贸易商在马来西亚工厂考察花费 2 万美元，其中（　　）不应作为计入完税价格。

A. 1 万美元　　B. 5 万美元　　C. 8 万美元　　D. 2 万美元

35. 以（　　）监管方式出口全地形车免于申领出口许可证。

A. 边境贸易　　B. 援助物资　　C. 捐赠物资　　D. 承包工程

36. 下列（　　）属于出口许可证管理的货物，出口报关手续时不须提交出口许可证件。

A. 一般贸易出口二手汽车　　B. 承包工程出口人员自用大米

C. 赴境外展览用的蔺草席（只展不卖）　　D. 赴境外展览会蔺草包面的小垫子（小卖品）

37. 下列许可证件中尚未实行与海关联网核查的是（　　）。

A. 两用物项和技术出口许可证　　B. 进口许可证

C. 银行调运人民币现钞进出境证明　　D. 进口药品通关单

38. 海关仅针对从指定进口口岸一般贸易进口的（　　），签发“一车一证”货物进口证明书。

A. 汽车半散件（SKD）　　B. 高尔夫球车　　C. 履带式牵引车　　D. 越野吉普

39. 某农业公司从日本一般贸易进口一批种植用紫苏种子，除（　　）外其他单证需在进口前获得。

A. 国（境）外引进农业种苗检疫审批单　　B. 进境动植物检疫许可证

C. 原产地证书　　D. 日本官方出具植物检疫证书

40. 根据《亚太贸易协定》“实质性改变标准”的规定，原产地证书所列货物税则号列与海关认定的实际进口货物税则号列前（　　）位应当相同。

A. 2　　B. 4　　C. 6　　D. 8

41. 国内某公司从美国购进瓶装葡萄酒一批，货物于 2021 年 5 月 1 日（星期六）进境，于 2021 年 5 月 24 日（星期一）向海关发送数据申报，同日，海关审核接受申报。该批货物滞报（　　）天。

A. 7　　B. 8　　C. 9　　D. 10

42. 某公司 2021 年 1 月从美国进口了一批钢材，货物在装载过程中发生短装，导致原申报数据与实际货物不符。事后向海关申请修改报关单，除应递交进出口货物报关单修改/撤销表外，还需提交(　　)。

A. 官方指定检验机构鉴定证书　　B. 原产地证书

C. 原贸易合同　　D. 进口许可证

43. 供展览用的新款汽车可以从（　　）进口。

A. 天津新港　　B. 黄埔港　　C. 南京新生圩　　D. 以上均可

44. 某企业以一般贸易方式从韩国进口一台加工中心（8457101000），除提单、发票、装箱单、合同外，还需应该提供（　　）。

A. 强制性产品认证证书　　B. 自动进口许可证

C. 自动进口许可证和强制性产品认证证书　　D. 自动进口许可证和优惠原产地证书

45. A 企业于 2021 年 6 月以“一般贸易”方式从瑞士进口原产于德国的一台二手锁线订书机（HS：8440101000），通关时必须提供的单证是（　　）。

A. 装运前检验证书　　B. 自动进口许可证　　C. 进口许可证　　D. 原产地证书

二、多选题　请在下列各题的答案选项中，选出 2 个或 2 个以上正确答案。（共 10 题，每题 4 分，共 40 分；全部选对得 4 分，少选得 2 分，错选、不选不得分）

1. 海关对（　　）实施监督管理。

A. 进出口食品生产经营者　　B. 进出口食品安全

C. 进出口食品添加剂生产经营活动　　D. 食品相关产品的生产经营活动

2. 从（　　）进口“冻大眼金枪鱼”需要办理进口水产品合法捕捞通关证明。

A. 美国　　B. 瑞典　　C. 俄罗斯　　D. 挪威

3. 企业进口（　　）需要境外生产企业其国家主管当局向海关总署推荐注册。

A. 牛肉　　B. 乳粉　　C. 咖啡豆（未烘焙）　D. 夏威夷果

4. A 公司进口的起重机械在保修期内运输至境外维修，设备维修后返回境内，在进口报关中，不必向海关提供的证件为（　　）。

A. 装运前检验证明

B. 免进口旧机电产品装运前检验证书进口特殊情况声明

C. 进口许可证

D. 自动进口许可证

5. 危险化学品出口必须向产地海关（　　）。

A. 办理法定检验手续　　B. 办理海关查验手续

C. 提交出境货物运输包装性能检验结果单　　D. 提交危险特性分类鉴别报告

6. （　　）进口申报不适用监管方式“不作价设备”。

A. 国际服务外包业务境外发包方免费提供的进口设备

B. 出口加工区内企业进口设备

C. 加工贸易免税进口设备退运出境

D. 加工贸易免税进口设备经批准转售给境内非加工贸易企业

7. 因医学科研原因出境的尸体需要向海关提供的人类遗传资源材料出口、出境证明可以通过（　　）申办。

A. 科学技术部　　B. 工业和信息化部　　C. 卫生健康委员会　　D. “单一窗口”

8. 企业一般贸易进口货物，除了（　　）情况外，均可以向海关申请提供担保，要求提前放行货物。
A. 牛肉的进境动植物检疫许可证未办好
B. 越南产的服装优惠原产地证尚未拿到
C. 粉底液的进口特殊用途化妆品卫生许可批件未办好
D. 汽车的强制性产品认证证书未办好

9. 空运出口锂电池，必须准备的单证是（　　）。
A. 危险货物包装容器性能检验结果单
B. 危险货物包装容器使用鉴定结果单
C. 危险特性分类鉴别报告
D. UN38.3 检测报告

10. 进口以下（　　）商品，不适用“概要申报”后经海关同意即可提离的“两步申报”方式。
A. 狗粮 1.8kg/袋（HS：230910900）
B. 定妆粉（HS：3304910090）
C. 电血压测量仪（HS：9028902010）
D. 山羊毛（HS：0502901100）

三、案例分析题 请根据案例进行分析，在答案选项中选出 1 个或 1 个以上正确答案或判断正误。（共三个案例 10 个问题，每题 4 分，共 40 分；每个问题全部选对得 4 分，少选得 2 分，错选、不选不得分）

（一）案例一

国内 A 公司代理 B 公司从马来西亚 C 企业海运进口一批“植入式心脏起搏电极导线”，A 公司是 C 企业的国内代理商，商品编码：9021909090，该商品属于我国医疗器械管理范围。

1. 我国对医疗器械按照风险程度实行分类管理，共分为（　　）类。
A. 两类
B. 三类
C. 四类
D. 五类

2. 该货物需要先办理医疗器械注册证书才可进口，申办企业应是（　　）。
A. A 公司
B. B 公司
C. 马来西亚生产企业
D. 以上均可

3. 该货物进口时需要提供的单证除发票、装箱单及合同外，还必须提供（　　）。
A. 原产地证书
B. 医疗器械注册证
C. 装船前预检验证书
D. 海运提单

（二）案例二

国内 A 公司代理 B 公司从台湾进口 1 台二手龙门加工中心，B 公司的国内投资项目符合国家鼓励项目政策。该货物商品编码：8457103000，需要办理自动进口许可证。

1. 该批货物的进出口货物减免税证明由 A 公司向海关申办。

2. 该自动进口许可证由 A 公司向相关部门申请办理。

3. 该货物进口海关申报阶段，需要出口商提供（　　）。
A. ECFA 优惠原产地证
B. 装船前预检验证书
C. 出厂检验报告
D. 品质鉴定报告

4. 该货物进口通关后，必须经目的地检验检疫机构检验后方可使用。

（三）案例三

A 公司 2020 年 8 月出口 3 批“注射针”（商品编码：9018310000）到美国。货物到港后，客户验收发现 11680 个手柄质量问题使用时易断裂，影响使用，双方协商一致同意退运，退运货物全新未使用，不再用于国内销售，该货物计划于 2021 年 7 月 20 日退运进境。

1. 该货物必须已取得医疗器械注册证，进口时可以享受免税。

2. 该批货物进口前 A 公司需先办理（　　）手续。
A. 获得境外客户品质鉴定报告　　B. 双方签订退运协议
C. 找国内有检验资质的机构出具品质鉴定证书　　D. 向国税部门办理报关单退补税相关证明

3. 如该批货物双方签订的是换货协议，该批货物进口时应以（　　）监管方式向海关申报。
A. 退运货物　　B. 无代价抵偿　　C. 其他贸易　　D. 其他

四、报关单查错题 下列报关单中有 26 个编有序号（A）～（Z）的已填（包括空填）栏目，请按题目指示找出其中填制错误的栏目。（直接点击报关单中填写有误的栏目进行答题，再次点击取消选择。共 5 个错误，每个选项 4 分，共 20 分；错选、不选不得分）

资料 1：案例背景

国家××科技发展有限公司委托××通用技术有限公司从韩国进口 1 台（套）热压转印覆膜机，具体信息如下：

商品编码：8420100090
监管方式：一般贸易
货物状态：非成套设备
征税方式：汇总征税
境内目的地：北京市昌平区北七家××公司附近
目的地检验检疫机构：海淀海关

资料 2：发票

COMMERCIAL INVOICE

Shipper/Exporter MASTER Co., Ltd. 272,BALSAN-GIL,SUSIN-MYEON,DONGNAM-GU, CHEONAN-SI, CHUNGCHEONGNAM-DO, 31250, KOREA	No.&date of invoice MASTER210420 & 20th Apr, 2021 L/C NO. : LC7654210273AE
Consignee To Order	OTHERS
Notify part	Remarks CONTRACT NO : GDTMST200927 L/C NO. : LC7654210273AE CIF TIANJIN PORT, CHINA(INCOTERMS 2020)
Port of loading INCHEON, KOREA	Final destination XINGANG, CHINA
Carrier XIN HE DA / 2490W	Sailing on or about 25-Apr-21

Description of goods	Set	Unit price	Total Contract Amount
CCM LAMINATING MACHINE	1 SET		US $ 720,000.00
	1 SET		US $ 720,000.00

Description / Shipping Mark
CCM LAMINATING MACHINE
QTY : 1 SET
TOTAL AMOUNT : USD 720,000.00
CIF TIANJIN PORT, CHINA (INCOTERMS 2020)
MANUFACTURER: MASTER CO., LTD
COUNTRY OF ORIGIN : REPUBLIC OF KOREA
SHIPPING MARK : GDTMST200927
TIANJIN, CHINA
MASTER CO., LTD.

50% OF CONTRACT VALUE TO BE PAID : USD 360,000.00

MASTER CO.,LTD.

S.H.KIM/PRESIDENT
Signed by

资料 3：装箱单

PACKING LIST

Shipper/Exporter MASTER Co., Ltd. 272,BALSAN-GIL,SUSIN-MYEON,DONGNAM-GU, CHEONAN-SI, CHUNGCHEONGNAM-DO, 31250, KOREA TEL:0082-41-5682661 FAX:0082-41-5662664 VAT NO.3128169385	No.&date of invoice MASTER210420 & 20th Apr, 2021 L/C NO. : LC7654210273AE
Consignee To Order	OTHERS
Notify part	Remarks CONTRACT NO : GDTMST200927 L/C NO. : LC7654210273AE CIF TIANJIN PORY,CHINA(INCOTERMS 2020)

Port of loading	Final destination
INCHEON, KOREA	XINGANG, CHINA
Carrier	Sailing on or about
XIN HE DA / 2490W	25-Apr-21

Description / Shipping Mark	Description of goods	Package	Net weight	Gross weight	Measurement
CCM LAMINATING MACHINE			5500 KG	6650 KG	28.784 CBM
QTY : 1 SET					(5600*2000*2570)
TOTAL AMOUNT : USD 720,000.00		3 PKG	300 KG	500 KG	4.865 CBM
CIF TIANJIN PORT, CHINA (INCOTERMS 2020)					(2300*900*2350)
MANUFACTURER: MASTER CO., LTD			200 KG	460 KG	6.521 CBM
COUNTRY OF ORIGIN : REPUBLIC OF KOREA					(2300*2100*1350)
SHIPPING MARK : GDTMST200927 TIANJIN, CHINA					
	TOTAL	3 PKG	6,000 KGS	7,610 KGS	40.169 CBM

MASTER CO., LTD.

MASTER CO., LTD

S.H.KIM/PRESIDENT

Signed by

资料 4：海运提单

B/L No. PCLUINC00811981

Pan Continental Shipping Co., Ltd.
www.pancon.co.kr

BILL OF LADING

Shipper
MASTER CO., LTD.
272,BALSAN-GIL,SUSIN-MYEON,DONGNAM-GU,CHEONAN-SI,CHUNGCHEONGNAM-DO,
31250,KOREA
TEL:0082-41-5682661
FAX:0082-41-5662664 **

Consignee (not negotiable unless consigned 'to order')
TO ORDER

Notify Party
CNBM GENERAL TECHNOLOGY CO., LTD
ROOM 4701 NO.1 ZHUJIANG ROAD XUANWU
DISTRICT,NANJING,CHINA 210008
VAT NO.:91320000534900906
CONTACT: WANG KE DONG 025-85817169

XIN HE DA / 2490W

Place of Receipt	Port of Loading		
INCHEON CY	INCHEON PORT IN KOREA		
Port of Discharge	**Place of Delivery**	**Pre-carriage by**	**Final Dest. for Merchant's Reference**
INCHEON PORT IN KOREA	XINGANG PORT, CHINA CY		

(Terms of Bill of Lading continued on the back hereof)

Particulars furnished by shipper

Container No. / Seal No. Marks and Numbers	No. of Containers	Type or kind of Package - Description of Goods	Weight (KGS)	Measurement (CBM)
40'/HC/CAIU8572410/456532 GDTMST200927 **VAT NO.3128169385		"SHIPPER'S LOAD, COUNT & SEAL" "SAID TO CONTAIN" 1 X 40' CONTAINER 3 PACKAGES CCM LAMINATING MACHINE Q'TY: 1 SET CIF TIANJIN PORT, CHINA(INCOTERMS 2020) MANUFACTURER:MASTER CO., LTD COUNTRY OF ORIGIN:REPUBLIC OF KOREA SHIPPING MARK : GDTMST200927 ---------------------- TIANJIN,CHINA CONTRACT NO. GDTMST200927 L/C NUMBER. LC7654210273AE FREIGHT PREPAID	7,6[illegible]0.000	40.169

"FREIGHT PREPAID"

Total Number of Containers or Packages (in words) SAY : ONE(1) CONTAINER ONLY

Freight & Charges	Revenue Tons	Rate	Per	Curr.	Prepaid	Collect

** FREIGHT PREPAID AS ARRANGED **

No. of Originals	Place and Date of B/L Issue	Total
THREE(3)	SEOUL, KOREA APR.26,2021	

Laden On Board the Vessel XIN HE DA/ V.2490W AT PORT OF INCHEON PORT IN KOREA

Date APR.25,2021

Signature Pan Continental Shipping Co., Ltd.
As Carrier

FIRST ORIGINAL

Pan Continental Shipping Co., Ltd.
By
As Carrier

资料 5：提货单

提 货 单

NO. 1545667

收货人 通知人				
船名 KIN HE DA	航次 2490W	启运港 INCHON	目的港 TIANJINXINGANG	
提单号 PCLUINC00811981	交付条件 CY-CY	到付运费		
抵港日期 2021 年 5 月 1 日	箱数 1×40'	第一程运输		
卸货地点 天津港集装箱	进场日期	箱进口状态		
标记与集装箱号、铅封号	货物名称	件数与包装	重量（KGS）	体积（m^3）
GDTMST200927 ＊＊VAT NO. 3128169385	CCM LAMINATING MACHINE Q'TY：1SET CIF TIANJIN PORT， CHINA（INCOTERMS 2020） MANUFACTURER： MASTER CO.， LTD COUNTRY OF ORIGIN：REPUB- LTC OF KOREA SHIPPING MARK：GDTMST200927 TIANJIN，CHINA CONTRACT NO. GDTMST200927 L/C NUMBER. LC7654210273AE FREIGHT PREPAID	3 PACKAGE	7610	40. 1690
CAIU8572410/456532				

资料 6：收款通知

DEBIT NOTE

JOB NO：PCLUINC00811981　　　　BILL TO：

M B/L NO：PCLUINC00811981
COMMODITY DESCRIPTION：CCM LAMINATING MACHINE
QUANTITY：3PACKAGE

ITEMS：

TTS（天津港码头使用费）	RMB200. 00
LSS（低硫附加费）	RMB570. 00
TOTAL：	RMB770. 00

资料 7：原产地证书

Original

1. Exporter's name and address, country: MASTER Co., Ltd. 272, BALSAN-GIL, SUSIN-MYEON, DONGNAM-GU, CHEONAN-SI, CHUNGCHEONGNAM-DO, 31250, KOREA	Certificate No. C131210001260 Reference Code. 669v2f6n **CERTIFICATE OF ORIGIN** **Form for Korea-China FTA** Issued in THE REPUBLIC OF KOREA (see Overleaf Instruction)
2. Producer's name and address, country: SAME	
3. Consignee's name and address, country:	
4. Means of transport and route (as far as known):	5. Remarks:

6.Item number (Max 20)	7. Marks and Numbers on packages	8. Number and kind of packages: description of goods	9.HS code (Six digit code)	10. Origin criterion	11. Gross weight, quantity (Quantity Unit) or other measures(liters, m3, etc.)	12. Number and date of invoices
1 //////////////	40'/HC/CAIU8 572410/45653 2 GDTMST20092 7 **VAT NO.31281693 85 ///////////////	CCM LAMINATING MACHINE ////////////////////////////////////	842010 //////////	P[redacted]	7,610(KG) 1(SET) //////////	MASTER210420 2021-04-20 ////////////////

13. Declaration by the exporter The undersigned hereby declares that the above details and statement are correct, that all the goods were produced in THE REPUBLIC OF KOREA (Country) and that they comply with the origin requirements specified in the FTA for the goods exported to PEOPLE'S REPUBLIC OF CHINA MASTER CO.,LTD. (Importing country) S.H.KIM/PRESIDENT Cheonan-si, Chungcheongnam-do, Republic of Korea, 04/26/2021 Place and date, signature of authorized signatory	14. Certification On the basis of control carried out, it is hereby certified that the information herein is correct and that the goods described comply with the origin requirements specified in the Korea - China FTA. YUN SEOK WON YUN SEOK WON ANYANG CUSTOMS REPUBLIC OF KOREA KOREA CUSTOMS SERVICE 2021-04-27 ANYANG CUSTOMS REPUBLIC OF KOREA Place and date, signature and stamp of authorized body

※ You can verify the authenticity of this Certificate of Origin at www.customs.go.kr/co.html 1/1

资料 8：包装熏蒸证明

HAEWOO EXPORT PACKING CO., LTD

CERTIFICATE OF HEAT TREATMENT

Issue No： 21-554-00005

This is to certify the Wooden Packing Material described below was treated in accordance with ISPM No.15

DESCRIPTION OF CONSIGNMENT

Name and address of exporter：

Declared name and address of consignee：

Place of origin： Republic of Korea

Destination： China

Name of Wooden Package and quantity： WOODEN BOX/3pc(s)

This is to certify that the goods described above have been treated as follows

DESCRIPTION OF TREATMENT

Date： 2021-03-31 09:47 ~ 2021-03-31 14:48　　Treatment： Heat Treatment

Duration and temperature： 30(min)/ 56℃

Additional information： APQA-REGISTERED FACILITY.

Name and address of Treatment company： HAEWOO EXPORT PACKING CO., LTD

132, Robot land-ro 249beon-gil, Seo-gu, Incheon

Place of issue： HAEWOO EXPORT PACKING CO., LTD

Name of treatment technician： CHO GEON HEE

Date： 2021-04-26　　(Signature)

※ This certificate is issued by the treatment provider registered in NPPO of Rep. of Korea.

资料 9：合同

第 1 章　合同标的

1.1　买方同意向卖方购买，且卖方同意向买方出售本合同及技术附件所规定的设备。

1.2　在买方工厂安装期间，卖方应派遣其有经验的、健康的和有能力的技术人员前往买方工厂进行技术服务直到设备完成验收。买卖双方的出差人员在当地的食宿交通费由各自方承担。

第 2 章　价格

2.1　如合同第 1 章所述设备的合同总价为 USD720000.00。

第 3 章　支付和支付条件

3.1　本合同项下所有付款都应通过美元支付，所有付款均应付至收款方指定账户。

如果电汇或信用证时间延迟，则卖方有权根据延迟天数相应推迟第 4.1 条规定的发货日期。

3.2　本合同第 2.1 条规定的合同总价，即 USD720000（美元柒拾贰万元整）应按照以下计划、条款和比例向卖方支付：

3.2.1　合同总价的 30%，即 USD216000.00，在合同各方签署完成后 15 个工作日内，凭如下单据电汇支付：卖方签发的 30%合同金额的商业发票 3 份正本。

卖方需通过银行开立 1 份合同总价的 5%，即 USD36000.00 的履约保函给买方，经买方确认格式和内容后开支，履约保函的有限期是货物发运后或者合同生效日起 5 个月，以二者先到者为准。

3.2.2　合同总价的 20%，即 USD144000.00，在合同各方签署完成后 2.5 个月，凭如下单据电汇支付：卖方签发的 20%合同金额的商业发票 3 份正本。

卖方提供的设备组装完毕照片进度报告书。

3.2.3　货物发货前 60 天，需开立合同总价的 50%，即 USD360000.00 的不可撤销信用证给卖方：卖方提供以下单据向银行承兑：全套清洁海运提单（3 份正本和 3 份副本），注明“运费已付”、空白抬头、空白背书、注明通知进口代理：卖方签发的商业发票 4 份正本和 3 份副本，标注合同号，唛头和信用证号。

卖方签发的 4 份正本箱单，注明各独立包装的唛头、毛重、净重、尺寸、数量以及发票号；

制造商签发的交运商品品质和数量证明；

制造商签发的带有 IPPC 标识的木质包装材料熏蒸证明，或卖方提供的非木质包装材料声明；

海运保险单 2 份正本 2 份副本，空白背书，保额为发票金额 110%，投保一切险，战争险。如有索赔，应在中国支付。

卖方所在国有关机构签发的原产地证明 1 份正本和 2 份副本；

卖方需通过银行开立 1 份合同总价的 5%，即 USD36000.00 的质量保函给买方，经买方确认格式和内容后开立，有效期为货物发运后 18 个月。

3.3　所有在中国境内产生的银行费用应由买方承担，所有在中国境内产生的银行费用应由卖方承担。

3.4　卖方银行信息如下：

第 4 章　交运和交运条件

4.1　本合同价格术语为 CIF 天津港（INCOTERMS2020）。

4.2　卖方应在合同 12.1 条款所述合同生效日后 5 个月内将本合同设备按 1 批全部发货。

4.3　每批货物装运后 3 天内，卖方应通过传真或电子邮件通知进口代理合同号、预计到港日、总体积和重量、总价格、包装数量、到货港、船名航次，并且通过邮寄向进口代理递送如下资料：

全套装运单据副本。

单件总重超过 20 吨，尺寸超过 12 * 2.43 * 3 米的货物的包装草图。

易燃品和危险品的介绍，包括：品名、属性、特殊防护措施、事故处理方法；

对温度、震动等有特殊要求的货物在运输和储藏过程中的特殊注意事项。

第 5 章　包装和标记

5.1　卖方应妥善包装商品并根据其不同的外形和特殊性采取措施使其免受潮湿、雨淋、生锈、腐蚀和震动等，能够承受长距离远洋和内陆运输，以保证商品安全抵达装置现场而不受任何损伤和侵蚀。

5.2　禁止使用针叶木包装。

5.3　卖方应在每个包装相邻的 4 个侧面上以不褪色油漆及英文印刷体显著标示以下内容：

合同号；

运输标识；

收货人；

最终用户；

目的港；

设备名称和编号；

箱/包号；

毛/净重（千克）；

尺寸（长×宽×高，厘米）

5.4　每件包装箱内，应附有详细装箱单和品质和数量证书各一式三份，需要组装的设备部件附详细装配图一式三份。

5.5　对于重量在 2 吨或 2 吨以上的设备，其包装的 2 个对立面上应以英文和国际贸易惯用标识标示重量和吊装点，以进行装卸和运输。

5.6　包装上应以英文及国际惯用标识明确标示“小心轻放”“勿倒置”和“保持干燥”等。

5.7　如果由于卖方的不正确包装或不充分保护措施导致商品损坏或丢失，卖方应进行修理、更换或对买方损失进行补偿。由此产生的所有费用由卖方承担。

第 6 章　检验、安装和验收

6.1　卖方应在装运前对设备进行检验和测试，并将检验和测试记录提交买方，其费用由卖方承担。

6.2　买方应提前 7 天通知卖方检验日期，如卖方不能参加开箱验收时，买方有权自行开箱进行检验。且卖方认可买方的检验结果。

6.2.1　如果开箱检验期间发现商品有任何短少、缺点、损坏以及与本合同及技术附件规定不符合时，买卖双方应作详细记录，并由双方代表签字。如为卖方责任，则买方有权向卖方要求修理、更换和/或补齐。

6.2.2　开箱验收合格或问题解决后，买方需填写开箱验收合格书。

6.2.3　开箱验收是买卖双方对设备数量、外观进行的验收，不可替代对设备质量的验收。

6.3　设备安装应由买方在卖方的技术监督指导下进行，在最后一批设备到货后 2 个月完成。

6.3.1　如果因为卖方原因导致安装无法如期完成，卖方应派遣有资格的技术人员前往买方工厂处理并承担相应费用，同时承担对买方工期延误造成的经济损失。

6.3.2　安装结束后双方对安装完成证明签字盖章。

6.3.3　如果因为买方原因导致安装在最后一批设备到厂后 3 个月内，仍然无法开始，则应视为安装完成。

6.4　如因卖方原因导致验收测试失败，在收到客户申诉后卖方负责处理并完成修理，替换和/或补齐并承担相应费用。

6.4.1　如果因为买方原因导致验收测试在最后一批设备安装完成后3个月内仍然无法开始，视为验收通过。

6.4.2　如果验收测试时本合同及技术附件规定的所有保证数据都已达到，即为通过买方验收。

6.4.3　验收通过后，买卖双方应在最终验收报告上签字盖章。

6.4.4　设备验收不能免除卖方在本合同第7.3项下规定的保证的责任和义务。

第7章　保证、申诉和罚款

7.1　卖方保证本合同项下的设备为全新未使用的，同时保证该设备在正常使用情况下不会出现设计，选用材料和制造工艺上的缺陷。

7.2　卖方对本合同下设备的质保保证期为设备发运后18个月。

7.3　在保证期内，如因卖方原因导致提供的设备有问题或不符合合同规定时，则买方有权向卖方提出申诉。卖方接到申诉后24小时内必须给予回复，卖方应无偿负责维修或换货，并自行承担由此产生的费用。

7.4　合同设备的技术参数详见本合同技术附件，如果由于卖方的设备原因，验收测试时技术参数未能达到设计要求，卖方应全力配合支持并解决买方安装调试可能出现的任何问题。并由卖方承担由此对买方造成的全部损失。

7.5　任意一方不应对另一方的间接和随后发生的损害或损失承担责任，如产量损失和利润损失等。

7.6　卖方逾期发货的，每延迟一天卖方向买方支付违约金金额为合同总额的0.1%，由买方在当期付款时予以扣除。

7.7　本合同中的全部违约金最多不超过合同总价的8%。

第8章　保　密

8.1　买方及进口代理应对本合同设备中卖方的专有技术进行保密。

8.2　买方和进口代理应对本合同中设备金额和供货范围进行保密。

8.3　卖方应对买方提供的设计基础和设备配置信息保密，按买方要求定制的产品和提供的设计禁止用于任何其他任何场合。

8.4　本章的约定及双方签署的保密协议在合同期满，解除或者解约之后仍有效。

第9章　不可抗力

9.1　如果任何一方执行合同因为诸如战争、火灾、洪水、台风、龙卷风、瘟疫及严重的流行性疾病、地震或其他由各方共同认定的不可抗力因素而延迟，则可以延迟履行执行合同的期限。原则上任何一方无权向对方索偿因不可抗力遭受的任何损失。

9.2　受事故影响的一方应尽快将所发生的不可抗力事故的情况电传或传真告知其他各方，并以航空挂号信将有关当局出具的证明文件提交给其他各方审阅确认。

9.3　当不可抗力事故终止或事故消除后，受事故影响的一方应尽快以电报、电传或传真通知其他各方并以航空挂号信证实。

第10章　税　费

10.1　所有由中国政府依据其现行税法对买方课征的有关执行本合同的一切税费，由买方支付。

10.2　在中国境外课征有关和执行本合同所发生的一切税费，将由卖方负担。

第11章　仲　裁

11.1　因执行本合同所发生的或本合同有关的一切争议，三方应通过友好协商解决。如协商仍不能达成协议时，则应提交仲裁解决。

11.2　仲裁地点在北京，中国国际经济贸易仲裁委员会（CIETAC）进行，适用规则：中国国际经济贸易仲裁委员会规则。

11.3　仲裁裁决是终局裁决，对三方均有约束力。

11.4　仲裁费用由败诉方承担。

第12章　合同生效、终止和其他

12.1　本合同根据合同第3章3.2.1条的规定向卖方支付预付款日生效。合同生效后，设备发货前，如果买方未能履行合同付款以为超逾3个月时，经双方协商后仍为达成协议时，卖方有权终止合同。

12.2　本合同有效期内，三方通讯以中文进行。正式通知以书面形式，用国际快递邮寄。

12.3　任何关于本合同条款条件的变更、修改或增减，须经三方协商后授权代表签署书面文件，作为本合同的组成部分并具有同等效力。

12.4　三方任何一方未取得其他各方事先同意前，不得将本合同项下的任何权利或义务转让给第四方。

12.5　除本合同规定的义务和责任外，三方中的任何一方都不承担任何其他义务和责任。

12.6　本合同语言为中文。双方交换的与合同有关的信函、传真、文件、资料等应用合同语言书写。

12.7　合同中约定的款项应由买方通过进口代理向卖方支付，若进口代理未从买方收到足额款项，则进口代理不承担向卖方付款义务。进口代理收到买方足额电汇款项或开证保证金后应及时向卖方支付对应电汇款或开立信用证。

12.8　联络

买方：

卖方：

进口代理：

代理进口合同

（合同编号：20ZTHT1023GDT ）

甲方（委托方）	乙方（受托方）
名称：	名称：
地址：	地址：
法定代表人：	法定代表人：
电话：	电话：
传真：	传真：

甲方委托乙方向甲方指定的外商 ______（以下简称"外商"）代理进口设备，承诺按约向乙方履行付款提货等义务；乙方同意代理与外商签订和履行进口合同（与外商所签合同以下统称进口合同）。双方经友好协商，现就相关事宜达成以下协议：

第一条、委托进口货物

进口合同编号	GDTMST200927
货物名称	热压转印覆膜机
规格型号	详见进口合同
数量（单位）	1套
价格条款	CIF 天津
货款总价	USD 720,000.00

以上进口货物信息及本协议未列明信息如包装、装期等均以与外商签订的进口合同为准，如进口合同发生变更的，以变更后的合同约定为准。

第二条、甲方的主要权利义务

1、甲方自行确定、提供进口货物的品名及供货外商，负责确定进口货物有关技术等事项(包括但不限于设备选型、供货范围、质量保证或消耗、售后服务等各项技术条款)并确定技术谈判方案与技术条款；甲方负责派其人员参加合同谈判并主持谈判，签署技术文件并对此负责（技术附件包括供货范围、设备清单、赠送工具及配件清单、安装维保及售后服务协议等）。对于进口合同的内容均由甲方主导并确认，对于进口合同的商务部分的谈判，乙方对甲方予以协助进行。

2、进口合同由甲方作为买方、乙方作为进口代理商，或乙方作为买方、甲方作为最终用户与外商一并予以签署。但无论进口合同的签订方式如何，均不影响甲乙双方因本合同所达成的进口代理关系。

3、甲方作为货物的进口方，负责严格按照国家有关法律规定办妥办理进口所需的各类文件，并交由乙方办理具体的进口手续。若甲方委托乙方办理有关手续，甲方对其提供的文件资料的真实性、完整性、及时性负责。

4、甲方应当严格按照本合同约定及时向乙方支付各类款项，以确保乙方全面履行进口合同下的付款义务与及时办理进口手续。

5、乙方仅为甲方代办进口到货时的口岸报检，但甲方须严格按照国家有关规定办理检验检疫等手续，乙方需配合甲方主动向属地检验检疫部门申报并核实是否为法检商品。到货后法检商品未经检验不得开箱使用,否则后果自负。如发现货物的品质、数量和性能与进口合同不符或有其他任何异常情况，甲方应立即按进口合同约定的方式或申请第三方权威机构检验，直接或委托乙方向相关责任方提出索赔。若因甲方延误履行合同义务造成的损失由甲方自行承担。

6、甲方承诺本次进口为真实合法进口，并愿遵守国家相关法律规定，甲方承诺提供给乙方及其他国家有关机构等相关第三方的所有进口商品的名称、配置、规格、价格、用途、技术指标等所有资料真实无误，并符合国家相关规定，否则视为甲方违约，甲方除应承担行政机关的经济处罚之外，还须承担乙方基于本合同的经济及名誉损失。

7、若进口货物为免税进口，甲方确认该货物系自用，并能严格遵守国家有关免税货物的任何监管规定，未经海关许可，不得抵押、质押、出售、出租、转让、移作它用或者进行其他处置。对于进口货物，甲方同时保证在监管期限内必须按照所申报的内容进行使用。甲方违反任何国家规定的，应自行承担由此产生的一切法律后果，若给乙方造成损失应予赔偿。

8、若乙方依据进口合同对外商开立了信用证或者已经对外支付货款或需要向对方支付款项的，除非乙方违反本协议规定的代理义务造成货物无法进口，甲方在本合同中承担的付款义务不因进口设备质量不合格或不符合合同规定、货物无法使用或不满足甲方生产需要、货损货差、灭失、进口设备不具备符合法律规定的知识产权、外商欺诈、违反进口合同规定、承运人违反运输合同、迟延到港或交货、未能免税等任何原因而解除或免责。

第三条、乙方的主要权利义务

1、乙方作为甲方代理人应秉持诚实谨慎原则，善意履行代理进口义务，乙方协助甲方进行进口合同的商务谈判、与外商订立进口合同，并将进口合同的商务执行情况通知甲方。

2、申请开立信用证及办理付款手续：根据进口合同要求，在信用证付款情况下，乙方负责以自己的名义申请银行开立信用证及/或修改信用证。但若甲方未按本合同的规定履行付款义务的，乙方有权拒绝申请开证。

3、根据进口合同及信用证的规定，审核外商提供的单据（如发票、汇票、提单、及检验证书等）；但甲方与乙方均同意尊重开证银行对于单据的审核意见，并承担应有的付款义务。

4、乙方可根据进口合同的约定，代理甲方及时要求外商履行交货义务。

5、如遇国家政策调整，或因服从国家法律、法规和其他外贸管理制度的规定，乙方无法履行甲方的委托事宜时，应及时向甲方说明，双方可协商变更本合同条款。必要时，也可协商解除本合同。因此影响进口合同执行的，乙方虽无需担责，但应全力协助甲方处理善后事宜。

6、若进口货物符合国家的有关规定，乙方协助甲方办理政策允许项下的免税事宜。

第四条、款项支付及财务结算

1、甲方应付款项和费用

（1）货款：进口合同金额×外汇牌价卖出价，以银行公布牌价为准；

（2）税款：包括关税、增值税、消费税、海关保证金、滞纳金、海关其他收费等，以海关税单或通知单为准。如海关估价征税的，甲方须按照海关估价征税金额缴付。税款由甲方预付给乙方后代缴，也可由甲方依法直接向海关缴纳。货物交付乙方后如因海关或政策原因追征、补征税款或其他款项的，甲方应予以承担，乙方需及时通知甲方，告知甲方相关部门规定的补缴时间和具体方式，并协助甲方及时缴纳。

（3）其他进口费用：进口过程中产生的港杂费、清关费、商检费、装卸运输费、仓储费、保险费以及其他进口过程中发生的订舱费、银行费用、行政规费及必要的货物安保费等，由甲方向乙方预付，以乙方结算通知为准，如发生由乙方原因而产生的滞箱费和堆存费、以及转存的仓储费等额外费用，因由乙方承担。

（4）代理手续费：进口合同金额×外汇牌价卖出价×_0.4%_,甲方原因需延长信用证有效期，则每延期一个月的，进口代理费增加进口货款金额的0.1%。乙方依据进口合同开立了信用证或支付了有关款项的，甲方即需支付全额代理费。

2、款项支付要求

（1）根据进口合同约定，需要乙方对外以 T/T 形式支付款项的，甲方应在乙方付款前按照乙方通知要求足额支付相应的款项，否则乙方无须支付，由此产生的责任由甲方承担。

（2）根据进口合同约定，需要乙方对外开立信用证的，甲方须于进口合同规定的开证时间 3 个工作日前预付货款的__10_%作为履约保证金，否则乙方不承担对外开证的义务，因此未开证或未及时开证的对外责任及损失由甲方承担。汇率及设备市价波动风险由甲方承担，合同签订后，因汇率变动或进口货物的市价下跌或甲方资信发生急剧变化的，为防范风险，乙方有权按照汇率变动或市价下跌比例要求甲方追加保证金，甲方须在收到乙方补足保证金通知书后三个工作日内付清。否则，即使付款期限并未届满，乙方也有权要求甲方立即付清所有款项。

（3）乙方无垫付任何款项的义务，第四条第 1 款约定的所有款项甲方均应提前付至乙方。甲方应在对外付款到期日前向乙方付清全部剩余款项，如乙方在款项实际发生前向甲方发出付款通知的，经甲方确认确有必要时，甲方则应在乙方发出付款通知后 3 个工作日内付清。若因甲方未及时付款导致乙方被迫垫付货款、税款及其他费用的，乙方有权在一般代理费基础上另行收取调增代理费，甲方应按照垫款金额的每日万分之五向乙方支付调增代理费直至付清款项为止。

（4）乙方有权将甲方所有来款依次按以下顺序进行冲抵：双方以往合同项下的甲方应付未付欠款、本合同项下的违约金、代理费、其他进口费用（银行费、保险费、物流费等）、本次进口项下的税款、货款。甲方支付的保证金在没有违约情形时充抵最后一笔款项予以结算。

若进口合同有凭验收后支付的尾款须对外支付，甲方同意在提货之前即将尾款支付给乙方，不受向外商支付尾款的方式和时间要求的影响。在分批到货的情况下，甲方每批款仍按照以上安排予以支付。

（5）如果甲方要求乙方进行远期购汇，甲方需在乙方实际购汇前一天将全额购汇款付至乙方指定账户，并须在甲方要求锁汇当日下午两点前以书面形式签章通知乙方；开证后远期付汇的情况下，如货款（包括进口合同项下的尾款）未锁定汇率，乙方有权自行锁定汇率，该锁定的汇率即为甲乙双方的结算汇率。本合同下，进口货物因汇率变动产生的损失均由甲方自行承担。

（6）甲方未能按照本合同约定支付各类款项或费用的，即为甲方违约，甲方同意乙方除有权收取调增代理费外，甲方并自违约之日起向乙方承担每日万分之五的违约金。如甲方超过合同约定期限后10个工作日仍未付清本合同项下应付款项的，视为甲方严重违约，乙方即有权没收本合同项下甲方交付的保证金；之后如经乙方书面限期催告后或未经催告而超期30天甲方仍未付清款项的，则甲方构成根本违约，乙方除有权没收甲方保证金外并有权随时进入可能发现货物的任何场地移走、扣留本合同项下及双方合作的所有货物（即使货物已经被甲方占有的，乙方亦有权直接予以取回），并自行定价处置本合同项下以及双方其他合同下货物/提单，双方为此特别确认甲方对乙方后续处置货物的方式、程序、价格等不持异议，由此产生的一切责任、损失和费用均由甲方承担，处置所得价款优先补偿乙方所有损失，若不足以补偿损失，乙方有权继续向甲方追偿，并且对甲方已付款项，乙方不承担开具任何发票的责任和义务。

3．结算方式（供选择）

□ 在甲方付清本协议项下所有款项费用及增值税款后，由乙方开具增值税发票给甲方。乙方向甲方开具增值税发票仅是双方结算需要，并不改变甲、乙双方之间的委托代理关系，双方仍按本合同约定分别承担委托人和代理人的责任。

□ 乙方同意在甲方付清本合同下所有应付款项如货款、代理费、各类费用、违约金等的前提下，开具服务业通用发票给甲方，并将海关增值税发票（如果有的话）给甲方。

甲方未按约付款的，乙方有权拒绝向甲方提供增值税税票，若税票期满前30日甲方仍未付清全款的，乙方有权将增值税税单做帐抵扣，同时乙方不承担对甲方开具增值税税票的义务；若因甲方迟延支付或无理拒付致使海关增值税税单过期或无法取得增值税税票造成的损失将由甲方自行承担。

第五条、货权约定及物流事项

1、按照进口合同确定的风险转移规则，外商供货后的货物风险按进口合同约定履行，甲乙双方一致同意在甲方本合同项下全部义务得到全部履行完毕之前，特别是甲方付清本合同项下所有款项及相关费用之前，且甲方存在违约情况下，进口货物的所有权归属乙方，甲方同意在任何情况下均愿为保护乙方的所有权提供协助。在甲方履行完毕合同义务后，所有权自动转移给甲方所有。

2、甲方作为货物的进口委托方，承担有关货物质量、数量及物流过程中的风险等问题；到港后甲方应及时付款提货，并办理接货和验收等事项，以避免无法及时发现货损以及减少风险发生或成本增加。有关货物的境内保险、清关、仓储（如需要）和文件及票据的邮递交接等相关事项，由乙方为甲方转托第三方公司办理。若货物到港后短期内不能完成清关或因甲方不能付清款项提货，为确保货物安全和减少港口、滞箱等费用，乙方可委托第三方将货物直接拆箱转入保税仓库或普通仓库存放，并可以根据具体情况（如室外存放的）采取诸如加盖防雨篷布、垫高地脚等安全防范措施。

3、甲方指定的货物送货地点：北京市昌平区北七家北京英格安全印务有限公司附近（国家电投集团氢能），收货联系人：单雪飞，电话：18260638125，或送货前根据甲方指示，由乙方负责通知承运人运至该地，若有变化甲方应提前书面通知乙方，货到甲方指定地点后，甲方应立即查验收货并与承运方办理好交接手续，若发现货损等异常情况，应立即做好取证、证据保留和委托鉴定工作，以便向相关责任方索赔。因甲方延迟支付乙方款项致甲方收货延迟产生的风险、费用、责任或损失等由甲方承担。甲方不得拒绝接收货物，否则所产生的全部滞期费、仓储费、迟延报关的罚金、运费以及因此增加的其他全部费用，均由甲方承担。

4、乙方有权对货物直接投保保险，费用由甲方承担，并以乙方为被保险人，出险后乙方应积极向保险公司索赔并收取索赔款，保险公司赔偿后乙方扣除应付款后及时转付给甲方。

第六条、杂项内容

1、与外商因进口合同的执行发生争议或物流过程中发生的问题，甲方有权直接与外商或责任方进行交涉，并享有相关权利，甲方也可委托乙方与外商或责任方进行索赔和交涉，但应出具有效的授权文书并承担相应费用和责任。

2、因甲方原因致使乙方不能履行进口合同导致外商先向乙方索赔的，甲方应承担诉讼或仲裁的相应后果和乙方参与仲裁或诉讼的全部费用，确保乙方不会因此受到任何损失。

3、若进口货物免税手续未完成，甲方有权要求乙方在收到保证金后先行开证，并同意如货物到港时免税仍未办好的情况下，设备先入保税库，并承担由此产生的所有费用及仓储的风险；如因国家政策调整，合同项下设备海关不予办理免税，甲方同意设备进关时按照国家规定交纳关税及增值税，并承担由此产生的一切后果。

4、乙方对外付款后，若进口合同没有正常履行，甲方应协助乙方进行外汇核销。

5、因履行本合同发生争议时，双方应友好协商予以解决；若协商不成时，向原告方住所地的人民法院提起诉讼。

第七条、合同生效及文函送达

1、本合同一式两份，经双方签章后生效，除乙方违约外，甲方不得单方面中止、终止或解除本合同。本合同所有修改均应书面签订补充协议进行，手写无效。本合同甲、乙双方各执一份，传真件同样具有法律效应。

2、为便于合同的顺利履行，双方除可以按照合同文首所载明的联系方式进行送达外，另提供以下联系方式：

	联系人姓名	电话	地址及邮编	电子邮箱
甲方				
乙方				

3、双方确认在签订、履行本合同过程中以及争议解决过程中均按上述联系方式进行联系和送达，上述含传真、电邮等方式在内的各类法律文件的传递均为有效送达，若上述联系方式发生变化的，应及时以书面方式通知对方。

4、合同附件为本合同一部分。

<u>（本合同于　2020 年 10　月 23　日签订南京市玄武区）</u>

（以下无正文）

名称	名称
签字	签字人

中华人民共和国海关进口货物报关单

预录入编号：＊＊＊＊＊　　　　海关编号：＊＊＊＊＊

(A)境内收货人(略) ＊＊通用技术有限公司	(B)进境关别(0202) 新港海关	进口日期	申报日期	(C)备案号
境外发货人	(D)运输方式 水路运输	(E)运输工具名称及航次号 XINHEDA/2490W	(F)提运单号 PCLUINC00811981	货物存放地点
(G)消费使用单位(略) 国家＊＊科技发展有限公司	(H)监管方式(0110) 一般贸易	(I)征免性质(101) 一般征税	许可证号	(J)启运港(略) 仁川(韩国)
(K)合同协议号 20ZTHT1023GDT	(L)贸易国(地区)(略) 韩国	(M)启运国(地区)(略) 韩国	(N)经停港(略) 仁川(韩国)	(Y)入境口岸(略) 北京

(O)包装种类(略) 其他包装	(P)件数 3	(Q)毛重(千克) 7610	(R)净重(千克) 6000	(S)成交方式(1) CIF	(T)运费	(U)保费	(V)杂费

随附单证及编码(W)

标记唛码及备注(略)

项号	商品编码	商品名称及规格型号	(X)数量及单位	单价/总价/币制	原产国(地区)	最终目的地国(地区)	境内目的地	(Z)征免
1	8420100090	热压转印覆膜机 (略)	1台 6000千克 1套	720000.0000 720000.00 美元	韩国 (KOR)	中国 (CHN)	(略) 昌平/北京市昌平区	照章征税 (1)

特殊关系确认：否　价格影响确认：否　支付特许权使用费确认：否　自报自缴：否

报关人员：＊＊＊　报关人员证号　电话 兹申明以上内容承担如实申报、依法纳税之法律责任 申报单位　申报单位(签章)	海关批注及签章

2021 年关务水平测试模拟试卷（关务基础知识）
参考答案

一、单选题

1. 【参考答案】 D	2. 【参考答案】 A	3. 【参考答案】 A	4. 【参考答案】 D
5. 【参考答案】 C	6. 【参考答案】 B	7. 【参考答案】 B	8. 【参考答案】 C
9. 【参考答案】 D	10. 【参考答案】 A	11. 【参考答案】 B	12. 【参考答案】 A
13. 【参考答案】 D	14. 【参考答案】 D	15. 【参考答案】 D	16. 【参考答案】 C
17. 【参考答案】 B	18. 【参考答案】 C	19. 【参考答案】 D	20. 【参考答案】 C

二、多选题

1. 【参考答案】 A D	2. 【参考答案】 A B	3. 【参考答案】 A B D
4. 【参考答案】 A C D	5. 【参考答案】 A B D	6. 【参考答案】 A B D
7. 【参考答案】 A C D	8. 【参考答案】 A C	9. 【参考答案】 A C D
10. 【参考答案】 A B D		

三、判断题

1. 【参考答案】 错误	2. 【参考答案】 正确	3. 【参考答案】 错误
4. 【参考答案】 正确	5. 【参考答案】 正确	6. 【参考答案】 错误
7. 【参考答案】 正确	8. 【参考答案】 正确	9. 【参考答案】 错误
10. 【参考答案】 正确		

2021年关务水平测试模拟试卷（关务基本技能）
参考答案

一、单选题

1.【参考答案】D	2.【参考答案】C	3.【参考答案】A	4.【参考答案】B
5.【参考答案】A	6.【参考答案】B	7.【参考答案】C	8.【参考答案】C
9.【参考答案】A	10.【参考答案】D	11.【参考答案】D	12.【参考答案】D
13.【参考答案】A	14.【参考答案】D	15.【参考答案】B	16.【参考答案】B
17.【参考答案】A	18.【参考答案】B	19.【参考答案】C	20.【参考答案】D
21.【参考答案】B	22.【参考答案】A	23.【参考答案】D	24.【参考答案】B
25.【参考答案】B	26.【参考答案】A	27.【参考答案】B	28.【参考答案】C
29.【参考答案】B	30.【参考答案】B	31.【参考答案】A	32.【参考答案】A
33.【参考答案】C	34.【参考答案】D	35.【参考答案】B	36.【参考答案】C
37.【参考答案】A	38.【参考答案】D	39.【参考答案】B	40.【参考答案】C
41.【参考答案】B	42.【参考答案】A	43.【参考答案】D	44.【参考答案】D
45.【参考答案】A			

二、多选题

1.【参考答案】A B	2.【参考答案】A B D	3.【参考答案】A B C D
4.【参考答案】A C D	5.【参考答案】A C D	6.【参考答案】A B C D
7.【参考答案】A D	8.【参考答案】A C D	9.【参考答案】A B D
10.【参考答案】B C D		

三、案例分析题

（一）案例一

1.【参考答案】B　2.【参考答案】A　3.【参考答案】A B D

（二）案例二

1.【参考答案】错误　2.【参考答案】错误　3.【参考答案】B

4.【参考答案】正确

（三）案例三

1.【参考答案】正确　2.【参考答案】A B D　3.【参考答案】B

四、报关单查错题

【参考答案】K O V W Y